W0059194

CHRISTINA ZACKER

DAS PERSÖNLICHE MONDHOROSKOP

Mondphasen und Tierkreiszeichen

Wie die Kräfte des Mondes Einfluß auf unser Leben
nehmen und unsere Zukunft bestimmen

Originalausgabe

WILHELM HEYNE VERLAG
MÜNCHEN

HEYNE RATGEBER
Nr. 08/5155

Umwelthinweis:
Das Buch wurde auf
chlor- und säurefreiem Papier gedruckt.

ISBN 3-453-13248-3

für Tubo, dessen Mond in der Waage steht

Inhalt

Die Symbole der zwölf Tierkreiszeichen

♈ Widder   ♎ Waage

♉ Stier   ♏ Skorpion

♊ Zwillinge   ♐ Schütze

♋ Krebs   ♑ Steinbock

♌ Löwe   ♒ Wassermann

♍ Jungfrau   ♓ Fische

. . . Ein Knabe sah den Mondenschein
in eines Teiches Becken.
Er faßte mit der Hand hinein
den Schimmer einzustecken;
da trübte sich des Wassers Rund,
das glänz'ge Mondesbild verschwand . . .

Heinrich von Kleist (1777–1811), »Hermannsschlacht«

Vorwort

Man kann den Mond natürlich ganz nüchtern sehen. Viel prosaischer als der Knabe aus Kleists Gedicht, der den silbrig glänzenden Schein mit der Hand zu erhaschen sucht. Ein Wissenschaftler z. B. wird Ihnen das romantische Bild einer hell scheinenden Mondennacht mit eindeutigen Fakten erst einmal zunichte machen:

* Der Durchmesser des Erdtrabanten beträgt 3476 Kilometer.
* Das entspricht genau 27 Prozent der Erdgröße.
* Sein Umfang ist 10930 Kilometer groß.
* Die Mondgeschwindigkeit beträgt am Punkt der geringsten Entfernung zur Erde (»Perigäum«) 3908 km/h,
* die Mondgeschwindigkeit am Punkt der größten Erdferne (»Apogäum«) 3464 km/h.
* Seine Durchschnittsgeschwindigkeit ist demnach 3680 km/h.
* Er läuft im Schnitt 27 Tage, 7 Stunden, 43 Minuten und 11,5 Sekunden um die Erde (»siderischer Monat«).
* Von Neumond zu Neumond (»synodischer Monat«) dauert es 29,53 Tage.
* Er rotiert einmal in 27,32 Erdentagen um seine eigene Achse. Deshalb sehen wir stets nur ein und dieselbe Seite des Mondes.

* Ein Mondtag dauert (ebenso wie Mondnacht) etwa 14 Erdentage.
* Pro Erdentag verspätet sich der Mond im Durchschnitt um etwa 50 Minuten (»Retardation«). Diese Verschiebung ist je nach Jahreszeit unterschiedlich lang: im September z. B. nur etwa 20 Minuten.

Vermutlich wird jeder Wissenschaftler behaupten, daß der Mond nichts damit zu tun hat, wie wir auf unserer Erde leben, wie sich unser Wesen und unser Charakter entwickeln, wie wir handeln und was wir tun.

Ist's also vorbei mit aller Romantik, allen geheimnisvollen Kräften des Mondes, mit seinem Einfluß, den er auf unser Handeln und Tun haben soll?

Ganz im Gegenteil!

Überlieferungen und altes Wissen unserer Ahnen vermitteln nämlich etwas völlig anderes. Und wer ein wenig im Einklang mit der Natur lebt, weiß: So ganz ohne Einfluß kann der Mond nicht sein! Nicht nur, weil er schließlich gewaltige Wassermassen auf unserem Planten bewegt. Er ist für Ebbe und Flut »zuständig« – das gibt sogar die Wissenschaft zu. Neben Erdrotation und Anziehungskraft der Sonne sind die Anziehungskräfte des Mondes ausschlaggebend dafür, daß es die Gezeiten gibt.

Aber an eine Wirkung des Mondes, die darüber hinausgeht, glaubt kein »ernsthafter« Forscher ...

Dabei kann jeder die Kräfte des Mondes selbst spüren:

* Bauern und Hobbygärtner kennen die einfache Mondregel, nach der man bei zunehmendem Mond aussät und bei abnehmendem Mond Unkraut jätet.
* Jede Hebamme weiß: Bei Vollmond werden mehr Kinder geboren – abgesehen davon, daß die Dauer der Schwangerschaft noch heute nach dem Mond gemessen wird. Neun Schwangerschaftsmonate sind genau neun synodische Monate – also 265,77 Tage ...

* Auch Polizisten kennen sich aus: In Vollmondnächten wird mehr randaliert, geschehen mehr Verkehrsunfälle, passieren mehr Morde und Totschlagsdelikte.
* Ärzte aus den Krankenhaus-Notaufnahmen können bestätigen: Bei Vollmond kommt es zu mehr Selbstmordversuchen als in normalen Nächten. Und Operationswunden bluten zur Zeit des Mondwechsels stärker.
* Landwirte und Seeleute richten sich bei der Wetterbestimmung nach dem Mond – wissen sie doch z. B. um die alte Wetterweisheit: »Steht der Mond in einem Ring, so kommt Sturm auf.« Und sie sind sich im klaren darüber, daß sich um Neu- und Vollmond oft Stürme, Hurrikans und Orkane bilden.

Je nachdem, wie der Mond steht, ob er abnimmt oder zunimmt, ob Vollmond oder Neumond herrscht – stets ist die Wirkung auf Mensch und Natur eine andere. Daß der Mond – ebenso wie der Tagesplanet Sonne – unser Tun und Handeln beeinflußt, zeigt sich in vielen kleinen und großen Dingen. Lange Zeit hat man die astrologischen Kräfte des Mondes für die Horoskopdeutung eher vernachlässigt. Zwar »gehörte« der Mond zu jedem individuell erstellten Horoskop dazu, aber man beachtete kaum, daß er als erdnächster »Planet« sicher mehr Einfluß auf uns hat als die weiter entfernt liegenden Planeten Jupiter oder Pluto.

Man sollte nicht vergessen: Der Mond ist sicher auch deshalb ein wenig verdrängt worden, weil seine Kräfte als böse galten. Hexen und Zauberer verbanden sich mit seinen Energien. Seine Kraft sei – so glaubte man – naturgemäß vor allem nachts wirksam, wenn dunkle und geheimnisvolle Mächte ihr Unwesen treiben.

Daß dem nicht so ist, daß der Mond und seine guten Eigenschaften für jeden von uns wichtig sind, soll Ihnen dieses Buch zeigen. Wer sich für Astrologie vor allem im Hinblick auf den Mond interessiert, wird darin viele nützliche Hinweise und

Ratschläge finden. Ausführliche Tabellen zum Stand des Mondes und zu den Mondphasen erleichtern es Ihnen außerdem, auf einen Blick zu erkennen, wie Ihr persönlicher Geburtsmond Ihr Leben bestimmt. Auch die Feste des Mondes werden nicht vergessen: nicht nur die großen und bekannten »Hexenfeiern«, sondern auch die uralten, aus antiken Zeiten überlieferten Feiertage der Mondgottheiten finden sich im letzten Kapitel dieses Buches. Vielleicht fällt Ihr Geburtstag ja auf ein ehemaliges Mondfest – um so mehr Grund zum Feiern hätten Sie von nun an...

Christina Zacker

Matt schon glühte im Westen die Glut;
... ein Stern nach dem andern trat aus dem Glanz
und umblinkte die hellere Sichel des Mondes ...
Johann Heinrich Voss (1751–1826)

Der Mondkalender

Ein Kalender ist nichts anderes als ein Zeitmaß. Die ersten Kalender entstanden durch die genaue Beobachtung des Himmels und waren schon ziemlich genaue Zeitmesser. In den alten Kulturen Babylons und Ägyptens, aber auch in China hatte man den Lauf von Sonne und Mond, von Planeten und Sternen so perfekt beobachtet, daß im Verhältnis zu unseren modernsten Messungen nur wenige Tage fehlen.

Die natürliche Ordnung des Weltalls und seine Entstehungsgeschichte finden sich in fast allen überlieferten Mythen der Völker dieser Erde wieder: Den Auf- und Untergang von Sonne und Mond konnte jeder beobachten. Natürlich versuchte man auch, sie zu deuten. So entstanden die Schöpfungslegenden der Menschen, die es in jedem Kulturkreis gibt und die sich oft sehr ähneln. Schon die Beobachtung der Gestirne jedoch könnte man eigentlich als den Anfang unseres heutigen Kalenders bezeichnen.

Aus prähistorischer Zeit (etwa 40 000 Jahre vor unserer Zeitrechnung) stammen die ersten Mondkalender unserer Vorfahren. Man ritzte auf Steinen oder Knochen ein, wann sich der Voll- oder der Neumond am Himmel zeigte. Nach der Ära der Jäger und Sammler wurden die Menschen seßhaft, sie begannen, Ackerbau und Viehzucht zu betreiben. Der Lauf von Sonne und Mond und damit zusammenhängend das Wetter wurden immer genauer beobachtet, denn diese Beobach-

tungen gewannen neue Bedeutung für Aussaat und Ernte. Die
Menschen leiteten die ersten Regeln daraus ab, man entdeckte
Wiederholungen und Gesetzmäßigkeiten. So stellte sich unse-
ren Urahnen eindeutig dar, daß der Mond für das alltägliche
Leben wichtig ist, daß seine Rhythmen in einem direkten Zusammenhang mit den Jahreszeiten und dem Wetter stehen.
Und daß zu diesem Zusammenhang auch Naturkatastrophen,
Erntesegen und Erntepech, Hungersnöte und natürlich Gesundheit und Krankheit gehören. Die überlieferten Aufzeichnungen der Ahnen wurden speziell für den Ackerbau und die
Viehzucht, aber auch für Saat und Ernte wichtig. In China
kannte man schon vor mehr als 3000 Jahren einen Mondkalender, genau wie bei den Mayas in Mittelamerika. Nachfol-
gende Generationen konnten von diesem Wissen nur gewinnen. Und sie wandten das alte Wissen auch an – bis in unsere
Zeit hinein. Noch heute spielt der Mond – wie schon vor Jahrtausenden – eine wichtige Rolle im Leben der Menschen.

Unseren Ahnen war der Mond ein »natürliches Meßinstru-
ment«: Sein Zyklus dauerte immer gleich lang an – nämlich
etwa 28 Tage. Die Mondkalender aus alter Zeit kannten deshalb 13 Monate mit jeweils 28 Tagen; diese stimmen ziemlich
genau mit dem Zyklus den Mondes und seinen Phasen über-
ein. Sie waren so auch meist in Einklang mit dem Jahreslauf
des zweiten wichtigen »Planeten«, der Sonne, zu bringen.

Die Phasen des Mondes waren für unsere Ahnen das Symbol für einen ewigen Kreislauf:

* Zeugung und Geburt zeigte die zunehmende Sichel an.
* Für das Wachstum stand der zunehmende Mond bis zum
  Vollmond.
* Das Sterben der Natur bedeutete der abnehmende Mond
  bis hin zum Neumond.
* Den Tod stellten die drei Nächte des Neumondes dar.
* Die erneute Wiedergeburt zeigte die schmale Sichel des zu-
  nehmenden Mondes an.

Viele Legenden erzählen, daß auf dem Mond Götter wohnten; der Mond selbst wurde sogar für einen Gott gehalten – das heißt vielmehr, für eine Göttin. In den meisten Sprachen ist »der« Mond nämlich weiblich. Die Mondin symbolisierte den ewigen Kreislauf in der Natur. Die Forscher sind sich heute einig: Das Bewußtsein für einen Kalender entwickelte sich wohl zuerst bei den Frauen. Sie führten sozusagen »Tagebuch«, um ihre Regel festzuhalten. Die Übereinstimmung mit dem Zyklus des Mondes war ihnen bald klar. So ist es ganz natürlich, daß der Mond und sein Weg über den Himmel Grundlage für jeglichen Kalender überhaupt wurden.

Unsere Sprache zeigt übrigens deutlich an, daß die »große Mutter«, der weibliche Zyklus und die Erfassung der Zeit eng zusammenhängen: Das Wort Menstruation leitet sich vom lateinischen »mensis« (= Monat) ab. Im Gälischen kannte man als Bezeichnung für Kalender und Menstruation sehr ähnlich klingende Wörter: *miosach* und *miosachan*. Bei den alten Römern hießen die Neumondwochen *kalenden*, und auch unser deutscher »Montag« kommt von Mond. Der Mond heißt im Französischen *la lune* und der Montag *lundi*. Im Italienischen ist der Mond *la luna*, der Montag *lunedi*. Die älteste indogermanische Sprachwurzel, die sich auf den Himmel und seine Gestirne bezieht, heißt *me* – und sie bezeichnet den Mond. Im Sanskrit kennt man *mami* – »ich messe«. Sprachforscher wissen: Alle Wörter in den indoeuropäischen Sprachen mit der Bedeutung Mond gehen auf diese Sprachwurzeln zurück. Die Zeit und damit der Kalender wurden immer von Mondgöttern regiert. Im alten Ägypten war es Thot, bei den Griechen verehrte man Ariadne und Artemis, bei den Römern Selene und Diana. Und alle wurden mit Festen geehrt. Mehr dazu finden Sie in einem späteren Kapitel.

Im Islam und im Judentum sowie bei den meisten Völkern, die hauptsächlich vom Ackerbau leben, gibt es noch heute den Mondkalender:

* Das islamische Jahr wird auf der Basis von Mondperioden berechnet. Deshalb verschiebt sich bei den Moslems z. B. jedes Jahr das Neujahrsfest auf ein immer früheres Datum, ebenso wie der Fastenmonat Ramadan.

* Ähnlich ist es im hebräischen Kalender: Um diesen Mondkalender auf den Sonnenkalender abzustimmen, gibt es alle 19 Jahre ein Schaltjahr, in dem man einen ganzen Monat zusätzlich einfügt.

* Bei vielen Nomadenstämmen gilt ebenfalls heute noch ausschließlich der Mondkalender: Nach ihm richtet man das gesamte Leben aus.

Der jeweils siebte Tag einer Mondphase galt in allen Religionen als heilig. Und auch das geht auf den Mond zurück: Seine Göttin ging in eine andere Phase über. Arbeit an diesem Tag brachte Unglück, viele Tätigkeiten in Haus und Hof waren verboten, um den Übergang des Mondes und seiner Göttin nicht zu stören. Daraus entstand bei uns der Sonntag; bei den Moslems ist der Freitag der heilige Tag. Bei den Juden gilt der Samstag als der heilige siebte Tag: Gott ruhte – so berichtet es die Schöpfungsgeschichte in den Büchern Moses'. In den orientalischen Religionen wurde und wird übrigens der Nachtplanet Mond mehr verehrt als der Tagesplanet Sonne. Daher richteten sich die Kalender an ihm aus; das hat sich bis heute bei den Juden, den Moslems, im asiatischen Raum und einigen Naturvölkern nicht geändert.

Der uralte Mondrhythmus ist aber auch in unserem modernen Kalender immer noch deutlich vorhanden: Wir haben Wochen mit sieben Tagen, vier dieser Wochen machen einen Monat aus, also 28 Tage – und damit die Dauer eines ganzen Mondzyklus. Natürlich paßt dies nicht genau zum Lauf der Sonne: Die Wochentage verschieben sich jedes Jahr, und in den sogenannten Schaltjahren, die es alle vier Jahre gibt, findet sogar eine Änderung von zwei Tagen gegenüber dem Vorjahr statt.

Dreizehn Mondmonate nach der alten Zeitrechnung ergeben nur 364 Tage im Jahr (13 x 28), mit einem Extratag, um auf 365 zu kommen. Die aus Märchen und Sagen bekannte Redensart »auf Jahr und Tag« stammt übrigens daher ...

Es ist schwierig, Sonnen- und Mondjahr genau in Übereinstimmung zu bringen: Bei der Anpassung bleiben ein paar Stunden »übrig«. Alle Naturzahlen sind ja »ungerade«. Selbst wenn ein Sonnenjahr vergeht – das heißt, der Zeitraum, bis Tag und Nacht im Frühjahr wieder gleich lange dauern –, entsteht ein »Rest«. Zwölf Monate im Mondrhythmus ergeben bei weitem kein ganzes Sonnenjahr von 365 Tagen, sondern eben nur 336 Tage. Dazu kam, daß man rasch entdeckte: Der Mondumlauf dauert nicht genau 28 Tage, sondern gut einen halben Tag mehr. Diese fehlende Übereinstimmung versuchte man in alten Zeiten folgendermaßen zu lösen: Sobald das zwölfmonatige Mond- und das Sonnenjahr nicht mehr übereinstimmten, wurde ein 13. Monat eingeschoben. Damit kam man immerhin auf 354 Tage. Auch im Römischen Reich galt zunächst dieser Kalender.

Julius Cäsar haben wir es zu verdanken, daß es bei uns heute anders ist und ein Sonnenkalender gilt: der Nilkalender Ägyptens. Die Ägypter berechneten ihren Kalender nach dem Steigen und Fallen des Nils. Sie kannten zwölf Monate mit je 30 Tagen; auch ihnen »fehlten« nach diesen zwölf Monaten fünf Tage. Die wurden einfach am Ende dran gehängt. So kamen sie damals schon auf ein Jahr von 365 Tagen – wie es unserem »normalen« Jahr entspricht.

Der Nilkalender funktionierte so gut, daß Cäsar ihn für das Römische Reich und damit die gesamte, damals bekannte Welt übernahm. Aber auch Julius Caesar kannte übrigens den Neujahrstag am 1. Januar noch nicht. Bei den Römern begann das Jahr im März. Erst viel später – nämlich 1691 – legte Papst Innozenz XII. dieses Datum als Beginn des Jahres fest.

Zunächst jedoch war erst einmal eine weitere Korrektur fäl-

lig: Denn auch beim Julianischen Kalender »fehlten« Jahr für
Jahr ein paar Minuten. Nach 1600 Jahren hatte sich das auf fast
zehn Tage summiert! Die christliche Kirche beschloß also eine
Kalenderreform. Sie fand im Jahre 1582 statt. Papst Gregor
XIII. entschied, den bis dahin gültigen Kalender des alten Römischen Reiches endlich den tatsächlichen Gegebenheiten an-
zupassen: Auf den 4. Oktober 1582 folgte sofort der 15. Oktober. Gleichzeitig führte Gregor XIII. alle vier Jahre ein
Schaltjahr ein, in dem wir heute noch statt 365 Tage 366 haben.
Dieses Schaltjahr fällt nur dann aus, wenn ein Jahrhundert
vollendet wird – allerdings nicht, wenn die neue Jahreszahl
durch 400 teilbar ist. Das Schaltjahr 2000 wird also ein »echtes« Schaltjahr mit einem 29. Februar sein, weil die Zahl 2000
durch 400 teilbar ist. Im Jahre 1900 war das anders: Da gab es
keinen zusätzlichen Tag im Februar. Der Gregorianische Kalender stimmt übrigens so exakt, daß erst in etwa 1000 Jahren
ein Tag korrigiert werden muß.

Doch alle Reformen konnten nichts daran ändern: Der alte
»Bauernkalender«, der sich nach dem Mond richtet, blieb im
Gedächtnis des Menschen bestehen. Die Kräfte der Natur, die
uns allen eigen sind, lassen sich eben nicht ganz vergessen. Alte
Weisheiten und Erfahrungen, Brauchtum und Wissen haben
sich über viele hundert Generationen hinweg bewährt. Im Einklang und in Harmonie mit der Natur zu leben war für unsere
Ahnen eine Selbstverständlichkeit. Sie schauten zum Himmel,
blickten nach dem Mondstand – und handelten danach. Wir
müssen das heute erst wieder lernen.

Wer davon überzeugt ist, als Mensch Teil des Kosmos zu
sein, weiß: Weltall und Planeten – und damit auch der Mond –
wirken sich auf die Erde, auf die Natur und auf uns Menschen
aus. Die starken Kräfte des Mondes beeinflussen unser Wesen,
unseren Charakter und natürlich auch unser Handeln. Normalerweise steht die Sonne beim Erstellen eines Horoskops an
erster Stelle: Fast jeder weiß, unter welchen Tierkreiszeichen

er geboren ist. Doch die Energien des Mondes sind nicht weniger bestimmend. Als erdnächster »Planet«, der unsere Gefühle leitet, ist der Mond für unser Leben also genauso wichtig.

*»An ewig gleicher Spindel winden
sich von selbst die Monde auf und ab . . .«*

Friedrich von Schiller (1759–1805)
»Die Götter Griechenlands«

Besondere Mondtage

Je nachdem, wie der Mond steht, ob er ab- oder zunimmt, ob
Vollmond oder Neumond herrscht – stets ist die Wirkung auf
Mensch und Natur eine andere. Zwar erkennt man mit einem
Blick aufs nächtliche Firmament, in welcher Phase sich der
Mond gerade befindet. Doch kaum jemand weiß, wann der
Mond in welchem Tierkreiszeichen steht. Die nachstehende
Tabelle der Mondphasen gibt Ihnen einen Hinweis darauf:

Zeichen	Neumond	Abnehmender Mond	Vollmond	Zunehmender Mond
Widder	April	April – Oktober	Oktober	Oktober – April
Stier	Mai	Mai – November	November	November – Mai
Zwilling	Juni	Juni – Dezember	Dezember	Dezember – Juni
Krebs	Juli	Juli – Januar	Januar	Januar – Juli
Löwe	August	August – Februar	Februar	Februar – August
Jungfrau	September	September – März	März	März – September
Waage	Oktober	Oktober – April	April	April – Oktober
Skorpion	November	November – Mai	Mai	Mai – November
Schütze	Dezember	Dezember – Juni	Juni	Juni – Dezember
Steinbock	Januar	Januar – Juli	Juli	Juli – Januar
Wassermann	Februar	Februar – August	August	August – Februar
Fische	März	März – September	September	September – März

Sie können nun schon Rückschlüsse ziehen, in welcher Phase der Mond zum Zeitpunkt Ihrer Geburt wahrscheinlich stand.

Wie sich die Quartale des Mondlaufs zum Zeitpunkt unserer Geburt auswirken

Die Mondphasen wirken ebenso intensiv auf unser Leben und damit unser Wesen ein wie das »normale« Tierkreiszeichen – also dasjenige Sternbild, in dem die Sonne zum Zeitpunkt unserer Geburt stand. Man unterscheidet beim Lauf des Mondes um unsere Erde die vier Quartale sowie außerdem Voll- und Neumond als »Sonderfälle«.

Und das läßt sich daraus nach alter Überlieferung der Sternenkundigen deuten:

* Sie sind im ersten Quartal des Mondlaufs geboren? Wer seinen Geburtstag in der Zeit von Neumond bis zunehmendem Halbmond feiert, wird in seinem Leben stets die neu erwachte Mondenergie spüren: Sie gehen mit Frische und Elan an alles heran. Einziger Wermutstropfen: Sie neigen dazu, viele unterschiedliche Dinge anzupacken, sich dabei aber zu verzetteln und nur wenig zu vollenden.

* Als Geburtstagskind des zweiten Quartals (Sie wurden also in der Zeit des zunehmenden Halbmonds bis zum Vollmond geboren) ist Ihre Zielstrebigkeit schon als junger Mensch sehr ausgeprägt. Sie finden Zeit Ihres Lebens Menschen, die Ihnen weiterhelfen, die Sie unterstützen – durchaus nicht immer mit finanziellen Mitteln, sondern oft auch durch Anregungen und Beziehungen. Charakterlich von Nachteil könnte sein, daß Sie Ihr »Fähnchen nach dem Winde hängen«. Damit enttäuschen Sie manchen Ihrer Förderer und Mäzene.

* Wenn Sie im dritten Quartal Geburtstag feiern (also in der Phase von Vollmond bis abnehmendem Halbmond geboren wurden), sind Sie ganz gewiß kein Einzelgänger oder ein-

samer Kämpfer. Sie gelten vielmehr als Familienmensch, der ohne enge Beziehungen zu Freunden, Kollegen oder Partner nicht gut existieren kann. Sie brauchen diese sozialen Bindungen, um Kraft und Stärke zu »tanken«. Das kann auch ein Nachteil sein: wenn Sie es nicht lernen, auf eigenen Füßen zu stehen.

* Wenn Sie im vierten Quartal (also in der Zeit von abnehmendem Halbmond bis Neumond) geboren wurden, besteht Ihre Lebenserfüllung darin, Lösungen für alle möglichen Probleme zu finden – vor allem für solche, die Ihre lieben Mitmenschen verursacht haben. Für Sie selbst bleibt da möglicherweise nur wenig Raum und Zeit übrig. Ihr soziales Wesen bringt Sie kaum zu materiellem Wohlstand – das mag ein Nachteil sein, muß es aber nicht unbedingt.

Der Mond wirkt auf unser Alltagsleben

Der Stand des Mondes in seinen einzelnen Phasen ist jedoch nicht nur für den Zeitpunkt Ihrer Geburt von großer Bedeutung: Er wirkt sich in jedem Monat aufs neue auf unser Alltagsleben aus. Ein Blick auf den Himmel genügt – und Sie wissen, in welchem Quartal der Mond gerade steht:

* Erstes Quartal:
  von Neumond bis zum zunehmenden Halbmond.
* Zweites Quartal:
  von Halbmond bis Vollmond.
* Drittes Quartal:
  vom Vollmond bis zum abnehmenden Mond.
* Viertes Quartal:
  vom Halbmond bis zum Neumond.
* Unter dem **zunehmenden Mond** verspürt man »zuführende Qualitäten«. Alles, was Sie in dieser Mondphase Ihrem Körper zuführen, nimmt er besser auf. In dieser Zeit können Sie besonders gut Kräfte und Energien sammeln. Doch Vorsicht

für all jene, die eine Diät machen oder auf ihre Figur achten wollen: In dieser Mondphase setzt man auch leichter Pfunde an. Der zunehmende Mond dauert etwa 13 bis 14 Tage.

* Für unser Gefühlsleben steht der **Vollmond:** Der Erdtrabant ändert seine Richtung – von zu- nach abnehmend. Jetzt können Emotionen und Kräfte freigesetzt werden, und das macht sich bei allen Lebewesen und Pflanzen bemerkbar. Vollmond gilt naturgemäß als Zeitpunkt des »Umschaltens«: vom Aufnehmen zum Abgeben. Die kurze Zeitspanne sollten Sie für die Auseinandersetzung mit seelischen Konflikten nutzen.

* Unter dem **abnehmenden Mond** verspürt man »abgebende Qualitäten«. Jetzt sind die Tage gekommen, in denen Sie Ihrem Körper etwas Gutes tun können: Beginnen Sie eine Diät, nehmen Sie ab, fasten Sie, um zu entgiften und zu entschlacken. Diese Mondphase eignet sich übrigens auch sehr gut für Operationen. Der abnehmende Mond dauert ebenfalls 13 bis 14 Tage.

* Günstig für jeglichen Neuanfang zeigt sich der **Neumond:** ganz gleich, ob Sie eine Diät beginnen, ein neues Projekt in Ihrem Beruf oder einen privaten Neuanfang planen. Für eine Entschlackung des Körpers wäre jetzt der ideale Zeitpunkt: Versuchen Sie es einmal mit einem Fasttag, wenn Sie Ihrem Körper etwas Gutes tun wollen.

Geburt an Voll- und Neumond

Als »Sonderfall« gelten all jene Geburtstagskinder, die an einem Tag geboren wurden, an dem Voll- oder Neumond herrschte (das ersehen Sie aus der unten stehenden Tabelle der Jahre 1940 bis 1999):

* Vollmond-Geborene bekommen – so zeigt sich oft – ihr Leben nicht gerade leicht in den Griff. Einzig ihr angeborener Humor rettet sie über die Widrigkeiten des Lebens und

sorgt dafür, daß sie Konflikte und Probleme eher auf die leichte Schulter nehmen. Der Vollmond weckt zwei sehr entgegengesetzte Kräfte im Menschen: einerseits große Klarheit im Denken und andererseits innere Zerrissenheit.

* Neumond-Geborene dagegen gelten als besonders dynamisch, sie sind voller Energien. Sie haben die Gabe des »kindlichen« Denkens – sie betrachten vieles naiv, entscheiden vieles impulsiv. Oftmals ist die Einwirkung des Sonnenzeichens bei Menschen, die an einem Neumondtag geboren wurden, besonders stark: Sonne und Mond standen bei ihrer Geburt ja im selben Tierkreiszeichen.

Vollmond	Neumond		Vollmond	Neumond
1940			**1942**	
25. 1.	9. 1.			16. 1.
23. 2.	8. 2.		2. 1.	15. 2.
23. 3.	9. 3.		1. 2.	16. 3.
22. 4.	7. 4.		3. 3.	15. 4.
21. 5.	7. 5.		1. 4.	15. 5.
19. 6.	6. 6.		30. 4.	13. 6.
19. 7.	5. 7.		30. 5.	13. 7.
17. 8.	3. 8.		28. 6.	12. 8.
16. 9.	2. 9.		27. 7.	10. 9.
16. 10.	1. 10.		26. 8.	10. 10.
15. 11.	30. 10.		24. 9.	8. 11.
14. 12.	29. 11.		24. 10.	8. 12.
	28. 12.		22. 11.	
1941			**1943**	
	27. 1.			6. 1.
13. 1.	26. 2.		21. 1.	4. 2.
12. 2.	27. 3.		20. 2.	6. 3.
13. 3.	26. 4.		21. 3.	4. 4.
11. 4.	26. 5.		20. 4.	4. 5.
11. 5.	24. 6.		19. 5.	2. 6.
9. 6.	24. 7.		18. 6.	2. 7.
8. 7.	22. 8.		17. 7.	1. 8.
7. 8.	21. 9.		15. 8.	30. 8.
5. 9.	20. 10.		14. 9.	29. 9.
5. 10.	19. 11.		13. 10.	29. 10.
4. 11.	18. 12.		12. 11.	27. 11.
3. 12.			12. 12.	27. 12.

Vollmond	Neumond	Vollmond	Neumond
1944		**1946**	
10. 1.	25. 1.		3. 1.
9. 2.	24. 2.	17. 1.	2. 2.
10. 3.	24. 3.	16. 2.	3. 3.
8. 4.	24. 4.	17. 3.	2. 4.
8. 5.	22. 5.	16. 4.	1. 5.
6. 6.	20. 6.	16. 5.	30. 5.
6. 7.	20. 7.	14. 6.	29. 6.
4. 8.	18. 8.	14. 7.	28. 7.
2. 9.	17. 9.	12. 8.	26. 8.
2. 10.	17. 10.	11. 9.	25. 9.
31. 10.	15. 11.	10. 10.	24. 10.
30. 11.	15. 12.	9. 11.	23. 11.
29. 12.		8. 12.	23. 12.
1945		**1947**	
	14. 1.	7. 1.	22. 1.
28. 1.	12. 2.	5. 2.	21. 2.
27. 2.	14. 3.	7. 3.	22. 3.
28. 3.	12. 4.	5. 4.	21. 4.
27. 4.	11. 5.	5. 5.	20. 5.
27. 5.	10. 6.	3. 6.	18. 6.
25. 6.	9. 7.	3. 7.	18. 7.
25. 7.	8. 8.	2. 8.	16. 8.
23. 8.	6. 9.	31. 8.	14. 9.
21. 9.	6. 10.	30. 9.	14. 10.
21. 10.	4. 11.	29. 10.	12. 11.
19. 11.	4. 12.	28. 11.	12. 12.
19. 12.		27. 12.	

Vollmond	Neumond		Vollmond	Neumond
1948			**1950**	
	11. 1.		4. 1.	18. 1.
26. 1.	10. 2.		2. 2.	16. 2.
24. 2.	10. 3.		4. 3.	18. 3.
25. 3.	9. 4.		4. 4.	17. 4.
23. 4.	9. 5.		2. 5.	17. 5.
23. 5.	7. 6.		31. 5.	15. 6.
21. 6.	6. 7.		29. 6.	15. 7.
21. 7.	5. 8.		29. 7.	13. 8.
19. 8.	3. 9.		27. 8.	12. 9.
18. 9.	2.10.		26. 9.	11.10.
18.10.	1.11.		25.10.	9.11.
16.11.	30.11.		24.11.	9.12.
16.12.	30.12.		24.12.	
1949			**1951**	
14. 1.	29. 1.			7. 1.
13. 2.	27. 2.		23. 1.	6. 2.
14. 3.	29. 3.		21. 2.	7. 3.
13. 4.	28. 4.		23. 3.	6. 4.
12. 5.	27. 5.		21. 4.	6. 5.
10. 6.	26. 6.		21. 5.	4. 6.
10. 7.	25. 7.		19. 6.	4. 7.
8. 8.	24. 8.		18. 7.	2. 8.
7. 9.	22. 9.		17. 8.	1. 9.
7.10.	21.10.		15. 9.	1.10.
5.11.	20.11.		15.10.	30.10.
5.12.	19.12.		13.11.	29.11.
			13.12.	28.12.

Vollmond	Neumond	Vollmond	Neumond
1952		**1954**	
12. 1.	26. 1.		5. 1.
11. 2.	25. 2.	19. 1.	3. 2.
11. 3.	25. 3.	17. 2.	5. 3.
10. 4.	24. 4.	19. 3.	3. 4.
9. 5.	23. 5.	18. 4.	2. 5.
8. 6.	22. 6.	17. 5.	1. 6.
7. 7.	21. 7.	16. 6.	30. 6.
5. 8.	20. 8.	16. 7.	29. 7.
4. 9.	19. 9.	14. 8.	29. 8.
3. 10.	18. 10.	12. 9.	27. 9.
1. 11.	17. 11.	12. 10.	26. 10.
1. 12.	17. 12.	10. 11.	25. 11.
31. 12.		10. 12.	25. 12.
1953		**1955**	
	15. 1.	8. 1.	24. 1.
29. 1.	14. 2.	7. 2.	22. 2.
28. 2.	15. 3.	8. 3.	24. 3.
30. 3.	13. 4.	7. 4.	22. 4.
29. 4.	13. 5.	6. 5.	21. 5.
28. 5.	11. 6.	5. 6.	20. 6.
27. 6.	11. 7.	5. 7.	19. 7.
26. 7.	9. 8.	3. 8.	17. 8.
24. 8.	8. 9.	2. 9.	16. 9.
23. 9.	8. 10.	1. 10.	15. 10.
22. 10.	6. 11.	31. 10.	14. 11.
20. 11.	6. 12.	29. 11.	14. 12.
20. 12.		29. 12.	

Vollmond	Neumond	Vollmond	Neumond
1956		**1958**	
	13. 1.	5. 1.	19. 1.
27. 1.	11. 2.	4. 2.	18. 2.
26. 2.	12. 3.	5. 3.	23. 3.
26. 3.	11. 4.	4. 4.	19. 4.
25. 4.	10. 5.	3. 5.	18. 5.
24. 5.	8. 6.	1. 6.	17. 6.
23. 6.	8. 7.	1. 7.	16. 7.
22. 7.	6. 8.	30. 7.	15. 8.
21. 8.	4. 9.	29. 8.	13. 9.
19. 9.	4. 10.	27. 9.	12. 10.
19. 10.	2. 11.	27. 10.	11. 11.
18. 11.	2. 12.	26. 11.	10. 12.
17. 12.		26. 12.	
1957		**1959**	
	1. 1.		9. 1.
16. 1.	30. 1.	24. 1.	7. 2.
14. 2.	1. 3.	23. 2.	9. 3.
16. 3.	31. 3.	24. 3.	8. 4.
14. 4.	29. 4.	24. 4.	7. 5.
13. 5.	29. 5.	22. 5.	6. 6.
12. 6.	27. 6.	26. 6.	6. 7.
11. 7.	27. 7.	27. 7.	4. 8.
10. 8.	25. 8.	18. 8.	3. 9.
9. 9.	23. 9.	17. 9.	2. 10.
8. 10.	23. 10.	16. 10.	1. 11.
7. 11.	21. 11.	15. 11.	29. 11.
7. 12.	21. 12.	15. 12.	29. 12.

Vollmond	Neumond	Vollmond	Neumond
1960		**1962**	
13. 1.	28. 1.		6. 1.
12. 2.	26. 2.	20. 1.	5. 2.
13. 3.	27. 3.	19. 2.	6. 3.
11. 4.	25. 4.	21. 3.	4. 4.
11. 5.	25. 5.	20. 4.	4. 5.
9. 6.	24. 6.	19. 5.	2. 6.
8. 7.	23. 7.	18. 6.	1. 7.
7. 8.	22. 8.	17. 7.	31. 7.
5. 9.	20. 9.	15. 8.	30. 8.
4.10.	20.10.	14. 9.	28. 9.
3.11.	18.11.	13.10.	28.10.
3.12.	18.12.	11.11.	27.11.
		11.12.	26.12.
1961		**1963**	
1. 1.	16. 1.	9. 1.	25. 1.
31. 1.	15. 2.	8. 2.	24. 2.
2. 3.	16. 3.	10. 3.	25. 3.
1. 4.	15. 4.	9. 4.	24. 4.
30. 4.	14. 5.	8. 5.	23. 5.
30. 5.	13. 6.	7. 6.	21. 6.
28. 6.	12. 7.	6. 7.	20. 7.
27. 7.	11. 8.	5. 8.	19. 8.
26. 8.	10. 9.	3. 9.	17. 9.
24. 9.	9.10.	3.10.	17.10.
23.10.	8.11.	1.11.	16.11.
22.11.	7.12.	30.11.	16.12.
22.12.		30.12.	

Vollmond	Neumond		Vollmond	Neumond
1964			**1966**	
	14. 1.		7. 1.	21. 1.
28. 1.	13. 2.		5. 2.	20. 2.
27. 2.	14. 3.		7. 3.	22. 3.
28. 3.	12. 4.		5. 4.	20. 4.
26. 4.	11. 5.		4. 5.	20. 5.
26. 5.	10. 6.		3. 6.	18. 6.
25. 6.	9. 7.		2. 7.	18. 7.
24. 7.	7. 8.		1. 8.	16. 8.
23. 8.	6. 9.		31. 8.	14. 9.
21. 9.	5. 10.		29. 9.	14. 10.
21. 10.	4. 11.		29. 10.	12. 11.
19. 11.	4. 12.		28. 11.	12. 12.
19. 12.			27. 12.	
1965			**1967**	
	2. 1.			10. 1.
17. 1.	1. 2.		26. 1.	9. 2.
16. 2.	3. 3.		24. 2.	11. 3.
17. 3.	2. 4.		26. 3.	9. 4.
15. 4.	1. 5.		24. 4.	9. 5.
15. 5.	30. 5.		23. 5.	8. 6.
14. 6.	29. 6.		22. 6.	7. 7.
13. 7.	28. 7.		21. 7.	6. 8.
12. 8.	26. 8.		20. 8.	4. 9.
10. 9.	25. 9.		18. 9.	3. 10.
10. 10.	24. 10.		18. 10	2. 11.
9. 11.	23. 11.		17. 11.	1. 12.
8. 12.	22. 12.		16. 12.	

Vollmond	Neumond	Vollmond	Neumond
1968		**1970**	
15. 1.	29. 1.		7. 1.
14. 2.	28. 2.	22. 1.	6. 2.
14. 3.	28. 3.	21. 2.	7. 3.
13. 3.	27. 4.	23. 3.	6. 4.
12. 5.	27. 5.	21. 4.	5. 5.
10. 6.	25. 6.	21. 5.	4. 6.
10. 7.	25. 7.	19. 6.	3. 7.
8. 8.	24. 8.	18. 7.	2. 8.
6. 9.	22. 9.	17. 8.	31. 8.
6. 10.	21. 10.	15. 9.	30. 9.
5. 11.	20. 11.	14. 10.	30. 10.
4. 12.	19. 12.	13. 11.	28. 11.
		12. 12.	28. 12.
1969			
3. 1.	18. 1.	**1971**	
2. 2.	16. 2.	11. 1.	26. 1.
4. 3.	18. 3.	10. 2.	25. 2.
2. 4.	16. 4.	12. 3.	26. 3.
2. 5.	16. 5.	10. 4.	25. 4.
31. 5.	14. 6.	10. 5.	24. 5.
29. 6.	14. 7.	9. 6.	22. 6.
29. 7.	13. 8.	8. 7.	22. 7.
27. 8.	11. 9.	6. 8.	20. 8.
25. 9.	11. 10.	5. 9.	19. 9.
25. 10.	9. 11.	4. 10.	19. 10.
23. 11.	9. 1^2.	2. 11.	18. 11.
23. 12.		2. 12.	17. 12.
		31. 12.	

1972

Vollmond	Neumond
	16. 1.
30. 1.	15. 2.
29. 2.	15. 3.
29. 3.	13. 4.
28. 4.	13. 5.
28. 5.	11. 6.
26. 6.	10. 7.
26. 7.	9. 8.
24. 8.	7. 9.
23. 9.	7. 10.
22. 10.	6. 11.
20. 11.	5. 12.
20. 12.	

1973

Vollmond	Neumond
	4. 1.
18. 1.	3. 2.
17. 2.	5. 3.
18. 3.	3. 4.
17. 4.	2. 5.
17. 5.	1. 6.
15. 6.	30. 6.
15. 7.	29. 7.
14. 8.	28. 8.
12. 9.	26. 9.
12. 10.	26. 10.
10. 11.	24. 11.
10. 12.	24. 12.

1974

Vollmond	Neumond
8. 1.	23. 1.
6. 2.	22. 2.
8. 3.	23. 3.
6. 4.	22. 4.
6. 5.	21. 5.
4. 6.	20. 6.
4. 7.	19. 7.
3. 8.	17. 8.
1. 9.	16. 9.
1. 10.	15. 10.
31. 10.	14. 11.
29. 11.	13. 12.
29. 12.	

1975

Vollmond	Neumond
	12. 1.
27. 1.	11. 2.
26. 2.	12. 3.
27. 3.	11. 4.
25. 4.	11. 5.
25. 5.	9. 6.
23. 6.	9. 7.
23. 7.	7. 8.
21. 8.	5. 9.
20. 9.	5. 10.
20. 10.	3. 11.
18. 11.	3. 12.
18. 12.	

Vollmond	Neumond	Vollmond	Neumond
1976		**1978**	
	1. 1.		9. 1.
17. 1.	31. 1.	24. 1.	7. 2.
15. 2.	29. 2.	23. 2.	9. 3.
16. 3.	30. 3.	24. 3.	7. 4.
14. 4.	29. 4.	23. 4.	7. 5.
13. 5.	29. 5.	22. 5.	5. 6.
12. 6.	27. 6.	26. 6.	5. 7.
11. 7.	27. 7.	20. 7.	4. 8.
9. 8.	25. 8.	18. 8.	2. 9.
8. 9.	23. 9.	16. 9.	2. 10.
8. 10.	23. 10.	16. 10.	1. 11.
6. 11.	21. 11.	14. 11.	30. 11.
6. 12.	21. 12.	14. 12.	29. 12.
1977		**1979**	
5. 1.	19. 1.	13. 1.	28. 1.
4. 2.	18. 2.	12. 2.	26. 2.
5. 3.	19. 3.	13. 3.	28. 3.
4. 4.	18. 4.	12. 4.	26. 4.
3. 5.	18. 5.	12. 5.	26. 5.
1. 6.	15. 6.	10. 6.	24. 6.
1. 7.	16. 7.	9. 7.	24. 7.
30. 7.	14. 8.	8. 8.	22. 8.
28. 8.	13. 9.	6. 9.	21. 9.
27. 9.	12. 10.	5. 10.	21. 10.
26. 10.	11. 11.	4. 11.	19. 11.
25. 11.	10. 12.	3. 12.	19. 12.
25. 12.			

Vollmond	Neumond		Vollmond	Neumond
1980			**1982**	
2. 1.	17. 1.		9. 1.	25. 1.
1. 2.	16. 2.		8. 2.	23. 2.
1. 3.	16. 3.		9. 3.	25. 3.
31. 3.	15. 4.		8. 4.	23. 4.
30. 4.	14. 5.		8. 5.	23. 5.
29. 5.	12. 6.		6. 6.	21. 6.
28. 6.	12. 7.		6. 7.	20. 7.
27. 7.	10. 8.		4. 8.	19. 8.
26. 8.	9. 9.		3. 9.	17. 9.
24. 9.	9. 10.		3. 10.	17. 10.
23. 10.	7. 11.		1. 11.	15. 11.
22. 11.	7. 12.		1. 12.	15. 12.
21. 12.			30. 12.	
1981			**1983**	
	6. 1.			14. 1.
20. 1.	4. 2.		28. 1.	13. 2.
18. 2.	6. 3.		27. 2.	14. 3.
20. 3.	4. 4.		28. 3.	13. 4.
19. 4.	4. 5.		27. 4.	12. 5.
19. 5.	2. 6.		26. 5.	11. 6.
17. 6.	1. 7.		25. 6.	10. 7.
17. 7.	1. 8.		24. 7.	8. 8.
15. 8.	29. 8.		23. 8.	7. 9.
14. 9.	28. 9.		22. 9.	6. 10.
13. 10.	27. 10.		21. 10.	4. 11.
11. 11.	26. 11.		20. 11.	4. 12.
11. 12.	26. 12.		20. 12.	

Vollmond	Neumond	Vollmond	Neumond
1984		**1986**	
	3. 1.		10. 1.
18. 1.	1. 2.	26. 1.	9. 2.
17. 2.	2. 3.	24. 2.	10. 3.
17. 3.	1. 4.	26. 3.	9. 4.
15. 4.	1. 5.	24. 4.	8. 5.
15. 5.	30. 5.	23. 5.	7. 6.
13. 6.	29. 6.	22. 6.	7. 7.
13. 7.	28. 7.	21. 7.	5. 8.
11. 8.	26. 8.	19. 8.	4. 9.
10. 9.	25. 9.	18. 9.	3. 10.
9. 10.	24. 10.	17. 10.	2. 11.
8. 11.	22. 11.	16. 11.	1. 12.
8. 12.	22. 12.	16. 12.	31. 12.
1985		**1987**	
7. 1.	21. 1.	15. 1.	29. 1.
5. 2.	19. 2.	13. 2.	28. 2.
7. 3.	21. 3.	15. 3.	29. 3.
5. 4.	20. 4.	14. 4.	28. 4.
4. 5.	19. 5.	13. 5.	27. 5.
3. 6.	18. 6.	11. 6.	26. 6.
2. 7.	17. 7.	11. 7.	25. 7.
31. 7.	16. 8.	9. 8.	24. 8.
30. 8.	14. 9.	7. 9.	23. 9.
29. 9.	14. 10.	7. 10.	22. 10.
28. 10.	12. 11.	5. 11.	21. 11.
27. 11.	12. 12.	5. 12.	20. 12.
27. 12.			

Vollmond	Neumond	Vollmond	Neumond
1988		**1990**	
4. 1.	19. 1.	11. 1.	26. 1.
2. 2.	17. 2.	9. 2.	25. 2.
3. 3.	18. 3.	11. 3.	26. 3.
2. 4.	16. 4.	10. 4.	25. 4.
1. 5.	15. 5.	9. 5.	24. 5.
31. 5.	14. 6.	8. 6.	22. 6.
29. 6.	13. 7.	8. 7.	22. 7.,
29. 7.	12. 8.	6. 8.	20. 8.
27. 8.	11. 9.	5. 9.	19. 9.
29. 9.	10. 10.	4. 10.	18. 10.
25. 10.	9. 11.	2. 11.	17. 11.
23. 11.	9. 12.	2. 12.	17. 12.
23. 12.		31. 12.	
1989		**1991**	
	7. 1.		15. 1.
21. 1.	6. 2.	30. 1.	14. 2.
20. 2.	7. 3.	28. 2.	16. 3.
22. 3.	6. 4.	30. 3.	14. 4.
21. 4.	5. 5.	28. 4.	14. 5.
20. 5.	3. 6.	29. 5.	12. 6.
19. 6.	3. 7.	27. 6.	11. 7.
18. 7.	1. 8.	26. 7.	10. 8.
17. 8.	31. 8.	25. 8.	8. 9.
15. 9.	29. 9.	23. 9.	7. 10.
14. 10.	29. 10.	23. 10.	6. 11.
13. 11.	28. 11.	21. 11.	6. 12.
12. 12.	28. 12.	21. 12.	

Vollmond	Neumond	Vollmond	Neumond
1992		**1994**	
	4. 1.		12. 1.
19. 1.	3. 2.	27. 1.	10. 2.
18. 2.	4. 3.	26. 2.	12. 3.
18. 3.	3. 4.	27. 3.	11. 4.
17. 4.	2. 5.	25. 4.	10. 5.
16. 5.	1. 6.	25. 5.	9. 6.
15. 6.	30. 6.	23. 6.	8. 7.
14. 7.	29. 7.	22. 7.	7. 8.
13. 8.	28. 8.	21. 8.	5. 9.
12. 9.	26. 9.	19. 9.	5.10.
11.10.	25.10.	19.10.	3.11.
10.11.	24.11.	18.11.	3.12.
9.12.	24.12.	18.12.	
1993		**1995**	
8. 1.	22. 1.		1. 1.
6. 2.	21. 2.	16. 1.	30. 1.
8. 3.	23. 3.	15. 2.	1. 3.
6. 4.	21. 4.	17. 3.	31. 3.
6. 5.	21. 5.	15. 4.	29. 4.
4. 6.	20. 6.	14. 5.	29. 5.
3. 7.	19. 7.	13. 6.	28. 6.
2. 8.	17. 8.	12. 7.	27. 7.
1. 9.	16. 9.	10. 8.	26. 8.
30. 9.	15.10.	9. 9.	24. 9.
30.10.	13.11.	8.10.	24.10.
29.11.	13.12.	7.11.	22.11.
28.12.		7.12.	22.12.

Vollmond	Neumond	Vollmond	Neumond
1996		**1998**	
5. 1.	20. 1.	12. 1.	28. 1.
4. 1.	18. 2.	11. 2.	26. 2.
5. 3.	19. 3.	13. 3.	28. 3.
4. 4.	17. 4.	11. 4.	26. 4.
3. 5.	17. 5.	11. 5.	25. 5.
1. 6.	16. 6.	10. 6.	24. 6.
1. 7.	15. 7.	9. 7.	23. 7.
30. 7.	14. 8.	8. 8.	22. 8.
28. 8.	12. 9.	6. 9.	20. 9.
27. 9.	12. 10.	5. 10.	20. 10.
26. 10.	11. 11.	4. 11.	19. 11.
25. 11.	10. 12.	3. 12.	18. 12.
24. 12.			
		1999	
1997		2. 1.	17. 1.
	9. 1.	31. 1.	16. 2.
23. 1.	7. 2.	2. 3.	17. 3.
22. 2.	9. 3.	31. 3.	16. 4.
24. 3.	7. 4.	30. 4.	15. 5.
22. 4.	6. 5.	30. 5.	13. 6.
27. 5.	5. 6.	28. 6.	13. 7.
20. 6.	4. 7.	28. 7.	11. 8.
20. 7.	3. 8.	26. 8.	9. 9.
18. 8.	1. 9.	25. 9.	9. 10.
16. 9.	1. 10.	24. 10.	8. 11.
16. 10.	31. 10.	23. 11.	7. 12.
14. 11.	30. 11.	22. 12.	
14. 12.	29. 12.		

Die Weisheiten fahrender Völker

Die uralten Überlieferungen fahrender Völker haben zum
Mond und seinem Zyklus ganz eigene Deutungen. Sie pro-
phezeiten die Zukunft und das Schicksal des Menschen ebenfalls aus dem Stand des Mondes am Geburtstag:

* Wenn jemand im ersten Mondquartal geboren ist, so hat er
  ein besonders langes Leben vor sich. Wer außerdem am ersten Tag des ersten Quartals Geburtstag hatte, ist ein echtes
  Glückskind; das gilt auch noch für jene, die am zweiten Tag
  auf die Welt kamen. Der dritte Tag beschert einflußreiche
  Freunde, der vierte Tag dagegen ein ständiges Auf und Ab.
  Geburtstagskinder vom fünften und sechsten Tag des ersten
  Mondquartals gelten als stolz und manchmal etwas überheblich. Und die am siebten Tag Geborenen sollten niemals
  über ihre Wünsche sprechen: Nur dann besteht die Chance,
  daß sie in Erfüllung gehen.

* Wer den Mond zu seiner Geburtsstunde im zweiten Quartal hatte, wird es im Leben ganz allgemein besser haben als
  seine Ahnen. Der erste Tag als Geburtstag deutet auf Wohlstand hin, der zweite auf ein leichtes, problemloses Leben.
  Wer am dritten Tag geboren wurde, soll viel Geld durch Reisen gewinnen. Der vierte und fünfte Tag beschert Charme
  und Persönlichkeit. Der sechste Tag besagt, daß das Glück
  leicht zu erreichen ist. Und der siebte Tag zeigt an, daß dieser Mensch stets viele Freunde um sich haben wird.

* Geburtstagskinder des dritten Quartals können ihre zahl-
  reichen Probleme durch viel Ausdauer lösen. Wer am ersten
  Tag geboren wurde, dem ist Glück und Erfolg beschieden –
  allerdings nicht in der Heimat, sondern in einem anderen
  Land, vielleicht sogar einem anderen Kontinent. Der zweite
  Tag deutet auf Erfolg im Geschäftsleben hin, der dritte auf
  Erfolge, die auf Intuition und Eingebung beruhen. Am vier-
  ten Tag werden all jene geboren, die sich durch besondere

Tapferkeit auszeichnen. Wessen Geburtstag auf den fünften Tag fiel, sollte in Geldangelegenheiten viel Vorsicht walten lassen. Und wer am sechsten oder siebten Tag geboren wurde, wird Zeit seines Lebens viel Kraft brauchen.

* Als besonders liebenswürdig und aufrichtig gelten all jene Menschen, die im vierten Mondquartal geboren werden. Wer am ersten oder zweiten Tag das Licht der Welt erblickte, soll sehr häuslich sein. Ein Geburtstag am dritten Tag zeigt Zuverlässigkeit in allen Lebenslagen an. Wer am vierten Tag geboren wurde, ist extrem empfindlich und nimmt sich vieles allzu leicht zu Herzen. Der fünfte Tag beschert ein ideales Elternhaus mit allen möglichen Chancen. Der sechste und siebte Tag verschafft dem Geburtstagskind Geld und Ansehen – weil es immer loyal handeln wird.

Voll- und Neumond deuten die Zukunft

Nicht nur die fahrenden Völker kennen Weissagungen über die Zukunft nach dem Mondstand. Angesehene Astrologen haben sich ebenfalls darüber Gedanken gemacht. Schauen Sie einmal in den Mondkalender, wie in den nächsten Jahren der Mond steht – vielleicht haben Sie an einem Neu- oder Vollmond Geburtstag. Dann achten Sie darauf:

* Fällt Ihr Geburtstag im kommenden Jahr auf einen Neumond, so stehen Ihnen in den darauf folgenden zwölf Monaten wichtige Entscheidungen bevor. Es könnten sogar Veränderungen für Ihr ganzes Leben eintreten: ganz besonders in Liebe und Partnerschaft; in allem, was Ihre familiären Beziehungen anbetrifft.

* Auch bei Geburtstag an einem Vollmondtag steht Ihnen Ereignisreiches ins Haus. Alle Veränderungen, zu denen es sicher kommt, gehen jedoch zum Guten aus. Sie sollten auf Ihre innere Stimme hören, jedoch außerdem Vernunft wal-

ten lassen. Hüten Sie sich vor voreiligen und intuitiven Entschlüssen!

Der Stand des Voll- oder Neumondes zum Zeitpunkt der Geburt, aber auch in der derzeitigen Phase des Lebens, wirkt sich selbstverständlich auf den Charakter und auf Ihr jetziges Verhalten aus. Wer auf den Stand von Voll- und Neumond in den einzelnen Tierkreiszeichen achtet, sollte wissen:

* **Vollmond im Widder:** Positiv zeigt sich, daß Sie eine klare Einsicht in die eigenen Fähigkeiten haben und sich der Aufgaben bewußt sind, die Ihnen das Leben stellt.
  Negativ ist dagegen oft ein Gefühl von Allmacht und Überheblichkeit.
  Neumond im Widder: Positiv zeigt sich der Mut, mit dem man durchs Leben geht, mit dem man sich auch vor Neuland nicht scheut.
  Negativ ist dagegen, daß Sie zu Jähzorn und Wutausbrüchen neigen. Zugleich haben Sie oft das Gefühl von Ohnmacht oder sogar Nichtigkeit.

* **Vollmond im Stier:** Positiv zeigt sich, daß Sie zu umfassenden Lösungen fähig sind. Sie zaudern nicht, verdrängen nichts, wirken nicht im verborgenen, sondern legen Ihre Karten – und die Lösung für viele Probleme! – offen auf den Tisch.
  Negativ ist dagegen, daß Sie sich von Entwicklungen und Begegnungen überraschen, ja sogar überfordern lassen. Immer wieder kehrt Verdrängtes zurück – und Sie schaffen es nicht, alte Probleme zu lösen.
  Neumond im Stier: Positiv zeigt sich, daß Sie eine enorme Konzentrationsfähigkeit besitzen. Sie sind zu Höchstleistungen fähig, lösen sich aus Abhängigkeiten jeder Art und haben keinerlei Probleme damit, Notwendiges schnell und gut zu erledigen.
  Negativ ist dagegen, daß alle Dinge des alltäglichen Lebens

Sie jetzt ganz besonders belasten. Sie leiden mehr unter Streß als andere und haben mehr Mühe, Aufgaben zu erledigen und Konflikte zu lösen.

* **Vollmond in den Zwillingen:** Positiv zeigt sich, daß Sie die Fähigkeit besitzen, mehrgleisig zu denken und zu handeln. Sie gehen sorglos an Konflikte heran und wissen doch meist schnell um eine Bewältigungsmöglichkeit.
Negativ ist dagegen, daß Sie zu sehr impulsiven Aktionen neigen. Vorschnelle Handlungen führen jedoch in den seltensten Fällen zu positivem Ergebnis. Weil Sie sich verzetteln, wächst Ihnen manches über den Kopf.

Neumond in den Zwillingen: Positiv zeigt sich, daß Sie sehr bewußt mit Abschied und daraus folgendem Neuanfang umgehen können. Das kann sich sowohl auf der beruflichen wie auf der privaten Ebene abspielen.
Negativ ist dagegen, daß Sie zu gedankenlosem Handeln neigen können. Auch geistige Erstarrung oder Regungslosigkeit sind möglich.

* **Vollmond im Krebs:** Positiv zeigt sich, daß Sie sich bei seelischen Konflikten bewähren. Widerstrebende Gefühle lassen Sie nicht erstarren, sondern weiter vorankommen. Sie haben die Chance, Geborgenheit und Selbständigkeit, Sicherheit und Freiheit in Liebesdingen harmonisch zu vereinen.
Negativ ist dagegen, daß Ihre überschwengliche Gefühlswelt Ihnen oft als Last erscheint. Ihnen fehlt die richtige »Adresse«, an die Sie sich mit Ihren Gefühlen wenden könnten. Liebe wird oft mit Selbstaufgabe verwechselt.

Neumond im Krebs: Positiv zeigt sich, daß Sie schnell begreifen, daß alles Negative, das Ihnen im Leben begegnet, auch schnell wieder vorbei ist. Ihr Lebensmotto könnte sein: »Nichts ist beständiger als der Wandel!«
Negativ ist dagegen, daß Sie sich im Laufe der Jahre einen Panzer zugelegt haben. Hin und wieder jedoch müssen Sie

diesen abstreifen – und dann sind Sie ganz besonders schutzlos und damit extrem gefährdet.

* **Vollmond im Löwen:** Positiv zeigt sich, daß Sie Ihren starken Willen und Ihre Triebe bestens in den Griff bekommen und gut lenken können.

Negativ ist dagegen, daß möglicherweise Unruhe und Triebhaftigkeit Sie beherrschen. Der Vollmond macht dies überdeutlich sichtbar.

Neumond im Löwen: Positiv zeigt sich, daß Sie es schaffen, Ihren Willen durchzusetzen – dabei aber stets wandlungsfähig und flexibel bleiben.

Negativ ist dagegen, daß Sie in Neumondzeiten oft wie »ausgebrannt« sind. Sie fühlen sich schlapp und leer und geben diesem Gefühl allzu sehr nach.

* **Vollmond in der Jungfrau:** Positiv zeigt sich, daß Sie fähig sind, sich um Verständnis für andere zu bemühen – vor allem dann, wenn diese schwierige Aufgaben zu lösen haben.

Negativ ist dagegen, daß Sie dazu neigen, andere auszuschließen oder nicht zu beachten – weil Sie alle Probleme selbst erledigen möchten.

Neumond in der Jungfrau: Positiv zeigt sich, daß Sie realitätsbewußt weg von aller grauen Theorie hin zu tatsächlichem Geschehen gehen.

Negativ ist dagegen, daß Sie nur noch geistlose Tätigkeiten verrichten, sich keinerlei Vorstellungen außerhalb Ihres derzeitigen Gesichtskreises machen können.

* **Vollmond in der Waage:** Positiv zeigt sich, daß Sie echter Bewußtseinserweiterung sehr aufgeschlossen gegenüberstehen. Durch persönliche Wahrnehmung und gewonnene Einsicht gelangen Sie zu neuen Wahrheiten.

Negativ ist dagegen, daß Sie gerade deshalb zu Selbstgefälligkeit neigen. Sie sind so stolz auf sich und Ihre Fähigkeiten, daß Ihnen der Weg nach vorne verborgen bleibt.

Neumond in der Waage: Positiv zeigt sich, daß unbekannte und mit einem Tabu belegte Themen sich Ihnen durchaus erschließen. So sind Sie fähig, zwischen sinnvollen und schädlichen Tabus zu unterscheiden.

Negativ ist dagegen, daß viele Mißverständnisse, Ungerechtigkeiten und Streit auf Ihrem Lebensweg lauern. Gerade in Zeiten des Waage-Neumonds sollten Sie sich daher im Alltagsleben etwas zurücknehmen.

* **Vollmond im Skorpion:** Positiv zeigt sich jetzt Ihre Fähigkeit, trotz allem vergeben und vergessen zu können. Sie schaffen es ohne viel Mühe, auch Fremdes zu akzeptieren und zu beurteilen.

Negativ ist dagegen, daß Sie zu Selbstüberschätzung neigen: Sie sind so voller Bedürfnisse, Begierden und Gefühle, daß Sie jegliches Maß verlieren.

Neumond im Skorpion: Positiv zeigt sich, daß alle Gefühle, die vielleicht sonst zu kurz kommen, jetzt ausgelebt werden. Doch Vorsicht: Das kann Liebe ebenso sein wie Haß, Trauer ebenso wie Freude, Rache ebenso wie Verzeihen.

Negativ ist außerdem, daß im Skorpion-Neumond Depressionen stärker als sonst empfunden werden.

* **Vollmond im Schützen:** Positiv zeigt sich, daß Träume und Wirklichkeit beim Schützen durchaus übereinstimmen können. So manches Luftschloß wird real.

Negativ ist dagegen, daß man sich in seinen Träumen verliert und nicht mehr mit beiden Beinen fest auf der Erde steht.

Neumond im Schützen: Positiv zeigt sich, daß Sie immer wieder aufs neue die Chance ergreifen, einen wichtigen Schritt nach vorne zu tun – im Beruf ebenso wie im Privatleben.

Negativ ist dagegen eine gewisse Uneinsichtigkeit in die »blinden Stellen«, die jeder von uns hat. Selbst wenn Sie Ihre Fehler erkennten, neigen Sie dazu, in ihnen zu verharren.

* **Vollmond im Steinbock:** Positiv zeigt sich, daß Sie die große Chance haben, die eigenen Lebensgrundsätze zu finden. Sie

erkennen Ihre Begabungen und wissen sie richtig einzusetzen.

Negativ ist dagegen, daß auch unangenehme Wesens- und Charakterzüge deutlich in Erscheinung treten können. Es besteht auch durchaus die Gefahr, das rechte Maß für alle Dinge zu verlieren.

Neumond im Steinbock: Positiv zeigt sich, daß Sie jedesmal aufs neue erkennen, was Realität und was nur Schein ist. Unbekannte Möglichkeiten und selbst negative Eigenschaften werden erkannt und »verwertet«.

Negativ ist dagegen, daß Sie zu Pessimismus und Schwarzseherei neigen. Manches, was durchaus im Bereich Ihrer Möglichkeiten liegt, packen Sie daher erst gar nicht an.

* **Vollmond im Wassermann:** Positiv zeigt sich, daß jetzt die große Gelegenheit da ist, viele Zusammenhänge und Gegebenheiten zu erkennen. Daraus sollte man Konsequenzen ziehen – in der Liebe und im beruflichen Alltag.

Negativ ist dagegen, daß ein Zuviel an Erkenntnissen über andere und auch über die eigene Person rasch zu Selbstgefälligkeiten führt. Demut und Respekt vor anderen gehen verloren.

Neumond im Wassermann: Positiv zeigt sich, daß man die eigenen Grenzen des Wissens und der Erkenntnisse begreift und akzeptiert. Die persönliche Lebensqualität steigert sich dadurch enorm.

Negativ ist dagegen, daß die Erkenntnis der eigenen Grenzen zu Minderwertigkeitsgefühlen führen kann. Selbst zu Zynismus und Selbstverhöhnung kommt es in manchen Fällen.

* **Vollmond in den Fischen:** Positiv zeigt sich die Fähigkeit, eigene Lebensentscheidungen und Glaubensgrundsätze zu überprüfen und in Frage zu stellen. Sinnlose Gewohnheiten werden leichten Herzens aufgegeben.

Negativ ist dagegen, daß Unausgeglichenheit und wahre

»Gefühlsstürme« Sie durchtoben können. Sie verlieren Halt und Fassung.

Neumond in den Fischen: Positiv zeigt sich, daß Sie die Begabung haben, mit kollektiven Stimmungen sehr individuell umzugehen. Jetzt ist die Zeit, um sich mit den Grundfragen des menschlichen Seins zu beschäftigen.

Negativ ist dagegen ein Gefühl der Irritation, weil Sie sich leer und ausgebrannt fühlen. Sie haben bisher aus dem Vollen geschöpft – nun macht sich das Gefühl der Ebbe breit.

Mondfinsternisse und was sie bedeuten

Ganz wichtig kann es für Ihr künftiges Leben sein, wenn der Mond sich ausgerechnet an Ihrem nächsten Geburtstag »versteckt« – in einer Mondfinsternis nämlich. Sie können dann sicher sein: Etwas Schicksalhaftes steht im kommenden Jahr für Sie an. Ihr Leben wird sich unter Umständen völlig neu orientieren.

Sie sollten daher Ihre Energien nicht verzetteln, sondern sich auf das konzentrieren, was in Ihrem Leben wirklich wichtig und entscheidend ist. Das kann Beruf und Karriere sein, das mag Ihre Familie und Partnerschaft betreffen, das kann auch ganz allein die Entwicklung Ihrer Persönlichkeit und Ihres Charakters sein. Sie sollten auf jeden Fall versuchen, nicht nur nach Ihrem eigenen Gefühl zu handeln, nicht nur intuitiv zu entscheiden – selbst wenn Ihnen das sonst hilfreich erscheint. Verlassen Sie sich in diesem speziellen Jahr auch einmal auf den Ratschlag anderer, hören Sie hin, wenn Ihnen wohlmeinende Menschen Ihrer Umgebung gute Tips geben.

Anhand nachfolgender Tabelle können Sie die Mondfinsternis bis zum Jahr 2010 genau feststellen[1]:

---

[1] Quelle: NASA

1997	24. März	04:40
	16. September	18:46
1998	13. März	04:22
	8. August	02:25
	6. September	11:10
1999	31. Januar	16:19
	28. Juli	11:33
2000	21. Januar	04:44
	16. Juli	13:56
2001	9. Januar	20:21
	5. Juli	14:56
	30. Dezember	10:29
2002	26. Mai	12:04
	24. Juni	21:28
	20. November	01:46
2003	16. Mai	03:40
	9. November	01:19
2004	4. Mai	20:31
	28. Oktober	03:04
2005	24. April	09:56
	17. Oktober	12:03
2006	14. März	23:48
	7. September	18:51
2007	3. März	23:21
	28. August	10:37
2008	21. Februar	03:26
	16. August	14:38
2009	9. Februar	14:38
	7. Juli	09:39
	31. Dezember	19:23
2010	26. Juni	11:39
	21. Dezember	08:17

Am meisten jedoch wird Ihr Wesen und Ihr Charakter von den Tierkreiszeichen bestimmt. Das »Sonnenzeichen« – jenes Sternbild also, in dem bei unserer Geburt die Sonne stand – kennt wohl jeder. Anders sieht es mit dem Mondzeichen aus: Darüber erfahren Sie im nächsten Kapitel mehr.

Der Mond in der Astrologie

Alle Planeten spielen – nach der Lehre der Astrologie – in unserem Leben eine große Rolle. Wie wir uns fühlen, wie viel Energie uns innewohnt, was wir tun und natürlich auch äußere Lebensbedingungen – alles wird von ihnen beeinflußt.

Ein Planetenjahr beginnt nach astrologischer Lehre am 21. März und endet im darauffolgenden Jahr am 20. März – jeweils also zu Beginn des Sternzeichens Widder, am ersten Datum der Tagundnachtgleiche in einem Jahr. Der Winter ist der letzte Monat des alten Jahres; das neue beginnt mit dem Frühling und erwacht so zu neuem Leben.

Saturn, Jupiter, Mars, Sonne, Venus, Merkur und Mond sind für die einzelnen Jahre bestimmend. Sie waren schon in vorgeschichtlicher Zeit mit bloßem Auge zu erkennen. Erst viel später entdeckte man mit Hilfe des Teleskops die im Sonnensystem weiter draußen liegenden »modernen« Planenten Uranus, Pluto und Neptun. Sie sind jedoch – auch nach Meinung der Astrologen heute – zu weit von der Erde entfernt, um entscheidenden Einfluß auszuüben.

Die sieben »traditionellen« Planeten gelten als Symbol für die menschlichen Lebenskräfte. So steht die Venus für Liebe und Harmonie, der Mars für unsere Energie und Tatkraft, Merkur für unser Geschick in geschäftlichen Dingen und für den Verstand. Der Mond symbolisiert unsere Gefühle, die Sonne unsere Persönlichkeit, Jupiter unser Geschick und Saturn unsere Bereitschaft zu Verantwortung (mehr darüber weiter unten). Doch die Planeten bestimmen nicht nur unseren Charakter, sondern alles Geschehen auf der Erde. Jedem der Planeten werden bestimmte Eigenschaften zugeordnet, die mehr oder weniger beeinflussen. Diese Besonderheiten übertragen sich positiv oder negativ auf den Menschen:

* Die **Sonne** gilt als beständigster und mächtigster Planet über allen anderen. Sie steht für Macht, Individualität und auch für Selbstdarstellung.
  Für den Menschen ist sie die ewig scheinende, konstante Lebensquelle. Sie ist entscheidend für alle Möglichkeiten, die in uns liegen – gute wie schlechte ...

* Der **Mond** beherrscht unsere Gefühle und zeigt Veränderlichkeit, Empfindsamkeit, Sympathie und Beeinflußbarkeit. Unsere Seele ist von dem Mond bestimmt; Gefühlsbetontheit, Stimmungen und Launen wechseln sehr schnell. Das weibliche Element im Menschen wird vom Mond regiert, auch bei Männern übrigens.

* **Mars** (bei den Römern: Gott des Krieges) steht für Aktivität, Selbstverwirklichung, Unternehmungsgeist und Energie.
  Beim Menschen werden dem Mars im körperlichen Bereich die Zeugungskraft und vor allem aggressive Energien zugeschrieben. Man kämpft sich mit diesem Planeten durchs Leben, Energien werden kraftvoll eingesetzt. Allerdings: Manchmal schießt man über das Ziel hinaus.

* **Venus** (bei den Römern: Göttin der Liebe) symbolisiert die Anziehungskraft, die Schönheit, die Wertbestimmung und die Einheit.
  Im körperlichen Bereich gilt sie als Gegenpol zum Mars. Die Venus ist nicht nur ausschlaggebend für Harmonie, sie sorgt auch für das körperliche Wohlbefinden und wiegt Geben und Nehmen auf.

* **Merkur** (bei den Römern: Gott der Kaufleute) ist der Planet des Verstandes. Aber auch die Intelligenz, die Urteilskraft und die Kommunikation gehören dazu.

Beim Menschen entscheidet der Merkur im geistigen und intellektuellen Bereich. Er verhilft zu einer schnellen Auffassungsgabe und befähigt einen dazu, mit anderen zu kommunizieren.

* **Saturn** (bei den Römern: Gott des Ackerbaus) steht für die Fähigkeit zur Eingrenzung, zur Beschränkung und Disziplin.
  Beim Menschen stimmt Saturn die Körperenergien aufeinander ab. Er schränkt ein, sorgt für Besonnenheit, Zurückhaltung und für Nüchternheit.

* **Jupiter** (bei den Römern: Göttervater) als Herrscher aller Planeten symbolisiert den Optimismus, die Erweiterung und die Voraussicht – aber er steht auch für den glücklichen Zufall.
  Im Geistigen vermittelt der Jupiter das zunehmende Bewußtsein. Als Wirkung auf den Menschen sorgt er für erweiterten Horizont, neue Perspektiven, Lebensfreude und Optimismus.

Die »modernen« Planeten waren zwar früher noch nicht bekannt, sollen aber der Vollständigkeit halber hier ebenfalls erwähnt werden:

* **Uranus,** entdeckt im Jahr 1781, ist das Symbol für drastische Veränderungen, für Erfindungsgeist, für Unabhängigkeit und für Originalität.
  Für den Menschen ist der Uranus die dritte Kraft im Geistigen. Er zeigt immer Grenzen auf, aber auch den Einfallsreichtum.

* **Neptun,** entdeckt im Jahr 1846, ist der Planet der Illusion. Er steht für das Loslassen von allem Materiellem.
  Beim Menschen ist Neptun den Illusionen im Seelenleben zugeneigt. Er kann einerseits zu Inspiration und emotionalem Genie verhelfen, andererseits aber auch zu Betrug und Flucht aus der Realität bis hin zur Illusion.

* **Pluto,** entdeckt im Jahr 1930, gilt als der Planet der Veränderung, der Säuberung und der Wiedergeburt. Auch Erneuerung und Entschlossenheit gehören dazu.
Beim Menschen wirkt er besonders auf das Seelenleben. Da zeigt er sich schöpferisch und zerstörerisch zugleich, denn er regiert alle Kräfte, die dem Menschen nutzen, aber auch Schaden bringen können.

Die Mondzahl Sieben

Es hat natürlich seine Bewandtnis, warum in der alten Lehre von der Sternen ausgerechnet sieben Planeten wichtig waren. Der Grund liegt nicht nur darin, daß man damals nicht unterscheiden konnte zwischen Trabanten wie dem Mond, Gestirnen wie der Sonne und »echten« Planeten wie Merkur, Venus, Mars, Jupiter und Saturn. In allen Beobachtungen, Aufzeichnungen und in vielen Sagen und Legenden der unterschiedlichsten Völker taucht vielmehr immer wieder die Zahl Sieben auf. Selbst in vielen Märchen kommt sie vor: Wir kennen die sieben Geißlein oder die sieben Raben, Schneewittchen wurde von sieben Zwergen betreut, die hinter sieben Bergen hausten.

Auch in der Schöpfungsgeschichte der Bibel hat diese Zahl eine besondere Bedeutung: Die Welt wurde in sieben Tagen geschaffen. Die Woche hat sieben Tage. Es gibt sieben Tugenden und sieben Todsünden. Mit sieben Siegeln ist das Buch der Zukunft in der Apokalypse verschlossen. Sie haben sicher schon gemerkt, worauf das Ganze hinausläuft: Die Sieben ist eine heilige Zahl und – eine Mondzahl.

Zum größten Teil stammt die Magie der Zahlen aus dem altorientalischen Babylon. Dort – aber nicht nur dort! – war der Mondgott die oberste Gottheit. Der Mond ändert seine Gestalt alle sieben Tage. So war es nur natürlich, dazu passende Naturereignisse zu suchen – und zu finden: Man sah am Himmel sieben Planeten, die jeweils ihre eigene Himmelssphäre hatten.

Die Tagesplaneten

Nach altem Glauben hat jeder Tag der Woche seinen eigenen
Planeten:
* der Montag den Mond,
* der Dienstag den Mars,
* der Mittwoch den Merkur,
* der Donnerstag den Jupiter,
* der Freitag die Venus,
* der Samstag den Saturn und
* der Sonntag die Sonne.
In Deutschland waren oft nordische Gottheiten die »Taufpa-
ten« unserer Wochentage. In den romanischen Sprachen jedoch ist das anders – da kann man die sieben Planeten oft noch
genau erkennen:
* Montag heißt in Frankreich *lundi,* auf italienisch *lunedi* –
  und den Mond nennt man in Frankreich *la lune,* in Italien *la
  luna.*
* Den Dienstag nennt man in Frankreich *mardi,* in Italien
  martedi – ganz klar erkenntlich nach dem Mars.
* Mittwoch heißt auf französisch *mercredi,* auf italienisch *mer-
  coledi* – und weist damit auf den Merkur hin.
* Der Donnerstag wird in Frankreich *jeudi,* in Italien *giovedi*
  genannt: ein deutlicher Hinweis auf den Jupiter.
* Der Freitag nennt sich auf französisch *vendredi,* in Italien
  venerdi und deutet somit auf die Venus hin.
* Samstag heißt im englischen *saturday* – klar, daß Saturn hier
  den Namen gab.
* Der Sonntag ist auch im Deutschen noch deutlich als Tag der
  Sonne zu erkennen – wie auch im englischen *sunday.*

Die Stundenregenten

Selbst die Stunden eines Tages sind auf die einzelnen Planeten
»aufgeteilt«. Schauen Sie selbst einmal nach, wann der Mond
die Stunde schlägt:

	Sonntag **Sonne**	**Montag** **Mond**	**Dienstag** **Mars**	**Mittwoch** **Merkur**	**Donnerstag** **Jupiter**	**Freitag** **Venus**	**Samstag** **Saturn**
6–7	Sonne	Mond	Mars	Merkur	Jupiter	Venus	Saturn
7–8	Venus	Saturn	Sonne	Mond	Mars	Merkur	Jupiter
8–9	Merkur	Jupiter	Venus	Saturn	Sonne	Mond	Mars
9–10	Mond	Mars	Merkur	Jupiter	Venus	Saturn	Sonne
10–11	Saturn	Sonne	Mond	Mars	Merkur	Jupiter	Venus
11–12	Jupiter	Venus	Saturn	Sonne	Mond	Mars	Merkur
12–13	Mars	Merkur	Jupiter	Venus	Saturn	Sonne	Mond
13–14	Sonne	Mond	Mars	Merkur	Jupiter	Venus	Saturn
14–15	Venus	Saturn	Sonne	Mond	Mars	Merkur	Jupiter
15–16	Merkur	Jupiter	Venus	Saturn	Sonne	Mond	Mars
16–17	Mond	Mars	Merkur	Jupiter	Venus	Saturn	Sonne
17–18	Saturn	Sonne	Mond	Mars	Merkur	Jupiter	Venus
18–19	Jupiter	Venus	Saturn	Sonne	Mond	Mars	Merkur
19–20	Mars	Merkur	Jupiter	Venus	Saturn	Sonne	Mond
20–21	Sonne	Mond	Mars	Merkur	Jupiter	Venus	Saturn
21–22	Venus	Saturn	Sonne	Mond	Mars	Merkur	Jupiter
22–23	Merkur	Jupiter	Venus	Saturn	Sonne	Mond	Mars
23–24	Mond	Mars	Merkur	Jupiter	Venus	Saturn	Sonne
0–1	Saturn	Sonne	Mond	Mars	Merkur	Jupiter	Venus
1–2	Jupiter	Venus	Saturn	Sonne	Mond	Mars	Merkur
2–3	Mars	Merkur	Jupiter	Venus	Saturn	Sonne	Mond
3–4	Sonne	Mond	Mars	Merkur	Jupiter	Venus	Saturn
4–5	Venus	Saturn	Sonne	Mond	Mars	Merkur	Jupiter
5–6	Merkur	Jupiter	Venus	Saturn	Sonne	Mond	Mars

Magische Stunden für Mondrituale

Nach Sonnenaufgang und Sonnenuntergang kannte man in
früherer Zeit magische Stunden, die sich besonders für Mond-
rituale eignen sollten. Es ging dabei nicht genau um die Uhr-
zeit – schließlich hatte früher nicht jeder eine Armbanduhr.
Man richtete seine Zeit nach Tag und Nacht ein: Von Sonnenaufgang bis Sonnenuntergang war Tag; von Sonnenuntergang
bis Sonnenaufgang herrschte Nacht.
Als magische Stunden gelten:

	nach Sonnenaufgang
Sonntag	die vierte und elfte Stunde
Montag	die erste und achte Stunde
Dienstag	die fünfte und zwölfte Stunde
Mittwoch	die zweite und neunte Stunde
Donnerstag	die sechste Stunde
Freitag	die dritte und zehnte Stunde
Samstag	die siebte Stunde.
	nach Sonnenuntergang
Sonntag	die sechste Stunde
Montag	die dritte und zehnte Stunde
Dienstag	die siebte Stunde
Mittwoch	die vierte und elfte Stunde
Donnerstag	die erste und achte Stunde
Freitag	die fünfte und zwölfte Stunde
Samstag	die zweite und neunte Stunde

Sonne und Mond wechseln die Tierkreiszeichen

In welchem Tierkreiszeichen die Sonne bei Ihrer Geburt
stand, wissen Sie sicherlich. Sämtliche Tageszeitungs- und
Zeitschriftenhoroskope gründen sich ja auf das Sonnenhoro-

skop. Die Sonne ist der Mittelpunkt unserer Existenz. Etwa alle vier Wochen wechselt sie in ein anderes Tierkreiszeichen. Genauso wichtig für ein fundiertes Horoskop ist jedoch das Wissen darum, in welchem Zeichen die anderen Planeten zum Zeitpunkt unserer Geburt standen. Vor allem der Mond als erdnächster »Planet« spielt dabei eine entscheidende Rolle.

Der Mond wechselt alle zwei bis zweieinhalb Tage in ein anderes Tierkreiszeichen. Er ist für unsere Stimmungen und Gefühle, für unser unbewußtes Denken und Handeln »zuständig«. Die Stellung des Mondes bei Ihrer Geburt zeigt an, wie Sie ganz instinktiv auf bestimmte Situationen reagieren. Ob Sie eher intro- oder extrovertiert sind, ob Sie zum Grübeln und Nachdenken neigen oder ob Sie sich oft zu ganz spontanen Handlungen hinreißen lassen. Das entscheidet sich aber auch dadurch, in welchem Tierkreiszeichen der Mond zum Zeitpunkt Ihrer Geburt stand. Die Tierkreiszeichen bleiben bei Sonne und Mond gleich – sie stehen ja fest am Himmel. Lediglich ihre Bedeutung für uns ändert sich.

Die vier Elemente und ihre Eigenschaften

Noch mehr über sich selbst, Ihre Veranlagungen und Ihren Charakter finden Sie heraus, wenn Sie wissen, welcher Planet das entsprechende Tierkreiszeichen regiert und ob Ihr Mondsternbild ein Erd-, Feuer-, Luft- oder Wasserzeichen ist. Die Tierkreiszeichen werden nämlich von alters her auch unter den vier astrologisch-alchimistischen Eigenschaften eingeteilt. Immer abwechselnd gruppiert man daher Feuer, Erde, Luft und Wasser – die vier Elemente der Alchimisten und der Hexen – den zwölf Sternzeichen zu.

Je drei der Sonnenmonate entsprechen den vier Grundhaltungen (oder Temperamenten) der irdischen Wesen gegenüber ihrer Umwelt:

* Das **Element Feuer** hat den mitreißenden Wunsch und unbezwinglichen Willen, sich zu entfalten, zu behaupten, um jeden Preis durchzusetzen.
Feuerzeichen sind Widder, Löwe und Schütze.
* Das **Element Erde** ist vorsichtig, berechnend und nutzt alle Möglichkeiten aus, das Materielle im Umkreis zu kontrollieren und zu besitzen.
Erdzeichen sind Stier, Jungfrau und Steinbock.
* Das **Element Luft** entspricht seelischer und geistiger Schnelligkeit, Vernunft und geschickter Beweglichkeit. Wer unter einem Luftzeichen geboren ist, wird allerdings stets leichtes Leben führen wollen und dies auch seinen Mitmenschen zugestehen.
Luftzeichen sind Zwillinge, Waage und Wassermann.
* Das **Element Wasser** ist bestrebt, Frieden und Ruhe zu erreichen und zu erhalten. Äußere Macht und Geltung wird aufgegeben, um die Sehnsucht nach innerer Entwicklung und Reife zu verwirklichen.
Wasserzeichen sind Krebs, Skorpion und Fische.

Die Tierkreiszeichen und der Mond

Nach den alten Überlieferungen der Astrologie werden die zwölf Tierkreiszeichen im Mond wie folgt erst einmal so charakterisiert:
* Der Widdermond wird vom Planeten Mars regiert. Er ist ein Feuerzeichen. Wenn Ihr Geburtsmond im Widder stand, deutet dies an, daß Sie Führungseigenschaften und Pioniergeist besitzen. Sie brauchen keine Reichtümer im Leben, die Familie geht Ihnen über alles. Aber: Sie sind leicht erregbar und neigen zu sehr impulsiven Verhaltensweisen.
* Der Stiermond hat als Regenten den Planeten Venus. Er ist ein Erdzeichen. Ihr Geburtsmond im Sternzeichen Stier zeigt an, daß Sie alles im Leben eher konservativ angehen

und sehr beständig sind. Ihr Sicherheitsbedürfnis ist sehr ausgeprägt. Manchmal können Sie eigensinnig und stur sein. Kindern gegenüber sind Sie jedoch stets sehr fürsorglich.

* Der Zwillingsmond wird vom Planeten Merkur regiert. Er ist ein Luftzeichen. Stand der Mond zu Ihrer Geburt in den Zwillingen, so sind Sie wahrscheinlich ein wahres Energiebündel. Sie neigen zur Hektik und sogar Rastlosigkeit. Unstillbar ist Ihr Wissensdrang – man könnte Sie beinahe eine »neugierige Elster« schimpfen. Ihre Schlagfertigkeit macht Sie nicht immer beliebt. Allerdings: Sie haben auch kaum Interesse daran, sich langfristig festzulegen oder auf Nummer Sicher zu gehen.

* Der Krebsmond wird vom Mond (!) regiert. Er ist ein Wasserzeichen. Stand Ihr Geburtsmond im Krebs, so sind Sie wahrscheinlich extrem sensibel und empfindlich. Oft lassen Sie sich verunsichern. Einziges »Mittel« dagegen: Ihr eigenes Heim und Ihre Familie – da fühlen Sie sich auf festem Boden, nichts kann Sie erschüttern.

* Der Löwemond wird von der Sonne beherrscht. Er ist ein Feuerzeichen. Wenn bei Ihrer Geburt der Mond im Löwen stand, so streben Sie danach, stets und bei allen im Mittelpunkt zu stehen, sonst fühlen Sie sich einfach nicht wohl. Sie haben Probleme damit, Aufgaben zu teilen oder gar abzugeben – am liebsten würden Sie alles selbst erledigen. Sie können nämlich nur dann gut dastehen, wenn Sie selbst bei allem Regie führen.

* Der Jungfraumond wird vom Planeten Merkur beherrscht. Er ist ein Erdzeichen. Stand Ihr Geburtsmond in der Jungfrau, so neigen Sie zum Perfektionismus – bis hin zur Pedanterie. Ihr Hang zur Reinlichkeit kann fast zwanghaft werden. Oft nagen Selbstzweifel an Ihnen, und Sie unterdrücken Ihre Gefühle zugunsten »vernünftiger Entscheidungen«. Dennoch sind Sie zu großen Leistungen fähig. Es fällt Ihnen nur schwer, das zu erkennen.

* Der Waagemond wird vom Planeten Uranus regiert. Er ist ein Luftzeichen. Wer seinen Geburtsmond in der Waage hat, ist im allgemeinen selbstlos und romantisch. Sie sind geradezu harmoniesüchtig, eignen sich deshalb bestens als Schlichter und Vermittler. Sie hassen es jedoch, einfach übersehen zu werden. Dennoch gelten Sie als genügsam und leicht zufriedenzustellen.

* Der Skorpionmond wird vom Planeten Pluto beherrscht. Er ist ein Wasserzeichen. Wenn Ihr Geburtsmond im Skorpion stand, wirken Sie sehr kraftvoll und konzentriert, manchmal fast besessen. Sie neigen jedoch auch zur Verschlossenheit und zum Grübeln. Den Finanzen gilt Ihr höchstes Interesse. Und: Sie haben gerne alles unter Kontrolle, in jeglicher Beziehung.

* Der Schützemond hat als Herrscherplaneten den Jupiter. Er ist ein Feuerzeichen. Stand der Mond bei Ihrer Geburt im Schützen, so sprühen Sie über vor Energie: Sie interessieren sich sehr für Fortschritt und Wachstum. Man sollte Sie besser niemals herausfordern, denn Sie hassen nichts mehr als Provokationen aller Art. Sie gelten als enthusiastisch, sind aber leider nicht sehr sensibel.

* Der Steinbockmond wird vom Planeten Saturn regiert. Er ist ein Erdzeichen. Wenn Ihr Geburtsmond im Steinbock war, gelten Sie als sehr selbstdiszipliniert. Ihre Zielstrebigkeit könnte Vorbild für alle anderen sein. Außerdem können Sie bestens organisieren und planen gerne alles lange voraus. Ihre praktische Veranlagung und Ihr Streben nach Besitz lassen Sie allerdings nur selten Gefühl zeigen.

* Der Wassermannmond wird vom Planeten Uranus beherrscht. Er ist ein Luftzeichen. Stand der Mond bei Ihrer Geburt im Wassermann, fällt es Ihnen sehr schwer, sich anderen unterzuordnen. Ihre Unabhängigkeit und Ihr Streben nach Extravaganz lassen das einfach nicht zu. Gerne verändern Sie Ihre Umgebung. Mit Gefühlen können Sie nicht sehr viel anfangen – Sie unterdrücken sie lieber.

* Der Fischemond hat als Herrscherplaneten den Neptun. Er ist ein Wasserzeichen. Stand Ihr Geburtsmond in den Fischen, so haben Sie eine Ader für Spirituelles und Mystisches. Sie sind oft außerordentlich kreativ. Wenig Interessen haben Sie dagegen an Besitztümern und Geld. Oft lassen Sie sich durch Ihre Gefühle verwirren – auch deshalb, weil Sie sich bestens in andere hineinversetzen können.

Jedes Sternzeichen im Mond hat außerdem seine ganz besondere Bedeutung:

* Mond im Widder steht für Schutz und Mut;
* Mond im Stier für Frieden, Wachstum und Geld;
* Mond im Zwilling für Weissagungen und Wünsche;
* Mond im Krebs für Liebe, Familie und Gefühle;
* Mond im Löwen für Sex und Leidenschaft;
* Mond in der Jungfrau für Heilung;
* Mond in der Waage für Partnerschaft, Beziehungen und Heirat;
* Mond im Skorpion für Verteidigung, Mut und Exorzismus;
* Mond im Schützen für Reisen;
* Mond im Steinbock für Verbannungen und Bannung von bösem Zauber;
* Mond im Wassermann für Mysterien und Geheimnisse;
* Mond in den Fischen für Bewußtseinserweiterung, Träume und Magie.

Im folgenden Kapitel finden Sie einen umfangreichen Tabellenteil: Schlagen Sie nach, in welchem Zeichen der Mond zum Zeitpunkt Ihrer Geburt stand. Was das für Ihr Schicksal und Ihre Zukunft bedeuten, erfahren Sie ab Seite131.

Wo stand der Mond bei Ihrer Geburt?
Großer Tabellenteil für die Jahre
1940–2005

1940

Tag	Januar Mond im	Februar Mond im	März Mond im	April Mond im	Mai Mond im	Juni Mond im
1	♍ ab 11.44 ♎	♏	♐	♑ ab 09.14 ♒	♒ ab 03.56 ♓	♈
2	♎	♏ ab 02.36 ♐	♐ ab 16.03 ♑	♒	♓ ab 16.52 ♈	♈ ab 12.44 ♉
3	♎ ab 15.36 ♏	♐	♑	♒ ab 21.11 ♓	♈	♉
4	♏	♐ ab 10.27 ♑	♑	♓	♈	♉ ab 22.50 ♊
5	♏ ab 21.13 ♐	♑	♑ ab 02.08 ♒	♓	♈	♊
6	♐	♑ ab 20.22 ♒	♒	♓ ab 10.10 ♈	♈ ab 05.13 ♉	♊ ab 06.02 ♋
7	♐	♒	♒ ab 14.08 ♓	♈	♉	♋
8	♐ ab 04.30 ♑	♒ ab 07.59 ♓	♓	♈ ab 22.39 ♉	♉ ab 15.34 ♊	♋ ab 11.01 ♌
9	♑	♓	♓	♉	♊	♌
10	♑ ab 13.42 ♒	♓ ab 20.50 ♈	♓ ab 03.01 ♈	♉	♊ ab 23.34 ♋	♌ ab 14.41 ♍
11	♒	♈	♈	♉ ab 09.33 ♊	♋	♍
12	♒	♈	♈ ab 15.45 ♉	♊	♋	♍
13	♒ ab 01.03 ♓	♈ ab 09.36 ♉	♉	♊ ab 18.04 ♋	♋ ab 05.23 ♌	♍ ab 17.44 ♎
14	♓	♉	♉	♋	♌	♎
15	♓ ab 13.56 ♈	♉	♉ ab 02.53 ♊	♋ ab 23.44 ♌	♌ ab 09.18 ♍	♎ ab 20.32 ♏
16	♈	♉ ab 20.10 ♊	♊	♌	♍	♏
17	♈	♊	♊ ab 10.57 ♋	♌	♍ ab 11.41 ♎	♏ ab 23.34 ♐
18	♈ ab 02.16 ♉	♊	♋	♌ ab 02.35 ♍	♎	♐
19	♉	♊ ab 02.47 ♋	♋ ab 15.15 ♌	♍	♎ ab 13.12 ♏	♐
20	♉ ab 11.32 ♊	♋	♌	♍ ab 03.23 ♎	♏	♐ ab 03.45 ♑
21	♊	♋ ab 05.19 ♌	♌ ab 16.21 ♍	♎	♏ ab 15.00 ♐	♑
22	♊ ab 16.35 ♋	♌	♍	♎ ab 03.33 ♏	♐	♑ ab 10.15 ♒
23	♋	♌ ab 05.12 ♍	♍ ab 15.48 ♎	♏	♐ ab 18.35 ♑	♒
24	♋ ab 18.11 ♌	♍	♎	♏ ab 04.49 ♐	♑	♒ ab 19.56 ♓
25	♌	♍ ab 04.29 ♎	♎ ab 15.34 ♏	♐	♑	♓
26	♌ ab 18.12 ♍	♎	♏	♐ ab 08.50 ♑	♑ ab 01.19 ♒	♓
27	♍	♎ ab 05.14 ♏	♏ ab 17.31 ♐	♑	♒	♓ ab 08.13 ♈
28	♍ ab 18.43 ♎	♏	♐	♑ ab 16.39 ♒	♒ ab 11.39 ♓	♈
29	♎	♏ ab 08.55 ♐	♐ ab 23.00 ♑	♒	♓	♈ ab 20.53 ♉
30	♎ ab 21.18 ♏		♑	♒	♓	♉
31	♏		♑		♓ ab 00.19 ♈	

Tag	Juli Mond im	August Mond im	September Mond im	Oktober Mond im	November Mond im	Dezember Mond im
1	♉	♋	♌ ab 14.57 ♍	♍ ab 01.47 ♎	♏ ab 12.21 ♐	♐ ab 00.51 ♑
2	♉ ab 07.16 ♊	♋	♍	♎	♐	♑
3	♊	♋ ab 03.20 ♌	♍ ab 14.54 ♎	♎ ab 01.12 ♏	♐ ab 14.23 ♑	♑ ab 05.13 ♒
4	♊ ab 14.11 ♋	♌	♎	♏	♑	♒
5	♋	♌ ab 04.51 ♍	♎ ab 15.17 ♏	♏ ab 01.54 ♐	♑ ab 20.04 ♒	♒ ab 13.36 ♓
6	♋ ab 18.12 ♌	♍	♏	♐	♒	♓
7	♌	♍ ab 05.50 ♎	♏ ab 17.36 ♐	♐ ab 05.29 ♑	♒	♓ ab 01.27 ♈
8	♌ ab 20.45 ♍	♎	♐	♑	♒ ab 05.46 ♓	♈
9	♍	♎ ab 07.46 ♏	♐ ab 22.46 ♑	♑ ab 12.44 ♒	♓	♈ ab 14.28 ♉
10	♍ ab 23.07 ♎	♏	♑	♒	♓ ab 18.13 ♈	♉
11	♎	♏ ab 11.29 ♐	♑	♒ ab 23.18 ♓	♈	♉
12	♎	♐	♑ ab 06.52 ♒	♓	♈	♉ ab 02.08 ♊
13	♎ ab 02.07 ♏	♐ ab 17.15 ♑	♒	♓	♈ ab 07.13 ♉	♊
14	♏	♑	♒	♓ ab 11.50 ♈	♉	♊ ab 11.20 ♋
15	♏ ab 06.05 ♐	♑	♓	♈	♉ ab 19.01 ♊	♋
16	♐	♑ ab 01.08 ♒	♓ ab 05.43 ♈	♈ ab 00.50 ♉	♊	♋ ab 18.17 ♌
17	♐ ab 11.18 ♑	♒	♈	♉	♊	♌
18	♑	♒ ab 11.10 ♓	♈ ab 18.46 ♉	♉ ab 13.00 ♊	♊ ab 04.53 ♋	♌ ab 23.35 ♍
19	♑ ab 18.22 ♒	♓	♉	♊	♋	♍
20	♒	♓ ab 23.14 ♈	♉	♊ ab 23.18 ♋	♋ ab 12.39 ♌	♍
21	♒	♈	♉ ab 07.06 ♊	♋	♌	♍ ab 03.37 ♎
22	♒ ab 03.59 ♓	♈	♊	♋	♌ ab 18.11 ♍	♎
23	♓	♈ ab 12.17 ♉	♊ ab 16.58 ♋	♋ ab 06.51 ♌	♍	♎ ab 06.30 ♏
24	♓ ab 16.02 ♈	♉	♋	♌	♍ ab 21.25 ♎	♏
25	♈	♉	♋ ab 23.09 ♌	♌ ab 11.10 ♍	♎	♏ ab 08.37 ♐
26	♈	♉ ab 00.13 ♊	♌	♍	♎ ab 22.45 ♏	♐
27	♈ ab 03.57 ♉	♊	♌	♍ ab 12.37 ♎	♏	♐ ab 10.59 ♑
28	♉	♊ ab 08.54 ♋	♌ ab 01.42 ♍	♎	♏ ab 23.19 ♐	♑
29	♉ ab 16.04 ♊	♋	♍	♎ ab 12.25 ♏	♐	♑
30	♊	♋ ab 13.32 ♌	♍	♏	♐	♑ ab 15.09 ♒
31	♊ ab 23.32 ♋	♌		♏		♒

1941

Tag	Januar Mond im	Februar Mond im	März Mond im	April Mond im	Mai Mond im	Juni Mond im
1	♒ ab 22.35 ♓	♈	♈	♉ ab 10.07 ♊	♊ ab 03.56 ♋	♌
2	♓	♈	♈ ab 14.24 ♉	♊	♋	♌ ab 02.39 ♍
3	♓	♈ ab 06.41 ♉	♉	♊ ab 21.44 ♋	♋ ab 13.34 ♌	♍
4	♓ ab 09.35 ♈	♉	♉	♋	♌	♍ ab 07.17 ♎
5	♈	♉ ab 19.10 ♊	♉ ab 03.12 ♊	♋	♌ ab 20.06 ♍	♎
6	♈ ab 22.29 ♉	♊	♊	♋ ab 06.26 ♌	♍	♎ ab 09.14 ♏
7	♉	♊	♊ ab 14.04 ♋	♌	♍ ab 23.12 ♎	♏
8	♉	♊ ab 04.58 ♋	♋	♌ ab 11.21 ♍	♎	♏ ab 09.24 ♐
9	♉ ab 10.27 ♊	♋	♋ ab 21.19 ♌	♍	♎ ab 23.34 ♏	♐
10	♊	♋ ab 11.08 ♌	♌	♍ ab 12.55 ♎	♏	♐ ab 09.32 ♑
11	♊ ab 19.34 ♋	♌	♌	♎	♏ ab 22.50 ♐	♑
12	♋	♌ ab 14.21 ♍	♌ ab 00.52 ♍	♎ ab 12.32 ♏	♐	♑ ab 11.42 ♒
13	♋	♍	♍	♏	♐ ab 23.04 ♑	♒
14	♋ ab 01.40 ♌	♍ ab 16.08 ♎	♍ ab 01.52 ♎	♏ ab 12.08 ♐	♑	♒ ab 17.34 ♓
15	♌	♎	♎	♐	♑ ab 02.15 ♒	♓
16	♌ ab 05.46 ♍	♎ ab 17.53 ♏	♎ ab 02.03 ♏	♐ ab 13.39 ♑	♒	♓
17	♍	♏	♏	♑	♒	♓ ab 03.31 ♈
18	♍ ab 09.00 ♎	♏ ab 20.37 ♐	♏ ab 03.08 ♐	♑ ab 18.31 ♒	♒ ab 09.34 ♓	♈
19	♎	♐	♐	♒	♓	♈ ab 16.03 ♉
20	♎ ab 12.04 ♏	♐ ab 00.54 ♑	♐ ab 06.25 ♑	♒ ab 03.07 ♓	♓ ab 20.34 ♈	♉
21	♏	♑	♑	♓	♈	♉
22	♏ ab 15.17 ♐	♑ ab 07.02 ♒	♑ ab 12.34 ♒	♓	♈	♉ ab 04.45 ♊
23	♐	♒	♒	♓ ab 14.35 ♈	♈ ab 09.27 ♉	♊
24	♐ ab 19.01 ♑	♒	♒ ab 21.30 ♓	♈	♉	♊ ab 15.51 ♋
25	♑	♒ ab 15.19 ♓	♓	♈	♉ ab 22.10 ♊	♋
26	♑	♓	♓	♈ ab 03.23 ♉	♊	♋
27	♑ ab 00.06 ♒	♓	♓ ab 08.40 ♈	♉	♊	♋ ab 00.55 ♌
28	♒	♓ ab 01.55 ♈	♈	♉ ab 16.11 ♊	♊ ab 09.37 ♋	♌
29	♒ ab 07.35 ♓		♈ ab 21.14 ♉	♊	♋	♌ ab 08.03 ♍
30	♓		♉	♊	♋ ab 19.16 ♌	♍
31	♓ ab 18.02 ♈		♉		♌	

Tag	Juli Mond im	August Mond im	September Mond im	Oktober Mond im	November Mond im	Dezember Mond im
1	♍ ab 13.17 ♎	♏	♑	♒	♈	♉
2	♎	♏ ab 00.50 ♐	♑ ab 13.39 ♒	♒ ab 02.18 ♓	♈	♉
3	♎ ab 16.34 ♏	♐	♒	♓	♓ ab 05.19 ♈	♊
4	♏	♐ ab 03.17 ♑	♒ ab 19.52 ♓	♓ ab 11.38 ♈	♈	♊
5	♏ ab 18.14 ♐	♑	♓	♈	♈ ab 17.53 ♉	♊ ab 12.22 ♋
6	♐	♑ ab 06.32 ♒	♓	♈ ab 22.52 ♉	♉	♋
7	♐ ab 19.21 ♑	♒	♓ ab 04.29 ♈	♉	♉	♋ ab 23.43 ♌
8	♑	♒ ab 11.51 ♓	♈	♉	♉ ab 06.26 ♊	♌
9	♑ ab 21.36 ♒	♓	♈ ab 15.32 ♉	♉ ab 11.23 ♊	♊	♌ ab 09.13 ♍
10	♒	♓ ab 20.13 ♈	♉	♊	♊ ab 17.49 ♋	♍
11	♒ ab 02.42 ♓	♈	♉	♊ ab 23.53 ♋	♋	♍ ab 15.46 ♎
12	♓	♈ ab 07.32 ♉	♉ ab 04.06 ♊	♋	♋ ab 02.29 ♌	♎
13	♓ ab 11.35 ♈	♉	♊	♋	♌	♎ ab 18.52 ♏
14	♈	♉ ab 20.10 ♊	♊ ab 16.09 ♋	♋ ab 10.29 ♌	♌ ab 07.22 ♍	♏
15	♈ ab 23.30 ♉	♊	♋	♌	♍	♏ ab 19.10 ♐
16	♉	♊	♋ ab 01.36 ♌	♌ ab 17.36 ♍	♍ ab 08.40 ♎	♐
17	♉	♊ ab 07.38 ♋	♌	♍	♎	♐ ab 18.27 ♑
18	♉ ab 12.10 ♊	♋	♌ ab 07.29 ♍	♍ ab 18.54 ♎	♎ ab 07.54 ♏	♑
19	♊	♋ ab 16.16 ♌	♍	♎	♏	♑ ab 18.54 ♒
20	♊ ab 23.15 ♋	♌	♍ ab 10.18 ♎	♎ ab 21.26 ♏	♏ ab 07.12 ♐	♒
21	♋	♌ ab 21.53 ♍	♎	♏	♐	♒ ab 22.33 ♓
22	♋	♍	♎ ab 11.24 ♏	♏ ab 21.01 ♐	♐ ab 08.47 ♑	♓
23	♋ ab 07.48 ♌	♍	♏	♐	♑	♓
24	♌	♍ ab 01.22 ♎	♏ ab 12.25 ♐	♐ ab 21.40 ♑	♑	♓ ab 06.24 ♈
25	♌ ab 14.04 ♍	♎	♐	♑	♒ ab 14.09 ♓	♈
26	♍	♎ ab 03.49 ♏	♐ ab 14.45 ♑	♑ ab 01.03 ♒	♓	♈ ab 17.43 ♉
27	♍ ab 18.41 ♎	♏	♑	♒	♓ ab 23.27 ♈	♉
28	♎	♏ ab 06.13 ♐	♑ ab 19.17 ♒	♒ ab 07.51 ♓	♈	♉
29	♎ ab 22.09 ♏	♐	♒	♓	♈	♉ ab 06.27 ♊
30	♏	♐ ab 09.18 ♑	♒	♓ ab 17.38 ♈	♈ ab 11.19 ♉	♊
31	♏	♑		♈		♊

1942

Tag	Januar Mond im	Februar Mond im	März Mond im	April Mond im	Mai Mond im	Juni Mond im
1	♊ ab 18.42 ♋	♌	♌	♎	♏	♑
2	♋	♌ ab 20.58 ♍	♌ ab 05.06 ♍	♎ ab 21.55 ♏	♏ ab 08.03 ♐	♑ ab 18.00 ♒
3		♍	♍	♏	♐	♒
4	♋ ab 05.33 ♌	♍	♍ ab 10.23 ♎	♏ ab 23.05 ♐	♐ ab 08.05 ♑	♒ ab 21.14 ♓
5	♌	♍ ab 03.18 ♎	♎	♐	♑	♓
6	♌ ab 14.43 ♍	♎	♎ ab 13.50 ♏	♐ ab 00.42 ♑	♑ ab 09.56 ♒	♓
7	♍	♎ ab 07.56 ♏	♏	♑	♒	♓ ab 04.11 ♈
8	♍ ab 21.49 ♎	♏	♏ ab 16.28 ♐	♑	♒ ab 14.44 ♓	♈
9	♎	♏ ab 11.07 ♐	♐	♑ ab 03.57 ♒	♓	♈ ab 14.16 ♉
10	♎	♐	♐ ab 19.09 ♑	♒	♓ ab 22.32 ♈	♉
11	♎ ab 02.25 ♏	♐ ab 13.19 ♑	♑	♒ ab 09.20 ♓	♈	♉
12	♏	♑	♑ ab 22.31 ♒	♓	♈	♉ ab 02.12 ♊
13	♏ ab 04.32 ♐	♑ ab 15.28 ♒	♒	♓ ab 16.49 ♈	♈ ab 08.37 ♉	♊
14	♐	♒	♒	♈	♉	♊ ab 14.50 ♋
15	♐ ab 05.07 ♑	♒ ab 18.51 ♓	♒ ab 03.09 ♓	♈ ab 02.18 ♉	♉ ab 20.15 ♊	♋
16	♑	♓	♓	♉	♊	♋
17	♑ ab 05.53 ♒	♓ ab 00.47 ♈	♓ ab 09.41 ♈	♉	♊	♋ ab 03.20 ♌
18	♒	♈	♈	♉	♊ ab 08.49 ♋	♌
19	♒ ab 08.43 ♓	♈ ab 09.58 ♉	♈ ab 18.39 ♉	♉ ab 13.37 ♊	♋	♌ ab 14.34 ♍
20	♓	♉	♉	♊	♋ ab 21.22 ♌	♍
21	♓ ab 15.08 ♈	♉ ab 21.48 ♊	♉ ab 06.01 ♊	♊ ab 02.10 ♋	♌	♍ ab 23.05 ♎
22	♈	♊	♊	♋	♌ ab 08.08 ♍	♎
23	♈	♊	♊	♋ ab 14.22 ♌	♍	♎
24	♈ ab 01.19 ♉	♊ ab 10.16 ♋	♊ ab 18.33 ♋	♌	♍ ab 15.22 ♎	♎ ab 03.51 ♏
25	♉	♋	♋	♌	♎	♏
26	♉ ab 13.44 ♊	♋ ab 21.06 ♌	♋ ab 06.05 ♌	♌ ab 00.03 ♍	♎ ab 18.32 ♏	♏ ab 05.09 ♐
27	♊	♌	♌	♍	♏	♐
28	♊	♌	♌	♍ ab 05.50 ♎	♏ ab 18.39 ♐	♐ ab 04.30 ♑
29	♊ ab 02.04 ♋		♌ ab 14.37 ♍	♎	♐	♑
30	♋		♍	♎ ab 07.59 ♏	♐ ab 17.44 ♑	♑ ab 04.01 ♒
31	♋ ab 12.37 ♌		♍ ab 19.37 ♎		♑	

Tag	Juli Mond im	August Mond im	September Mond im	Oktober Mond im	November Mond im	Dezember Mond im
1	♒	♈	♉ ab 22.41 ♊	♊ ab 19.03 ♋	♌	♍
2	♒ ab 05.46 ♓	♈	♊	♋	♌	♍ ab 19.56 ♎
3	♓	♈ ab 03.48 ♉	♊	♋	♌ ab 02.19 ♍	♎
4	♓ ab 11.11 ♈	♉	♊ ab 11.01 ♋	♋ ab 07.36 ♌	♍	♎ ab 01.07 ♏
5	♈	♉ ab 14.55 ♊	♋	♌ ab 18.14 ♍	♍ ab 10.22 ♎	♏
6	♈ ab 20.23 ♉	♊	♋ ab 23.16 ♌	♍	♎	♏ ab 02.34 ♐
7	♉	♊	♌	♍	♎ ab 14.27 ♏	♐
8	♉	♊ ab 03.31 ♋	♌	♍ ab 01.33 ♎	♏	♐ ab 02.07 ♑
9	♉ ab 08.10 ♊	♋	♌ ab 09.31 ♍	♎	♏ ab 15.47 ♐	♑
10	♊	♋ ab 15.40 ♌	♍	♎ ab 05.47 ♏	♐	♑ ab 01.57 ♒
11	♊ ab 20.52 ♋	♌	♍ ab 17.05 ♎	♏	♐ ab 16.18 ♑	♒
12	♋	♌	♎	♏ ab 08.11 ♐	♑	♒ ab 03.56 ♓
13	♋	♌ ab 02.09 ♍	♎ ab 22.19 ♏	♐	♑ ab 17.49 ♒	♓
14	♋ ab 09.08 ♌	♍	♏	♐ ab 10.14 ♑	♒	♓ ab 07.05 ♈
15	♌	♍ ab 08.31 ♎	♏	♑	♒ ab 21.28 ♓	♈
16	♌ ab 20.09 ♍	♎	♏ ab 01.58 ♐	♑ ab 13.01 ♒	♓	♈ ab 17.17 ♉
17	♍	♎ ab 16.38 ♏	♐	♒	♓	♉
18	♍	♏	♐ ab 04.48 ♑	♒ ab 17.05 ♓	♓ ab 03.31 ♈	♉
19	♍ ab 05.02 ♎	♏ ab 20.35 ♐	♑	♓	♈	♉ ab 03.46 ♊
20	♎	♐	♑ ab 07.27 ♒	♓	♈ ab 11.38 ♉	♊
21	♎ ab 11.02 ♏	♐ ab 22.47 ♑	♒	♓ ab 22.37 ♈	♉	♊ ab 15.46 ♋
22	♏	♑	♒ ab 10.34 ♓	♈	♉ ab 21.35 ♊	♋
23	♏ ab 13.58 ♐	♑	♓	♈	♊	♋
24	♐	♑ ab 00.07 ♒	♓ ab 14.57 ♈	♈ ab 05.52 ♉	♊	♋ ab 04.36 ♌
25	♐ ab 14.38 ♑	♒	♈	♉	♊ ab 09.17 ♋	♌
26	♑	♒ ab 01.56 ♓	♈ ab 21.35 ♉	♉ ab 15.19 ♊	♋	♌ ab 17.11 ♍
27	♑ ab 14.37 ♒	♓	♉	♊	♋ ab 22.10 ♌	♍
28	♒	♓ ab 05.39 ♈	♉	♊	♌	♍
29	♒ ab 15.49 ♓	♈	♉ ab 07.05 ♊	♊ ab 03.00 ♋	♌	♍ ab 03.45 ♎
30	♓	♈ ab 12.29 ♉	♊	♋	♌ ab 10.30 ♍	♎
31	♓ ab 19.56 ♈	♉		♋ ab 15.49 ♌		♎

1943

Tag	Januar (Mond im)	Februar (Mond im)	März (Mond im)	April (Mond im)	Mai (Mond im)	Juni (Mond im)
1	♎ ab 10.40 ♏	♐	♐ ab 08.19 ♑	♒ ab 20.27 ♓	♓ ab 06.40 ♈	♉
2	♏	♐ ab 00.16 ♑	♑	♓	♈	♉ ab 02.30 ♊
3	♏ ab 13.34 ♐	♑	♑ ab 09.57 ♒	♓ ab 23.18 ♈	♈ ab 11.57 ♉	♊
4	♐	♑ ab 00.11 ♒	♒	♈	♉	♊ ab 12.46 ♋
5	♐ ab 13.35 ♑	♒	♒ ab 10.55 ♓	♈	♉ ab 19.16 ♊	♋
6	♑	♒ ab 00.08 ♓	♓	♈ ab 03.38 ♉	♊	♋
7	♑ ab 12.42 ♒	♓	♓ ab 12.42 ♈	♉	♊	♋ ab 01.03 ♌
8	♒	♓ ab 02.01 ♈	♈	♉ ab 10.42 ♊	♊ ab 05.17 ♋	♌
9	♒ ab 13.03 ♓	♈	♈ ab 16.54 ♉	♊	♋	♌ ab 14.04 ♍
10	♓	♈ ab 07.18 ♉	♉	♊ ab 21.03 ♋	♋ ab 17.39 ♌	♍
11	♓ ab 16.21 ♈	♉	♉	♋	♌	♍ ab 01.22 ♎
12	♈	♉ ab 16.25 ♊	♉ ab 00.39 ♊	♋	♌	♎ ab 08.59 ♏
13	♈ ab 23.22 ♉	♊	♊	♋ ab 09.40 ♌	♌ ab 06.22 ♍	♏
14	♉	♊	♊ ab 11.51 ♋	♌	♍	♏ ab 12.36 ♐
15	♉ ab 09.39 ♊	♊ ab 04.25 ♋	♋	♌ ab 21.59 ♍	♍ ab 16.45 ♎	♐
16	♊	♋	♋	♍	♎	♐ ab 13.30 ♑
17	♊	♋ ab 17.19 ♌	♋ ab 00.41 ♌	♍ ab 07.41 ♎	♎ ab 23.20 ♏	♑
18	♊ ab 21.54 ♋	♌	♌	♎	♏	♑ ab 13.34 ♒
19	♋	♌	♌ ab 12.43 ♍	♎ ab 14.04 ♏	♏	♒
20	♋	♌ ab 05.20 ♍	♍	♏	♏ ab 02.33 ♐	♒ ab 14.37 ♓
21	♋ ab 10.44 ♌	♍	♍ ab 22.21 ♎	♏	♐	♓
22	♌	♍ ab 15.30 ♎	♎	♏ ab 17.57 ♐	♐ ab 04.00 ♑	♓ ab 17.53 ♈
23	♌ ab 23.03 ♍	♎	♎	♐ ab 20.40 ♑	♑	♈
24	♍	♎ ab 23.25 ♏	♎ ab 05.23 ♏	♑	♑ ab 05.23 ♒	♈
25	♍	♏	♏	♑ ab 23.21 ♒	♒	♈ ab 23.52 ♉
26	♍ ab 09.47 ♎	♏ ab 04.59 ♐	♏ ab 10.24 ♐	♒	♒ ab 07.58 ♓	♉
27	♎	♐	♐	♒	♓	♉
28	♎ ab 17.51 ♏	♐	♐ ab 14.05 ♑	♒ ab 02.36 ♓	♓ ab 12.17 ♈	♉ ab 08.27 ♊
29	♏		♑	♓	♈	♊
30	♏ ab 22.34 ♐		♑ ab 17.57 ♒	♓	♈ ab 18.25 ♉	♊
31	♐		♒		♉	

Tag	Juli (Mond im)	August (Mond im)	September (Mond im)	Oktober (Mond im)	November (Mond im)	Dezember (Mond im)
1	♊ ab 19.14 ♋	♌	♍ ab 20.34 ♎	♎ ab 12.05 ♏	♐	♑ ab 14.02 ♒
2	♋	♌	♎	♏	♐ ab 04.37 ♑	♒
3	♋	♌ ab 02.46 ♍	♎	♏ ab 19.03 ♐	♑	♒ ab 16.36 ♓
4	♋ ab 07.40 ♌	♍	♎ ab 06.21 ♏	♐	♑ ab 08.10 ♒	♓
5	♌	♍ ab 14.52 ♎	♏	♐ ab 23.11 ♑	♒	♓ ab 20.00 ♈
6	♌ ab 20.45 ♍	♎	♏ ab 13.39 ♐	♑	♒ ab 11.16 ♓	♈
7	♍	♎	♐	♑ ab 02.40 ♒	♓	♈
8	♍	♎ ab 00.40 ♏	♐ ab 18.14 ♑	♒ ab 02.40 ♓	♓ ab 14.11 ♈	♈ ab 00.30 ♉
9	♍ ab 08.45 ♎	♏	♑	♒ ab 04.45 ♓	♈	♉
10	♎	♏ ab 07.09 ♐	♑ ab 20.18 ♒	♓	♈ ab 17.33 ♉	♉ ab 06.33 ♊
11	♎ ab 17.41 ♏	♐	♒	♓ ab 06.12 ♈	♉	♊
12	♏	♐ ab 10.10 ♑	♒ ab 20.47 ♓	♈	♉ ab 22.32 ♊	♊ ab 14.47 ♋
13	♏ ab 22.37 ♐	♑	♓	♈ ab 08.26 ♉	♊	♋
14	♐	♑ ab 10.37 ♒	♓ ab 21.09 ♈	♉	♊	♋
15	♐	♒	♈	♉	♊ ab 06.23 ♋	♋ ab 01.37 ♌
16	♐ ab 00.07 ♑	♒ ab 10.07 ♓	♈ ab 23.15 ♉	♉ ab 13.07 ♊	♋	♌
17	♑ ab 23.46 ♒	♓	♉	♊	♋ ab 17.28 ♌	♌ ab 14.23 ♍
18	♒	♓ ab 10.33 ♈	♉	♊ ab 21.28 ♋	♌	♍
19	♒ ab 23.31 ♓	♈	♉ ab 04.43 ♊	♋	♌	♍
20	♓	♈ ab 13.40 ♉	♊	♋	♌ ab 06.22 ♍	♍ ab 02.56 ♎
21	♓	♉	♊ ab 14.11 ♋	♋ ab 09.13 ♌	♍	♎
22	♓ ab 01.09 ♈	♉ ab 20.35 ♊	♋	♌	♍ ab 18.19 ♎	♎ ab 12.46 ♏
23	♈	♊	♋	♌ ab 22.10 ♍	♎	♏
24	♈ ab 05.53 ♉	♊	♋ ab 02.34 ♌	♍	♎ ab 03.09 ♏	♏ ab 18.44 ♐
25	♉	♊ ab 07.07 ♋	♌	♍	♏	♐
26	♉ ab 14.04 ♊	♋	♌ ab 15.31 ♍	♍ ab 09.38 ♎	♏ ab 08.35 ♐	♐ ab 21.24 ♑
27	♊	♋ ab 19.50 ♌	♍	♎	♐	♑
28	♊	♌	♍ ab 02.57 ♎	♎ ab 18.15 ♏	♐	♑ ab 22.21 ♒
29	♊ ab 01.04 ♋	♌	♎	♏	♐ ab 11.43 ♑	♒
30	♋	♌ ab 08.47 ♍	♎	♏	♑	♒ ab 23.17 ♓
31	♋ ab 13.43 ♌	♍		♏ ab 00.15 ♐		♓

1944

Tag	Januar Mond im	Februar Mond im	März Mond im	April Mond im	Mai Mond im	Juni Mond im
1	♓	♉	♉ ab 01.06 ♊	♋	♌	♎
2	♓ ab 01.34 ♈	♉ ab 18.18 ♊	♊	♋ ab 03.54 ♌	♌ ab 01.05 ♍	♎ ab 08.32 ♏
3	♈	♊	♊ ab 09.38 ♋	♌	♍	♏
4	♈ ab 05.59 ♉	♊	♋	♌ ab 17.49 ♍	♍ ab 13.40 ♎	♏
5	♉	♊ ab 03.40 ♋	♋ ab 21.20 ♌	♍	♎	♏ ab 16.28 ♐
6	♉ ab 12.45 ♊	♋	♌	♍	♎	♐
7	♊	♋ ab 15.20 ♌	♌	♍ ab 06.22 ♎	♎ ab 00.18 ♏	♐ ab 21.41 ♑
8	♊ ab 21.48 ♋	♌	♌ ab 10.19 ♍	♎	♏ ab 08.27 ♐	♑
9	♋	♌	♍	♎ ab 17.12 ♏	♐	♑
10	♋	♌ ab 04.08 ♍	♍ ab 22.55 ♎	♏	♐ ab 14.33 ♑	♑ ab 01.13 ♒
11	♋ ab 08.58 ♌	♍	♎	♏	♑	♒
12	♌	♍ ab 16.55 ♎	♎	♏ ab 02.03 ♐	♑ ab 19.10 ♒	♒ ab 03.59 ♓
13	♌ ab 21.39 ♍	♎	♎ ab 10.12 ♏	♐	♒	♓
14	♍	♎	♏	♐ ab 08.56 ♑	♒ ab 22.35 ♓	♓ ab 06.41 ♈
15	♍	♎ ab 04.24 ♏	♏ ab 19.31 ♐	♑	♓	♈
16	♍ ab 10.29 ♎	♏	♐	♑ ab 13.46 ♒	♓	♈ ab 09.52 ♉
17	♎	♏ ab 13.15 ♐	♐	♒	♓ ab 01.04 ♈	♉
18	♎ ab 21.28 ♏	♐	♐ ab 02.14 ♑	♒ ab 16.28 ♓	♈	♉ ab 14.11 ♊
19	♏	♐ ab 18.33 ♑	♑	♓	♈ ab 03.16 ♉	♊
20	♏	♑	♑ ab 05.55 ♒	♓ ab 17.36 ♈	♉	♊ ab 20.29 ♋
21	♏ ab 04.54 ♐	♑ ab 20.27 ♒	♒	♈	♉ ab 06.27 ♊	♋
22	♐	♒	♒ ab 06.59 ♓	♈ ab 18.29 ♉	♊	♋
23	♐ ab 08.27 ♑	♒ ab 20.09 ♓	♓	♉	♊ ab 12.04 ♋	♋ ab 05.26 ♌
24	♑	♓	♓ ab 06.42 ♈	♉ ab 20.59 ♊	♋	♌
25	♑ ab 09.10 ♒	♓ ab 19.31 ♈	♈	♊	♋ ab 21.05 ♌	♌ ab 16.58 ♍
26	♒	♈	♈ ab 07.01 ♉	♊	♌	♍
27	♒ ab 08.48 ♓	♈ ab 20.36 ♉	♉	♊ ab 02.49 ♋	♌	♍ ab 05.40 ♎
28	♓	♉	♉ ab 09.59 ♊	♋	♌ ab 08.59 ♍	♎
29	♓ ab 09.15 ♈	♉	♊	♋ ab 12.36 ♌	♍	♎ ab 17.11 ♏
30	♈		♊ ab 17.00 ♋	♌	♍	♎
31	♈ ab 12.07 ♉		♋		♍ ab 21.38 ♎	

Tag	Juli Mond im	August Mond im	September Mond im	Oktober Mond im	November Mond im	Dezember Mond im
1	♏	♐ ab 16.43 ♑	♒	♓ ab 16.30 ♈	♉	♊ ab 16.17 ♋
2	♏	♑	♒ ab 06.15 ♓	♈	♉ ab 02.29 ♊	♋
3	♏ ab 01.39 ♐	♑ ab 19.11 ♒	♓	♈ ab 14.46 ♉	♊	♋ ab 22.53 ♌
4	♐	♒	♓ ab 05.27 ♈	♉	♊ ab 06.05 ♋	♌
5	♐ ab 06.42 ♑	♒ ab 19.35 ♓	♈ ab 05.29 ♉	♉ ab 16.00 ♊	♋	♌
6	♑	♓	♉	♊	♋ ab 13.45 ♌	♌ ab 09.04 ♍
7	♑ ab 09.14 ♒	♓ ab 19.44 ♈	♉ ab 08.14 ♊	♊ ab 20.57 ♋	♌	♍
8	♒	♈	♊	♋	♌	♍ ab 21.29 ♎
9	♒ ab 10.39 ♓	♈ ab 21.20 ♉	♊ ab 14.47 ♋	♋ ab 06.04 ♌	♌ ab 00.59 ♍	♎
10	♓	♉	♋	♌	♍	♎
11	♓ ab 12.19 ♈	♉ ab 01.39 ♊	♋	♌ ab 18.05 ♍	♍ ab 13.45 ♎	♎ ab 09.42 ♏
12	♈	♊	♋ ab 00.51 ♌	♍	♎	♏
13	♈ ab 15.17 ♉	♊ ab 09.04 ♋	♌	♍	♎	♏ ab 19.51 ♐
14	♉	♋	♌ ab 13.01 ♍	♍ ab 06.56 ♎	♎ ab 01.48 ♏	♐
15	♉ ab 20.12 ♊	♋ ab 19.08 ♌	♍	♎	♏	♐
16	♊	♌	♍	♎ ab 19.04 ♏	♏ ab 12.02 ♐	♐ ab 03.22 ♑
17	♊	♌	♍ ab 01.48 ♎	♏	♐	♑
18	♊ ab 03.22 ♋	♌ ab 07.01 ♍	♎	♏	♐ ab 20.20 ♑	♑ ab 08.44 ♒
19	♋	♍	♎ ab 14.11 ♏	♏ ab 05.50 ♐	♑	♒
20	♋ ab 12.51 ♌	♍ ab 19.46 ♎	♏	♐	♑	♒ ab 12.40 ♓
21	♌	♎	♏	♐ ab 14.49 ♑	♑ ab 02.47 ♒	♓
22	♌	♎	♏ ab 01.17 ♐	♑	♒	♓ ab 15.43 ♈
23	♌ ab 00.25 ♍	♎ ab 08.13 ♏	♐	♑ ab 21.19 ♒	♒ ab 07.19 ♓	♈
24	♍	♏	♐ ab 09.56 ♑	♒	♓	♈ ab 18.25 ♉
25	♍ ab 13.08 ♎	♏ ab 18.52 ♐	♑	♒	♓ ab 09.57 ♈	♉
26	♎	♐	♑ ab 15.10 ♒	♒ ab 00.54 ♓	♈	♉ ab 21.26 ♊
27	♎ ab 01.17 ♏	♐	♒	♓	♈ ab 11.23 ♉	♊
28	♏	♐ ab 02.13 ♑	♒ ab 16.58 ♓	♓ ab 01.54 ♈	♉	♊
29	♏ ab 10.50 ♐	♑	♓	♈	♉ ab 12.55 ♊	♊ ab 01.44 ♋
30	♐	♑ ab 05.45 ♒	♓	♈ ab 01.45 ♉	♊	♋
31	♐			♉		♋ ab 08.20 ♌

1945

Tag	Januar Mond im	Februar Mond im	März Mond im	April Mond im	Mai Mond im	Juni Mond im
1	♌	♍ ab 13.46 ♎	♎	♏	♐ ab 21.40 ♑	♒
2	♌ ab 17.49 ♍	♎	♎	♏ ab 05.06 ♐	♑	♒ ab 17.26 ♓
3	♍	♎	♎ ab 07.33 ♏	♐	♑	♓
4	♍	♎ ab 02.23 ♏	♏	♐ ab 15.52 ♑	♑ ab 06.06 ♒	♓ ab 20.51 ♈
5	♍ ab 05.44 ♎	♏	♏ ab 21.45 ♐	♑	♒	♈
6	♎ ab 18.13 ♏	♏ ab 13.58 ♐	♐	♑ ab 23.29 ♒	♒ ab 11.21 ♓	♈ ab 22.24 ♉
7	♏	♐	♐ ab 07.38 ♑	♒	♓	♉
8	♏	♐ ab 22.30 ♑	♑	♒	♓ ab 13.25 ♈	♉ ab 23.15 ♊
9	♏	♑	♑	♒ ab 03.11 ♓	♈	♊
10	♏ ab 04.56 ♐	♑	♑ ab 13.40 ♒	♓	♈ ab 13.25 ♉	♊
11	♐	♑ ab 03.12 ♒	♒	♓ ab 03.36 ♈	♉	♊ ab 01.02 ♋
12	♐ ab 12.28 ♑	♒	♒ ab 15.50 ♓	♈	♉ ab 13.12 ♊	♋
13	♑	♒ ab 04.53 ♓	♓	♈ ab 02.40 ♉	♊	♋ ab 05.20 ♌
14	♑ ab 16.57 ♒	♓	♓ ab 15.33 ♈	♉	♊ ab 14.51 ♋	♌
15	♒	♓ ab 05.13 ♈	♈	♉ ab 02.31 ♊	♋	♌ ab 13.08 ♍
16	♒ ab 19.28 ♓	♈	♈ ab 14.55 ♉	♊	♋ ab 19.57 ♌	♍
17	♓	♈ ab 06.05 ♉	♉	♊ ab 05.14 ♋	♌	♍
18	♓ ab 21.21 ♈	♉	♉ ab 16.05 ♊	♋	♌	♍ ab 00.07 ♎
19	♈	♉ ab 09.01 ♊	♊	♋ ab 11.52 ♌	♌ ab 04.56 ♍	♎
20	♈ ab 23.48 ♉	♊	♊ ab 20.32 ♋	♌	♍	♎ ab 12.36 ♏
21	♉	♊ ab 14.43 ♋	♋	♌ ab 22.04 ♍	♍ ab 16.43 ♎	♏
22	♉	♋	♋	♍	♎	♏
23	♉ ab 03.35 ♊	♋ ab 22.59 ♌	♋ ab 04.32 ♌	♍	♎ ab 05.21 ♏	♏ ab 00.28 ♐
24	♊	♌	♌	♍ ab 08.15 ♎	♏	♐
25	♊ ab 07.05 ♋	♌	♌ ab 15.11 ♍	♎	♏ ab 17.12 ♐	♐ ab 10.15 ♑
26	♋	♌ ab 07.14 ♍	♍	♎ ab 22.53 ♏	♐	♑
27	♋ ab 16.33 ♌	♍	♍	♏	♐	♑ ab 17.37 ♒
28	♌	♍ ab 20.57 ♎	♍ ab 03.15 ♎	♏ ab 08.56 ♐	♐ ab 03.25 ♑	♒
29	♌		♎	♐	♑	♒ ab 22.52 ♓
30	♌ ab 02.09 ♍		♎ ab 15.50 ♏	♐	♑	♓
31	♍		♏		♑ ab 11.35 ♒	

Tag	Juli Mond im	August Mond im	September Mond im	Oktober Mond im	November Mond im	Dezember Mond im
1	♓	♉	♋	♌	♍ ab 11.08 ♎	♎ ab 05.43 ♏
2	♓ ab 02.30 ♈	♉ ab 13.24 ♊	♋	♌ ab 18.34 ♍	♎	♏
3	♈	♊	♋ ab 05.20 ♌	♍	♎ ab 23.30 ♏	♏ ab 18.30 ♐
4	♈ ab 05.05 ♉	♊ ab 17.23 ♋	♌	♍	♏	♐
5	♉	♋	♌ ab 13.37 ♍	♍ ab 05.17 ♎	♏	♐
6	♉ ab 07.20 ♊	♋ ab 22.53 ♌	♍	♎	♏ ab 12.19 ♐	♐ ab 06.24 ♑
7	♊	♌	♍ ab 23.49 ♎	♎ ab 17.24 ♏	♐	♑
8	♊ ab 10.11 ♋	♌	♎	♏	♐	♑ ab 16.35 ♒
9	♋	♌ ab 06.24 ♍	♎	♏	♐ ab 00.36 ♑	♒
10	♋ ab 14.44 ♌	♍	♎ ab 11.48 ♏	♏ ab 06.18 ♐	♑	♒ ab 00.21 ♓
11	♌	♍ ab 16.21 ♎	♏	♐	♑ ab 10.59 ♒	♓
12	♌ ab 21.58 ♍	♎	♏	♐ ab 18.33 ♑	♒	♓ ab 05.16 ♈
13	♍	♎	♏ ab 00.38 ♐	♑	♒ ab 18.05 ♓	♈
14	♍	♎ ab 04.25 ♏	♐	♑	♓	♈ ab 07.30 ♉
15	♍ ab 08.13 ♎	♏	♐ ab 12.12 ♑	♑ ab 04.07 ♒	♓ ab 21.25 ♈	♉
16	♎	♏ ab 16.56 ♐	♑	♒	♈	♉ ab 08.03 ♊
17	♎ ab 20.29 ♏	♐	♑ ab 19.20 ♒	♒ ab 09.34 ♓	♈ ab 21.48 ♉	♊
18	♏	♐	♒	♓	♉	♊ ab 08.28 ♋
19	♏	♐ ab 03.31 ♑	♒ ab 23.19 ♓	♓ ab 11.09 ♈	♉ ab 21.03 ♊	♋
20	♏ ab 08.36 ♐	♑	♓	♈	♊	♋ ab 10.31 ♌
21	♐	♑ ab 08.33 ♒	♓	♈ ab 10.31 ♉	♊ ab 21.14 ♋	♌
22	♐ ab 18.29 ♑	♒	♓ ab 00.11 ♈	♉	♋	♌ ab 15.44 ♍
23	♑	♒ ab 14.05 ♓	♈ ab 23.54 ♉	♉ ab 09.50 ♊	♋ ab 00.12 ♌	♍
24	♑	♓	♉	♊	♌	♍
25	♑ ab 01.17 ♒	♓ ab 15.30 ♈	♉	♊ ab 11.11 ♋	♌ ab 07.00 ♍	♍ ab 00.45 ♎
26	♒	♈	♉ ab 00.32 ♊	♋	♍	♎
27	♒ ab 05.27 ♓	♈ ab 16.34 ♉	♊	♋ ab 15.56 ♌	♍ ab 17.19 ♎	♎ ab 12.43 ♏
28	♓	♉	♊ ab 03.39 ♋	♌	♎	♏
29	♓ ab 08.08 ♈	♉ ab 18.47 ♊	♋	♌	♎	♏
30	♈	♊	♋ ab 09.47 ♌	♌ ab 00.12 ♍	♎	♏
31	♈ ab 10.29 ♉	♊ ab 23.00 ♋		♍		♏ ab 01.33 ♐

1946

Tag	Januar	Februar	März	April	Mai	Juni
	Mond im	Mond im	Mond im	Mond im	Mond im	Mond im
1	♐	♑ ab 06.24 ♒	♒	♓ ab 10.17 ♈	♉	♊ ab 08.29 ♋
2	♐ ab 13.11 ♑	♒	♒ ab 21.25 ♓	♈	♉ ab 22.04 ♊	♋
3	♑	♒ ab 12.33 ♓	♓	♈ ab 10.57 ♉	♊	♋ ab 09.40 ♌
4	♑ ab 22.38 ♒	♓	♓	♉	♊ ab 22.23 ♋	♌
5	♒	♓ ab 16.38 ♈	♓ ab 00.24 ♈	♉ ab 11.25 ♊	♋	♌ ab 13.57 ♍
6		♈	♈	♊		♍
7	♒ ab 05.47 ♓	♈ ab 19.47 ♉	♈ ab 02.09 ♉	♊ ab 13.21 ♋	♋ ab 01.05 ♌	♍ ab 21.57 ♎
8	♓	♉	♉	♋	♌	♎
9	♓ ab 10.56 ♈	♉ ab 22.46 ♊	♉ ab 04.12 ♊	♋ ab 17.38 ♌	♌ ab 06.58 ♍	
10	♈	♊	♊	♌	♍	♎ ab 09.05 ♏
11	♈ ab 14.26 ♉	♊	♊ ab 07.29 ♋		♍ ab 15.54 ♎	♏
12	♉	♊ ab 01.59 ♋	♋	♌ ab 00.21 ♍	♎	♏ ab 21.51 ♐
13	♉ ab 16.43 ♊	♋	♋ ab 12.15 ♌	♍		♐
14	♊	♋ ab 05.51 ♌	♌	♍ ab 10.14 ♎	♎ ab 03.09 ♏	
15	♊ ab 18.33 ♋	♌	♌ ab 18.33 ♍	♎	♏	♐ ab 10.40 ♑
16		♌ ab 11.03 ♍	♍	♎ ab 21.04 ♏	♏ ab 15.46 ♐	♑
17	♋ ab 21.04 ♌	♍		♏	♐	♑ ab 22.16 ♒
18	♌	♍ ab 18.36 ♎	♍ ab 02.41 ♎			♒
19		♎	♎	♏ ab 09.30 ♐	♐ ab 04.42 ♑	
20	♌ ab 01.41 ♍	♎	♎ ab 13.05 ♏	♐	♑	♒ ab 07.43 ♓
21	♍	♎ ab 05.05 ♏	♏	♐ ab 22.29 ♑	♑ ab 16.32 ♒	♓
22	♍ ab 09.32 ♎	♏		♑	♒	♓ ab 14.20 ♈
23		♏ ab 17.41 ♐	♏ ab 01.31 ♐			♈
24	♎ ab 20.40 ♏	♐	♐	♑ ab 09.57 ♒	♒ ab 01.39 ♓	♈ ab 17.56 ♉
25	♏	♐	♐ ab 14.18 ♑	♒	♓	♉
26	♏	♐ ab 06.02 ♑	♑	♒ ab 17.55 ♓	♓ ab 07.05 ♈	♉ ab 19.08 ♊
27	♏ ab 09.28 ♐	♑		♓	♈	♊
28	♐	♑ ab 15.35 ♒	♑ ab 00.51 ♒	♓ ab 21.46 ♈	♈ ab 09.04 ♉	♊ ab 19.11 ♋
29	♐ ab 21.18 ♑		♒	♈	♉	♋
30	♑		♒ ab 07.26 ♓	♈ ab 22.31 ♉	♉ ab 08.55 ♊	♋ ab 19.48 ♌
31	♑		♓		♊	

Tag	Juli	August	September	Oktober	November	Dezember
	Mond im	Mond im	Mond im	Mond im	Mond im	Mond im
1	♌	♍ ab 14.05 ♎	♏	♐	♑ ab 11.37 ♒	♒ ab 05.30 ♓
2	♌ ab 22.45 ♍	♎	♏ ab 19.32 ♐	♐ ab 16.30 ♑	♒	♓
3	♍	♎ ab 23.23 ♏	♐	♑	♒ ab 21.32 ♓	♓ ab 13.06 ♈
4		♏	♐		♓	♈
5	♍ ab 05.21 ♎		♐ ab 08.24 ♑	♑ ab 04.28 ♒		♈ ab 16.49 ♉
6	♎	♏ ab 11.37 ♐	♑	♒	♓ ab 03.28 ♈	♉
7	♎ ab 15.42 ♏	♐	♑ ab 19.42 ♒	♒ ab 12.09 ♓	♈	♉ ab 17.30 ♊
8	♏		♒	♓	♈ ab 05.49 ♉	♊
9		♐ ab 00.24 ♑		♓ ab 17.05 ♈	♉	♊ ab 16.50 ♋
10	♏ ab 04.21 ♐	♑	♒ ab 03.46 ♓	♈	♉ ab 06.08 ♊	♋
11	♐	♑ ab 11.24 ♒	♓	♈ ab 19.21 ♉	♊	♋ ab 16.47 ♌
12	♐ ab 17.06 ♑	♒	♓ ab 08.49 ♈	♉	♊ ab 06.16 ♋	♌
13	♑	♒ ab 19.41 ♓	♈	♉ ab 20.37 ♊	♋	♌ ab 19.09 ♍
14		♓	♈ ab 12.04 ♉	♊	♋ ab 07.53 ♌	♍
15	♑ ab 04.17 ♒		♉	♊ ab 22.23 ♋	♌	
16	♒	♓ ab 01.37 ♈	♉ ab 14.46 ♊	♋	♌ ab 12.05 ♍	♍ ab 01.06 ♎
17	♒ ab 13.16 ♓	♈	♊		♍	♎
18	♓	♈ ab 06.00 ♉	♊ ab 17.42 ♋	♋ ab 01.35 ♌	♍ ab 19.13 ♎	♎ ab 10.43 ♏
19	♓ ab 19.59 ♈	♉	♋	♌	♎	♏
20	♈	♉ ab 09.23 ♊	♋ ab 21.13 ♌	♌ ab 06.36 ♍		♏ ab 22.49 ♐
21		♊	♌	♍	♎ ab 04.58 ♏	♐
22	♈ ab 00.36 ♉	♊ ab 12.07 ♋		♍ ab 13.34 ♎	♏	
23	♉	♋	♌ ab 01.38 ♍	♎	♏ ab 16.44 ♐	♐ ab 11.51 ♑
24	♉ ab 03.19 ♊	♋ ab 14.38 ♌	♍	♎ ab 22.41 ♏	♐	♑
25	♊	♌	♍ ab 07.40 ♎	♏		
26	♊ ab 04.44 ♋	♌ ab 17.54 ♍	♎		♐ ab 05.40 ♑	♑ ab 00.30 ♒
27	♋	♍	♎ ab 16.13 ♏	♏ ab 10.04 ♐	♑	♒
28	♋ ab 05.58 ♌	♍ ab 23.15 ♎	♏	♐	♑ ab 18.30 ♒	♒ ab 11.44 ♓
29	♌	♎		♐ ab 23.00 ♑	♒	♓
30	♌ ab 08.33 ♍		♏ ab 03.33 ♐	♑	♒	♓ ab 20.31 ♈
31	♍	♎ ab 07.50 ♏		♑		♈

1947

Tag	Januar Mond im	Februar Mond im	März Mond im	April Mond im	Mai Mond im	Juni Mond im
1	♈	♊	♊ ab 21.59 ♋	♌	♍ ab 21.24 ♎	♏
2	♈ ab 02.06 ♉	♊ ab 14.39 ♋	♋	♌ ab 09.31 ♍	♎	♏ ab 21.45 ♐
3	♉	♋	♋	♍	♎	♐
4	♉ ab 04.26 ♊	♋ ab 15.02 ♌	♌	♍ ab 13.40 ♎	♎ ab 04.36 ♏	♐
5	♊	♌	♌	♎	♏	♐ ab 09.52 ♑
6	♊ ab 04.28 ♋	♌ ab 15.42 ♍	♌ ab 01.47 ♍	♎ ab 20.57 ♏	♏ ab 14.10 ♐	♑
7	♋	♍	♍	♏	♐	♑ ab 22.38 ♒
8	♋ ab 03.54 ♌	♍ ab 18.40 ♎	♍ ab 04.51 ♎	♏ ab 06.13 ♐	♐ ab 01.55 ♑	♒
9	♌	♎	♎	♐	♑	♒
10	♌ ab 04.45 ♍	♎ ab 01.29 ♏	♎ ab 10.51 ♏	♐	♑	♒ ab 10.47 ♓
11	♍	♏	♏	♐ ab 18.09 ♑	♑ ab 15.41 ♒	♓
12	♍ ab 08.54 ♎	♏ ab 12.16 ♐	♏ ab 20.34 ♐	♑	♒	♓ ab 20.34 ♈
13	♎	♐	♐	♑	♒	♈
14	♎ ab 17.16 ♏	♐	♐	♑ ab 06.52 ♒	♒ ab 03.21 ♓	♈
15	♏	♐ ab 01.12 ♑	♐ ab 09.01 ♑	♒	♓	♈ ab 02.46 ♉
16	♏	♑	♑	♒ ab 17.48 ♓	♓ ab 11.57 ♈	♉
17	♏ ab 05.03 ♐	♑ ab 13.39 ♒	♑ ab 21.36 ♒	♓	♈	♉ ab 05.22 ♊
18	♐	♒	♒	♓ ab 01.26 ♈	♈ ab 16.52 ♉	♊
19	♐ ab 18.11 ♑	♒ ab 23.58 ♓	♒	♈	♉	♊ ab 05.33 ♋
20	♑	♓	♒ ab 07.58 ♓	♈ ab 05.56 ♉	♉ ab 18.52 ♊	♋
21	♑ ab 06.37 ♒	♓	♓	♉	♊	♋ ab 05.07 ♌
22	♒	♓ ab 07.58 ♈	♓ ab 15.23 ♈	♉ ab 08.28 ♊	♊ ab 19.27 ♋	♌
23	♒ ab 17.23 ♓	♈	♈	♊	♋	♌ ab 06.02 ♍
24	♓	♈ ab 14.08 ♉	♈ ab 20.29 ♉	♊ ab 10.23 ♋	♋ ab 20.18 ♌	♍
25	♓	♉	♉	♋	♌	♍ ab 09.52 ♎
26	♓	♉	♉	♋	♌ ab 22.50 ♍	♎
27	♓ ab 02.11 ♈	♉ ab 18.47 ♊	♉ ab 01.16 ♊	♋ ab 12.44 ♌	♍	♎ ab 17.17 ♏
28	♈	♊	♊	♌	♍	♏
29	♈ ab 08.46 ♉		♊ ab 03.26 ♋	♌ ab 16.15 ♍	♍ ab 03.54 ♎	♏
30	♉		♋	♍	♎	♏ ab 02.46 ♐
31	♉ ab 12.52 ♊		♋ ab 06.22 ♌		♎ ab 11.43 ♏	

Tag	Juli Mond im	August Mond im	September Mond im	Oktober Mond im	November Mond im	Dezember Mond im
1	♐	♑ ab 09.50 ♒	♓	♈	♊	♋ ab 03.30 ♌
2	♐ ab 15.03 ♑	♒	♓ ab 14.03 ♈	♈ ab 04.16 ♉	♊ ab 18.32 ♋	♌
3	♑	♒ ab 21.49 ♓	♈	♉	♋	♌ ab 05.24 ♍
4	♑ ab 03.50 ♒	♓	♈ ab 22.11 ♉	♉ ab 09.44 ♊	♋ ab 21.04 ♌	♍
5	♒	♓	♉	♊	♌	♍ ab 09.14 ♎
6	♒ ab 16.03 ♓	♓ ab 08.20 ♈	♉	♊ ab 12.47 ♋	♌ ab 23.55 ♍	♎
7	♓	♈	♉ ab 04.19 ♊	♋	♍	♎ ab 15.25 ♏
8	♓	♈ ab 16.44 ♉	♊	♋ ab 15.42 ♌	♍ ab 03.43 ♎	♏
9	♓ ab 02.35 ♈	♉	♊ ab 08.12 ♋	♌	♎	♏ ab 23.50 ♐
10	♈	♉ ab 22.18 ♊	♋	♌ ab 17.57 ♍	♎ ab 07.03 ♏	♐
11	♈ ab 10.12 ♉	♊	♋ ab 10.03 ♌	♍	♏	♐
12	♉	♊ ab 00.50 ♋	♌ ab 10.51 ♍	♍ ab 20.32 ♎	♏ ab 16.34 ♐	♐ ab 10.14 ♑
13	♉	♋	♍	♎	♐	♑
14	♉ ab 14.17 ♊	♋	♍ ab 12.17 ♎	♎	♐	♑
15	♊	♋ ab 01.07 ♌	♎	♎ ab 00.46 ♏	♐ ab 02.37 ♑	♑ ab 22.16 ♒
16	♊ ab 15.15 ♋	♌	♎ ab 16.11 ♏	♏	♑	♒
17	♋	♌ ab 00.49 ♍	♏	♏ ab 07.53 ♐	♑	♒
18	♋ ab 14.35 ♌	♍	♏ ab 23.50 ♐	♐	♑ ab 14.45 ♒	♒ ab 10.59 ♓
19	♌	♍ ab 02.04 ♎	♐	♐ ab 18.14 ♑	♒	♓
20	♌ ab 14.19 ♍	♎	♐	♑	♒	♓ ab 22.37 ♈
21	♍	♎ ab 06.45 ♏	♐ ab 10.58 ♑	♑	♒ ab 03.17 ♓	♈
22	♍ ab 16.34 ♎	♏	♑	♑ ab 06.39 ♒	♓	♈
23	♎	♏ ab 15.35 ♐	♑ ab 23.38 ♒	♒	♓ ab 13.54 ♈	♈ ab 07.12 ♉
24	♎ ab 22.41 ♏	♐	♒	♒ ab 18.46 ♓	♈	♉
25	♏	♐	♒	♓	♈ ab 21.06 ♉	♉ ab 11.47 ♊
26	♏	♐	♒ ab 11.25 ♓	♓	♉	♊
27	♏ ab 08.41 ♐	♐ ab 03.31 ♑	♓	♓ ab 04.31 ♈	♉	♊ ab 13.03 ♋
28	♐	♑ ab 16.18 ♒	♓ ab 20.59 ♈	♈	♉ ab 00.56 ♊	♋
29	♐ ab 21.02 ♑	♒	♈	♈ ab 11.16 ♉	♊	♋ ab 12.42 ♌
30	♑	♒	♈	♉	♊ ab 02.31 ♋	♌
31	♑	♒ ab 04.04 ♓		♉ ab 15.36 ♊		♌ ab 12.47 ♍

1948

Tag	Januar Mond im	Februar Mond im	März Mond im	April Mond im	Mai Mond im	Juni Mond im
1	♍	♎ ab 03.28 ♏	♏ ab 18.42 ♐	♑	♒	♓ ab 17.55 ♈
2	♍ ab 15.10 ♎	♏	♐	♑	♒ ab 21.44 ♓	♈
3	♎	♏ ab 11.26 ♐	♐	♑ ab 00.19 ♒	♓	♈
4	♎ ab 20.51 ♏	♐	♐ ab 04.51 ♑	♒	♓	♈ ab 03.44 ♉
5	♏	♐ ab 22.30 ♑	♑	♒ ab 12.56 ♓	♓ ab 09.29 ♈	♉
6	♏	♑	♑ ab 17.15 ♒	♓	♈	♉ ab 10.07 ♊
7	♏ ab 05.41 ♐	♑	♒	♓	♈ ab 18.48 ♉	♊
8	♐	♑ ab 10.59 ♒	♒	♓ ab 00.29 ♈	♉	♊ ab 13.29 ♋
9	♐ ab 16.41 ♑	♒	♒ ab 05.54 ♓	♈	♉	♋
10	♑	♒ ab 23.37 ♓	♓	♈ ab 07.59 ♉	♉ ab 01.20 ♊	♋ ab 15.12 ♌
11		♓	♓ ab 17.33 ♈	♉	♊	♌
12	♑ ab 04.54 ♒	♓	♈	♉ ab 17.20 ♊	♊ ab 05.39 ♋	♌ ab 16.49 ♍
13	♒	♓ ab 11.38 ♈	♈	♊	♋	♍
14	♒ ab 17.36 ♓	♈	♈ ab 03.41 ♉	♊ ab 22.42 ♋	♋ ab 08.39 ♌	♍ ab 19.34 ♎
15	♓	♈ ab 22.09 ♉	♉	♋	♌	♎
16	♓	♉	♉ ab 11.46 ♊	♋	♌ ab 11.15 ♍	♎ ab 00.04 ♏
17	♓ ab 05.44 ♈	♉	♊	♋ ab 02.16 ♌	♍	♏
18	♈	♉ ab 05.56 ♊	♊ ab 17.14 ♋	♌	♍ ab 14.07 ♎	♏ ab 06.29 ♐
19	♈ ab 15.43 ♉	♊	♋ ab 19.58 ♌	♌ ab 05.31 ♍	♎	♐
20	♉	♊ ab 10.09 ♋	♌	♍	♎ ab 17.56 ♏	♐ ab 14.51 ♑
21	♉ ab 22.02 ♊	♋ ab 11.07 ♌	♌ ab 20.43 ♍	♍ ab 07.17 ♎	♏	♑
22	♊	♌	♍ ab 21.02 ♎	♎	♏ ab 23.22 ♐	♑
23	♊	♌ ab 10.23 ♍	♎	♎ ab 09.50 ♏	♐	♑ ab 01.16 ♒
24	♊ ab 00.24 ♋	♍	♎ ab 22.50 ♏	♏	♐	♒
25	♋	♍	♏	♏ ab 14.32 ♐	♐ ab 07.08 ♑	♒ ab 13.24 ♓
26	♋	♍ ab 10.06 ♎	♏	♐	♑	♓
27	♌ ab 22.56 ♍	♎	♏	♐ ab 22.22 ♑	♑ ab 17.31 ♒	♓
28	♍	♎ ab 12.24 ♏	♏	♑	♒	♓ ab 01.56 ♈
29	♍ ab 23.30 ♎	♏	♏ ab 03.47 ♐	♑	♒	♈
30	♎		♐	♑ ab 09.16 ♒	♒ ab 05.46 ♓	♈
31	♎		♐ ab 12.34 ♑		♓	

Tag	Juli Mond im	August Mond im	September Mond im	Oktober Mond im	November Mond im	Dezember Mond im
1	♈ ab 12.40 ♉	♊	♌	♍	♏	♐
2	♉	♊ ab 09.21 ♋	♌ ab 20.21 ♍	♍ ab 06.30 ♎	♏ ab 19.11 ♐	♐ ab 10.17 ♑
3	♉ ab 19.48 ♊	♋	♍	♎	♐	♑
4	♊	♋ ab 10.14 ♌	♍ ab 19.36 ♎	♎ ab 05.59 ♏	♐	♑ ab 18.32 ♒
5	♊ ab 23.07 ♋	♌	♎	♏	♐ ab 00.40 ♑	♒
6	♋	♌ ab 09.33 ♍	♎ ab 20.35 ♏	♏ ab 08.55 ♐	♑	♒
7	♋ ab 23.53 ♌	♍	♏	♐	♑ ab 09.42 ♒	♒ ab 05.46 ♓
8	♌	♍ ab 09.30 ♎	♏	♐ ab 15.31 ♑	♒	♓
9	♌	♎	♏ ab 00.52 ♐	♑	♒ ab 21.34 ♓	♓ ab 18.30 ♈
10	♌ ab 00.04 ♍	♎ ab 11.57 ♏	♐	♑ ab 01.43 ♒	♓	♈
11	♍	♏	♐ ab 08.57 ♑	♒	♓	♈
12	♍ ab 01.31 ♎	♏ ab 17.50 ♐	♑	♒ ab 14.04 ♓	♓ ab 10.13 ♈	♈ ab 06.09 ♉
13	♎	♐	♑ ab 19.59 ♒	♓	♈	♉
14	♎ ab 05.28 ♏	♐ ab 02.52 ♑	♒	♓ ab 02.37 ♈	♈ ab 21.24 ♉	♉ ab 14.44 ♊
15	♏	♑	♒	♈	♉	♊
16	♏ ab 12.11 ♐	♑ ab 14.03 ♒	♒ ab 08.27 ♓	♈ ab 02.37 ♈	♉	♊ ab 20.01 ♋
17	♐	♒	♓	♈	♉ ab 06.02 ♊	♋
18	♐ ab 21.14 ♑	♒ ab 02.23 ♓	♓ ab 21.02 ♈	♈ ab 13.54 ♉	♊	♋ ab 23.03 ♌
19	♑	♓	♈	♉	♊ ab 12.12 ♋	♌
20	♑	♓ ab 15.06 ♈	♈	♉ ab 23.15 ♊	♋	♌
21	♑ ab 08.03 ♒	♈	♈ ab 08.46 ♉	♊	♋ ab 16.33 ♌	♌ ab 01.19 ♍
22	♒	♈	♉	♊	♌	♍
23	♒ ab 20.13 ♓	♈ ab 03.04 ♉	♉ ab 18.40 ♊	♊ ab 06.22 ♋	♌ ab 19.49 ♍	♍ ab 04.00 ♎
24	♓	♉	♊	♋	♍	♎
25	♓	♉ ab 12.40 ♊	♊	♋ ab 11.10 ♌	♍ ab 22.33 ♎	♎ ab 07.39 ♏
26	♓ ab 08.58 ♈	♊	♊ ab 01.46 ♋	♌	♎	♏
27	♈	♊	♋	♌ ab 13.54 ♍	♎	♏ ab 12.29 ♐
28	♈ ab 20.34 ♉	♊	♋ ab 05.35 ♌	♍	♎ ab 01.19 ♏	♐
29	♉	♊ ab 18.34 ♋	♌	♍ ab 15.16 ♎	♏	♐ ab 18.47 ♑
30	♉	♋	♌ ab 06.41 ♍	♎	♏ ab 04.52 ♐	♑
31	♉ ab 05.02 ♊	♋ ab 20.42 ♌		♎ ab 16.32 ♏		♑

1949

Tag	Januar Mond im	Februar Mond im	März Mond im	April Mond im	Mai Mond im	Juni Mond im
1	♑ ab 03.08 ♒	♓	♓ ab 16.36 ♈	♉	♊	♋ ab 02.36 ♌
2	♒	♓ ab 10.05 ♈	♈	♉ ab 23.03 ♊	♊ ab 14.44 ♋	♌
3	♒ ab 13.59 ♓	♈	♈	♊	♋	♌ ab 06.54 ♍
4	♓	♈ ab 22.57 ♉	♈ ab 05.33 ♉	♊	♋ ab 21.12 ♌	♍
5	♓	♉	♉	♊ ab 08.10 ♋	♌	♍ ab 09.58 ♎
6	♓ ab 02.41 ♈	♉	♉ ab 17.06 ♊	♋	♌	♎
7	♈	♉ ab 09.41 ♊	♊	♋ ab 14.00 ♌	♌ ab 01.12 ♍	♎ ab 12.14 ♏
8	♈ ab 15.03 ♉	♊	♊	♌	♍	♏
9	♉	♊ ab 16.23 ♋	♊ ab 01.22 ♋	♌ ab 16.32 ♍	♍ ab 03.07 ♎	♏ ab 14.24 ♐
10	♉	♋	♋	♍	♎	♐
11	♉ ab 00.31 ♊	♋ ab 19.01 ♌	♋ ab 05.34 ♌	♍ ab 17.48 ♎	♎ ab 03.54 ♏	♐ ab 17.40 ♑
12	♊	♌	♌	♎	♏	♑
13	♊ ab 05.57 ♋	♌ ab 19.06 ♍	♌ ab 06.24 ♍	♎ ab 07.28 ♏	♏ ab 04.57 ♐	♑ ab 23.27 ♒
14	♋	♍	♍	♏	♐	♒
15	♋ ab 08.08 ♌	♍ ab 18.44 ♎	♍ ab 05.40 ♎	♏ ab 18.24 ♐	♐ ab 07.57 ♑	♒
16	♌	♎	♎	♐	♑	♒ ab 08.39 ♓
17	♌ ab 08.52 ♍	♎ ab 19.53 ♏	♎ ab 05.26 ♏	♐ ab 22.16 ♑	♑ ab 14.19 ♒	♓
18	♍	♏	♏	♑	♒	♓ ab 20.45 ♈
19	♍ ab 10.03 ♎	♏ ab 23.50 ♐	♏ ab 07.31 ♐	♑	♒ ab 00.26 ♓	♈
20	♎	♐	♐	♑ ab 06.00 ♒	♓	♈
21	♎ ab 13.00 ♏	♐	♐ ab 13.05 ♑	♒	♓	♈ ab 09.31 ♉
22	♏	♐ ab 06.51 ♑	♑	♒ ab 17.08 ♓	♓ ab 13.02 ♈	♉
23	♏ ab 18.09 ♐	♑	♑ ab 22.11 ♒	♓	♈	♉ ab 20.20 ♊
24	♐	♑ ab 16.26 ♒	♒	♓	♈ ab 01.42 ♉	♊
25	♐	♒	♒	♓ ab 06.01 ♈	♉	♊
26	♐ ab 01.22 ♑	♒ ab 03.54 ♓	♒ ab 09.50 ♓	♈	♉	♊ ab 04.02 ♋
27	♑	♓	♓	♈ ab 18.41 ♉	♉ ab 12.27 ♊	♋
28	♑ ab 10.27 ♒	♓	♓ ab 22.42 ♈	♉	♊	♋ ab 09.01 ♌
29	♒		♈	♉	♊ ab 20.39 ♋	♌
30	♒ ab 21.27 ♓		♈	♉ ab 05.48 ♊	♋	♌ ab 12.27 ♍
31	♓		♈ ab 11.30 ♉		♋	

Tag	Juli Mond im	August Mond im	September Mond im	Oktober Mond im	November Mond im	Dezember Mond im
1	♍	♏	♐ ab 14.05 ♑	♑ ab 03.14 ♒	♓	♈
2	♍ ab 15.22 ♎	♏	♑	♒	♓ ab 06.35 ♈	♈ ab 02.22 ♉
3	♎	♏ ab 03.25 ♐	♑ ab 21.37 ♒	♒ ab 12.20 ♓	♈	♉
4	♎ ab 18.22 ♏	♐ ab 08.36 ♑	♒	♓	♈ ab 19.37 ♉	♉ ab 14.29 ♊
5	♏	♑	♒	♓	♉	♊
6	♏ ab 21.45 ♐	♑ ab 15.34 ♒	♒ ab 07.27 ♓	♓ ab 00.28 ♈	♉	♊
7	♐	♒	♓	♈	♉ ab 07.55 ♊	♊ ab 00.32 ♋
8	♐	♒	♓ ab 19.14 ♈	♈ ab 13.27 ♉	♊	♋
9	♐ ab 02.03 ♑	♒ ab 00.46 ♓	♈	♉	♊ ab 18.35 ♋	♋ ab 08.28 ♌
10	♑	♓	♈	♉	♋	♌
11	♑ ab 08.09 ♒	♓ ab 12.20 ♈	♈ ab 08.13 ♉	♉ ab 02.03 ♊	♋	♌ ab 14.32 ♍
12	♒	♈	♉	♊	♋ ab 03.01 ♌	♍
13	♒ ab 17.02 ♓	♈	♉ ab 20.47 ♊	♊ ab 12.51 ♋	♌	♍ ab 18.45 ♎
14	♓	♈ ab 01.18 ♉	♊	♋	♌ ab 08.43 ♍	♎
15	♓	♉	♊	♋ ab 20.35 ♌	♍	♎ ab 21.14 ♏
16	♓ ab 04.43 ♈	♉ ab 13.23 ♊	♊ ab 06.52 ♋	♌	♍ ab 11.36 ♎	♏
17	♈	♊	♋	♌	♎	♏ ab 22.32 ♐
18	♈ ab 17.36 ♉	♊ ab 22.15 ♋	♋ ab 13.05 ♌	♌ ab 00.43 ♍	♎ ab 12.19 ♏	♐
19	♉	♋	♌	♍	♏	♐
20	♉	♋	♌ ab 15.34 ♍	♍ ab 01.48 ♎	♏ ab 12.16 ♐	♑
21	♉ ab 04.58 ♊	♋ ab 03.06 ♌	♍	♎	♐ ab 13.20 ♑	♑
22	♊	♌	♍ ab 15.42 ♎	♎ ab 01.19 ♏	♑	♑ ab 03.25 ♒
23	♊ ab 12.52 ♋	♌ ab 04.56 ♍	♎	♏	♑ ab 17.25 ♒	♒
24	♋	♍	♎ ab 15.21 ♏	♏ ab 01.08 ♐	♒	♒ ab 10.20 ♓
25	♋ ab 17.19 ♌	♍ ab 05.25 ♎	♏	♐	♒	♓
26	♌	♎	♏ ab 16.22 ♐	♐ ab 03.11 ♑	♒ ab 01.36 ♓	♓ ab 21.05 ♈
27	♌ ab 19.36 ♍	♎ ab 06.20 ♏	♐	♑	♓	♈
28	♍	♏	♐ ab 20.07 ♑	♑ ab 08.51 ♒	♓ ab 13.18 ♈	♈
29	♍ ab 21.20 ♎	♏ ab 09.01 ♐	♑	♒	♈	♈ ab 07.58 ♉
30	♎	♐	♑	♒ ab 18.22 ♓	♈	♉
31	♎ ab 23.44 ♏	♐		♓		♉ ab 22.13 ♊

1950

Tag	Januar Mond im	Februar Mond im	März Mond im	April Mond im	Mai Mond im	Juni Mond im
1	♊	♋ ab 23.34 ♌	♋ ab 09.31 ♌	♍	♎ ab 12.38 ♏	♐ ab 22.27 ♑
2	♊	♌	♌	♍ ab 01.41 ♎	♏	♑
3	♊ ab 07.57 ♋	♌	♌ ab 13.25 ♍	♎	♏ ab 11.51 ♐	♑
4	♋	♌ ab 03.37 ♍	♍	♎ ab 01.36 ♏	♐	♑ ab 00.18 ♒
5	♋ ab 14.58 ♌	♍	♍ ab 15.01 ♎	♏	♐ ab 12.08 ♑	♒
6	♌	♍ ab 06.19 ♎	♎	♏ ab 01.37 ♐	♑	♒ ab 05.58 ♓
7	♌ ab 20.06 ♍	♎	♎ ab 15.56 ♏	♐	♑ ab 15.22 ♒	♓
8	♍	♎ ab 08.51 ♏	♏	♐ ab 03.30 ♑	♒	♓ ab 15.44 ♈
9	♍	♏	♏ ab 17.38 ♐	♑	♒ ab 22.34 ♓	♈
10	♍ ab 00.09 ♎	♏ ab 11.52 ♐	♐	♑ ab 08.25 ♒	♓	♈
11	♎	♐	♐ ab 21.07 ♑	♒	♓	♈ ab 04.13 ♉
12	♎ ab 03.28 ♏	♐ ab 15.45 ♑	♑	♒ ab 16.38 ♓	♓ ab 09.18 ♈	♉
13	♏	♑	♑	♓	♈	♉ ab 17.05 ♊
14	♏ ab 06.16 ♐	♑ ab 20.58 ♒	♑ ab 02.53 ♒	♓	♈ ab 21.59 ♉	♊
15	♐	♒	♒	♓ ab 03.32 ♈	♉	♊
16	♐ ab 09.07 ♑	♒	♒ ab 11.00 ♓	♈	♉	♊ ab 04.45 ♋
17	♑	♒ ab 04.11 ♓	♓	♈ ab 16.00 ♉	♉ ab 10.53 ♊	♋
18	♑ ab 13.07 ♒	♓	♓ ab 21.21 ♈	♉	♊	♋ ab 14.38 ♌
19	♒	♓ ab 14.01 ♈	♈	♉	♊ ab 22.51 ♋	♌
20	♒ ab 19.42 ♓	♈	♈	♉ ab 04.55 ♊	♋	♌ ab 22.32 ♍
21	♓	♈	♈ ab 09.33 ♉	♊	♋	♍
22	♓	♈ ab 02.12 ♉	♉	♊ ab 17.02 ♋	♋ ab 09.07 ♌	♍
23	♓ ab 05.38 ♈	♉	♉ ab 22.28 ♊	♋	♌	♍ ab 04.10 ♎
24	♈	♉ ab 15.03 ♊	♊	♋	♌ ab 16.51 ♍	♎
25	♈ ab 18.08 ♉	♊	♊	♋ ab 02.58 ♌	♍	♎ ab 07.19 ♏
26	♉	♊	♊ ab 10.17 ♋	♌	♍ ab 21.26 ♎	♏
27	♉	♊ ab 02.03 ♋	♋	♌ ab 09.30 ♍	♎	♏ ab 08.26 ♐
28	♉ ab 06.43 ♊	♋	♋ ab 19.05 ♌	♍	♎ ab 23.01 ♏	♐
29	♊		♌	♍ ab 12.25 ♎	♏	♐ ab 08.49 ♑
30	♊ ab 16.50 ♋		♌	♎	♏ ab 22.44 ♐	♑
31	♋		♌ ab 00.01 ♍		♐	

Tag	Juli Mond im	August Mond im	September Mond im	Oktober Mond im	November Mond im	Dezember Mond im
1	♑ ab 10.20 ♒	♓	♈ ab 03.19 ♉	♊	♋	♌ ab 22.54 ♍
2	♒	♓ ab 08.03 ♈	♉	♊	♋ ab 06.38 ♌	♍
3	♒ ab 14.52 ♓	♈	♉ ab 15.46 ♊	♊ ab 12.00 ♋	♌	♍
4	♓	♈ ab 19.06 ♉	♊	♋	♌ ab 15.21 ♍	♍ ab 05.29 ♎
5	♓ ab 23.25 ♈	♉	♊	♋ ab 22.40 ♌	♍	♎
6	♈	♉	♊ ab 03.54 ♋	♌	♍ ab 20.11 ♎	♎ ab 08.20 ♏
7	♈	♉ ab 07.44 ♊	♋	♌	♎	♏
8	♈ ab 11.14 ♉	♊	♋ ab 13.34 ♌	♌ ab 05.54 ♍	♎ ab 21.29 ♏	♏ ab 08.17 ♐
9	♉	♊ ab 19.27 ♋	♌	♍	♏	♐
10	♉	♋	♌ ab 19.55 ♍	♍ ab 09.29 ♎	♏ ab 20.52 ♐	♐ ab 07.17 ♑
11	♉ ab 00.02 ♊	♋	♍	♎	♐	♑
12	♊	♋ ab 04.37 ♌	♍ ab 23.28 ♎	♎ ab 10.31 ♏	♐ ab 20.26 ♑	♑ ab 07.35 ♒
13	♊ ab 11.34 ♋	♌	♎	♏	♑	♒
14	♋	♌ ab 11.04 ♍	♎	♏ ab 10.44 ♐	♑ ab 22.15 ♒	♒ ab 11.11 ♓
15	♋ ab 20.53 ♌	♍	♎ ab 01.27 ♏	♐	♒	♓
16	♌	♍ ab 15.31 ♎	♏	♐ ab 11.56 ♑	♒	♓ ab 18.59 ♈
17	♌	♎	♏ ab 03.13 ♐	♑	♒ ab 03.39 ♓	♈
18	♌ ab 04.06 ♍	♎ ab 18.49 ♏	♐	♑ ab 15.27 ♒	♓	♈
19	♍	♏	♐ ab 05.49 ♑	♒	♓ ab 12.40 ♈	♈ ab 06.10 ♉
20	♍ ab 09.34 ♎	♏ ab 21.36 ♐	♑	♒ ab 21.53 ♓	♈	♉
21	♎	♐	♑ ab 10.00 ♒	♓	♈	♉ ab 18.50 ♊
22	♎ ab 13.27 ♏	♐	♒	♓	♈ ab 00.08 ♉	♊
23	♏	♐ ab 00.23 ♑	♒ ab 16.10 ♓	♓ ab 06.59 ♈	♉	♊
24	♏ ab 15.56 ♐	♑	♓	♈	♉ ab 12.39 ♊	♊ ab 07.18 ♋
25	♐	♑ ab 03.53 ♒	♓	♈ ab 18.03 ♉	♊	♋
26	♐ ab 17.40 ♑	♒	♓ ab 00.32 ♈	♉	♊	♋ ab 18.46 ♌
27	♑	♒ ab 09.02 ♓	♈	♉	♊ ab 01.14 ♋	♌
28	♑ ab 19.56 ♒	♓	♈ ab 11.09 ♉	♉ ab 06.23 ♊	♋	♌
29	♒	♓ ab 16.45 ♈	♉	♊	♋ ab 13.02 ♌	♌ ab 04.42 ♍
30	♒	♈	♉ ab 23.27 ♊	♊ ab 19.04 ♋	♌	♍
31	♒ ab 00.19 ♓	♈		♋		♍ ab 12.20 ♎

1951

Tag	Januar	Februar	März	April	Mai	Juni
	Mond im	Mond im	Mond im	Mond im	Mond im	Mond im
1	♎	♏ ab 02.17 ♐	♐	♒	♓	♈ ab 03.34 ♉
2	♎ ab 16.58 ♏	♐	♐ ab 10.30 ♑	♒ ab 23.45 ♓	♓ ab 12.27 ♈	♉
3	♏	♐ ab 03.53 ♑	♑	♓	♈	♉ ab 15.03 ♊
4	♏ ab 18.39 ♐	♑	♑ ab 13.11 ♒	♓	♈ ab 21.47 ♉	♊
5	♐	♑ ab 05.04 ♒	♒	♓ ab 06.16 ♈	♉	♊
6	♐ ab 18.32 ♑	♒ ab 07.29 ♓	♒ ab 16.46 ♓	♈	♉ ab 08.51 ♊	♊ ab 03.32 ♋
7	♑	♓	♓	♈ ab 14.53 ♉	♊	♋
8	♑ ab 18.36 ♒	♓ ab 12.43 ♈	♓ ab 22.16 ♈	♉	♊	♋ ab 16.12 ♌
9	♒	♈	♈	♉	♊ ab 21.13 ♋	♌
10	♒ ab 20.56 ♓	♈	♈	♉ ab 01.41 ♊	♋	♌
11	♓	♈ ab 21.34 ♉	♈ ab 06.33 ♉	♊	♋	♌ ab 03.47 ♍
12	♓	♉	♉	♊ ab 14.05 ♋	♋ ab 09.50 ♌	♍
13	♓ ab 03.06 ♈	♉	♉ ab 17.36 ♊	♋	♌	♍ ab 12.31 ♎
14	♈	♉ ab 07.29 ♊	♊	♋	♌ ab 20.44 ♍	♎
15	♈ ab 13.11 ♉	♊	♊	♋ ab 02.18 ♌	♍	♎ ab 17.17 ♏
16	♉	♊ ab 21.52 ♋	♊ ab 06.06 ♋	♌	♍	♏
17	♉ ab 01.36 ♊	♋	♋ ab 17.45 ♌	♌ ab 12.07 ♍	♍ ab 04.06 ♎	♏ ab 18.27 ♐
18	♊	♋ ab 09.01 ♌	♌	♍	♎	♐
19	♊ ab 14.06 ♋	♌	♌	♍ ab 18.14 ♎	♎ ab 07.24 ♏	♐ ab 17.38 ♑
20	♋	♌ ab 17.43 ♍	♌ ab 02.39 ♍	♎	♏	♑
21	♋	♍	♍	♎ ab 20.55 ♏	♏ ab 07.44 ♐	♑ ab 17.04 ♒
22	♋	♍	♍ ab 08.21 ♎	♏	♐	♒
23	♋ ab 01.12 ♌	♍ ab 00.01 ♎	♎	♏ ab 21.40 ♐	♐ ab 07.08 ♑	♒ ab 18.50 ♓
24	♌	♎	♎ ab 11.36 ♏	♐	♑	♓
25	♌ ab 10.26 ♍	♎ ab 04.21 ♏	♏	♐ ab 22.20 ♑	♑ ab 07.42 ♒	♓
26	♍	♏	♏ ab 13.41 ♐	♑	♒	♓ ab 00.14 ♈
27	♍ ab 17.46 ♎	♏ ab 07.50 ♐	♐	♑ ab 00.23 ♒	♒ ab 11.06 ♓	♈
28	♎	♐	♐ ab 15.51 ♑	♒	♓	♈ ab 09.18 ♉
29	♎ ab 23.04 ♏		♑	♒ ab 05.14 ♓	♓ ab 17.54 ♈	♉
30	♏		♑ ab 19.03 ♒	♓	♈	♉ ab 20.52 ♊
31	♏		♑		♈	

Tag	Juli	August	September	Oktober	November	Dezember
	Mond im	Mond im	Mond im	Mond im	Mond im	Mond im
1	♊	♋	♍	♎	♏ ab 06.20 ♐	♑
2	♊	♋ ab 04.06 ♌	♍	♎ ab 19.24 ♏	♐	♑ ab 16.45 ♒
3	♊ ab 09.28 ♋	♌	♍ ab 06.32 ♎	♏	♐ ab 07.40 ♑	♒
4	♋	♌ ab 15.19 ♍	♎	♏ ab 22.49 ♐	♑	♒ ab 19.06 ♓
5	♋ ab 22.01 ♌	♍	♎ ab 12.49 ♏	♐	♑ ab 09.43 ♒	♓
6	♌	♍	♏	♐	♒	♓
7	♌	♍ ab 00.35 ♎	♏ ab 17.12 ♐	♐ ab 01.30 ♑	♒ ab 13.23 ♓	♓ ab 00.18 ♈
8	♌ ab 09.36 ♍	♎	♐	♑	♓	♈
9	♍	♎ ab 07.24 ♏	♐ ab 20.07 ♑	♑ ab 04.19 ♒	♓ ab 18.53 ♈	♈ ab 08.05 ♉
10	♍ ab 19.05 ♎	♏	♑	♒	♈	♉
11	♎	♏ ab 11.31 ♐	♑ ab 22.12 ♒	♒ ab 07.47 ♓	♈	♉ ab 17.54 ♊
12	♎	♐	♒	♓	♈ ab 02.08 ♉	♊
13	♎ ab 01.19 ♏	♐ ab 13.19 ♑	♒	♓ ab 12.20 ♈	♉	♊
14	♏	♑	♒ ab 00.22 ♓	♈	♉ ab 11.16 ♊	♊ ab 05.23 ♋
15	♏ ab 04.03 ♐	♑ ab 13.53 ♒	♓	♈ ab 18.37 ♉	♊	♋
16	♐	♒	♓ ab 03.48 ♈	♉	♊ ab 22.28 ♋	♋ ab 18.05 ♌
17	♐ ab 04.15 ♑	♒ ab 14.53 ♓	♈	♉	♋	♌
18	♑	♓	♈ ab 09.42 ♉	♉ ab 03.22 ♊	♋	♌
19	♑ ab 03.42 ♒	♓ ab 17.59 ♈	♉	♊	♋ ab 11.12 ♌	♌ ab 06.53 ♍
20	♒	♈	♉ ab 18.47 ♊	♊ ab 14.43 ♋	♌	♍
21	♒ ab 04.29 ♓	♈ ab 00.27 ♉	♊	♋	♌ ab 23.36 ♍	♍ ab 17.41 ♎
22	♓	♉	♊	♋	♍	♎
23	♓ ab 08.22 ♈	♉ ab 10.28 ♊	♊ ab 06.35 ♋	♋ ab 03.25 ♌	♍	♎ ab 00.39 ♏
24	♈	♊	♋	♌	♍ ab 09.09 ♎	♏
25	♈ ab 16.07 ♉	♊	♋ ab 19.08 ♌	♌ ab 15.02 ♍	♎ ab 14.32 ♏	♏ ab 03.27 ♐
26	♉	♊ ab 22.45 ♋	♌	♍	♏	♐
27	♉	♋	♌ ab 06.06 ♍	♍ ab 23.26 ♎	♏	♐ ab 03.24 ♑
28	♉ ab 03.06 ♊	♋ ab 11.10 ♌	♍	♎	♏ ab 16.20 ♐	♑
29	♊	♌	♍	♎	♐	♑ ab 02.36 ♒
30	♊ ab 15.43 ♋	♌ ab 22.00 ♍	♍ ab 14.09 ♎	♎ ab 04.10 ♏	♐ ab 16.23 ♑	♒
31	♋	♍		♏		♒

1952

Tag	Januar	Februar	März	April	Mai	Juni
	Mond im	Mond im	Mond im	Mond im	Mond im	Mond im
1	♒ ab 03.11 ♓	♈ ab 20.51 ♉	♉	♊ ab 08.39 ♋	♋ ab 05.13 ♌	♍
2	♓	♉	♉ ab 13.37 ♊	♋	♌	♍ ab 13.26 ♎
3	♓ ab 06.42 ♈	♉	♊	♋ ab 21.10 ♌	♌ ab 17.58 ♍	♎
4	♈	♉ ab 05.55 ♊	♊	♌	♍	♎ ab 21.20 ♏
5	♈ ab 13.44 ♉	♊	♊ ab 00.41 ♋	♌	♍	♏
6	♉	♊ ab 17.44 ♋	♋	♌ ab 09.41 ♍	♍ ab 04.39 ♎	♏
7	♉ ab 23.43 ♊	♋	♋ ab 13.31 ♌	♍	♎	♏ ab 01.21 ♐
8	♊	♋	♌	♍ ab 19.56 ♎	♎ ab 11.49 ♏	♐
9	♊	♋ ab 06.36 ♌	♌	♎	♏	♐ ab 02.47 ♑
10	♊ ab 11.35 ♋	♌	♌ ab 01.52 ♍	♎	♏ ab 15.51 ♐	♑
11	♋	♌ ab 19.02 ♍	♍	♎ ab 03.14 ♏	♐	♑ ab 03.27 ♒
12	♋	♍	♍ ab 12.17 ♎	♏	♐ ab 18.09 ♑	♒
13	♋ ab 00.20 ♌	♍	♎	♏ ab 08.08 ♐	♑	♒ ab 05.01 ♓
14	♌	♍ ab 06.01 ♎	♎ ab 20.21 ♏	♐	♑ ab 20.15 ♒	♓
15	♌ ab 13.01 ♍	♎	♏	♐ ab 11.42 ♑	♒	♓ ab 08.29 ♈
16	♍	♎ ab 14.45 ♏	♏ ab 02.16 ♐	♑	♒ ab 23.06 ♓	♈
17	♍	♏	♐	♑ ab 14.44 ♒	♓	♈ ab 14.11 ♉
18	♍ ab 00.20 ♎	♏ ab 20.43 ♐	♐	♒	♓	♉
19	♎	♐	♐ ab 06.20 ♑	♒ ab 17.41 ♓	♓ ab 03.07 ♈	♉ ab 22.04 ♊
20	♎ ab 08.44 ♏	♐ ab 23.50 ♑	♑	♓	♈	♊
21	♏	♑	♑ ab 08.55 ♒	♓ ab 20.57 ♈	♈ ab 08.30 ♉	♊
22	♏ ab 13.22 ♐	♑	♒	♈	♉	♊ ab 08.04 ♋
23	♐	♑ ab 00.49 ♒	♒ ab 10.39 ♓	♈	♉ ab 15.38 ♊	♋
24	♐ ab 14.39 ♑	♒	♓	♈ ab 01.15 ♉	♊	♋ ab 20.03 ♌
25	♑	♒ ab 01.01 ♓	♓ ab 12.34 ♈	♉	♊	♌
26	♑ ab 14.07 ♒	♓	♈	♉ ab 07.41 ♊	♊ ab c01.06 ♋	♌
27	♒	♓ ab 02.12 ♈	♈ ab 16.06 ♉	♊	♋	♌ ab 09.07 ♍
28	♒ ab 13.46 ♓	♈	♉	♊ ab 17.06 ♋	♋ ab 13.00 ♌	♍
29	♓	♈ ab 06.02 ♉	♉ ab 22.36 ♊	♋	♌	♍ ab 21.19 ♎
30	♓ ab 15.38 ♈		♊	♋	♌	♎
31	♈		♊		♌ ab 01.57 ♍	

Tag	Juli	August	September	Oktober	November	Dezember
	Mond im	Mond im	Mond im	Mond im	Mond im	Mond im
1	♎	♐	♑ ab 10.03 ♒	♓	♈ ab 07.59 ♉	♊
2	♎ ab 06.26 ♏	♐ ab 23.28 ♑	♒	♓ ab 20.34 ♈	♉	♊
3	♏	♑	♒ ab 10.00 ♓	♈	♉ ab 12.02 ♊	♊ ab 04.09 ♋
4	♏ ab 11.27 ♐	♑ ab 23.41 ♒	♓	♈ ab 22.06 ♉	♊	♋
5	♐	♒	♓ ab 09.58 ♈	♉	♊ ab 19.13 ♋	♋ ab 14.23 ♌
6	♐ ab 13.03 ♑	♒ ab 23.05 ♓	♈	♉	♋	♌
7	♑	♓	♈ ab 11.48 ♉	♉ ab 02.15 ♊	♋	♌
8	♑ ab 12.55 ♒	♓ ab 23.34 ♈	♉	♊	♋ ab 05.57 ♌	♌ ab 02.58 ♍
9	♒	♈	♉ ab 17.06 ♊	♊ ab 10.16 ♋	♌	♍
10	♒ ab 13.00 ♓	♈	♊	♋	♌ ab 18.47 ♍	♍ ab 15.36 ♎
11	♓	♈ ab 02.46 ♉	♊	♋ ab 21.51 ♌	♍	♎
12	♓ ab 14.56 ♈	♉	♊ ab 02.24 ♋	♌	♍	♎
13	♈	♉ ab 09.37 ♊	♋	♌	♍ ab 06.58 ♎	♎ ab 01.39 ♏
14	♈ ab 19.46 ♉	♊	♋ ab 14.39 ♌	♌ ab 10.51 ♍	♎	♏
15	♉	♊ ab 19.53 ♋	♌	♍	♎ ab 16.19 ♏	♏ ab 08.00 ♐
16	♉	♋	♌	♍ ab 22.45 ♎	♏	♐
17	♉ ab 03.38 ♊	♋	♌ ab 03.42 ♍	♎	♏ ab 22.34 ♐	♐ ab 11.18 ♑
18	♊	♋ ab 08.19 ♌	♍	♎	♐	♑
19	♊ ab 14.05 ♋	♌	♍ ab 15.42 ♎	♎ ab 08.10 ♏	♐	♑ ab 13.03 ♒
20	♋	♌ ab 21.23 ♍	♎	♏	♐ ab 02.41 ♑	♒
21	♋	♍	♎	♏ ab 15.12 ♐	♑	♒ ab 14.46 ♓
22	♋ ab 02.21 ♌	♍	♎ ab 01.44 ♏	♐	♑ ab 05.52 ♒	♓
23	♌	♍ ab 09.42 ♎	♏	♐ ab 20.29 ♑	♒	♓ ab 17.30 ♈
24	♌ ab 15.25 ♍	♎	♏ ab 09.33 ♐	♑	♒ ab 08.55 ♓	♈
25	♍	♎ ab 20.11 ♏	♐	♑	♓	♈ ab 21.46 ♉
26	♍	♏	♐ ab 15.06 ♑	♑ ab 00.28 ♒	♓ ab 12.10 ♈	♉
27	♍ ab 03.54 ♎	♏	♑	♒	♈	♉
28	♎	♏ ab 03.54 ♐	♑ ab 18.25 ♒	♒ ab 03.23 ♓	♈ ab 15.55 ♉	♉ ab 03.48 ♊
29	♎ ab 14.05 ♏	♐	♒	♓	♉	♊
30	♏	♐ ab 08.24 ♑	♒ ab 19.53 ♓	♓ ab 05.35 ♈	♉ ab 20.53 ♊	♊ ab 11.54 ♋
31	♏ ab 20.38 ♐	♑		♈		♋

1953

Tag	Januar – Mond im	Februar – Mond im	März – Mond im	April – Mond im	Mai – Mond im	Juni – Mond im
1	♋ ab 22.18 ♌	♍	♍	♎ ab 06.20 ♏	♐	♑ ab 15.46 ♒
2	♌	♍	♍ ab 12.41 ♎	♏	♐	♒
3	♌	♍ ab 06.32 ♎	♎	♏ ab 15.59 ♐	♐ ab 04.55 ♑	♒ ab 19.12 ♓
4	♌ ab 10.41 ♍	♎	♎ ab 00.31 ♏	♐	♑	♓
5	♍	♎ ab 18.21 ♏	♏	♐ ab 23.29 ♑	♑ ab 10.13 ♒	♓ ab 22.02 ♈
6	♍ ab 23.37 ♎	♏	♏ ab 10.20 ♐	♑	♒	♈
7	♎	♏	♐	♑	♒ ab 13.47 ♓	♈
8	♎ ab 10.44 ♏	♏ ab 03.21 ♐	♐ ab 17.10 ♑	♑ ab 04.28 ♒	♓	♈ ab 00.42 ♉
9	♏	♐	♑	♒	♓ ab 15.49 ♈	♉
10	♏ ab 18.15 ♐	♐ ab 08.32 ♑	♑	♒ ab 06.50 ♓	♈	♉ ab 04.03 ♊
11	♐	♑	♑ ab 20.38 ♒	♓	♈ ab 17.12 ♉	♊
12	♐ ab 21.55 ♑	♑ ab 10.17 ♒	♒	♓ ab 07.19 ♈	♉	♊ ab 09.18 ♋
13	♑	♒	♒ ab 21.17 ♓	♈	♉ ab 19.27 ♊	♋
14	♑ ab 22.58 ♒	♒ ab 09.58 ♓	♓	♈ ab 07.32 ♉	♊	♋ ab 17.28 ♌
15	♒	♓	♓ ab 20.39 ♈	♉	♊	♌
16	♒ ab 23.07 ♓	♓ ab 09.31 ♈	♈	♉ ab 09.27 ♊	♊ ab 00.17 ♋	♌
17	♓	♈	♈ ab 20.45 ♉	♊	♋	♌ ab 04.37 ♍
18	♓	♈ ab 10.51 ♉	♉	♊ ab 14.53 ♋	♋ ab 08.47 ♌	♍
19	♓	♉	♉ ab 23.35 ♊	♋	♌	♍ ab 17.17 ♎
20	♓ ab 00.09 ♈	♉ ab 15.27 ♊	♊	♋	♌ ab 20.31 ♍	♎
21	♈	♊	♊	♋ ab 00.27 ♌	♍	♎
22	♈ ab 03.21 ♉	♊ ab 23.48 ♋	♊ ab 06.30 ♋	♌	♍	♎ ab 04.58 ♏
23	♉	♋	♋	♌ ab 12.53 ♍	♍ ab 09.16 ♎	♏
24	♉ ab 09.21 ♊	♋	♋ ab 17.15 ♌	♍	♎	♏ ab 13.48 ♐
25	♊	♋ ab 11.06 ♌	♌	♍	♎ ab 20.33 ♏	♐
26	♊ ab 18.07 ♋	♌	♌	♍ ab 01.41 ♎	♏	♐ ab 19.29 ♑
27	♋	♌ ab 23.51 ♍	♌ ab 06.04 ♍	♎	♏	♑
28	♋	♍	♍	♎ ab 12.52 ♏	♏ ab 05.09 ♐	♑ ab 22.52 ♒
29	♋ ab 05.06 ♌		♍ ab 18.52 ♎	♏	♐	♒
30	♌		♎	♏ ab 21.53 ♐	♐ ab 11.17 ♑	♒
31	♌ ab 17.36 ♍		♎		♑	

Tag	Juli – Mond im	August – Mond im	September – Mond im	Oktober – Mond im	November – Mond im	Dezember – Mond im
1	♒ ab 01.09 ♓	♈ ab 11.57 ♉	♊	♋ ab 19.54 ♌	♍	♎
2	♓	♉	♊ ab 04.30 ♋	♌	♍	♎ ab 22.31 ♏
3	♓ ab 03.24 ♈	♉ ab 16.11 ♊	♋	♌	♍ ab 02.51 ♎	♏
4	♈	♊	♋ ab 14.05 ♌	♌ ab 07.41 ♍	♎	♏
5	♈ ab 06.24 ♉	♊ ab 23.00 ♋	♌	♍	♎ ab 15.12 ♏	♏ ab 09.09 ♐
6	♉	♋	♌	♍ ab 20.28 ♎	♏	♐
7	♉ ab 10.43 ♊	♋	♌ ab 01.48 ♍	♎	♏	♐ ab 17.33 ♑
8	♊	♋ ab 08.16 ♌	♍	♎ ab 08.57 ♏	♏ ab 02.07 ♐	♑
9	♊ ab 16.55 ♋	♌	♍ ab 14.28 ♎	♏	♐	♑
10	♋	♌ ab 19.34 ♍	♎	♏ ab 20.20 ♐	♐ ab 11.19 ♑	♑ ab 04.47 ♒
11	♋	♍	♎	♐	♑	♒
12	♋ ab 01.28 ♌	♍	♎ ab 03.06 ♏	♐	♑ ab 18.31 ♒	♒ ab 08.07 ♓
13	♌	♍ ab 08.09 ♎	♏	♐ ab 05.52 ♑	♒	♓
14	♌ ab 12.29 ♍	♎	♏ ab 14.32 ♐	♑	♒ ab 23.18 ♓	♓ ab 10.23 ♈
15	♍	♎ ab 20.44 ♏	♐	♑ ab 12.35 ♒	♓	♈
16	♍	♏	♐ ab 23.21 ♑	♒	♓	♈ ab 12.28 ♉
17	♍ ab 01.04 ♎	♏ ab 07.30 ♐	♑	♒ ab 15.56 ♓	♓ ab 01.36 ♈	♉
18	♎	♐	♑	♓	♈	♉ ab 15.40 ♊
19	♎ ab 13.17 ♏	♐ ab 14.53 ♑	♑ ab 04.30 ♒	♓ ab 16.27 ♈	♈ ab 02.15 ♉	♊
20	♏	♑	♒	♈	♉	♊ ab 21.23 ♋
21	♏ ab 22.59 ♐	♑ ab 18.29 ♒	♒ ab 06.07 ♓	♈ ab 15.47 ♉	♉ ab 02.55 ♊	♋
22	♐	♒	♓	♉	♊	♋
23	♐	♒ ab 19.12 ♓	♓ ab 05.31 ♈	♉ ab 16.05 ♊	♊ ab 05.32 ♋	♋ ab 06.24 ♌
24	♐ ab 05.07 ♑	♓	♈	♊	♋	♌
25	♑	♓ ab 18.46 ♈	♈ ab 04.45 ♉	♊ ab 19.24 ♋	♋ ab 11.41 ♌	♌ ab 18.11 ♍
26	♑ ab 08.03 ♒	♈	♉	♋	♌	♍
27	♒	♈ ab 19.11 ♉	♉ ab 06.01 ♊	♋	♌ ab 21.41 ♍	♍
28	♒ ab 09.07 ♓	♉	♊	♋ ab 02.55 ♌	♍	♍ ab 06.43 ♎
29	♓	♉	♊ ab 10.57 ♋	♌	♍	♎
30	♓ ab 09.56 ♈	♉ ab 22.07 ♊	♋	♌	♍ ab 10.06 ♎	♎
31	♈	♊		♌ ab 14.05 ♍		♎

1954

Tag	Januar – Mond im	Februar – Mond im	März – Mond im	April – Mond im	Mai – Mond im	Juni – Mond im
1	♏ ab 17.40 ♐	♑	♑	♓	♈	♊
2	♐	♑ ab 16.38 ♒	♑ ab 03.07 ♒	♓ ab 16.40 ♈	♈ ab 02.43 ♉	♊ ab 13.46 ♋
3		♒	♒	♈	♉	♋
4	♐ ab 01.46 ♑	♒ ab 19.04 ♓	♒ ab 05.33 ♓	♈ ab 15.43 ♉	♉ ab 02.07 ♊	♋ ab 17.35 ♌
5	♑	♓	♓	♉	♊	♌
6	♑ ab 07.10 ♒	♓ ab 20.15 ♈	♓ ab 05.41 ♈	♉ ab 15.40 ♊	♊ ab 03.30 ♋	♌
7	♒	♈	♈	♊	♋	♌ ab 01.07 ♍
8	♒ ab 10.43 ♓	♈ ab 21.47 ♉	♈ ab 05.33 ♉	♊ ab 18.29 ♋	♋ ab 08.29 ♌	♍
9	♓	♉	♉	♋	♌	♍ ab 11.59 ♎
10	♓ ab 13.27 ♈	♉ ab 00.55 ♊	♉ ab 07.07 ♊	♋	♌ ab 17.23 ♍	♎
11	♈	♊	♊	♋ ab 01.06 ♌	♍	♎ ab 00.30 ♏
12	♈ ab 16.10 ♉	♊	♊ ab 11.38 ♋	♌	♍	♏
13	♉	♊ ab 06.10 ♋	♋	♌ ab 11.03 ♍	♍ ab 05.04 ♎	♏ ab 12.38 ♐
14	♉ ab 19.30 ♊	♋	♋ ab 19.17 ♌	♍	♎ ab 17.42 ♏	♐
15	♊	♋ ab 13.36 ♌	♌	♍ ab 22.58 ♎	♏	♐ ab 23.06 ♑
16	♊	♌	♌	♎	♏	♑
17	♊ ab 00.01 ♋	♌ ab 23.01 ♍	♌ ab 05.22 ♍	♎	♏ ab 05.54 ♐	♑
18	♋	♍	♍	♎ ab 11.33 ♏	♐	♑ ab 07.26 ♒
19	♋ ab 06.25 ♌	♍	♍ ab 16.58 ♎	♏	♐ ab 16.49 ♑	♒
20	♌	♍ ab 10.15 ♎	♎	♏ ab 23.55 ♐	♑	♒ ab 13.37 ♓
21	♌ ab 15.14 ♍	♎	♎	♐	♑	♓
22	♍	♎ ab 22.44 ♏	♎ ab 05.27 ♏	♐	♑ ab 01.49 ♒	♓ ab 17.44 ♈
23	♍	♏	♏	♐ ab 11.12 ♑	♒	♈
24	♍ ab 02.30 ♎	♏	♏ ab 17.57 ♐	♑	♒ ab 08.09 ♓	♈ ab 20.09 ♉
25	♎	♏ ab 11.01 ♐	♐	♑ ab 20.03 ♒	♓	♉
26	♎ ab 15.04 ♏	♐	♐	♒	♓ ab 11.32 ♈	♉ ab 21.42 ♊
27	♏	♐ ab 20.58 ♑	♐ ab 04.56 ♑	♒	♈	♊
28	♏	♑	♑	♒ ab 01.22 ♓	♈	♊ ab 23.36 ♋
29	♏ ab 02.43 ♐		♑ ab 12.38 ♒	♓	♈ ab 12.34 ♉	♋
30	♐		♒	♓ ab 03.09 ♈	♉	
31	♐ ab 11.27 ♑		♒ ab 16.17 ♓		♉ ab 12.41 ♊	

Tag	Juli – Mond im	August – Mond im	September – Mond im	Oktober – Mond im	November – Mond im	Dezember – Mond im
1	♋	♍	♎ ab 23.49 ♏	♏ ab 19.42 ♐	♑	♒
2	♋ ab 03.17 ♌	♍	♏	♐	♑	♒ ab 15.39 ♓
3	♌	♍ ab 04.14 ♎	♏	♐	♑ ab 01.23 ♒	♓
4	♌ ab 09.56 ♍	♎	♏ ab 12.33 ♐	♐ ab 08.05 ♑	♒	♓ ab 20.35 ♈
5	♍	♎ ab 16.03 ♏	♐	♑	♒ ab 08.35 ♓	♈
6	♍ ab 19.54 ♎	♏	♐	♑ ab 17.46 ♒	♓	♈ ab 22.23 ♉
7	♎	♏	♐ ab 00.10 ♑	♒	♓ ab 11.43 ♈	♉
8	♎ ab 08.04 ♏	♏ ab 04.33 ♐	♑	♒ ab 23.17 ♓	♈	♉ ab 22.17 ♊
9	♏	♐	♑ ab 08.31 ♒	♓	♈ ab 11.49 ♉	♊
10	♏ ab 20.19 ♐	♐ ab 15.21 ♑	♒	♓	♉	♊ ab 22.07 ♋
11	♐	♑	♒ ab 12.55 ♓	♓ ab 00.59 ♈	♉ ab 10.51 ♊	♋
12	♐	♑ ab 22.55 ♒	♓	♈	♊	♋ ab 23.49 ♌
13	♐ ab 06.40 ♑	♒	♓ ab 14.23 ♈	♈ ab 00.32 ♉	♊ ab 11.00 ♋	♌
14	♑	♒	♈	♉	♋	♌ ab 04.54 ♍
15	♑ ab 14.20 ♒	♒ ab 03.17 ♓	♈ ab 14.45 ♉	♉ ab 00.10 ♊	♋ ab 14.03 ♌	♍
16	♒	♓	♉	♊	♌	♍ ab 13.52 ♎
17	♒ ab 19.33 ♓	♓ ab 05.38 ♈	♉ ab 15.55 ♊	♊ ab 01.50 ♋	♌ ab 20.53 ♍	♎
18	♓	♈	♊	♋	♍	♎
19	♓ ab 23.06 ♈	♈ ab 07.26 ♉	♊ ab 19.13 ♋	♋ ab 06.41 ♌	♍	♎
20	♈	♉	♋	♌	♍ ab 07.03 ♎	♎ ab 01.44 ♏
21	♈	♉ ab 09.57 ♊	♋	♌ ab 14.45 ♍	♎	♏
22	♈ ab 01.53 ♉	♊	♋ ab 01.04 ♌	♍	♎ ab 19.13 ♏	♏ ab 14.35 ♐
23	♉	♊ ab 13.50 ♋	♌	♍	♏	♐
24	♉ ab 04.31 ♊	♋	♌ ab 09.11 ♍	♍ ab 01.12 ♎	♏	♐
25	♊	♋ ab 19.23 ♌	♍	♎	♏ ab 08.02 ♐	♐ ab 02.41 ♑
26	♊	♌	♍ ab 19.11 ♎	♎ ab 13.11 ♏	♐	♑
27	♊ ab 07.42 ♋	♌	♎	♏	♐ ab 20.24 ♑	♑ ab 13.01 ♒
28	♋	♌ ab 02.44 ♍	♎	♏	♑	♒
29	♋ ab 12.11 ♌	♍	♎ ab 06.52 ♏	♏ ab 01.59 ♐	♑	♒ ab 21.10 ♓
30	♌	♍ ab 12.12 ♎	♏	♐	♑ ab 07.20 ♒	♓
31	♌ ab 18.50 ♍	♎		♐ ab 14.37 ♑		♓

1955

Tag	Januar Mond im	Februar Mond im	März Mond im	April Mond im	Mai Mond im	Juni Mond im
1	♓ ab 02.57 ♈	♉ ab 15.03 ♊	♊	♋ ab 09.21 ♌	♍	♎ ab 21.54 ♏
2	♈	♊	♊ ab 23.40 ♋	♌	♍	♏
3	♈ ab 06.25 ♉	♊ ab 17.37 ♋	♋	♌ ab 15.31 ♍	♍ ab 05.26 ♎	♏
4	♉	♋	♋	♍	♎	♏ ab 10.24 ♐
5	♉ ab 08.05 ♊	♋ ab 20.29 ♌	♋ ab 03..49 ♌	♍ ab 23.34 ♎	♎ ab 16.04 ♏	♐
6	♊	♌	♌	♎	♏	♐ ab 23.21 ♑
7	♊ ab 09.01 ♋	♌ ab 00.43 ♍	♌ ab 09.09 ♍	♎	♏	♑
8	♋	♍	♍	♎ ab 09.38 ♏	♏ ab 04.19 ♐	♑
9	♋ ab 10.42 ♌	♍ ab 07.34 ♎	♍ ab 16.20 ♎	♏	♐	♑ ab 11.30 ♒
10	♌	♎	♎	♏ ab 21.42 ♐	♐ ab 17.19 ♑	♒
11	♌ ab 14.43 ♍	♎ ab 17.39 ♏	♎ ab 02.05 ♏	♐	♑	♒ ab 21.32 ♓
12	♍	♏	♏	♐	♑	♓
13	♍ ab 22.15 ♎	♏	♏ ab 14.14 ♐	♐ ab 10.41 ♑	♑ ab 05.30 ♒	♓
14	♎	♏ ab 06.08 ♐	♐	♑	♒	♓ ab 04.24 ♈
15	♎ ab 09.15 ♏	♐	♐	♑ ab 22.20 ♒	♒ ab 14.54 ♓	♈
16	♏	♐ ab 18.35 ♑	♐ ab 03.02 ♑	♒	♓	♈ ab 07.50 ♉
17	♏ ab 22.02 ♐	♑	♑	♒ ab 06.29 ♓	♓ ab 20.21 ♈	♉
18	♐	♑	♑ ab 13.47 ♒	♓	♈	♉ ab 08.37 ♊
19	♐	♑ ab 04.33 ♒	♒	♓ ab 10.30 ♈	♈ ab 22.12 ♉	♊
20	♐ ab 10.10 ♑	♒	♒ ab 20.45 ♓	♈	♉	♊ ab 08.16 ♋
21	♑	♒ ab 11.10 ♓	♓	♈ ab 11.30 ♉	♉ ab 21.57 ♊	♋
22	♑	♓	♓	♉	♊	♋ ab 08.37 ♌
23	♑ ab 19.59 ♒	♓ ab 15.06 ♈	♓ ab 00.10 ♈	♉ ab 11.24 ♊	♊ ab 21.33 ♋	♌
24	♒	♈	♈	♊	♋	♌ ab 11.27 ♍
25	♒	♈ ab 17.47 ♉	♈ ab 01.32 ♉	♊ ab 12.09 ♋	♋ ab 22.53 ♌	♍
26	♒ ab 03.11 ♓	♉	♉	♋	♌	♍ ab 17.56 ♎
27	♓	♉	♉ ab 02.42 ♊	♋ ab 15.09 ♌	♌	♎
28	♓ ab 08.20 ♈	♉ ab 20.24 ♊	♊	♌	♌ ab 03.16 ♍	♎
29	♈		♊ ab 05.06 ♋	♌ ab 20.58 ♍	♍	♎ ab 04.05 ♏
30	♈ ab 12.06 ♉		♋	♍	♍ ab 11.08 ♎	♏
31	♉		♋		♎	

Tag	Juli Mond im	August Mond im	September Mond im	Oktober Mond im	November Mond im	Dezember Mond im
1	♏ ab 16.34 ♐	♑	♒ ab 16.23 ♓	♓ ab 06.47 ♈	♉ ab 20.23 ♊	♊ ab 06.47 ♋
2	♐	♑ ab 23.52 ♒	♓	♈	♊	♋
3	♐	♒	♓ ab 22.24 ♈	♈ ab 09.52 ♉	♊ ab 21.12 ♋	♋ ab 07.08 ♌
4	♐ ab 05.30 ♑	♒	♈	♉	♋	♌
5	♑	♒ ab 09.04 ♓	♈	♉ ab 12.00 ♊	♋ ab 23.20 ♌	♌ ab 09.50 ♍
6	♑ ab 17.19 ♒	♓	♈ ab 02.37 ♉	♊	♌	♍
7	♒	♓ ab 16.00 ♈	♉	♊ ab 14.23 ♋	♌	♍ ab 15.49 ♎
8	♒	♈	♉ ab 05.59 ♊	♋	♌ ab 03.37 ♍	♎
9	♒ ab 03.09 ♓	♈ ab 21.03 ♉	♊	♋ ab 17.42 ♌	♍	♎
10	♓	♉	♊ ab 09.01 ♋	♌	♍ ab 10.16 ♎	♎ ab 01.00 ♏
11	♓ ab 10.33 ♈	♉	♋	♌ ab 22.12 ♍	♎	♏
12	♈	♉ ab 00.34 ♊	♋ ab 12.02 ♌	♍	♎ ab 19.13 ♏	♏ ab 12.34 ♐
13	♈ ab 15.21 ♉	♊	♌	♍	♏	♐
14	♉	♊ ab 02.51 ♋	♌ ab 15.34 ♍	♍ ab 04.14 ♎	♏	♐
15	♉ ab 17.43 ♊	♋	♍	♎	♏ ab 06.17 ♐	♐ ab 01.24 ♑
16	♊	♋ ab 04.34 ♌	♍ ab 20.36 ♎	♎ ab 12.24 ♏	♐	♑ ab 14.20 ♒
17	♊ ab 18.30 ♋	♌	♎	♏	♐ ab 18.59 ♑	♒
18	♋	♌ ab 06.58 ♍	♎	♏ ab 23.08 ♐	♑	♒
19	♋ ab 19.04 ♌	♍	♎ ab 04.19 ♏	♐	♑	♒ ab 02.02 ♓
20	♌	♍ ab 11.34 ♎	♏	♐	♑ ab 07.59 ♒	♓
21	♌ ab 21.07 ♍	♎	♏ ab 15.12 ♐	♐ ab 11.52 ♑	♒	♓ ab 11.06 ♈
22	♍	♎ ab 19.38 ♏	♐	♑	♒ ab 19.11 ♓	♈
23	♍	♏	♐	♑	♓	♈ ab 16.33 ♉
24	♍ ab 02.16 ♎	♏	♐ ab 04.01 ♑	♑ ab 00.33 ♒	♓	♉
25	♎	♏ ab 07.04 ♐	♑	♒	♓ ab 02.48 ♈	♉ ab 18.33 ♊
26	♎ ab 11.19 ♏	♐	♑ ab 16.08 ♒	♒ ab 10.38 ♓	♈	♊
27	♏	♐ ab 19.57 ♑	♒	♓	♈ ab 06.27 ♉	♊ ab 18.18 ♋
28	♏ ab 23.24 ♐	♑	♒	♓ ab 16.46 ♈	♉	♋
29	♐	♑	♒ ab 01.13 ♓	♈	♉ ab 07.11 ♊	♋
30	♐	♑ ab 07.36 ♒	♓	♈ ab 19.30 ♉	♊	♋ ab 17.37 ♌
31	♐ ab 12.19 ♑	♒		♉		♌

1956

Tag	Januar Mond im	Februar Mond im	März Mond im	April Mond im	Mai Mond im	Juni Mond im
1	♌ ab 18.31 ♍	♎	♏	♐	♑ ab 02.28 ♒	♓
2	♍	♎ ab 14.34 ♏	♏	♐ ab 05.38 ♑	♒	♓
3	♍ ab 22.44 ♎	♏	♏ ab 0910 ♐	♑	♒ ab 14.16 ♓	♓ ab 08.05 ♈
4	♎	♏	♐	♑ ab 18.25 ♒	♓	♈
5	♎	♏ ab 01.13 ♐	♐ ab 21.33 ♑	♒	♓ ab 23.06 ♈	♈ ab 14.22 ♉
6	♎ ab 07.00 ♏	♐	♑	♒ ab 05.38 ♓	♈	♉
7	♏	♐ ab 14.09 ♑	♑	♓	♈	♉ ab 17.10 ♊
8	♏ ab 18.33 ♐	♑	♑ ab 10.20 ♒	♓ ab 13.47 ♈	♈ ab 04.24 ♉	♊
9	♐	♑	♒	♈	♉	♊ ab 17.42 ♋
10	♐	♑ ab 02.52 ♒	♒ ab 21.12 ♓	♈ ab 19.04 ♉	♉ ab 07.01 ♊	♋
11	♐ ab 07.34 ♑	♒	♓	♉	♊	♋ ab 17.45 ♌
12	♑	♒ ab 13.52 ♓	♓	♉	♊	♌
13	♑ ab 20.20 ♒	♓	♓ ab 05.27 ♈	♉ ab 22.31 ♊	♊ ab 08.21 ♋	♌ ab 19.04 ♍
14	♒	♓ ab 22.49 ♈	♈	♊	♋	♍
15	♒	♈	♈ ab 11.32 ♉	♊ ab 01.15 ♋	♋ ab 09.52 ♌	♍ ab 22.59 ♎
16	♒ ab 07.48 ♓	♈	♉	♋	♌	♎
17	♓	♈ ab 05.49 ♉	♉ ab 16.12 ♊	♋ ab 04.01 ♌	♌ ab 12.40 ♍	♎
18	♓ ab 17.18 ♈	♉	♊	♌	♍	♎ ab 06.03 ♏
19	♈	♉ ab 10.51 ♊	♊ ab 19.48 ♋	♌ ab 07.17 ♍	♍ ab 17.26 ♎	♏
20	♈	♊	♋	♍	♎	♏ ab 15.56 ♐
21	♈ ab 00.12 ♉	♊ ab 13.50 ♋	♋ ab 22.31 ♌	♍	♎	♐
22	♉	♋	♌	♍ ab 11.37 ♎	♎ ab 00.27 ♏	♐ ab 03.43 ♑
23	♉ ab 04.06 ♊	♋ ab 15.11 ♌	♌	♎	♏ ab 09.47 ♐	♑
24	♊	♌	♌ ab 00.53 ♍	♎ ab 17.45 ♏	♐	♑ ab 16.26 ♒
25	♊ ab 05.20 ♋	♌ ab 16.05 ♍	♍	♏	♐ ab 21.12 ♑	♒
26	♋	♍	♍ ab 04.00 ♎	♏	♑	♒
27	♋ ab 05.07 ♌	♍ ab 18.21 ♎	♎	♏ ab 02.26 ♐	♑	♒ ab 04.55 ♓
28	♌	♎	♎ ab 09.19 ♏	♐	♑ ab 09.52 ♒	♓
29	♌ ab 05.18 ♍	♎ ab 23.45 ♏	♏	♐ ab 13.45 ♑	♒	♓ ab 15.43 ♈
30	♍		♏ ab 17.56 ♐	♑	♒ ab 22.10 ♓	
31	♍ ab 07.56 ♎		♐		♓	

Tag	Juli Mond im	August Mond im	September Mond im	Oktober Mond im	November Mond im	Dezember Mond im
1	♈	♉ ab 12.16 ♊	♋	♌ ab 09.25 ♍	♎ ab 23.25 ♏	♏ ab 13.59 ♐
2	♈ ab 23.26 ♉	♊	♋ ab 00.14 ♌	♍	♏	♐
3	♉	♊ ab 14.33 ♋	♌	♍ ab 11.02 ♎	♏	♐ ab 23.36 ♑
4	♉	♋	♌ ab 00.21 ♍	♎	♏ ab 05.57 ♐	♑
5	♉ ab 03.26 ♊	♋ ab 14.27 ♌	♍	♎ ab 14.19 ♏	♐	♑
6	♊	♌	♍ ab 01.05 ♎	♏	♐ ab 15.24 ♑	♑ ab 11.17 ♒
7	♊ ab 04.20 ♋	♌ ab 13.50 ♍	♎	♏ ab 20.46 ♐	♑	♒
8	♋	♍	♎ ab 04.27 ♏	♐	♑	♒ ab 23.57 ♓
9	♋ ab 03.42 ♌	♍ ab 14.51 ♎	♏	♐ ab 06.48 ♑	♑ ab 03.20 ♒	♓
10	♌	♎	♏ ab 11.46 ♐	♑	♒	♓
11	♌ ab 03.35 ♍	♎ ab 19.21 ♏	♐	♑	♒ ab 15.51 ♓	♓ ab 11.37 ♈
12	♍	♏	♐ ab 22.46 ♑	♑ ab 19.10 ♒	♓	♈
13	♍ ab 05.55 ♎	♏	♑	♒	♓	♈ ab 20.16 ♉
14	♎	♏ ab 04.00 ♐	♑	♒	♓ ab 02.37 ♈	♉
15	♎ ab 11.57 ♏	♐	♑ ab 11.28 ♒	♒ ab 07.25 ♓	♈	♉
16	♏	♐ ab 15.48 ♑	♒	♓	♈ ab 10.13 ♉	♉ ab 01.07 ♊
17	♏ ab 21.38 ♐	♑	♒ ab 23.34 ♓	♓ ab 17.36 ♈	♉	♊
18	♐	♑	♓	♈	♉ ab 14.45 ♊	♊ ab 02.52 ♋
19	♐	♑ ab 04.38 ♒	♓	♈	♊	♋
20	♐ ab 09.41 ♑	♒	♓ ab 09.48 ♈	♈ ab 01.08 ♉	♊ ab 17.18 ♋	♋ ab 03.12 ♌
21	♑	♒ ab 16.48 ♓	♈	♉	♋	♌
22	♑ ab 22.29 ♒	♓	♈ ab 18.01 ♉	♉ ab 06.29 ♊	♋ ab 19.10 ♌	♌ ab 03.56 ♍
23	♒	♓	♉	♊	♌	♍
24	♒	♓ ab 03.30 ♈	♉	♊ ab 10.24 ♋	♌ ab 21.32 ♍	♍ ab 06.39 ♎
25	♒ ab 10.51 ♓	♈	♉ ab 00.25 ♊	♋	♍	♎
26	♓	♈ ab 12.24 ♉	♊	♋ ab 13.27 ♌	♍	♎ ab 12.09 ♏
27	♓ ab 21.54 ♈	♉	♊ ab 05.00 ♋	♌	♍ ab 01.11 ♎	♏
28	♈	♉ ab 19.00 ♊	♋	♌ ab 16.10 ♍	♎	♏ ab 20.20 ♐
29	♈	♊	♋ ab 07.49 ♌	♍	♎ ab 06.35 ♏	♐
30	♈ ab 06.41 ♉	♊ ab 22.52 ♋	♌	♍ ab 19.10 ♎	♏	♐
31	♉	♋		♎		♐ ab 06.37 ♑

1957

Tag	Januar Mond im	Februar Mond im	März Mond im	April Mond im	Mai Mond im	Juni Mond im
1	♑	≈ ab 13.21 ♓	♓	♈	♉ ab 14.47 ♊	♋
2	♑ ab 18.25 ≈	♓	♓	♈ ab 00.11 ♉	♊	♋ ab 05.46 ♌
3	≈	♓	♓ ab 07.31 ♈	♉	♊ ab 20.09 ♋	♌
4	≈	♓ ab 01.42 ♈	♈	♉ ab 08.31 ♊	♋	♌ ab 08.00 ♍
5	≈ ab 07.05 ♓	♈	♈ ab 18.21 ♉	♊	♋ ab 23.54 ♌	♍
6	♓	♈ ab 12.38 ♉	♉	♊ ab 14.38 ♋	♌	♍ ab 10.46 ♎
7	♓ ab 19.23 ♈	♉	♉	♋	♌	♎
8	♈	♉ ab 20.35 ♊	♉ ab 03.04 ♊	♋ ab 18.25 ♌	♌ ab 02.37 ♍	♎ ab 14.41 ♏
9	♈	♊	♊	♌	♍	♏
10	♈ ab 05.27 ♉	♊	♊ ab 08.45 ♋	♌ ab 20.13 ♍	♍ ab 04.58 ♎	♏ ab 20.10 ♐
11	♉	♊ ab 00.39 ♋	♋	♍	♎	♐
12	♉ ab 11.44 ♊	♋	♋ ab 11.12 ♌	♍ ab 21.09 ♎	♎ ab 07.49 ♏	♐
13	♊	♋ ab 01.19 ♌	♌	♎	♏	♐ ab 03.37 ♑
14	♊ ab 14.06 ♋	♌	♌ ab 11.20 ♍	♎ ab 22.46 ♏	♏ ab 12.14 ♐	♑
15	♋	♌ ab 00.17 ♍	♍	♏	♐	♑ ab 13.24 ≈
16	♋ ab 13.51 ♌	♍ ab 23.50 ♎	♍ ab 10.59 ♎	♏	♐ ab 19.14 ♑	≈
17	♌	♎	♎	♏ ab 02.43 ♐	♑	≈ ab 01.15 ♓
18	♌ ab 13.04 ♍	♎	♎ ab 12.15 ♏	♐	♑	♓
19	♍	♎ ab 02.06 ♏	♏	♐ ab 10.09 ♑	♑ ab 05.13 ≈	♓ ab 13.46 ♈
20	♍ ab 13.55 ♎	♏	♏ ab 16.54 ♐	♑	≈	♈
21	♎	♏ ab 08.23 ♐	♐	♑ ab 20.54 ≈	≈ ab 17.21 ♓	♈
22	♎ ab 18.03 ♏	♐	♐	≈	♓	♈ ab 00.39 ♉
23	♏	♐ ab 18.27 ♑	♐ ab 01.35 ♑	≈	♓	♉
24	♏	♑	♑	≈ ab 09.23 ♓	♓ ab 05.34 ♈	♉
25	♏ ab 01.52 ♐	♑	♑ ab 13.18 ≈	♓	♈	♉ ab 08.07 ♊
26	♐	♑ ab 06.43 ≈	≈	♓ ab 21.22 ♈	♈ ab 15.43 ♉	♊
27	♐ ab 12.33 ♑	≈	≈	♈	♉	♊ ab 12.01 ♋
28	♑	≈ ab 19.25 ♓	≈ ab 02.00 ♓	♈	♉ ab 22.47 ♊	♋
29	♑		♓	♈ ab 07.18 ♉	♊	♋ ab 13.31 ♌
30	♑ ab 00.42 ≈		♓ ab 13.55 ♈	♉	♊	♌
31	≈		♈		♊ ab 03.06 ♋	

Tag	Juli Mond im	August Mond im	September Mond im	Oktober Mond im	November Mond im	Dezember Mond im
1	♌ ab 14.24 ♍	♎ ab 02.01 ♏	♐ ab 22.06 ♑	♑ ab 15.04 ≈	≈ ab 10.19 ♓	♓ ab 06.57 ♈
2	♍	♏	♑	≈	♓	♈
3	♍ ab 16.17 ♎	♏	♑	≈	♓ ab 23.00 ♈	♈ ab 18.48 ♉
4	♎	♏ ab 07.48 ♐	♑	≈ ab 03.18 ♓	♈	♉
5	♎ ab 20.10 ♏	♐	♑ ab 08.50 ≈	♓	♈	♉ ab 04.01 ♊
6	♏	♐ ab 16.24 ♑	≈	♓	♈ ab 10.38 ♉	♊
7	♏	♑	≈ ab 21.04 ♓	♓ ab 15.57 ♈	♉	♊ ab 10.16 ♋
8	♏ ab 02.21 ♐	♑	♓	♈	♉ ab 20.09 ♊	♋
9	♐	♑ ab 03.02 ≈	♓	♈ ab 03.48 ♉	♊	♋ ab 14.24 ♌
10	♐ ab 10.35 ♑	≈	♓ ab 09.45 ♈	♉	♊	♌
11	♑	≈ ab 15.02 ♓	♈	♉	♊ ab 03.24 ♋	♌ ab 17.29 ♍
12	♑ ab 20.43 ≈	♓	♈ ab 21.56 ♉	♉ ab 14.01 ♊	♋	♍
13	≈	♓	♉	♊	♋ ab 08.37 ♌	♍
14	≈	♓ ab 03.48 ♈	♉	♊ ab 21.55 ♋	♌	♍ ab 20.23 ♎
15	≈ ab 08.33 ♓	♈	♉ ab 08.27 ♊	♋	♌ ab 12.07 ♍	♎
16	♓	♈ ab 16.01 ♉	♊	♋	♍	♎ ab 23.36 ♏
17	♓ ab 21.15 ♈	♉	♊ ab 15.50 ♋	♋ ab 03.00 ♌	♍ ab 14.26 ♎	♏
18	♈	♉	♋	♌	♎	♏
19	♈	♉ ab 01.52 ♊	♋ ab 19.31 ♌	♌ ab 05.24 ♍	♎ ab 16.18 ♏	♏ ab 03.31 ♐
20	♈ ab 08.58 ♉	♊	♌	♍	♏	♐
21	♉	♊ ab 07.49 ♋	♌ ab 20.12 ♍	♍ ab 06.04 ♎	♏ ab 18.52 ♐	♐ ab 08.47 ♑
22	♉ ab 17.34 ♊	♋	♍	♎	♐	♑
23	♊	♋ ab 09.51 ♌	♍ ab 19.33 ♎	♎ ab 06.31 ♏	♐ ab 23.30 ♑	♑ ab 16.19 ≈
24	♊ ab 22.05 ♋	♌	♎	♏	♑	≈
25	♋	♌ ab 09.26 ♍	♎ ab 19.41 ♏	♏ ab 08.34 ♐	♑	≈ ab 02.41 ♓
26	♋ ab 23.17 ♌	♍	♏	♐	♑ ab 07.17 ≈	♓
27	♌	♍ ab 08.42 ♎	♏ ab 22.28 ♐	♐ ab 13.41 ♑	≈	♓ ab 15.13 ♈
28	♌ ab 23.00 ♍	♎	♐	♑	≈ ab 18.16 ♓	♈
29	♍	♎ ab 09.48 ♏	♐	♑ ab 22.33 ≈	♓	♈
30	♍ ab 23.20 ♎	♏	♐ ab 05.00 ♑	≈	♓	♈ ab 03.38 ♉
31	♎	♏ ab 14.08 ♐		≈		♈

1958

Tag	Januar Mond im	Februar Mond im	März Mond im	April Mond im	Mai Mond im	Juni Mond im
1	♉	♊ ab 05.41 ♋	♋	♌ ab 07.01 ♍	♎	♏ ab 03.54 ♐
2	♉ ab 13.22 ♊	♋	♋ ab 19.27 ♌	♍	♎ ab 17.15 ♏	♐
3	♊	♋ ab 08.38 ♌	♌	♍ ab 06.54 ♎	♏	♐ ab 06.23 ♑
4	♊ ab 19.22 ♋	♌	♌ ab 20.15 ♍	♎	♏ ab 17.44 ♐	♑
5	♋	♌ ab 09.11 ♍	♍	♎ ab 06.17 ♏	♐	♑ ab 11.34 ♒
6	♋ ab 22.22 ♌	♍	♍ ab 19.36 ♎	♏	♐ ab 20.21 ♑	♒
7	♌	♍ ab 09.24 ♎	♎	♏ ab 07.07 ♐	♑	♒ ab 20.24 ♓
8	♌ ab 23.59 ♍	♎	♎ ab 19.35 ♏	♐	♑	♓
9	♍	♎ ab 11.04 ♏	♏	♐ ab 11.01 ♑	♑ ab 02.30 ♒	♓
10	♍	♏	♏ ab 21.57 ♐	♑	♒	♓ ab 08.21 ♈
11	♍ ab 01.52 ♎	♏ ab 15.12 ♐	♐	♑ ab 18.42 ♒	♒ ab 12.27 ♓	♈
12	♎	♐	♐	♒	♓	♈ ab 21.13 ♉
13	♎ ab 05.03 ♏	♐ ab 21.56 ♑	♐ ab 03.37 ♑	♒	♓	♉
14	♏	♑	♑	♒ ab 05.39 ♓	♓ ab 00.58 ♈	♉ ab 08.31 ♊
15	♏ ab 09.50 ♐	♑	♑ ab 12.28 ♒	♓	♈	♊
16	♐	♑ ab 06.52 ♒	♒	♓ ab 18.23 ♈	♈ ab 13.50 ♉	♊ ab 17.04 ♋
17	♐ ab 16.13 ♑	♒	♒ ab 23.42 ♓	♈	♉	♋
18	♑	♒ ab 17.40 ♓	♓	♈	♉	♋ ab 23.04 ♌
19	♑	♓	♓	♈ ab 07.17 ♉	♉ ab 01.14 ♊	♌
20	♑ ab 00.23 ♒	♓	♓ ab 12.17 ♈	♉	♊	♌
21	♒	♓ ab 06.02 ♈	♈	♉ ab 19.03 ♊	♊ ab 10.23 ♋	♌ ab 03.23 ♍
22	♒ ab 10.42 ♓	♈	♈	♊	♋	♍
23	♓	♈ ab 19.05 ♉	♈ ab 01.16 ♉	♊	♋ ab 17.15 ♌	♍ ab 06.43 ♎
24	♓ ab 23.03 ♈	♉	♉	♊ ab 04.47 ♋	♌	♎
25	♈	♉	♉ ab 13.20 ♊	♋	♌ ab 22.00 ♍	♎ ab 09.31 ♏
26	♈	♉ ab 06.53 ♊	♊	♋ ab 11.44 ♌	♍	♏
27	♈ ab 11.57 ♉	♊	♊ ab 22.53 ♋	♌	♍	♏ ab 12.12 ♐
28	♉	♊ ab 15.17 ♋	♋	♌ ab 15.41 ♍	♍ ab 00.56 ♎	♐
29	♉ ab 22.48 ♊		♋	♍	♎	♐ ab 15.33 ♑
30	♊		♋ ab 04.46 ♌	♍ ab 17.07 ♎	♎ ab 02.34 ♏	♑
31	♊		♌		♏	

Tag	Juli Mond im	August Mond im	September Mond im	Oktober Mond im	November Mond im	Dezember Mond im
1	♑	♒ ab 13.12 ♓	♈	♉	♊ ab 09.09 ♋	♌
2	♑ ab 20.45 ♒	♓	♈ ab 20.24 ♉	♉ ab 15.51 ♊	♋	♌ ab 06.18 ♍
3	♒	♓	♉	♊	♋ ab 18.08 ♌	♍
4	♒	♓ ab 00.15 ♈	♉	♊	♌	♍
5	♒ ab 04.57 ♓	♈	♉ ab 09.07 ♊	♊ ab 03.01 ♋	♌ ab 23.46 ♍	♍ ab 10.31 ♎
6	♓	♈ ab 13.05 ♉	♊	♋	♍	♎
7	♓ ab 16.18 ♈	♉	♊ ab 19.23 ♋	♋ ab 10.51 ♌	♍	♎ ab 12.29 ♏
8	♈	♉	♋	♌	♍ ab 02.17 ♎	♏
9	♈	♉ ab 01.17 ♊	♋	♌ ab 14.50 ♍	♎	♏ ab 13.02 ♐
10	♈ ab 05.10 ♉	♊	♋ ab 01.42 ♌	♍	♎ ab 02.30 ♏	♐
11	♉	♊ ab 10.26 ♋	♌	♍ ab 15.44 ♎	♏	♐ ab 13.47 ♑
12	♉ ab 16.47 ♊	♋	♌ ab 04.20 ♍	♎	♏ ab 02.03 ♐	♑
13	♊	♋ ab 15.44 ♌	♍	♎ ab 15.12 ♏	♐	♑ ab 16.38 ♒
14	♊	♌	♍ ab 04.45 ♎	♏	♐ ab 02.55 ♑	♒
15	♊ ab 01.16 ♋	♌ ab 18.07 ♍	♎	♏ ab 15.09 ♐	♑	♒ ab 23.12 ♓
16	♋	♍	♎ ab 04.50 ♏	♐	♑ ab 06.53 ♒	♓
17	♋ ab 06.31 ♌	♍ ab 19.17 ♎	♏	♐ ab 17.23 ♑	♒	♓ ab 09.46 ♈
18	♌	♎	♏ ab 06.17 ♐	♑	♒ ab 14.57 ♓	♈
19	♌ ab 09.42 ♍	♎ ab 20.50 ♏	♐	♑ ab 23.04 ♒	♓	♈ ab 22.38 ♉
20	♍	♏	♐ ab 10.13 ♑	♒	♓	♉
21	♍ ab 12.12 ♎	♏ ab 23.48 ♐	♑	♒	♓ ab 02.29 ♈	♉
22	♎	♐	♑	♒ ab 08.20 ♓	♈	♉ ab 11.09 ♊
23	♎ ab 14.58 ♏	♐	♑ ab 17.04 ♒	♓	♈ ab 15.31 ♉	♊
24	♏	♐ ab 04.39 ♑	♒	♓ ab 20.11 ♈	♉	♊ ab 21.33 ♋
25	♏ ab 18.26 ♐	♑	♒ ab 02.34 ♓	♈	♉	♋
26	♐	♑ ab 11.28 ♒	♓	♈	♉ ab 04.01 ♊	♋
27	♐ ab 22.53 ♑	♒	♓ ab 14.08 ♈	♈ ab 09.08 ♉	♊	♋ ab 05.34 ♌
28	♑	♒ ab 20.25 ♓	♈	♉	♊ ab 14.52 ♋	♌
29	♑	♓	♈	♉ ab 21.50 ♊	♋	♌
30	♑ ab 04.53 ♒	♓	♈ ab 02.58 ♉	♊	♋ ab 23.41 ♌	♌ ab 11.41 ♍
31	♒	♓ ab 07.36 ♈		♊		♍

1959

Tag	Januar Mond im	Februar Mond im	März Mond im	April Mond im	Mai Mond im	Juni Mond im
1	♍ ab 16.22 ♎	♏	♏ ab 09.33 ♐	♑ ab 23.42 ♒	♒ ab 12.59 ♓	♈
2	♎	♏ ab 04.11 ♐	♐	♒	♓	♈ ab 17.37 ♉
3	♎ ab 19.42 ♏	♐	♐ ab 13.06 ♑	♒	♓ ab 23.19 ♈	♉
4	♏	♐ ab 07.29 ♑	♑	♒ ab 07.23 ♓	♈	♉
5	♏ ab 21.56 ♐	♑	♑ ab 18.17 ♒	♓	♈	♉ ab 06.36 ♊
6	♐	♑ ab 11.41 ♒	♒	♓ ab 17.33 ♈	♈ ab 11.39 ♉	♊
7	♐ ab 23.50 ♑	♒	♒	♈	♉	♊ ab 18.44 ♋
8	♑	♒ ab 17.51 ♓	♒ ab 01.26 ♓	♈ ab 05.32 ♉	♉ ab 00.35 ♊	♋
9	♑	♓	♓	♉	♊	♋
10	♑ ab 02.52 ♒	♓ ab 02.55 ♈	♓ ab 10.54 ♈	♉	♊	♋ ab 05.19 ♌
11	♒	♈	♈	♉ ab 18.25 ♊	♊ ab 12.57 ♋	♌
12	♒ ab 08.40 ♓	♈ ab 14.48 ♉	♈ ab 22.37 ♉	♊	♋	♌ ab 13.51 ♍
13	♓	♉	♉	♊	♋ ab 23.41 ♌	♍
14	♓ ab 18.10 ♈	♉	♉	♊ ab 06.48 ♋	♌	♍ ab 19.42 ♎
15	♈	♉ ab 03.40 ♊	♉ ab 11.31 ♊	♋	♌	♎
16	♈	♊	♊	♋ ab 16.55 ♌	♌ ab 07.38 ♍	♎ ab 22.39 ♏
17	♈ ab 06.33 ♉	♊	♊ ab 23.28 ♋	♌	♍	♏
18	♉	♊ ab 14.51 ♋	♋	♌ ab 23.28 ♍	♍ ab 12.07 ♎	♏ ab 23.15 ♐
19	♉ ab 19.16 ♊	♋	♋	♍	♎	♐
20	♊	♋ ab 22.38 ♌	♋ ab 08.23 ♌	♍	♎ ab 13.25 ♏	♐ ab 23.02 ♑
21	♊	♌	♌	♍ ab 02.19 ♎	♏	♑
22	♊ ab 05.47 ♋	♌	♌ ab 13.28 ♍	♎	♏ ab 12.51 ♐	♑ ab 00.01 ♒
23	♋	♌ ab 03.06 ♍	♍	♎ ab 02.34 ♏	♐	♒
24	♋ ab 13.14 ♌	♍	♍ ab 15.27 ♎	♏	♐ ab 12.24 ♑	♒ ab 04.10 ♓
25	♌	♍ ab 05.29 ♎	♎	♏ ab 01.59 ♐	♑	♓
26	♌ ab 18.14 ♍	♎	♎ ab 15.54 ♏	♐	♑ ab 14.10 ♒	♓ ab 12.28 ♈
27	♍	♎ ab 07.15 ♏	♏	♐ ab 02.33 ♑	♒	♈
28	♍ ab 21.55 ♎	♏	♏ ab 16.32 ♐	♑	♒ ab 19.43 ♓	♈
29			♐	♑ ab 05.56 ♒	♓	♈ ab 00.11 ♉
30			♐ ab 18.49 ♑	♒	♓	
31	♎ ab 01.06 ♏		♑		♓ ab 05.19 ♈	

Tag	Juli Mond im	August Mond im	September Mond im	Oktober Mond im	November Mond im	Dezember Mond im
1	♉	♊ ab 08.24 ♋	♌	♍ ab 23.09 ♎	♏	♐ ab 21.11 ♑
2	♉ ab 13.06 ♊	♋	♌ ab 09.31 ♍	♎	♏ ab 11.02 ♐	♑
3	♊	♋ ab 18.10 ♌	♍	♎	♐	♑ ab 21.35 ♒
4	♊	♌	♍ ab 13.57 ♎	♎ ab 00.54 ♏	♐ ab 11.05 ♑	♒
5	♊ ab 01.04 ♋	♌	♎	♏	♑	♒
6	♋	♌ ab 01.30 ♍	♎ ab 16.53 ♏	♏ ab 01.55 ♐	♑ ab 13.14 ♒	♒ ab 01.17 ♓
7	♋ ab 11.08 ♌	♍	♏	♐	♒	♓
8	♌	♍ ab 06.57 ♎	♏ ab 19.21 ♐	♐ ab 03.39 ♑	♒ ab 18.36 ♓	♓ ab 09.00 ♈
9	♌ ab 19.16 ♍	♎	♐	♑	♓	♈
10	♍	♎ ab 11.00 ♏	♐ ab 22.05 ♑	♑ ab 07.13 ♒	♓	♈ ab 19.58 ♉
11	♍	♏	♑	♒	♓ ab 03.10 ♈	♉
12	♍ ab 01.27 ♎	♏ ab 13.59 ♐	♑	♒ ab 13.06 ♓	♈	♉
13	♎	♐	♑ ab 01.44 ♒	♓	♈ ab 14.05 ♉	♉ ab 08.25 ♊
14	♎ ab 05.34 ♏	♐ ab 16.19 ♑	♒	♓ ab 21.20 ♈	♉	♊
15	♏	♑	♒ ab 06.54 ♓	♈	♉	♊ ab 21.01 ♋
16	♏ ab 07.42 ♐	♑ ab 18.54 ♒	♓	♈	♉ ab 02.17 ♊	♋
17	♐	♒	♓ ab 14.17 ♈	♈ ab 07.40 ♉	♊	♋
18	♐ ab 08.42 ♑	♒ ab 23.00 ♓	♈	♉	♊ ab 14.57 ♋	♋ ab 08.58 ♌
19	♑	♓	♈	♉ ab 19.40 ♊	♋	♌
20	♑ ab 10.05 ♒	♓	♈ ab 00.13 ♉	♊	♋	♌ ab 19.30 ♍
21	♒	♓ ab 05.52 ♈	♉	♊	♋ ab 03.04 ♌	♍
22	♒ ab 13.41 ♓	♈	♉ ab 12.16 ♊	♊ ab 08.23 ♋	♌	♍ ab 03.29 ♎
23	♓	♈ ab 15.59 ♉	♊	♋	♌ ab 13.08 ♍	♎
24	♓ ab 20.54 ♈	♉	♊	♋ ab 20.04 ♌	♍	♎ ab 08.01 ♏
25	♈	♉	♊ ab 00.50 ♋	♌	♍ ab 19.42 ♎	♏
26	♈	♉ ab 04.19 ♊	♋	♌	♎	♏
27	♈ ab 07.44 ♉	♊	♋ ab 11.37 ♌	♌ ab 04.49 ♍	♎ ab 22.22 ♏	♏ ab 09.16 ♐
28	♉	♊ ab 16.34 ♋	♌	♍	♏	♐
29	♉ ab 20.24 ♊	♋	♌ ab 19.04 ♍	♍ ab 09.42 ♎	♏ ab 22.12 ♐	♐ ab 08.38 ♑
30	♊	♋	♍	♎	♐	♑
31	♊	♋ ab 02.34 ♌		♎ ab 11.14 ♏		♑ ab 08.15 ♒

1960

Tag	Januar Mond im	Februar Mond im	März Mond im	April Mond im	Mai Mond im	Juni Mond im
1	♒	♓ ab 01.40 ♈	♈ ab 19.19 ♉	♊	♋	♌ ab 17.38 ♍
2	♒ ab 10.19 ♓	♈	♉	♊	♋ ab 22.59 ♌	♍
3	♓	♈ ab 10.17 ♉	♉	♊ ab 02.46 ♋	♌	♍
4	♓ ab 16.22 ♈	♉	♉ ab 06.08 ♊	♋	♌	♍ ab 02.32 ♎
5	♈	♉ ab 21.59 ♊	♊	♋ ab 15.01 ♌	♌ ab 09.59 ♍	♎
6	♈	♊	♊ ab 18.37 ♋	♌	♍	♎ ab 07.20 ♏
7	♈ ab 02.23 ♉	♊	♋	♌	♍ ab 17.31 ♎	♏
8	♉	♊ ab 10.38 ♋	♋	♌ ab 01.02 ♍	♎	♏ ab 08.31 ♐
9	♉ ab 14.46 ♊	♋	♋ ab 06.25 ♌	♍	♎ ab 21.07 ♏	♐
10	♊	♋ ab 22.09 ♌	♌	♍ ab 07.36 ♎	♏	♐ ab 07.48 ♑
11	♊	♌	♌ ab 15.48 ♍	♎	♏ ab 21.56 ♐	♑
12	♊ ab 03.24 ♋	♌	♍	♎ ab 11.02 ♏	♐	♑ ab 07.23 ♒
13	♋	♌ ab 07.35 ♍	♍ ab 22.20 ♎	♏	♐ ab 21.51 ♑	♒
14	♋ ab 15.00 ♌	♍	♎	♏ ab 12.38 ♐	♑	♒ ab 09.18 ♓
15	♌	♍ ab 14.56 ♎	♎	♐	♑ ab 22.52 ♒	♓
16	♌	♎	♎ ab 02.38 ♏	♐ ab 14.01 ♑	♒	♓ ab 14.43 ♈
17	♌ ab 01.04 ♍	♎ ab 20.24 ♏	♏	♑	♒	♈
18	♍	♏	♏ ab 05.38 ♐	♑ ab 16.32 ♒	♒ ab 02.24 ♓	♈ ab 23.34 ♉
19	♍ ab 09.15 ♎	♏	♐	♒	♓	♉
20	♎	♏ ab 00.12 ♐	♐ ab 08.15 ♑	♒ ab 20.56 ♓	♓ ab 08.56 ♈	♉
21	♎ ab 15.00 ♏	♐	♑	♓	♈	♉ ab 10.46 ♊
22	♏	♐ ab 02.40 ♑	♑ ab 11.10 ♒	♓	♈ ab 18.00 ♉	♊
23	♏ ab 18.03 ♐	♑	♒	♓ ab 03.23 ♈	♉	♊ ab 23.10 ♋
24	♐	♑ ab 04.33 ♒	♒ ab 15.02 ♓	♈	♉	♋
25	♐ ab 19.00 ♑	♒	♓	♈ ab 11.51 ♉	♉ ab 04.55 ♊	♋
26	♑	♒ ab 07.04 ♓	♓ ab 20.30 ♈	♉	♊	♋ ab 11.52 ♌
27	♑ ab 19.19 ♒	♓	♈	♉ ab 22.17 ♊	♊ ab 17.07 ♋	♌
28	♒	♓ ab 11.38 ♈	♈	♊	♋	♌ ab 23.53 ♍
29	♒ ab 20.57 ♓	♈	♈ ab 04.14 ♉	♊	♋	♍
30	♓		♉	♊ ab 10.23 ♋	♋ ab 05.51 ♌	♍
31	♓		♉ ab 14.32 ♊		♌	

Tag	Juli Mond im	August Mond im	September Mond im	Oktober Mond im	November Mond im	Dezember Mond im
1	♍ ab 09.47 ♎	♏	♑	♒ ab 23.15 ♓	♈	♉
2	♎	♏ ab 03.05 ♐	♑ ab 13.36 ♒	♓	♈ ab 16.28 ♉	♉ ab 08.01 ♊
3	♎ ab 16.09 ♏	♐	♒	♓	♉	♊
4	♏	♐ ab 04.26 ♑	♒ ab 14.51 ♓	♓ ab 02.47 ♈	♉	♊ ab 18.53 ♋
5	♏ ab 18.43 ♐	♑	♓	♈	♉ ab 00.45 ♊	♋
6	♐	♑ ab 04.21 ♒	♓ ab 17.26 ♈	♈ ab 08.09 ♉	♊	♋
7	♐ ab 18.35 ♑	♒	♈	♉	♊ ab 11.26 ♋	♋ ab 07.22 ♌
8	♑	♒ ab 04.43 ♓	♈ ab 22.45 ♉	♉ ab 16.17 ♊	♋	♌
9	♑ ab 17.43 ♒	♓	♉	♊	♋	♌ ab 20.14 ♍
10	♒	♓ ab 07.22 ♈	♉	♊	♋ ab 00.43 ♌	♍
11	♒ ab 18.19 ♓	♈	♉ ab 07.32 ♊	♊ ab 03.19 ♋	♌	♍
12	♓	♈ ab 13.36 ♉	♊	♋	♌ ab 12.24 ♍	♍ ab 07.11 ♎
13	♓ ab 22.07 ♈	♉	♊ ab 19.11 ♋	♋ ab 15.55 ♌	♍	♎
14	♈	♉ ab 23.30 ♊	♋	♌	♍ ab 22.08 ♎	♎ ab 14.14 ♏
15	♈	♊	♋	♌	♎	♏
16	♈ ab 05.49 ♉	♊	♋ ab 07.47 ♌	♌ ab 03.41 ♍	♎	♏ ab 17.07 ♐
17	♉	♊ ab 11.43 ♋	♌	♍	♎ ab 03.54 ♏	♐
18	♉ ab 16.41 ♊	♋	♌ ab 19.07 ♍	♍ ab 12.33 ♎	♏	♐ ab 17.17 ♑
19	♊	♋	♍	♎	♏ ab 06.17 ♐	♑
20	♊	♋ ab 00.18 ♌	♍	♎ ab 18.06 ♏	♐	♑ ab 16.49 ♒
21	♊ ab 05.09 ♋	♌	♍ ab 03.59 ♎	♏	♐ ab 07.03 ♑	♒
22	♋	♌ ab 11.42 ♍	♎	♏ ab 21.16 ♐	♑	♒ ab 17.48 ♓
23	♋ ab 17.46 ♌	♍	♎ ab 10.18 ♏	♐	♑ ab 08.05 ♒	♓
24	♌	♍ ab 21.20 ♎	♏	♐ ab 23.29 ♑	♒	♓ ab 21.35 ♈
25	♌	♎	♏ ab 14.42 ♐	♑	♒ ab 10.50 ♓	♈
26	♌ ab 05.32 ♍	♎	♐	♑	♓	♈
27	♍	♎ ab 04.24 ♏	♐ ab 17.54 ♑	♑ ab 01.58 ♒	♓ ab 15.51 ♈	♈ ab 04.31 ♉
28	♍ ab 15.34 ♎	♏	♑	♒	♈	♉
29	♎	♏ ab 09.20 ♐	♑ ab 20.33 ♒	♒ ab 05.27 ♓	♈ ab 23.00 ♉	♉ ab 14.02 ♊
30	♎ ab 22.55 ♏	♐	♒	♓	♉	♊
31	♏	♐ ab 12.09 ♑		♓ ab 10.12 ♈		♊

1961

Tag	Januar Mond im	Februar Mond im	März Mond im	April Mond im	Mai Mond im	Juni Mond im
1	♊ ab 01.22 ♋	♌	♌ ab 15.12 ♍	♎	♏	♑
2	♋	♌ ab 08.49 ♍	♍	♎ ab 17.37 ♏	♏ ab 06.25 ♐	♑ ab 18.45 ♒
3	♋ ab 13.54 ♌	♍	♍	♏	♐	♒
4	♌	♍ ab 20.28 ♎	♍ ab 02.22 ♎	♏ ab 23.34 ♐	♐ ab 09.40 ♑	♒ ab 20.51 ♓
5	♌	♎	♎	♐	♑	♓
6	♌ ab 02.49 ♍	♎	♎ ab 11.24 ♏	♐	♑ ab 12.24 ♒	♓
7	♍	♎ ab 05.51 ♏	♏	♐ ab 03.52 ♑	♒	♓ ab 00.24 ♈
8	♍ ab 14.32 ♎	♏	♏ ab 18.04 ♐	♑	♒ ab 15.23 ♓	♈
9	♎	♏ ab 12.02 ♐	♐	♑ ab 07.03 ♒	♓	♈ ab 05.38 ♉
10	♎ ab 23.09 ♏	♐	♐ ab 22.19 ♑	♒	♓ ab 18.56 ♈	♉
11	♏	♐ ab 14.51 ♑	♑	♒ ab 09.32 ♓	♈	♉ ab 12.41 ♊
12	♏	♑	♑	♓	♈ ab 23.26 ♉	♊
13	♏ ab 03.41 ♐	♑ ab 15.15 ♒	♑ ab 00.29 ♒	♓ ab 11.56 ♈	♉	♊ ab 21.50 ♋
14	♐	♒	♒	♈	♉	♋
15	♐ ab 04.42 ♑	♒ ab 14.53 ♓	♒ ab 01.27 ♓	♈ ab 15.17 ♉	♉ ab 05.35 ♊	♋
16	♑	♓	♓	♉	♊	♋ ab 09.16 ♌
17	♑ ab 03.56 ♒	♓ ab 15.41 ♈	♓ ab 02.33 ♈	♉ ab 20.55 ♊	♊ ab 14.17 ♋	♌
18	♒	♈	♈	♊	♋	♌ ab 22.12 ♍
19	♒ ab 03.32 ♓	♈ ab 19.22 ♉	♈ ab 05.26 ♉	♊	♋	♍
20	♓	♉	♉	♊ ab 05.50 ♋	♋ ab 01.45 ♌	♍
21	♓ ab 05.27 ♈	♉	♉ ab 11.33 ♊	♋	♌	♍ ab 10.32 ♎
22	♈	♉ ab 02.52 ♊	♊	♋ ab 17.43 ♌	♌ ab 14.39 ♍	♎
23	♈ ab 10.52 ♉	♊	♊ ab 21.23 ♋	♌	♍	♎ ab 19.51 ♏
24	♉	♊ ab 13.49 ♋	♋	♌	♍	♏
25	♉ ab 19.50 ♊	♋	♋	♌ ab 06.31 ♍	♍ ab 02.18 ♎	♏
26	♊	♋	♋ ab 09.49 ♌	♍	♎	♏ ab 01.06 ♐
27	♊	♋ ab 02.35 ♌	♌	♍ ab 17.35 ♎	♎ ab 10.35 ♏	♐
28	♊ ab 07.22 ♋	♌	♌ ab 22.30 ♍	♎	♏	♐ ab 03.00 ♑
29	♋		♍	♎	♏ ab 15.11 ♐	♑
30	♋ ab 20.06 ♌		♍	♎ ab 01.27 ♏	♐	♑ ab 03.18 ♒
31			♍ ab 09.22 ♎		♐ ab 17.21 ♑	

Tag	Juli Mond im	August Mond im	September Mond im	Oktober Mond im	November Mond im	Dezember Mond im
1	♒	♈	♉ ab 06.53 ♊	♋	♌	♍
2	♒ ab 03.53 ♓	♈ ab 17.19 ♉	♊	♋	♌ ab 07.18 ♍	♍ ab 04.08 ♎
3	♓	♉	♊ ab 16.01 ♋	♋ ab 10.44 ♌	♍	♎
4	♓ ab 06.12 ♈	♉	♋	♌	♍ ab 19.43 ♎	♎ ab 14.30 ♏
5	♈	♉ ab 00.04 ♊	♋	♌ ab 23.46 ♍	♎	♏
6	♈ ab 11.02 ♉	♊	♋ ab 04.01 ♌	♍	♎	♏ ab 21.25 ♐
7	♉	♊ ab 09.57 ♋	♌	♍	♎ ab 05.41 ♏	♐
8	♉ ab 18.28 ♊	♋	♌ ab 17.05 ♍	♍ ab 12.04 ♎	♏	♐
9	♊	♋ ab 22.00 ♌	♍	♎	♏ ab 12.51 ♐	♐ ab 01.31 ♑
10	♊	♌	♍	♎ ab 22.20 ♏	♐	♑
11	♊ ab 04.13 ♋	♌	♍ ab 05.34 ♎	♏	♐ ab 18.00 ♑	♑ ab 04.12 ♒
12	♋	♌ ab 11.01 ♍	♎	♏	♑	♒
13	♋ ab 15.57 ♌	♍	♎ ab 16.23 ♏	♏ ab 06.21 ♐	♑ ab 22.00 ♒	♒ ab 06.42 ♓
14	♌	♍ ab 23.44 ♎	♏	♐	♒	♓
15	♌	♎	♏	♐ ab 12.24 ♑	♒	♓ ab 09.45 ♈
16	♌ ab 04.55 ♍	♎	♏ ab 00.55 ♐	♑	♒ ab 01.19 ♓	♈
17	♍	♎ ab 10.45 ♏	♐	♑ ab 16.37 ♒	♓	♈ ab 13.39 ♉
18	♍ ab 17.39 ♎	♏	♐ ab 06.42 ♑	♒	♓ ab 04.11 ♈	♉
19	♎	♏ ab 18.44 ♐	♑	♒ ab 19.10 ♓	♈	♉ ab 18.48 ♊
20	♎	♐	♑ ab 09.44 ♒	♓	♈ ab 07.03 ♉	♊
21	♎ ab 04.05 ♏	♐ ab 23.08 ♑	♒	♓ ab 20.36 ♈	♉	♊
22	♏	♑	♒ ab 10.36 ♓	♈	♉ ab 10.59 ♊	♊ ab 01.50 ♋
23	♏ ab 10.42 ♐	♑	♓	♈ ab 22.07 ♉	♊	♋
24	♐	♑ ab 00.26 ♒	♓ ab 10.40 ♈	♉	♊ ab 17.21 ♋	♋ ab 11.26 ♌
25	♐ ab 13.29 ♑	♒	♈	♉	♋	♌
26	♑	♒ ab 00.03 ♓	♈ ab 11.42 ♉	♉ ab 01.25 ♊	♋	♌ ab 23.30 ♍
27	♑ ab 13.42 ♒	♓ ab 23.49 ♈	♉	♊	♋ ab 03.02 ♌	♍
28	♒	♈	♉ ab 15.32 ♊	♊ ab 08.03 ♋	♌	♍
29	♒ ab 13.13 ♓	♈	♊	♋	♌ ab 15.26 ♍	♍ ab 12.27 ♎
30	♓	♈ ab 01.37 ♉	♊ ab 23.20 ♋	♋ ab 18.30 ♌	♍	♎
31	♓ ab 13.56 ♈	♉		♌		♎ ab 23.42 ♏

1962

Tag	Januar — Mond im	Februar — Mond im	März — Mond im	April — Mond im	Mai — Mond im	Juni — Mond im
1	♏	♐ ab 22.10 ♑	♐ ab 07.39 ♑	♒ ab 21.43 ♓	♓ ab 07.12 ♈	♉ ab 18.41 ♊
2	♏	♑	♑	♓	♈	♊
3	♏ ab 07.24 ♐	♑ ab 23.57 ♒	♑ ab 10.52 ♒	♓ ab 21.42 ♈	♈ ab 07.50 ♉	♊ ab 22.57 ♋
4	♐	♒	♒	♈	♉	♋
5	♐ ab 11.24 ♑	♒ ab 23.53 ♓	♒ ab 11.17 ♓	♈ ab 21.26 ♉	♉ ab 09.17 ♊	♋
6	♑	♓	♓	♉	♊	♋ ab 06.24 ♌
7	♑ ab 13.00 ♒	♓ ab 23.51 ♈	♓ ab 10.32 ♈	♉	♊ ab 13.28 ♋	♌
8	♒	♈	♈	♉ ab 23.00 ♊	♋	♌ ab 17.13 ♍
9	♒ ab 13.54 ♓	♈	♈ ab 10.40 ♉	♊	♋ ab 21.36 ♌	♍
10	♓	♈ ab 01.35 ♉	♉	♊ ab 04.12 ♋	♌	♍
11	♓ ab 15.34 ♈	♉	♉ ab 13.36 ♊	♋	♌	♍ ab 05.51 ♎
12	♈	♉ ab 06.19 ♊	♊	♋ ab 13.37 ♌	♌ ab 09.12 ♍	♎
13	♈ ab 19.02 ♉	♊	♊ ab 20.26 ♋	♌	♍	♎ ab 17.45 ♏
14	♉	♊ ab 14.20 ♋	♋	♌	♍ ab 22.03 ♎	♏
15	♉	♋	♋	♌ ab 01.57 ♍	♎	♏
16	♉ ab 00.42 ♊	♋	♋ ab 06.56 ♌	♍	♎	♏ ab 03.04 ♐
17	♊	♋ ab 01.04 ♌	♌	♍ ab 14.54 ♎	♎ ab 09.43 ♏	♐
18	♊ ab 08.40 ♋	♌	♌ ab 19.33 ♍	♎	♏	♐ ab 09.30 ♑
19	♋	♌ ab 13.27 ♍	♍	♎ ab 02.37 ♏	♏ ab 19.03 ♐	♑
20	♋ ab 18.50 ♌	♍	♍ ab 08.29 ♎	♏	♐	♑ ab 13.49 ♒
21	♌	♍	♎	♏ ab 12.27 ♐	♐ ab 02.09 ♑	♒
22	♌	♍ ab 02.22 ♎	♎ ab 20.29 ♏	♐	♑	♒ ab 16.59 ♓
23	♌ ab 06.54 ♍	♎	♏	♐ ab 20.20 ♑	♑ ab 07.31 ♒	♓
24	♍	♎ ab 14.37 ♏	♏	♑	♒	♓ ab 19.43 ♈
25	♍ ab 19.52 ♎	♏	♏	♑	♒ ab 11.30 ♓	♈
26	♎	♏	♏ ab 06.49 ♐	♑ ab 02.08 ♒	♓	♈ ab 22.35 ♉
27	♎	♏ ab 00.47 ♐	♐	♒	♓ ab 14.15 ♈	♉
28	♎ ab 07.55 ♏	♐	♐ ab 14.46 ♑	♒	♈	♉
29	♏		♑	♒ ab 05.40 ♓	♈ ab 16.17 ♉	♉ ab 02.10 ♊
30	♏ ab 17.00 ♐		♑ ab 19.44 ♒	♓	♉	♊
31	♐		♒		♉	

Tag	Juli — Mond im	August — Mond im	September — Mond im	Oktober — Mond im	November — Mond im	Dezember — Mond im
1	♊ ab 07.19 ♋	♌	♍ ab 04.01 ♎	♏	♐	♑ ab 15.26 ♒
2	♋	♌ ab 08.58 ♍	♎	♏	♐ ab 02.18 ♑	♒
3	♋ ab 14.56 ♌	♍	♎ ab 16.47 ♏	♏ ab 10.40 ♐	♑	♒ ab 20.54 ♓
4	♌	♍ ab 21.18 ♎	♏	♐	♑ ab 10.03 ♒	♓
5	♌	♎	♏	♐ ab 20.35 ♑	♒	♓
6	♌ ab 01.23 ♍	♎ ab 09.56 ♏	♏ ab 04.27 ♐	♑	♒ ab 14.53 ♓	♓ ab 00.18 ♈
7	♍	♏	♐	♑	♓	♈
8	♍ ab 13.48 ♎	♏ ab 20.49 ♐	♐ ab 13.20 ♑	♑ ab 03.22 ♒	♓ ab 16.46 ♈	♈ ab 02.00 ♉
9	♎	♐	♑	♒	♈	♉
10	♎	♐	♑ ab 18.27 ♒	♒ ab 06.29 ♓	♈ ab 16.45 ♉	♉ ab 03.08 ♊
11	♎ ab 02.06 ♏	♐ ab 04.18 ♑	♒	♓	♉	♊
12	♏	♑	♒ ab 20.02 ♓	♓ ab 06.41 ♈	♉ ab 16.44 ♊	♊ ab 05.22 ♋
13	♏ ab 12.01 ♐	♑ ab 08.08 ♒	♓	♈	♊	♋
14	♐	♒	♓ ab 19.33 ♈	♈ ab 05.44 ♉	♊ ab 18.49 ♋	♋ ab 10.21 ♌
15	♐ ab 18.32 ♑	♒ ab 09.17 ♓	♈	♉	♋	♌
16	♑	♓	♈ ab 19.01 ♉	♉ ab 05.51 ♊	♋	♌ ab 19.00 ♍
17	♑ ab 22.08 ♒	♓ ab 09.26 ♈	♉	♊	♋ ab 00.40 ♌	♍
18	♒	♈	♉ ab 20.29 ♊	♊ ab 09.05 ♋	♌	♍ ab 06.42 ♎
19	♒	♈	♊	♋	♌ ab 10.34 ♍	♎
20	♒ ab 00.01 ♓	♈ ab 10.20 ♉	♊	♋ ab 16.31 ♌	♍	♎ ab 19.18 ♏
21	♓	♉	♊ ab 01.26 ♋	♌	♍ ab 22.58 ♎	♏
22	♓ ab 01.34 ♈	♉ ab 13.28 ♊	♋	♌	♎	♏
23	♈	♊	♋ ab 10.07 ♌	♌ ab 03.32 ♍	♎	♏ ab 06.33 ♐
24	♈ ab 03.57 ♉	♊ ab 19.34 ♋	♌	♍	♎ ab 11.34 ♏	♐
25	♉	♋	♌ ab 21.31 ♍	♍ ab 16.14 ♎	♏	♐ ab 15.19 ♑
26	♉ ab 07.57 ♊	♋	♍	♎	♏ ab 22.44 ♐	♑
27	♊	♋ ab 04.30 ♌	♍	♎	♐	♑ ab 21.43 ♒
28	♊ ab 14.01 ♋	♌	♍ ab 10.08 ♎	♎ ab 04.49 ♏	♐	♒
29	♋	♌ ab 15.36 ♍	♎	♏	♐ ab 08.01 ♑	♒
30	♋ ab 22.21 ♌	♍	♎ ab 22.49 ♏	♏ ab 16.20 ♐	♑	♒ ab 02.21 ♓
31	♌	♍		♐		♓

1963

Tag	Januar Mond im	Februar Mond im	März Mond im	April Mond im	Mai Mond im	Juni Mond im
1	♓	♉	♉ ab 22.39 ♊	♋	♌	♍ ab 01.10 ♎
2	♓ ab 05.48 ♈	♉ ab 17.03 ♊	♊	♋ ab 15.46 ♌	♌ ab 07.13 ♍	♎
3	♈	♊	♊	♌	♍	♎ ab 13.39 ♏
4	♈ ab 11.14 ♉	♊ ab 21.41 ♋	♊ ab 03.08 ♋	♌	♍ ab 18.43 ♎	♏
5	♉	♋	♋	♌ ab 01.21 ♍	♎	♏
6	♉ ab 14.42 ♊	♋	♋ ab 10.15 ♌	♍	♎	♏ ab 02.01 ♐
7	♊	♋ ab 04.06 ♌	♌	♍ ab 12.50 ♎	♎ ab 07.16 ♏	♐
8	♊ ab 14.42 ♋	♌	♌ ab 19.34 ♍	♎	♏	♐ ab 13.07 ♑
9	♋	♌ ab 12.36 ♍	♍	♎	♏ ab 19.43 ♐	♑
10	♋ ab 20.01 ♌	♍	♍	♎ ab 01.14 ♏	♐	♑ ab 22.22 ♒
11	♌	♍ ab 23.19 ♎	♍ ab 06.35 ♎	♏	♐	♒
12	♌	♎	♎	♏ ab 13.49 ♐	♐ ab 07.14 ♑	♒
13	♌ ab 04.08 ♍	♎	♎ ab 18.52 ♏	♐	♑	♒ ab 05.21 ♓
14	♍	♎ ab 11.39 ♏	♏	♐	♑ ab 16.52 ♒	♓
15	♍ ab 15.05 ♎	♏	♏ ab 07.27 ♐	♐ ab 01.27 ♑	♒	♓ ab 09.47 ♈
16	♎	♏ ab 23.58 ♐	♐	♑	♒ ab 23.32 ♓	♈
17	♎	♐	♐ ab 18.35 ♑	♑ ab 10.35 ♒	♓	♈ ab 11.55 ♉
18	♎ ab 03.36 ♏	♐	♑	♒	♓	♉
19	♏	♐ ab 10.01 ♑	♑	♒ ab 15.54 ♓	♓ ab 02.48 ♈	♉ ab 12.44 ♊
20	♏ ab 15.21 ♐	♑	♑ ab 02.22 ♒	♓	♈	♊
21	♐	♑ ab 16.24 ♒	♒	♓ ab 17.30 ♈	♈ ab 03.22 ♉	♊ ab 13.47 ♋
22	♐	♒	♒ ab 06.05 ♓	♈	♉	♋
23	♐ ab 00.24 ♑	♒ ab 19.18 ♓	♓	♈ ab 16.51 ♉	♉ ab 02.54 ♊	♋ ab 16.45 ♌
24	♑	♓	♓ ab 06.38 ♈	♉	♊	♌
25	♑ ab 06.14 ♒	♓ ab 20.06 ♈	♈	♉ ab 16.07 ♊	♊ ab 03.29 ♋	♌ ab 22.57 ♍
26	♒	♈	♈ ab 05.57 ♉	♊	♋	♍
27	♒ ab 09.35 ♓	♈ ab 20.39 ♉	♉	♊ ab 17.28 ♋	♋ ab 06.59 ♌	♍
28	♓	♉	♉ ab 06.13 ♊	♋	♌	♍ ab 08.41 ♎
29	♓ ab 11.44 ♈		♊	♋ ab 22.25 ♌	♌ ab 14.22 ♍	♎
30	♈		♊ ab 09.14 ♋	♌	♍	♎ ab 20.48 ♏
31	♈ ab 13.55 ♉		♋		♍	

Tag	Juli Mond im	August Mond im	September Mond im	Oktober Mond im	November Mond im	Dezember Mond im
1	♏	♐	♒	♓	♈ ab 01.43 ♉	♊
2	♏	♐ ab 04.13 ♑	♒ ab 02.38 ♓	♓ ab 14.48 ♈	♉	♊ ab 11.45 ♋
3	♏ ab 09.12 ♐	♑	♓	♈	♉ ab 00.49 ♊	♋
4	♐	♑ ab 12.26 ♒	♓ ab 04.53 ♈	♈ ab 14.50 ♉	♊	♋ ab 13.20 ♌
5	♐ ab 20.03 ♑	♒	♈	♉	♊ ab 01.09 ♋	♌
6	♑	♒ ab 17.46 ♓	♈ ab 06.03 ♉	♉ ab 14.59 ♊	♋	♌ ab 18.27 ♍
7	♑	♓	♉	♊	♋ ab 04.24 ♌	♍
8	♑ ab 04.37 ♒	♓ ab 21.07 ♈	♉ ab 07.46 ♊	♊ ab 17.01 ♋	♌	♍ ab 03.22 ♎
9	♒	♈	♊	♋	♌ ab 11.14 ♍	♎
10	♒ ab 10.53 ♓	♈ ab 23.38 ♉	♊	♋ ab 21.55 ♌	♍	♎ ab 15.05 ♏
11	♓	♉	♊ ab 11.08 ♋	♌	♍ ab 21.08 ♎	♏
12	♓ ab 15.17 ♈	♉	♋	♌	♎	♏
13	♈	♉ ab 02.16 ♊	♋ ab 16.30 ♌	♌ ab 05.35 ♍	♎	♏ ab 03.54 ♐
14	♈ ab 18.15 ♉	♊	♌	♍	♎ ab 08.57 ♏	♐
15	♉	♊ ab 05.40 ♋	♌ ab 23.48 ♍	♍ ab 15.25 ♎	♏	♐ ab 16.22 ♑
16	♉ ab 20.28 ♊	♋	♍	♎	♏ ab 21.40 ♐	♑
17	♊	♋ ab 10.17 ♌	♍	♎	♐	♑
18	♊ ab 22.45 ♋	♌	♍ ab 09.00 ♎	♎ ab 02.53 ♏	♐	♑ ab 03.29 ♒
19	♋	♌ ab 16.41 ♍	♎	♏	♐ ab 10.23 ♑	♒
20	♋	♍	♎ ab 20.11 ♏	♏ ab 15.33 ♐	♑	♒ ab 12.29 ♓
21	♋ ab 02.16 ♌	♍ ab 01.26 ♎	♏	♐	♑ ab 21.52 ♒	♓
22	♌	♎	♏	♐	♒	♓ ab 18.41 ♈
23	♌ ab 08.07 ♍	♎ ab 12.39 ♏	♏ ab 08.50 ♐	♐ ab 04.21 ♑	♒	♈
24	♍	♏	♐	♑	♒ ab 06.33 ♓	♈ ab 21.58 ♉
25	♍ ab 17.03 ♎	♏	♐ ab 21.16 ♑	♑ ab 15.21 ♒	♓	♉
26	♎	♏ ab 01.16 ♐	♑	♒	♓ ab 11.25 ♈	♉ ab 22.59 ♊
27	♎	♐	♑	♒ ab 22.37 ♓	♈	♊
28	♎ ab 04.39 ♏	♐ ab 12.58 ♑	♑ ab 07.04 ♒	♓	♈ ab 12.50 ♉	♊ ab 23.07 ♋
29	♏	♑	♒	♓	♉	♋
30	♏ ab 17.08 ♐	♑	♒ ab 12.47 ♓	♓ ab 01.41 ♈	♉ ab 12.15 ♊	♋
31	♐	♑ ab 21.38 ♒		♈		♋

1964

Mond im

Tag	Januar	Februar	März	April	Mai	Juni
1	♋ ab 00.09 ♌	♍ ab 20.26	♎	♏ ab 10.41 ♐	♐ ab 06.43 ♑	♒
2	♌	♎	♎ ab 14.54 ♏	♐	♑	♒ ab 12.02 ♓
3	♌ ab 03.48 ♍	♎	♏	♐ ab 23.37 ♑	♑ ab 19.07 ♒	♓
4	♍	♎ ab 06.13 ♏	♏	♑	♒	♓ ab 19.03 ♈
5	♍ ab 11.10 ♎	♏	♏ ab 02.47 ♐	♑	♒	♈
6	♎	♏ ab 18.36 ♐	♐	♑ ab 11.25 ♒	♒ ab 04.44 ♓	♈ ab 22.20 ♉
7	♎ ab 22.04 ♏	♐	♐ ab 15.36 ♑	♒	♓	♉
8	♏	♐	♑	♒ ab 19.47 ♓	♓ ab 10.16 ♈	♉ ab 22.50 ♊
9	♏	♐ ab 07.11 ♑	♑	♓	♈	♊
10	♏ ab 10.50 ♐	♑	♑ ab 02.36 ♒	♓	♈ ab 12.09 ♉	♊ ab 22.17 ♋
11	♐	♑ ab 17.40 ♒	♒	♓ ab 00.09 ♈	♉	♋
12	♐ ab 23.14 ♑	♒	♒ ab 10.06 ♓	♈	♉ ab 12.02 ♊	♋ ab 23.35 ♌
13	♑	♒	♓	♈ ab 01.37 ♉	♊	♌
14	♑	♒ ab 01.09 ♓	♓ ab 14.16 ♈	♉	♊ ab 11.54 ♋	♌
15	♑ ab 09.48 ♒	♓	♈	♉ ab 02.06 ♊	♋	♌ ab 01.28 ♍
16	♒	♓ ab 06.10 ♈	♈ ab 16.31 ♉	♊	♋ ab 13.32 ♌	♍
17	♒ ab 18.04 ♓	♈	♉	♊ ab 03.24 ♋	♌	♍ ab 07.54 ♎
18	♓	♈ ab 09.45 ♉	♉ ab 18.26 ♊	♋	♌ ab 18.03 ♍	♎
19	♓	♉	♊	♋ ab 06.40 ♌	♍	♎ ab 17.50 ♏
20	♓ ab 00.11 ♈	♉ ab 12.48 ♊	♊ ab 21.12 ♋	♌	♍	♏
21	♈	♊	♋	♌	♍ ab 01.42 ♎	♏
22	♈ ab 04.24 ♉	♊ ab 15.50 ♋	♋	♌ ab 12.18 ♍	♎	♏ ab 06.04 ♐
23	♉	♋	♋ ab 01.15 ♌	♍	♎ ab 11.58 ♏	♐
24	♉ ab 07.05 ♊	♋ ab 19.11 ♌	♌	♍ ab 20.09 ♎	♏	♐ ab 19.02 ♑
25	♊	♌	♌ ab 06.42 ♍	♎	♏	♑
26	♊ ab 08.52 ♋	♌ ab 23.30 ♍	♍	♎	♏ ab 00.04 ♐	♑
27	♋	♍	♍ ab 13.48 ♎	♎ ab 06.01 ♏	♐	♑ ab 07.22 ♒
28	♋ ab 10.46 ♌	♍	♎	♏	♐ ab 13.01 ♑	♒
29	♌	♍ ab 05.47 ♎	♎ ab 23.04 ♏	♏ ab 17.46 ♐	♑	♒ ab 17.57 ♓
30	♌ ab 14.09 ♍		♏	♐	♑	♓
31	♍		♏		♑ ab 01.33 ♒	

Mond im

Tag	Juli	August	September	Oktober	November	Dezember
1	♓	♉	♊ ab 01.14 ♋	♌	♍ ab 01.25 ♎	♏
2	♓ ab 01.53 ♈	♉ ab 16.29 ♊	♋	♌ ab 13.43 ♍	♎	♏
3	♈	♊	♋ ab 03.37 ♌	♍	♎ ab 09.25 ♏	♏ ab 02.24 ♐
4	♈ ab 06.43 ♉	♊ ab 18.13 ♋	♌	♍ ab 18.45 ♎	♏	♐
5	♉	♋	♌ ab 06.13 ♍	♎	♏ ab 19.44 ♐	♐ ab 14.54 ♑
6	♉ ab 08.43 ♊	♋ ab 19.11 ♌	♍	♎	♐	♑
7	♊	♌	♍ ab 10.20 ♎	♎ ab 01.57 ♏	♐	♑
8	♊ ab 08.57 ♋	♌ ab 20.51 ♍	♎	♏	♐ ab 08.06 ♑	♑ ab 03.58 ♒
9	♋	♍	♎ ab 17.20 ♏	♏ ab 12.03 ♐	♑	♒
10	♋ ab 09.01 ♌	♍	♏	♐	♑ ab 21.09 ♒	♒ ab 16.00 ♓
11	♌	♍ ab 00.52 ♎	♏	♐	♒	♓
12	♌ ab 10.45 ♍	♎	♏ ab 03.48 ♐	♐ ab 00.32 ♑	♒	♓
13	♍	♎ ab 08.32 ♏	♐	♑	♒ ab 08.29 ♓	♓ ab 01.13 ♈
14	♍ ab 15.42 ♎	♏	♐ ab 16.31 ♑	♑ ab 13.16 ♒	♓	♈
15	♎	♏ ab 19.45 ♐	♑	♒	♓ ab 16.11 ♈	♈ ab 06.33 ♉
16	♎	♐	♑	♒ ab 23.33 ♓	♈	♉
17	♎ ab 00.33 ♏	♐	♑ ab 04.48 ♒	♓	♈ ab 19.57 ♉	♉ ab 08.22 ♊
18	♏	♐ ab 08.39 ♑	♒	♓	♉	♊
19	♏ ab 12.29 ♐	♑	♒ ab 14.23 ♓	♓ ab 06.05 ♈	♉ ab 20.59 ♊	♊ ab 08.03 ♋
20	♐	♑ ab 20.40 ♒	♓	♈	♊	♋
21	♐	♒	♓ ab 20.44 ♈	♈ ab 09.25 ♉	♊ ab 21.04 ♋	♋ ab 07.31 ♌
22	♐ ab 01.27 ♑	♒	♈	♉	♋	♌
23	♑	♒ ab 06.14 ♓	♈	♉ ab 11.04 ♊	♋ ab 21.59 ♌	♌ ab 08.42 ♍
24	♑ ab 13.31 ♒	♓	♈ ab 00.47 ♉	♊	♌	♍
25	♒	♓ ab 13.16 ♈	♉	♊ ab 12.38 ♋	♌	♍ ab 13.05 ♎
26	♒ ab 23.36 ♓	♈	♉ ab 03.47 ♊	♋	♌ ab 01.03 ♍	♎
27	♓	♈ ab 18.24 ♉	♊	♋ ab 15.14 ♌	♍	♎ ab 21.12 ♏
28	♓	♉	♊ ab 06.40 ♋	♌	♍ ab 06.55 ♎	♏
29	♓ ab 07.26 ♈	♉ ab 22.16 ♊	♋	♌ ab 19.26 ♍	♎	♏
30	♈	♊	♋ ab 09.53 ♌	♍	♎ ab 15.31 ♏	♏ ab 08.21 ♐
31	♈ ab 13.01 ♉	♊		♍		♐

1965

Tag	Januar Mond im	Februar Mond im	März Mond im	April Mond im	Mai Mond im	Juni Mond im
1	♐ ab 21.07 ♑	♒	♒	♓ ab 03.19 ♈	♉	♊ ab 08.06 ♋
2	♑	♒ ab 10.39 ♓	♒ ab 10.39 ♓	♈	♉ ab 21.27 ♊	♋
3	♑	♒ ab 03.56 ♓	♓	♈ ab 09.29 ♉	♊	♋ ab 08.47 ♌
4	♑ ab 10.05 ♒	♓	♓ ab 19.45 ♈	♉	♊ ab 23.39 ♋	♌
5	♒	♓ ab 13.44 ♈	♈	♉ ab 13.55 ♊	♋	♌ ab 10.34 ♍
6	♒ ab 22.07 ♓	♈	♈ ab 02.50 ♉	♊	♋	♍
7	♓	♈ ab 21.24 ♉	♉	♊ ab 17-25 ♋	♋ ab 01.50 ♌	♍ ab 14.30 ♎
8	♓	♉	♉ ab 08.15 ♊	♋	♌	♎
9	♓ ab 08.09 ♈	♉	♊	♋ ab 20.24 ♌	♌ ab 04.48 ♍	♎ ab 21.04 ♏
10	♈	♉ ab 02.37 ♊	♊	♌	♍	♏
11	♈ ab 15.11 ♉	♊	♊ ab 12.03 ♋	♌ ab 23.15 ♍	♍ ab 09.05 ♎	♏
12	♉	♊ ab 05.14 ♋	♋	♍	♎	♏ ab 06.10 ♐
13	♉ ab 18.49 ♊	♋	♋ ab 14.23 ♌	♍	♎ ab 15.10 ♏	♐
14	♊	♋ ab 05.55 ♌	♌	♍ ab 02.39 ♎	♏	♐ ab 17.21 ♑
15	♊ ab 19.35 ♋	♌	♌ ab 15.56 ♍	♎	♏ ab 23.32 ♐	♑
16	♋	♌ ab 06.06 ♍	♍	♎ ab 07.42 ♏	♐	♑
17	♋ ab 18.58 ♌	♍	♍ ab 18.04 ♎	♏	♐	♑ ab 05.52 ♒
18	♌	♍ ab 07.46 ♎	♎	♏ ab 15.32 ♐	♐ ab 10.20 ♑	♒
19	♌ ab 18.55 ♍	♎	♎ ab 22.33 ♏	♐	♑	♒ ab 18.29 ♓
20	♍	♎ ab 12.46 ♏	♏	♐	♑ ab 22.51 ♒	♓
21	♍ ab 21.28 ♎	♏	♏	♐ ab 02.24 ♑	♒	♓ ab 05.30 ♈
22	♎	♏ ab 21.58 ♐	♏ ab 06.37 ♐	♑	♒	♈
23	♎	♐	♐	♑ ab 15.05 ♒	♒ ab 11.15 ♓	♈ ab 13.17 ♉
24	♎ ab 04.01 ♏	♐ ab 10.17 ♑	♐ ab 18.07 ♑	♒	♓	♉
25	♏	♑	♑	♒ ab 03.03 ♓	♓ ab 21.19 ♈	♉ ab 17.19 ♊
26	♏ ab 14.33 ♐	♑ ab 23.15 ♒	♑ ab 06.59 ♒	♓	♈	♊
27	♐	♒	♒	♓	♈	♊ ab 18.20 ♋
28	♐	♒ ab 18.32 ♓	♒	♓ ab 12.11 ♈	♈ ab 03.49 ♉	♋
29	♐ ab 03.22 ♑		♒ ab 18.32 ♓	♈	♉	♋ ab 17.59 ♌
30	♑		♓	♈ ab 18.04 ♉	♉ ab 06.59 ♊	♌
31	♑ ab 16.18 ♒		♓		♊	

Tag	Juli Mond im	August Mond im	September Mond im	Oktober Mond im	November Mond im	Dezember Mond im
1	♌	♍ ab 04.35 ♎	♏	♐ ab 19.29 ♑		♓
2	♌ ab 18.12 ♍	♎ ab 09.21 ♏	♏ ab 01.00 ♐	♑		♓
3	♍	♏	♐	♑	♒ ab 04.23 ♓	♓ ab 00.23 ♈
4	♍ ab 20.43 ♎	♏	♐ ab 11.52 ♑	♑ ab 07.49 ♒	♓	♈
5	♎	♏ ab 17.50 ♐	♑	♒	♓ ab 15.22 ♈	♈ ab 09.12 ♉
6	♎	♐	♑	♒ ab 20.14 ♓	♈	♉
7	♎ ab 02.38 ♏	♐ ab 05.23 ♑	♑ ab 00.34 ♒	♓	♈ ab 23.30 ♉	♉ ab 14.28 ♊
8	♏	♑	♒	♓	♉	♊
9	♏ ab 11.54 ♐	♑ ab 18.10 ♒	♒ ab 12.57 ♓	♓ ab 06.54 ♈	♉	♊ ab 16.57 ♋
10	♐	♒	♓	♈	♉ ab 04.55 ♊	♋
11	♐ ab 23.29 ♑	♒	♓ ab 23.50 ♈	♈ ab 15.17 ♉	♊	♋ ab 18.09 ♌
12	♑	♒ ab 06.38 ♓	♈	♉	♊ ab 08.30 ♋	♌
13	♑ ab 12.08 ♒	♓	♈ ab 08.57 ♉	♉ ab 21.40 ♊	♋	♌ ab 19.36 ♍
14	♒	♓ ab 17.57 ♈	♉	♊	♋ ab 11.14 ♌	♍ ab 22.34 ♎
15	♒	♈	♉ ab 16.07 ♊	♊	♌	♎
16	♒ ab 00.45 ♓	♈	♊	♊ ab 02.27 ♋	♌ ab 13.55 ♍	♎
17	♓	♈ ab 03.28 ♉	♊	♋	♍	♎
18	♓ ab 12.13 ♈	♉	♊ ab 21.01 ♋	♋ ab 05.52 ♌	♍ ab 17.11 ♎	♎ ab 03.41 ♏
19	♈	♉ ab 10.21 ♊	♋	♌	♎	♏
20	♈ ab 21.15 ♉	♊	♋ ab 23.36 ♌	♌ ab 08.14 ♍	♎ ab 21.37 ♏	♏ ab 11.02 ♐
21	♉	♊ ab 14.05 ♋	♌	♍	♏	♐
22	♉	♋	♌ ab 00.30 ♍	♍ ab 10.21 ♎	♏ ab 03.57 ♐	♐ ab 20.27 ♑
23	♉	♋ ab 15.02 ♌	♍	♎	♐	♑
24	♉ ab 02.49 ♊	♌	♍ ab 01.16 ♎	♎ ab 13.32 ♏	♐ ab 12.46 ♑	♑ ab 07.45 ♒
25	♊	♌ ab 14.37 ♍	♎	♏	♑	♒
26	♊ ab 04.54 ♋	♍	♎ ab 03.47 ♏	♏ ab 19.10 ♐	♑	♒ ab 20.18 ♓
27	♋	♍ ab 14.53 ♎	♏	♐	♑ ab 00.04 ♒	♓
28	♋ ab 04.38 ♌	♎	♏ ab 09.43 ♐	♐ ab 04.05 ♑	♒	♓
29	♌	♎ ab 17.54 ♏	♐	♑	♒ ab 12.40 ♓	♓ ab 08.40 ♈
30	♌ ab 03.55 ♍	♏		♑ ab 15.50 ♒	♓	♈
31	♍	♏		♒		♈

1966

Tag	Januar Mond im	Februar Mond im	März Mond im	April Mond im	Mai Mond im	Juni Mond im
1	♈ ab 18.47 ♉	♊	♊ ab 23.48 ♋	♌	♍ ab 20.31 ♎	♏
2	♉	♊ ab 14.41 ♋	♋	♌ ab 11.31 ♍	♎	♏ ab 10.39 ♐
3	♉	♋	♋	♍	♎ ab 22.24 ♏	♐
4	♉ ab 01.07 ♊	♋ ab 15.14 ♌	♋ ab 01.57 ♌	♍ ab 11.40 ♎	♏	♐ ab 17.11 ♑
5	♊	♌	♌	♎	♏	♑
6	♊ ab 03.41 ♋	♌ ab 14.12 ♍	♌ ab 01.37 ♍	♎ ab 12.31 ♏	♏ ab 01.53 ♐	♑ ab 02.21 ♒
7	♋	♍	♍	♏	♐	♒
8	♋ ab 03.50 ♌	♍ ab 13.51 ♎	♍ ab 00.49 ♎	♏ ab 15.54 ♐	♐ ab 08.13 ♑	♒
9	♌	♎	♎	♐	♑	♒ ab 13.57 ♓
10	♌ ab 03.35 ♍	♎ ab 16.15 ♏	♎ ab 01.47 ♏	♐ ab 23.02 ♑	♑ ab 17.52 ♒	♓
11	♍	♏	♏	♑	♒	♓
12	♍ ab 04.53 ♎	♏ ab 22.34 ♐	♏ ab 06.19 ♐	♑	♒	♓ ab 02.27 ♈
13	♎	♐	♐	♑ ab 09.43 ♒	♒ ab 05.55 ♓	♈
14	♎ ab 09.09 ♏	♐	♐ ab 14.56 ♑	♒	♓	♈ ab 13.30 ♉
15	♏	♐ ab 08.26 ♑	♑	♒ ab 22.14 ♓	♓ ab 18.16 ♈	♉
16	♏ ab 16.40 ♐	♑	♑	♓	♈	♉ ab 21.27 ♊
17	♐	♑ ab 20.26 ♒	♑ ab 02.35 ♒	♓	♈ ab 04.50 ♉	♊
18	♐	♒	♒	♓ ab 10.28 ♈	♉	♊
19	♐ ab 02.45 ♑	♒ ab 09.06 ♓	♒ ab 15.19 ♓	♈	♉ ab 12.40 ♊	♊ ab 02.06 ♋
20	♑	♓	♓	♈ ab 21.01 ♉	♊	♋
21	♑ ab 14.27 ♒	♓ ab 21.31 ♈	♓ ab 03.34 ♈	♉	♊ ab 18.01 ♋	♋ ab 04.29 ♌
22	♒	♈	♈	♉	♋	♌
23	♒	♈	♈	♉ ab 05.28 ♊	♋ ab 21.37 ♌	♌ ab 06.08 ♍
24	♒ ab 02.59 ♓	♈ ab 08.54 ♉	♈ ab 14.32 ♉	♊	♌	♍
25	♓	♉	♉	♊ ab 11.48 ♋	♌	♍ ab 08.23 ♎
26	♓ ab 15.33 ♈	♉ ab 18.03 ♊	♉ ab 23.42 ♊	♋	♌ ab 00.23 ♍	♎
27	♈	♊	♊	♋ ab 16.10 ♌	♍	♎ ab 12.04 ♏
28	♈	♊	♊	♌	♍	♏
29	♈ ab 02.43 ♉		♊ ab 06.24 ♋	♌ ab 18.50 ♍	♍ ab 03.00 ♎	♏ ab 17.32 ♐
30	♉		♋	♍	♎	♐
31	♉ ab 10.44 ♊		♋ ab 10.12 ♌		♎ ab 06.12 ♏	

Tag	Juli Mond im	August Mond im	September Mond im	Oktober Mond im	November Mond im	Dezember Mond im
1	♐	♒	♓ ab 23.28 ♈	♈ ab 17.48 ♉	♊	♋
2	♐ ab 00.52 ♑	♒	♈	♉	♊ ab 18.43 ♋	♋ ab 06.02 ♌
3	♑	♒ ab 04.36 ♓	♈	♉ ab 04.44 ♊	♋	♌ ab 09.49 ♍
4	♑ ab 10.15 ♒	♓	♈ ab 12.00 ♉	♊	♋ ab 00.37 ♌	♍
5	♒	♓ ab 17.15 ♈	♉	♊ ab 13.13 ♋	♌	♍ ab 12.44 ♎
6	♒ ab 21.40 ♓	♈	♉ ab 22.53 ♊	♋	♌ ab 04.10 ♍	♎
7	♓	♈	♊	♋ ab 18.25 ♌	♍	♎ ab 15.18 ♏
8	♓	♈ ab 05.38 ♉	♊	♌	♍ ab 05.55 ♎	♏
9	♓ ab 10.16 ♈	♉	♊ ab 06.27 ♋	♌ ab 20.27 ♍	♎	♏ ab 18.14 ♐
10	♈ ab 22.04 ♉	♉ ab 15.39 ♊	♋ ab 10.01 ♌	♍	♎	♐
11	♉	♊	♌	♍ ab 20.30 ♎	♎ ab 06.54 ♏	♐ ab 22.31 ♑
12	♉	♊ ab 21.42 ♋	♌ ab 10.26 ♍	♎	♏	♑
13	♉ ab 06.52 ♊	♋	♍	♎ ab 20.22 ♏	♏ ab 08.37 ♐	♑
14	♊	♋ ab 23.51 ♌	♍ ab 09.33 ♎	♏	♐	♑ ab 05.20 ♒
15	♊ ab 11.45 ♋	♌	♎	♏ ab 22.00 ♐	♐ ab 12.37 ♑	♒
16	♋	♌ ab 23.35 ♍	♎ ab 09.35 ♏	♐	♑	♒ ab 15.18 ♓
17	♋ ab 13.28 ♌	♍	♏	♐	♐ ab 20.04 ♒	♓
18	♌	♍ ab 23.06 ♎	♏ ab 12.22 ♐	♐ ab 02.56 ♑	♒	♓
19	♌ ab 13.47 ♍	♎	♐	♑	♒	♓ ab 03.40 ♈
20	♍	♎ ab 00.25 ♏	♐ ab 18.53 ♑	♑ ab 11.41 ♒	♒ ab 06.53 ♓	♈
21	♍ ab 14.39 ♎	♏	♑	♒	♓	♈ ab 16.08 ♉
22	♎	♏ ab 04.51 ♐	♑	♒ ab 23.21 ♓	♓ ab 19.32 ♈	♉
23	♎ ab 17.32 ♏	♐	♑ ab 04.48 ♒	♓	♈	♉ ab 02.14 ♊
24	♏	♐ ab 12.37 ♑	♒	♓	♈ ab 07.37 ♉	♊
25	♏ ab 23.05 ♐	♑	♒ ab 16.49 ♓	♓ ab 12.04 ♈	♉	♊ ab 08.59 ♋
26	♐	♑ ab 22.56 ♒	♓	♈	♉ ab 17.31 ♊	♋
27	♐	♒	♓	♈	♊	♋ ab 12.58 ♌
28	♐ ab 07.05 ♑	♒	♓ ab 05.30 ♈	♈ ab 00.06 ♉	♊	♌
29	♑	♒ ab 10.49 ♓	♈	♉	♊ ab 00.50 ♋	♌
30	♑	♓	♈	♉ ab 10.28 ♊	♋	♌
31	♑ ab 17.02 ♒	♓		♊		♌ ab 15.34 ♍

1967

Tag	Januar Mond im	Februar Mond im	März Mond im	April Mond im	Mai Mond im	Juni Mond im
1	♍	♎ ab 02.44 ♏	♏	♐ ab 01.11 ♑	♒	♓ ab 21.07 ♈
2	♍ ab 18.04 ♎	♏	♏ ab 12.53 ♐	♑	♒	♈
3	♎	♏ ab 06.56 ♐	♐	♑ ab 08.49 ♒	♒ ab 01.48 ♓	♈
4	♎ ab 21.17 ♏	♐	♐ ab 18.36 ♑	♒	♓	♓ ab 10.05 ♉
5	♏	♐ ab 13.11 ♑	♑	♒ ab 19.29 ♓	♓ ab 14.10 ♈	♉
6	♏	♑	♑	♓	♈	♉ ab 21.53 ♊
7	♏ ab 01.28 ♐	♑ ab 21.17 ♒	♑ ab 03.04 ♒	♓ ab 07.57 ♈	♈	♊
8	♐	♒	♒	♈	♈ ab 03.10 ♉	♊
9	♐ ab 06.54 ♑	♒	♒ ab 13.42 ♓	♈	♉	♊ ab 07.18 ♋
10	♑	♒ ab 07.19 ♓	♓	♈ ab 20.57 ♉	♉ ab 15.09 ♊	♋
11	♑ ab 14.06 ♒	♓	♓	♉	♊	♋ ab 14.19 ♌
12	♒	♓ ab 19.17 ♈	♓ ab 01.53 ♈	♉	♊	♌
13	♒ ab 23.45 ♓	♈	♈	♉ ab 09.15 ♊	ab c01.11 ♋	♌ ab 19.24 ♍
14	♓	♈	♈ ab 14.55 ♉	♊	♋	♍
15	♓	♈ ab 08.19 ♉	♉	♊ ab 19.37 ♋	♋ ab 08.49 ♌	♍ ab 22.59 ♎
16	♓ ab 11.48 ♈	♉	♉	♋	♌	♎
17	♈	♉ ab 20.16 ♊	♉ ab 03.20 ♊	♋	♌ ab 13.52 ♍	♎ ab 01.26 ♏
18	♈	♊	♊	♋ ab 02.55 ♌	♍	♏
19	♈ ab 00.40 ♉	♊	♊ ab 13.10 ♋	♌	♍ ab 16.31 ♎	♏ ab 03.20 ♐
20	♉	♊ ab 04.48 ♋	♋	♌ ab 06.43 ♍	♎	♐
21	♉ ab 11.39 ♊	♋	♋ ab 19.04 ♌	♍	♎ ab 17.30 ♏	♐ ab 05.47 ♑
22	♊	♋ ab 09.05 ♌	♌	♍ ab 07.42 ♎	♏	♑
23	♊ ab 18.51 ♋	♌	♌ ab 21.09 ♍	♎	♏ ab 18.06 ♐	♑ ab 10.11 ♒
24	♋	♌ ab 10.04 ♍	♍	♎ ab 07.19 ♏	♐	♒
25	♋ ab 22.21 ♌	♍	♍ ab 20.51 ♎	♏	♐ ab 19.59 ♑	♒ ab 17.50 ♓
26	♌	♍ ab 09.45 ♎	♎	♏ ab 07.27 ♐	♑	♓
27	♌ ab 23.37 ♍	♎	♎ ab 20.11 ♏	♐	♑	♓
28	♍	♎ ab 10.10 ♏	♏	♐ ab 09.54 ♑	♑ ab 00.44 ♒	♓
29	♍		♏ ab 21.09 ♐	♑	♒	♓ ab 04.53 ♈
30	♍ ab 00.33 ♎		♐	♑ ab 15.58 ♒	♒ ab 09.19 ♓	♈
31	♎		♐		♓	

Tag	Juli Mond im	August Mond im	September Mond im	Oktober Mond im	November Mond im	Dezember Mond im
1	♈ ab 17.43 ♉	♊	♋ ab 15.09 ♌	♌ ab 04.39 ♍	♎ ab 16.27 ♏	♏ ab 03.11 ♐
2	♉	♊ ab 23.32 ♋	♌	♍	♏	♐
3	♉	♋	♌ ab 18.08 ♍	♍ ab 05.35 ♎	♏ ab 15.52 ♐	♐ ab 03.25 ♑
4	♉ ab 05.39 ♊	♋	♍	♎	♐	♑
5	♊	♋ ab 05.27 ♌	♍ ab 19.04 ♎	♎ ab 05.15 ♏	♐ ab 16.45 ♑	♑ ab 05.57 ♒
6	♊ ab 14.48 ♋	♌	♎	♏	♑	♒
7	♋	♌ ab 08.36 ♍	♎ ab 19.45 ♏	♏ ab 05.33 ♐	♑ ab 20.46 ♒	♒ ab 12.20 ♓
8	♋ ab 20.59 ♌	♍	♏	♐	♒	♓
9	♌	♍ ab 10.35 ♎	♏ ab 21.40 ♐	♐ ab 08.04 ♑	♒	♓ ab 22.44 ♈
10	♌	♎	♐	♑	♒ ab 04.43 ♓	♈
11	♌ ab 01.08 ♍	♎ ab 12.45 ♏	♐ ab 01.43 ♑	♑ ab 13.46 ♒	♓	♈ ab 11.32 ♉
12	♍	♏	♑	♒	♓ ab 15.59 ♈	♉
13	♍ ab 04.20 ♎	♏ ab 15.53 ♐	♑ ab 08.09 ♒	♒ ab 22.38 ♓	♈	♉
14	♎	♐	♒	♓	♈	♉ ab 00.19 ♊
15	♎ ab 07.18 ♏	♐ ab 20.19 ♑	♒	♓	♈ ab 04.53 ♉	♊
16	♏	♑	♒ ab 16.53 ♓	♓ ab 09.58 ♈	♉	♊ ab 11.23 ♋
17	♏ ab 10.23 ♐	♑	♓	♈	♉ ab 17.41 ♊	♋
18	♐	♑ ab 02.17 ♒	♓ ab 03.47 ♈	♈ ab 22.42 ♉	♊	♋
19	♐ ab 14.00 ♑	♒	♈	♉	♊	♋ ab 20.21 ♌
20	♑	♒ ab 10.18 ♓	♈ ab 16.21 ♉	♉	♊ ab 05.13 ♋	♌
21	♑ ab 19.00 ♒	♓	♉	♉ ab 11.39 ♊	♋	♌
22	♒	♓ ab 20.48 ♈	♉	♊	♋ ab 14.48 ♌	♌ ab 03.22 ♍
23	♒	♈	♉ ab 05.22 ♊	♊ ab 23.28 ♋	♌	♍
24	♒ ab 02.29 ♓	♈	♊	♋	♌ ab 21.46 ♍	♍ ab 08.27 ♎
25	♓	♈ ab 09.22 ♉	♊ ab 16.46 ♋	♋	♍	♎
26	♓ ab 13.01 ♈	♉	♋	♋ ab 08.41 ♌	♍	♎ ab 11.36 ♏
27	♈	♉ ab 22.09 ♊	♋	♌	♍ ab 01.49 ♎	♏
28	♈	♊	♋ ab 00.42 ♌	♌ ab 14.20 ♍	♎	♏ ab 13.10 ♐
29	♈ ab 01.41 ♉	♊	♌	♍	♎ ab 03.14 ♏	♐
30	♉	♊ ab 08.35 ♋	♌	♍ ab 16.32 ♎	♏	♐ ab 14.11 ♑
31	♉ ab 14.01 ♊	♋		♎		♑

1968

Tag	Januar Mond im	Februar Mond im	März Mond im	April Mond im	Mai Mond im	Juni Mond im
1	♑ ab 16.24 ♒	♓	♓ ab 00.15 ♈	♉	♊	♌
2	♒	♓ ab 15.40 ♈	♈	♉ ab 07.41 ♊	♊ ab 02.50 ♋	♌
3	♒ ab 21.36 ♓	♈	♈ ab 11.28 ♉	♊	♋	♌ ab 04.53 ♍
4	♓	♈	♉	♊ ab 20.13 ♋	♋ ab 13.54 ♌	♍
5	♓	♈ ab 03.16 ♉	♉	♋	♌	♍ ab 10.50 ♎
6	♓ ab 06.46 ♈	♉	♉ ab 00.17 ♊	♋ ab 06.29 ♌	♌ ab 21.59 ♍	♎
7	♈	♉ ab 16.09 ♊	♊	♌	♍	♎ ab 13.31 ♏
8	♈ ab 19.03 ♉	♊	♊ ab 12.22 ♋	♌ ab 13.04 ♍	♍ ab 02.21 ♎	♏
9	♉	♊	♋	♍	♎	♏ ab 13.43 ♐
10	♉	♊ ab 03.35 ♋	♋ ab 21.28 ♌	♍	♎ ab 03.30 ♏	♐
11	♉ ab 07.55 ♊	♋ ab 11.50 ♌	♌	♍ ab 16.01 ♎	♏	♐ ab 13.06 ♑
12	♊	♌	♌	♎	♏ ab 02.54 ♐	♑
13	♊ ab 18.54 ♋	♌ ab 17.03 ♍	♌ ab 02.52 ♍	♎ ab 16.32 ♏	♐	♑ ab 13.47 ♒
14	♋	♍	♍	♏	♐ ab 02.31 ♑	♒
15	♋	♍ ab 20.22 ♎	♍ ab 05.24 ♎	♏ ab 16.24 ♐	♑	♒ ab 17.43 ♓
16	♋ ab 03.10 ♌	♎	♎	♐	♑ ab 04.22 ♒	♓
17	♌	♎ ab 23.00 ♏	♎ ab 06.34 ♏	♐ ab 17.23 ♑	♒	♓
18	♌ ab 09.11 ♍	♏	♏ ab 07.54 ♐	♑	♒ ab 09.53 ♓	♓ ab 01.50 ♈
19	♍	♏	♐	♑ ab 20.58 ♒	♓	♈
20	♍ ab 13.48 ♎	♏ ab 01.48 ♐	♐ ab 10.35 ♑	♒	♓ ab 19.15 ♈	♈ ab 13.26 ♉
21	♎	♐	♑	♒ ab 03.46 ♓	♈	♉
22	♎ ab 17.28 ♏	♐ ab 05.12 ♑	♑ ab 15.17 ♒	♓	♈	♉ ab 02.23 ♊
23	♏	♑	♒	♓ ab 13.33 ♈	♈ ab 07.16 ♉	♊
24	♏ ab 20.24 ♐	♑ ab 09.37 ♒	♒ ab 22.16 ♓	♈	♉	♊ ab 14.43 ♋
25	♐	♒	♓	♈ ab 01.23 ♉	♉ ab 20.13 ♊	♋
26	♐ ab 22.57 ♑	♒ ab 15.43 ♓	♓	♉	♊	♋
27	♑	♓	♓ ab 07.32 ♈	♉	♊	♋ ab 01.31 ♌
28	♑	♓	♈	♉ ab 14.12 ♊	♊ ab 08.43 ♋	♌
29	♑ ab 02.06 ♒	♓	♈	♊	♋	♌ ab 10.27 ♍
30	♒		♈ ab 18.55 ♉	♊	♋	♍
31	♒ ab 07.16 ♓		♉		♋ ab 19.54 ♌	

Tag	Juli Mond im	August Mond im	September Mond im	Oktober Mond im	November Mond im	Dezember Mond im
1	♍	♎ ab 03.12 ♏	♐ ab 14.22 ♑	♒	♓ ab 17.51 ♈	♈ ab 09.58 ♉
2	♍ ab 17.10 ♎	♏	♑	♒ ab 04.21 ♓	♈	♉
3	♎ ab 21.21 ♏	♏ ab 06.11 ♐	♑ ab 17.20 ♒	♓	♈ ab 04.02 ♉	♉ ab 22.06 ♊
4	♏	♐	♒	♓	♉	♊
5	♏	♐ ab 07.58 ♑	♒ ab 21.28 ♓	♓ ab 11.36 ♈	♉ ab 15.48 ♊	♊
6	♏ ab 23.05 ♐	♑	♓	♈	♊	♊ ab 10.44 ♋
7	♐	♑ ab 09.38 ♒	♓	♈ ab 21.07 ♉	♊	♋
8	♐ ab 23.24 ♑	♒	♓ ab 03.50 ♈	♉	♊ ab 04.27 ♋	♋ ab 23.03 ♌
9	♑	♒ ab 12.46 ♓	♈	♉	♋	♌
10	♑	♓	♈ ab 13.06 ♉	♉ ab 08.44 ♊	♋ ab 16.45 ♌	♌
11	♑ ab 00.04 ♒	♓ ab 18.54 ♈	♉	♊	♌	♌ ab 10.00 ♍
12	♒	♈	♉	♊ ab 21.24 ♋	♌	♍
13	♒ ab 03.03 ♓	♈	♉ ab 00.55 ♊	♋	♌ ab 02.55 ♍	♍ ab 18.09 ♎
14	♓	♈ ab 04.36 ♉	♊	♋ ab 09.09 ♌	♍	♎
15	♓ ab 09.52 ♈	♉	♊ ab 13.29 ♋	♌	♍	♎ ab 22.32 ♏
16	♈	♉ ab 16.52 ♊	♋	♌ ab 17.59 ♍	♍ ab 09.27 ♎	♏
17	♈ ab 20.31 ♉	♊	♋	♍	♎	♏ ab 23.28 ♐
18	♉	♊	♋ ab 00.26 ♌	♍	♎ ab 12.06 ♏	♐
19	♉	♊ ab 05.16 ♋	♌	♍ ab 23.06 ♎	♏	♐ ab 22.33 ♑
20	♉ ab 09.13 ♊	♋	♌ ab 08.16 ♍	♎	♏ ab 12.04 ♐	♑
21	♊	♋ ab 15.40 ♌	♍	♎ ab 01.06 ♏	♐	♑ ab 22.00 ♒
22	♊ ab 21.32 ♋	♌	♍ ab 13.00 ♎	♏	♐ ab 11.20 ♑	♒
23	♋	♌ ab 23.21 ♍	♎	♏ ab 01.33 ♐	♑	♒
24	♋	♍	♎ ab 15.39 ♏	♐	♑ ab 12.03 ♒	♒ ab 00.01 ♓
25	♋ ab 07.55 ♌	♍	♏	♐ ab 02.14 ♑	♒	♓
26	♌	♍ ab 04.45 ♎	♏ ab 17.31 ♐	♑	♒ ab 15.53 ♓	♓ ab 06.03 ♈
27	♌ ab 16.10 ♍	♎	♐	♑ ab 04.43 ♒	♓	♈
28	♍	♎ ab 08.39 ♏	♐ ab 19.45 ♑	♒	♓ ab 23.26 ♈	♈ ab 15.57 ♉
29	♍ ab 22.33 ♎	♏	♑	♒ ab 09.55 ♓	♈	♉
30	♎	♏ ab 11.41 ♐	♑ ab 23.11 ♒	♓	♈	♉
31	♎	♐		♓		♉ ab 04.12 ♊

1969

Tag	Januar Mond im	Februar Mond im	März Mond im	April Mond im	Mai Mond im	Juni Mond im
1	♊	♋ ab 11.29 ♌	♌	♍ ab 21.04 ♎	♎ ab 10.50 ♏	♐ ab 22.07 ♑
2	♊ ab 16.53 ♋	♌	♌	♎	♏	♑
3	♋	♌ ab 21.41 ♍	♌ ab 05.07 ♍	♎	♏ ab 12.19 ♐	♑ ab 22.04 ♒
4	♋	♍	♍	♎ ab 01.23 ♏	♐	♒
5	♋ ab 04.55 ♌	♍	♍ ab 12.34 ♎	♏	♐ ab 12.57 ♑	♒
6	♌	♍ ab 06.01 ♎	♎	♏ ab 03.58 ♐	♑	♒ ab 00.14 ♓
7	♌ ab 15.43 ♍	♎	♎ ab 17.57 ♏	♐	♑ ab 14.28 ♒	♓
8	♍	♎ ab 12.19 ♏	♏	♐ ab 06.05 ♑	♒	♓ ab 05.37 ♈
9	♍	♏	♏ ab 21.48 ♐	♑	♒ ab 18.05 ♓	♈
10	♍ ab 00.33 ♎	♏ ab 16.24 ♐	♐	♑ ab 08.47 ♒	♓	♈ ab 14.06 ♉
11	♎	♐	♐	♒	♓	♉
12	♎ ab 06.32 ♏	♐ ab 18.29 ♑	♐ ab 00.41 ♑	♒ ab 12.42 ♓	♓ ab 00.09 ♈	♉
13	♏	♑	♑	♓	♈	♉ ab 00.49 ♊
14	♏ ab 09.19 ♐	♑ ab 19.31 ♒	♑ ab 03.10 ♒	♓ ab 18.14 ♈	♈ ab 08.29 ♉	♊
15	♐	♒	♒	♈	♉	♊ ab 12.53 ♋
16	♐ ab 09.40 ♑	♒ ab 21.04 ♓	♒ ab 06.04 ♓	♈	♉ ab 18.42 ♊	♋
17	♑	♓	♓	♈ ab 01.44 ♉	♊	♋
18	♑ ab 09.17 ♒	♓ ab 00.49 ♈	♓ ab 10.27 ♈	♉	♊	♋ ab 01.36 ♌
19	♒	♈	♈	♉ ab 11.29 ♊	♊ ab 06.31 ♋	♌
20	♒ ab 10.21 ♓	♈ ab 08.02 ♉	♈ ab 17.21 ♉	♊	♋	♌ ab 13.54 ♍
21	♓	♉	♉	♊ ab 23.18 ♋	♋ ab 19.13 ♌	♍
22	♓ ab 14.44 ♈	♉ ab 18.42 ♊	♉ ab 03.13 ♊	♋	♌	♍
23	♈	♊	♊	♋	♌	♍ ab 00.04 ♎
24	♈ ab 23.13 ♉	♊	♊	♋ ab 11.51 ♌	♌ ab 07.07 ♍	♎
25	♉	♊ ab 07.12 ♋	♊ ab 15.19 ♋	♌	♍	♎ ab 06.31 ♏
26	♉	♋	♋	♌ ab 22.57 ♍	♍ ab 16.08 ♎	♏
27	♉ ab 10.54 ♊	♋	♋	♍	♎	♏ ab 09.00 ♐
28	♊	♋ ab 19.12 ♌	♋ ab 03.37 ♌	♍	♎ ab 21.06 ♏	♐
29	♊ ab 23.37 ♋		♌	♍ ab 06.44 ♎	♏	♐ ab 08.45 ♑
30	♋		♌ ab 13.54 ♍	♎	♏ ab 22.31 ♐	♑
31	♋		♍		♐	

Tag	Juli Mond im	August Mond im	September Mond im	Oktober Mond im	November Mond im	Dezember Mond im
1	♑ ab 07.50 ♒	♓ ab 20.55 ♈	♉	♊	♋ ab 12.35 ♌	♌ ab 09.14 ♍
2	♒	♈	♉ ab 20.24 ♊	♊ ab 15.53 ♋	♌	♍
3	♒ ab 08.27 ♓	♈	♊	♋	♌	♍ ab 20.17 ♎
4	♓	♈ ab 03.02 ♉	♊	♋	♌ ab 01.01 ♍	♎
5	♓ ab 12.17 ♈	♉	♊ ab 07.58 ♋	♋ ab 04.26 ♌	♍	♎ ab 03.31 ♏
6	♈	♉ ab 12.50 ♊	♋	♌	♍ ab 10.59 ♎	♏
7	♈ ab 19.54 ♉	♊	♋ ab 20.37 ♌	♌ ab 16.22 ♍	♎	♏ ab 06.43 ♐
8	♉	♊	♌	♍	♎ ab 17.18 ♏	♐
9	♉	♊ ab 00.58 ♋	♌	♍	♏	♐ ab 07.21 ♑
10	♉ ab 06.32 ♊	♋	♌ ab 08.21 ♍	♍ ab 01.49 ♎	♏ ab 20.31 ♐	♑
11	♊	♋ ab 13.39 ♌	♍	♎	♐	♑ ab 07.28 ♒
12	♊ ab 18.48 ♋	♌	♍ ab 18.02 ♎	♎ ab 08.19 ♏	♐ ab 22.09 ♑	♒
13	♋	♌	♎	♏	♑	♒ ab 08.57 ♓
14	♋	♌ ab 01.33 ♍	♎	♏ ab 12.34 ♐	♑ ab 23.53 ♒	♓
15	♋ ab 07.30 ♌	♍	♎ ab 01.26 ♏	♐ ab 15.36 ♑	♒	♓ ab 12.56 ♈
16	♌	♍ ab 11.51 ♎	♏	♑	♒	♈
17	♌ ab 19.43 ♍	♎	♏ ab 06.43 ♐	♑ ab 18.22 ♒	♒ ab 02.53 ♓	♈ ab 19.36 ♉
18	♍	♎ ab 19.54 ♏	♐ ab 10.14 ♑	♒	♓	♉
19	♍	♏	♐	♒ ab 21.26 ♓	♓ ab 07.32 ♈	♉
20	♍ ab 06.20 ♎	♏ ab 01.13 ♐	♑	♓	♈	♉ ab 04.28 ♊
21	♎	♐	♑ ab 12.32 ♒	♓	♈ ab 13.53 ♉	♊
22	♎ ab 14.04 ♏	♐ ab 03.49 ♑	♒	♓	♉	♊ ab 15.09 ♋
23	♏	♑	♒ ab 14.23 ♓	♓ ab 01.18 ♈	♉ ab 21.59 ♊	♋
24	♏ ab 18.11 ♐	♑ ab 04.36 ♒	♓	♈	♊	♋
25	♐	♒	♓ ab 16.56 ♈	♈ ab 06.33 ♉	♊	♋ ab 03.22 ♌
26	♐ ab 19.10 ♑	♒ ab 05.04 ♓	♈	♉	♊ ab 08.11 ♋	♌
27	♑	♓	♈ ab 21.29 ♉	♉ ab 14.01 ♊	♋	♌ ab 16.21 ♍
28	♑ ab 18.35 ♒	♓ ab 06.58 ♈	♉	♊	♋ ab 20.23 ♌	♍
29	♒	♈	♉	♊	♌	♍
30	♒ ab 18.31 ♓	♈	♉ ab 05.06 ♊	♊ ab 00.13 ♋	♌	♍
31	♓	♈ ab 11.51 ♉		♋		♍ ab 04.19 ♎

1970

Tag	Januar Mond im	Februar Mond im	März Mond im	April Mond im	Mai Mond im	Juni Mond im
1	♎	♏ ab 02.50 ♐	♐	♒	♓	♉
2	♎ ab 13.04 ♏	♐	♐ ab 13.55 ♑	♒	♓ ab 10.33 ♈	♉
3	♏	♐ ab 05.22 ♑	♑	♒ ab 01.01 ♓	♈	♉ ab 03.10 ♊
4	♏ ab 17.33 ♐	♑	♑ ab 15.35 ♒	♓	♈ ab 14.05 ♉	♊
5	♐	♑ ab 05.20 ♒	♒	♓ ab 02.32 ♈	♉	♊ ab 11.26 ♋
6	♐ ab 18.30 ♑	♒	♒ ab 15.49 ♓	♈	♉ ab 19.18 ♊	♋
7	♑	♒ ab 04.38 ♓	♓	♈ ab 05.03 ♉	♊	♋ ab 22.17 ♌
8	♑ ab 17.48 ♒	♓	♓ ab 16.17 ♈	♉		♌
9	♒	♓ ab 05.18 ♈	♈	♉ ab 10.02 ♊	♊ ab 03.17 ♋	♌
10	♒ ab 17.37 ♓	♈	♈ ab 18.44 ♉	♊	♋	♌ ab 11.02 ♍
11	♓	♈ ab 09.00 ♉	♉	♊ ab 18.34 ♋	♋ ab 14.22 ♌	♍
12	♓ ab 19.48 ♈	♉	♉	♋	♌	♍ ab 23.28 ♎
13	♈	♉ ab 16.30 ♊	♉ ab 00.37 ♊	♋ ab 06.16 ♌	♌ ab 03.11 ♍	♎
14	♈	♊	♊	♌	♍	♎
15	♈ ab 01.21 ♉	♊	♊ ab 10.19 ♋	♌ ab 19.08 ♍	♍ ab 15.03 ♎	♎ ab 09.02 ♏
16	♉	♊ ab 03.17 ♋	♋	♍	♎	♏
17	♉ ab 10.07 ♊	♋	♋ ab 22.40 ♌	♍ ab 06.35 ♎	♎ ab 23.50 ♏	♏ ab 14.39 ♐
18	♊	♋ ab 15.54 ♌	♌	♎	♏	♐
19	♊ ab 21.14 ♋	♌	♌	♎		♐ ab 17.05 ♑
20	♋	♌	♌ ab 11.30 ♍	♎ ab 15.16 ♏	♏ ab 05.12 ♐	♑
21	♋	♌ ab 04.42 ♍	♍	♏	♐	♑ ab 18.01 ♒
22	♋ ab 09.41 ♌	♍	♍ ab 22.57 ♎	♏ ab 21.15 ♐	♐ ab 08.14 ♑	♒
23	♌	♍ ab 16.30 ♎	♎	♐	♑	♒ ab 19.12 ♓
24	♌ ab 22.33 ♍	♎	♎	♐	♑ ab 10.26 ♒	♓
25	♍	♎	♎ ab 08.11 ♏	♐ ab 01.27 ♑	♒	♓ ab 21.53 ♈
26	♍	♎ ab 02.24 ♏	♏	♑	♒ ab 12.59 ♓	♈
27	♍ ab 10.43 ♎	♏	♏ ab 15.07 ♐	♑ ab 04.44 ♒	♓	♈
28	♎	♏ ab 09.39 ♐	♐	♒	♓ ab 16.27 ♈	♈ ab 02.35 ♉
29	♎ ab 20.35 ♏		♐ ab 20.01 ♑	♒ ab 07.38 ♓	♈	♉
30	♏		♑		♈	♉ ab 09.25 ♊
31	♏		♑ ab 23.09 ♒		♈ ab 21.04 ♉	

Tag	Juli Mond im	August Mond im	September Mond im	Oktober Mond im	November Mond im	Dezember Mond im
1	♊	♋ ab 11.45 ♌	♍	♎ ab 12.36 ♏	♏ ab 03.25 ♐	♑
2	♊ ab 18.21 ♋	♌	♍ ab 19.26 ♎	♏	♐	♑ ab 19.45 ♒
3	♋	♌	♎	♏	♐ ab 09.33 ♑	♒
4	♋	♌ ab 00.35 ♍	♎	♏ ab 21.32 ♐	♑	♒ ab 22.56 ♓
5	♋ ab 05.26 ♌	♍	♎ ab 06.55 ♏	♐	♑ ab 14.11 ♒	♓
6	♌	♍ ab 13.33 ♎	♏	♐	♒	♓
7	♌ ab 18.12 ♍	♎	♏ ab 15.59 ♐	♐ ab 04.11 ♑	♒ ab 17.33 ♓	♓ ab 02.04 ♈
8	♍	♎	♐	♑	♓	♈
9	♍	♎ ab 00.57 ♏	♐ ab 21.52 ♑	♑ ab 08.26 ♒	♓ ab 19.52 ♈	♈ ab 05.25 ♉
10	♍ ab 07.03 ♎	♏	♑	♒	♈	♉
11	♎	♏ ab 09.08 ♐	♑	♒ ab 10.31 ♓	♈ ab 21.51 ♉	♉ ab 09.34 ♊
12	♎ ab 17.41 ♏	♐	♑ ab 00.34 ♒	♓	♉	♊
13	♏	♐ ab 13.25 ♑	♒	♓ ab 11.13 ♈	♉	♊ ab 15.33 ♋
14	♏	♑	♒ ab 00.58 ♓	♈	♉ ab 00.49 ♊	♋
15	♏ ab 00.26 ♐	♑ ab 14.31 ♒	♓	♈ ab 12.00 ♉	♊	♋ ab 00.22 ♌
16	♐	♒	♓ ab 00.36 ♈	♉	♊ ab 06.24 ♋	♌
17	♐ ab 03.20 ♑	♒ ab 14.02 ♓	♈	♉ ab 14.44 ♊	♋	♌
18	♑	♓	♈ ab 01.21 ♉	♊	♋ ab 15.36 ♌	♌ ab 12.05 ♍
19	♑ ab 03.45 ♒	♓ ab 13.51 ♈	♉	♊ ab 20.59 ♋	♌	♍
20	♒	♈	♉ ab 05.02 ♊	♋	♌	♍
21	♒ ab 03.37 ♓	♈ ab 15.46 ♉	♊	♋	♌ ab 03.50 ♍	♍ ab 01.02 ♎
22	♓	♉	♊ ab 12.41 ♋	♋ ab 07.13 ♌	♍	♎
23	♓ ab 04.43 ♈	♉ ab 21.04 ♊	♋ ab 23.55 ♌	♌ ab 19.58 ♍	♍ ab 16.40 ♎	♎ ab 12.28 ♏
24	♈	♊	♌	♍	♎	♏
25	♈ ab 08.19 ♉	♊	♌	♍	♎ ab 03.25 ♏	♏ ab 20.28 ♐
26	♉	♊ ab 05.59 ♋	♌	♍	♏	♐
27	♉ ab 14.53 ♊	♋	♌ ab 12.54 ♍	♍ ab 08.37 ♎	♏ ab 11.03 ♐	♐ ab 01.02 ♑
28	♊	♋ ab 17.39 ♌	♍	♎	♐	♑
29	♊	♌	♍	♎ ab 19.15 ♏	♐ ab 16.06 ♑	♑
30	♊ ab 00.14 ♋	♌	♍ ab 01.34 ♎	♏	♑	♑ ab 03.24 ♒
31	♋	♌ ab 06.36 ♍		♏		♒

1971

Tag	Januar	Februar	März	April	Mai	Juni
	Mond im	Mond im	Mond im	Mond im	Mond im	Mond im
1	♒ ab 05.08 ♓	♈ ab 16.49 ♉	♈ ab 00.55 ♉	♊ ab 17.51 ♋	♋ ab 10.35 ♌	♍
2	♓	♉	♉	♋	♌	♍ ab 18.27 ♎
3	♓ ab 07.27 ♈	♉ ab 21.35 ♊	♉ ab 04.02 ♊	♋	♌ ab 22.04 ♍	♎
4	♈	♊	♊	♋ ab 03.06 ♌	♍	♎
5	♈ ab 11.01 ♉	♊	♊ ab 10.48 ♋	♌	♍	♎ ab 06.37 ♏
6	♉	♊ ab 05.07 ♋	♋	♌ ab 15.17 ♍	♍ ab 11.00 ♎	♏
7	♉ ab 16.09 ♊	♋	♋ ab 20.56 ♌	♍	♎	♏ ab 16.29 ♐
8	♊	♋ ab 15.07 ♌	♌	♍	♎ ab 23.04 ♏	♐
9	♊ ab 23.09 ♋	♌	♌	♍ ab 04.17 ♎	♏	♐ ab 23.46 ♑
10	♋	♌	♌ ab 09.11 ♍	♎	♏	♑
11	♋	♌ ab 02.58 ♍	♍	♎ ab 16.28 ♏	♏ ab 09.08 ♐	♑
12	♋ ab 08.25 ♌	♍	♍ ab 22.06 ♎	♏	♐	♑ ab 05.03 ♒
13	♌	♍ ab 15.51 ♎	♎	♏	♐ ab 17.10 ♑	♒
14	♌ ab 19.58 ♍	♎	♎	♏ ab 03.04 ♐	♑	♒ ab 09.02 ♓
15	♍	♎ ab 04.22 ♏	♎ ab 10.32 ♏	♐	♑ ab 23.20 ♒	♓
16	♍	♏	♏	♐ ab 11.39 ♑	♒	♓ ab 12.06 ♈
17	♍ ab 08.54 ♎	♏ ab 14.46 ♐	♏ ab 21.24 ♐	♑	♒	♈
18	♎	♐	♐	♑ ab 17.46 ♒	♒ ab 03.40 ♓	♈ ab 14.39 ♉
19	♎ ab 21.04 ♏	♐ ab 21.37 ♑	♐	♒	♓	♉
20	♏	♑	♐ ab 05.38 ♑	♒ ab 21.08 ♓	♓ ab 06.12 ♈	♉ ab 17.24 ♊
21	♏	♑	♑	♓	♈	♊
22	♏ ab 06.16 ♐	♑	♑ ab 10.29 ♒	♓ ab 22.09 ♈	♈ ab 07.32 ♉	♊ ab 21.31 ♋
23	♐	♑ ab 00.44 ♒	♒	♈	♉	♋
24	♐ ab 11.33 ♑	♒	♒ ab 12.08 ♓	♈ ab 22.07 ♉	♉ ab 09.02 ♊	♋
25	♑	♒ ab 01.01 ♓	♓	♉	♊	♋ ab 04.13 ♌
26	♑ ab 13.37 ♒	♓	♓ ab 11.46 ♈	♉ ab 22.59 ♊	♊ ab 12.27 ♋	♌
27	♒	♓ ab 00.30 ♈	♈	♊	♋	♌ ab 14.07 ♍
28	♒ ab 14.02 ♓	♈	♈ ab 11.16 ♉	♊	♋ ab 19.17 ♌	♍
29	♓		♉	♊ ab 02.44 ♋	♌	♍ ab 02.23 ♎
30	♓ ab 14.37 ♈		♉ ab 12.44 ♊	♋	♌	♎
31	♈		♊		♌ ab 05.49 ♍	

Tag	Juli	August	September	Oktober	November	Dezember
	Mond im	Mond im	Mond im	Mond im	Mond im	Mond im
1	♎	♏ ab 09.50 ♐	♑	♒ ab 20.37 ♓	♈	♉ ab 17.26 ♊
2	♎ ab 14.47 ♏	♐	♑ ab 08.05 ♒	♓	♈ ab 06.56 ♉	♊
3	♏	♐ ab 17.32 ♑	♒	♓ ab 20.41 ♈	♉	♊ ab 18.52 ♋
4	♏	♑	♒ ab 09.51 ♓	♈	♉ ab 06.28 ♊	♋
5	♏ ab 00.59 ♐	♑ ab 21.47 ♒	♓	♈ ab 19.42 ♉	♊	♋ ab 23.17 ♌
6	♐	♒	♓ ab 09.44 ♈	♉	♊ ab 08.15 ♋	♌
7	♐ ab 08.04 ♑	♒ ab 23.35 ♓	♈	♉ ab 19.54 ♊	♋	♌
8	♑	♓	♈ ab 09.38 ♉	♊	♋ ab 13.57 ♌	♌ ab 07.41 ♍
9	♑ ab 12.27 ♒	♓	♉	♊ ab 23.11 ♋	♌	♍
10	♒	♓ ab 00.27 ♈	♉ ab 11.26 ♊	♋	♌ ab 23.45 ♍	♍ ab 19.20 ♎
11	♒ ab 15.15 ♓	♈	♊	♋	♍	♎
12	♓	♈ ab 01.56 ♉	♊ ab 16.21 ♋	♋ ab 06.31 ♌	♍	♎
13	♓ ab 17.33 ♈	♉	♋	♌	♍ ab 12.06 ♎	♎ ab 08.02 ♏
14	♈	♉ ab 05.11 ♊	♋	♌ ab 17.17 ♍	♎	♏
15	♈ ab 20.11 ♉	♊	♋ ab 00.38 ♌	♍	♎	♏ ab 19.38 ♐
16	♉	♊ ab 10.50 ♋	♌	♍	♎ ab 00.50 ♏	♐
17	♉ ab 23.47 ♊	♋	♌ ab 11.29 ♍	♍ ab 05.48 ♎	♏	♐
18	♊	♋ ab 18.58 ♌	♍	♎	♏ ab 12.30 ♐	♐ ab 05.08 ♑
19	♊	♌	♍ ab 23.48 ♎	♎ ab 18.31 ♏	♐	♑
20	♊ ab 04.57 ♋	♌	♎	♏	♐ ab 22.37 ♑	♑ ab 12.33 ♒
21	♋	♌ ab 05.19 ♍	♎	♏	♑	♒
22	♋ ab 12.17 ♌	♍	♎ ab 12.34 ♏	♏ ab 06.32 ♐	♑	♒ ab 18.10 ♓
23	♌	♍ ab 17.23 ♎	♏	♐	♑ ab 06.53 ♒	♓
24	♌ ab 22.10 ♍	♎	♏	♐ ab 17.06 ♑	♒	♓ ab 22.10 ♈
25	♍	♎ ab 06.10 ♏	♏ ab 00.44 ♐	♑	♒ ab 12.48 ♓	♈
26	♍	♏	♐	♑	♓	♈
27	♍ ab 10.12 ♎	♏	♐ ab 10.53 ♑	♑ ab 01.12 ♒	♓ ab 16.04 ♈	♈ ab 00.46 ♉
28	♎	♏ ab 17.57 ♐	♑	♒	♈	♉
29	♎ ab 22.51 ♏	♐	♑ ab 17.39 ♒	♒ ab 05.47 ♓	♈ ab 17.09 ♉	♉ ab 02.39 ♊
30	♏	♐	♒	♓	♉	♊
31	♏	♐ ab 02.55 ♑		♓ ab 07.27 ♈		♊ ab 05.02 ♋

1972

Tag	Januar Mond im	Februar Mond im	März Mond im	April Mond im	Mai Mond im	Juni Mond im
1	♋	♌ ab 01.56 ♍	♍ ab 20.01 ♎	♏	♐ ab 21.29 ♑	♑ ab 13.16 ♒
2	♋ ab 09.22 ♌	♍	♎	♏	♑	♒
3		♍ ab 12.07 ♎		♏ ab 03.28 ♐	♑	♒ ab 20.53 ♓
4	♌ ab 16.51 ♍	♎	♎ ab 08.01 ♏	♐	♑ ab 15.21 ♒	♓
5	♍	♎	♏	♐ ab 15.21 ♑	♒	♓
6	♍	♎ ab 00.18 ♏	♏ ab 20.37 ♐	♑	♒ ab 07.36 ♓	♓ ab 01.28 ♈
7	♍ ab 03.34 ♎	♏	♐	♑	♓	♈
8	♎	♏ ab 12.38 ♐	♐	♑ ab 00.38 ♒	♓ ab 14.28 ♈	♈ ab 03.15 ♉
9	♎ ab 16.04 ♏	♐	♐ ab 07.50 ♑	♒	♈	♉
10	♏	♐ ab 22.51 ♑	♑	♒ ab 05.58 ♓	♈ ab 17.35 ♉	♉ ab 03.25 ♊
11	♏ ab 03.58 ♐	♑	♑ ab 15.43 ♒	♓	♉	♊
12	♐	♑ ab 05.37 ♒	♒	♓ ab 07.33 ♈	♉ ab 17.48 ♊	♊ ab 03.45 ♋
13	♐ ab 13.26 ♑	♒	♒ ab 19.40 ♓	♈	♊	♋
14	♑	♒ ab 09.11 ♓	♓	♈ ab 06.55 ♉	♊ ab 16.48 ♋	♋ ab 06.10 ♌
15	♑ ab 20.04 ♒	♓	♓ ab 20.38 ♈	♉	♋	♌
16	♒	♓ ab 10.51 ♈	♈	♉ ab 06.17 ♊	♋ ab 17.17 ♌	♌ ab 12.04 ♍
17	♒	♈	♈ ab 20.28 ♉	♊	♌	♍
18	♒	♈ ab 12.12 ♉	♉	♊ ab 07.47 ♋	♌ ab 20.38 ♍	♍ ab 21.39 ♎
19	♒ ab 00.29 ♓	♉	♉ ab 21.13 ♊	♋	♍	♎
20	♓	♉ ab 14.36 ♊	♊	♋ ab 12.47 ♌	♍ ab 03.57 ♎	♎
21	♓ ab 03.36 ♈	♊	♊ ab 00.27 ♋	♌	♎	♎ ab 09.43 ♏
22	♈	♊ ab 18.53 ♋	♋	♌ ab 21.25 ♍	♎ ab 14.37 ♏	♏
23	♈ ab 06.18 ♉	♋	♋ ab 06.47 ♌	♍	♏	♏ ab 22.15 ♐
24	♉	♋	♌	♍	♏ ab 03.01 ♐	♐
25	♉ ab 09.14 ♊	♋ ab 01.15 ♌	♌ ab 15.48 ♍	♍ ab 08.35 ♎	♐	♐
26	♊	♌	♍	♎	♐	♐ ab 09.37 ♑
27	♊ ab 13.02 ♋	♌ ab 09.40 ♍	♍	♎ ab 20.56 ♏	♐ ab 15.34 ♑	♑
28	♋	♍	♍ ab 02.42 ♎	♏	♑	♑ ab 19.03 ♒
29	♋ ab 18.22 ♌	♍	♎	♏	♑ ab 03.13 ♒	♒
30	♌		♎ ab 14.49 ♏	♏ ab 09.31 ♐	♒	♒
31	♌		♏		♒	

Tag	Juli Mond im	August Mond im	September Mond im	Oktober Mond im	November Mond im	Dezember Mond im
1	♒ ab 02.19 ♓	♈ ab 15.58 ♉	♊	♋ ab 13.26 ♌	♍	♎ ab 04.43 ♏
2	♓	♉	♊ ab 03.12 ♋	♌ ab 20.31 ♍	♍ ab 11.28 ♎	♏
3	♓ ab 07.23 ♈	♉ ab 18.34 ♊	♋	♍	♎	♏ ab 17.23 ♐
4	♈	♊	♋ ab 07.54 ♌	♍	♎ ab 22.47 ♏	♐
5	♈ ab 10.25 ♉	♊ ab 21.18 ♋	♌	♍ ab 05.35 ♎	♏	♐ ab 06.07 ♑
6	♉	♋	♌ ab 14.16 ♍	♎	♏	♑
7	♉ ab 12.05 ♊	♋	♍	♎ ab 16.28 ♏	♏ ab 11.17 ♐	♑ ab 17.54 ♒
8	♊	♋ ab 00.57 ♌	♍ ab 22.37 ♎	♏	♐	♒
9	♊ ab 13.30 ♋	♌	♎	♏	♐ ab 00.12 ♑	♒
10	♋	♌ ab 06.23 ♍	♎ ab 09.16 ♏	♏ ab 04.53 ♐	♑	♒ ab 03.33 ♓
11	♋ ab 16.06 ♌	♍	♏	♐	♑ ab 12.03 ♒	♓
12	♌	♍ ab 14.28 ♎	♏ ab 21.43 ♐	♐ ab 17.45 ♑	♒	♓ ab 10.00 ♈
13	♌ ab 21.17 ♍	♎	♐	♑	♒ ab 20.57 ♓	♈
14	♍	♎	♐	♑	♓	♈ ab 13.00 ♉
15	♍	♎ ab 01.20 ♏	♐ ab 10.08 ♑	♑ ab 04.52 ♒	♓	♉
16	♍ ab 05.59 ♎	♏	♑	♒	♓ ab 01.45 ♈	♉ ab 13.25 ♊
17	♎	♏ ab 13.50 ♐	♑ ab 20.05 ♒	♒ ab 12.13 ♓	♈	♊
18	♎ ab 17.17 ♏	♐	♒	♓	♈ ab 02.53 ♉	♊ ab 12.57 ♋
19	♏	♐	♒	♓ ab 15.23 ♈	♉	♋
20	♏	♐ ab 01.38 ♑	♒ ab 02.10 ♓	♈	♉ ab 02.06 ♊	♋ ab 13.35 ♌
21	♏ ab 05.47 ♐	♑	♓	♈ ab 15.38 ♉	♊	♌
22	♐	♑ ab 10.44 ♒	♓ ab 04.35 ♈	♉	♊ ab 01.32 ♋	♌ ab 17.03 ♍
23	♐ ab 17.11 ♑	♒	♈	♉ ab 15.03 ♊	♋	♍
24	♑	♒ ab 16.29 ♓	♈ ab 05.28 ♉	♊	♋ ab 03.12 ♌	♍
25	♑	♓	♉	♊ ab 15.45 ♋	♌	♍ ab 00.22 ♎
26	♑ ab 02.08 ♒	♓ ab 19.41 ♈	♉ ab 06.15 ♊	♋	♌ ab 08.25 ♍	♎
27	♒	♈	♊	♋ ab 19.15 ♌	♍	♎ ab 11.11 ♏
28	♒ ab 08.29 ♓	♈ ab 21.43 ♉	♊ ab 08.39 ♋	♌	♍ ab 17.16 ♎	♏
29	♓	♉	♋	♌	♎	♏
30	♓ ab 12.51 ♈	♉ ab 23.56 ♊	♋	♌	♎	♏ ab 23.52 ♐
31	♈	♊		♌ ab 02.00 ♍		♐

1973

Tag	Januar Mond im	Februar Mond im	März Mond im	April Mond im	Mai Mond im	Juni Mond im
1	♐	♑	♑ ab 15.23 ♒	♓	♈	♊
2		♑ ab 06.56 ♒		♓ ab 13.49 ♈	♈ ab 02.02 ♉	♊
3	♐ ab 12.31 ♑	♒ ab 23.32 ♓		♈	♉	♊ ab 12.22 ♋
4	♑	♒ ab 15.23 ♓	♓	♈ ab 15.59 ♉	♉ ab 02.16 ♊	♋
5	♑ ab 23.48 ♒	♓	♓	♉	♊	♋
6	♒	♓ ab 21.29 ♈	♓ ab 04.38 ♈	♉ ab 17.13 ♊	♊ ab 02.36 ♋	♋ ab 15.52 ♌
7		♈	♈	♊	♋	♌
8	♒ ab 09.03 ♓	♈	♈ ab 07.51 ♉	♊ ab 19.05 ♋	♋ ab 04.37 ♌	♌ ab 22.16 ♍
9	♓	♈ ab 01.54 ♉	♉	♋	♌	♍
10	♓ ab 15.58 ♈	♉	♉ ab 10.31 ♊	♋ ab 22.32 ♌	♌ ab 09.13 ♍	♍ ab 07.52 ♎
11	♈	♉ ab 05.11 ♊	♊	♌	♍	♎
12	♈ ab 20.25 ♉	♊	♊ ab 13.30 ♋		♍ ab 16.31 ♎	♎ ab 19.43 ♏
13	♉	♊ ab 07.45 ♋	♋	♌ ab 03.47 ♍	♎	♏
14	♉ ab 22.42 ♊	♋	♋ ab 17.08 ♌	♍	♎	♏
15	♊	♋ ab 10.13 ♌	♌	♍ ab 10.51 ♎	♎ ab 02.10 ♏	♏
16	♊ ab 23.39 ♋	♌	♌ ab 21.43 ♍	♎	♏	♏ ab 08.37 ♐
17	♋	♌ ab 13.32 ♍	♍	♎ ab 19.52 ♏	♏ ab 13.42 ♐	♐
18	♋	♍	♍	♏	♐	♐ ab 21.20 ♑
19	♋ ab 00.41 ♌	♍ ab 18.59 ♎	♍ ab 03.49 ♎	♏	♐ ab 02.31 ♑	♑
20	♌	♎	♎	♏ ab 07.02 ♐	♑	♑
21	♌ ab 03.24 ♍	♎	♎ ab 12.16 ♏	♐	♑	♑ ab 08.29 ♒
22	♍ ab 09.17 ♎	♎ ab 03.36 ♏	♏	♐ ab 19.50 ♑	♑ ab 15.18 ♒	♒
23	♎	♏	♏ ab 23.27 ♐	♑	♒	♒ ab 16.49 ♓
24	♎ ab 18.53 ♏	♏ ab 15.15 ♐	♐	♑	♒	♓
25	♏	♐	♐	♑ ab 08.22 ♒	♒ ab 02.06 ♓	♓ ab 21.38 ♈
26	♏	♐	♐ ab 12.16 ♑	♒	♓	♈
27	♏ ab 07.11 ♐	♐ ab 04.04 ♑	♑	♒ ab 18.10 ♓	♓ ab 09.15 ♈	♈ ab 23.18 ♉
28	♐	♑	♑	♓	♈	♉
29	♐ ab 19.55 ♑		♑ ab 00.13 ♒	♓ ab 23.54 ♈	♈ ab 12.28 ♉	♉ ab 23.09 ♊
30	♑		♒	♈	♉	♊
31	♑		♒ ab 08.55 ♓		♉ ab 12.53 ♊	

Tag	Juli Mond im	August Mond im	September Mond im	Oktober Mond im	November Mond im	Dezember Mond im
1	♋ ab 22.56 ♌	♍	♎ ab 06.18 ♏	♏ ab 00.48 ♐	♑	♒
2	♌	♍ ab 14.13 ♎	♏	♐	♑ ab 09.59 ♒	♒ ab 05.33 ♓
3	♌ ab 00.31 ♍	♎	♏ ab 16.25 ♐	♐ ab 13.03 ♑	♒	♓
4	♍	♎ ab 21.36 ♏	♐	♑	♒ ab 21.27 ♓	♓ ab 14.51 ♈
5	♍ ab 05.24 ♎	♏	♐	♑ ab 01.49 ♒	♓	♈
6	♎	♏	♐ ab 05.02 ♑	♒	♓	♈ ab 20.09 ♉
7	♎ ab 14.06 ♏	♏ ab 08.37 ♐	♑	♒ ab 12.24 ♓	♓ ab 05.20 ♈	♉
8	♏	♐	♑ ab 17.31 ♒	♓	♈	♉ ab 21.58 ♊
9	♏	♐ ab 21.30 ♑	♒	♓ ab 19.29 ♈	♈ ab 09.26 ♉	♊
10	♏	♑	♒	♈	♉	♊ ab 21.52 ♋
11	♏ ab 01.48 ♐	♑	♒ ab 03.41 ♓	♈ ab 23.37 ♉	♉ ab 11.00 ♊	♋
12	♐	♑ ab 09.53 ♒	♓	♉	♊	♋ ab 21.45 ♌
13	♐ ab 14.46 ♑	♒	♓ ab 10.57 ♈	♉	♊ ab 11.47 ♋	♌
14	♑	♒ ab 20.15 ♓	♈	♉ ab 02.09 ♊	♋	♌ ab 23.21 ♍
15	♑ ab 03.15 ♒	♓	♈ ab 16.00 ♉	♊	♋ ab 13.20 ♌	♍
16	♒	♓ ab 04.16 ♈	♉	♊ ab 04.29 ♋	♌	♍
17	♒	♈	♉ ab 19.48 ♊	♋	♌ ab 16.42 ♍	♍ ab 03.54 ♎
18	♒ ab 14.08 ♓	♈ ab 10.14 ♉	♊	♋ ab 07.25 ♌	♍	♎
19	♓	♉	♊ ab 23.02 ♋	♌	♍ ab 22.16 ♎	♎ ab 11.44 ♏
20	♓ ab 22.44 ♈	♉ ab 14.27 ♊	♋	♌ ab 11.19 ♍	♎	♏
21	♈	♊	♋	♍	♎	♏ ab 22.20 ♐
22	♈ ab 04.41 ♉	♊ ab 17.08 ♋	♋ ab 01.57 ♌	♍ ab 16.29 ♎	♎ ab 06.07 ♏	♐
23	♉	♋	♌	♎	♏	♐
24	♉ ab 07.59 ♊	♋ ab 18.50 ♌	♌ ab 04.59 ♍	♎	♏ ab 16.11 ♐	♐ ab 10.42 ♑
25	♊	♌	♍	♎ ab 23.28 ♏	♐	♑
26	♊	♌ ab 20.34 ♍	♍ ab 09.01 ♎	♏	♐	♑ ab 23.43 ♒
27	♊ ab 09.11 ♋	♍	♎	♏	♐ ab 04.13 ♑	♒
28	♋	♍ ab 23.53 ♎	♎ ab 15.19 ♏	♏ ab 08.58 ♐	♑	♒
29	♋ ab 09.30 ♌	♎	♏	♐	♑ ab 17.18 ♒	♒ ab 12.10 ♓
30	♌	♎	♏	♐ ab 20.58 ♑	♒	♓
31	♌ ab 10.35 ♍	♎		♑		♓ ab 22.35 ♈

1974

Tag	Januar Mond im	Februar Mond im	März Mond im	April Mond im	Mai Mond im	Juni Mond im
1	♈	♉ ab 17.54 ♊	♉ ab 00.11 ♊	♋ ab 12.41 ♌	♍	♎ ab 11.12 ♏
2	♈	♊	♊	♌	♍	♏
3	♈ ab 05.38 ♉	♊ ab 20.06 ♋	♊ ab 04.00 ♋	♌ ab 14.57 ♍	♍ ab 00.40 ♎	♏ ab 20.22 ♐
4	♉	♋	♋	♍	♎	♐
5	♉ ab 09.00 ♊	♋ ab 20.12 ♌	♋ ab 05.49 ♌	♍ ab 17.23 ♎	♎ ab 05.44 ♏	♐
6	♊	♌	♌	♎	♏	♐ ab 06.49 ♑
7	♊ ab 09.29 ♋	♌ ab 19.52 ♍	♌ ab 06.34 ♍	♎ ab 21.26 ♏	♏ ab 13.06 ♐	♑
8		♍	♍	♏	♐	♑ ab 19.03 ♒
9	♋ ab 08.43 ♌	♍ ab 21.11 ♎	♍ ab 07.52 ♎	♏	♐ ab 23.16 ♑	♒
10	♌	♎	♎	♏ ab 04.28 ♐	♑	♒
11	♌ ab 08.42 ♍	♎ ab 01.58 ♏	♎ ab 11.40 ♏	♐	♑	♒ ab 07.44 ♓
12		♏	♏	♐ ab 14.57 ♑	♑ ab 11.35 ♒	♓
13	♍ ab 11.22 ♎	♏ ab 11.02 ♐	♏ ab 19.21 ♐	♑	♒	♓ ab 18.53 ♈
14	♎	♐	♐	♑	♒	♈
15	♎ ab 17.55 ♏	♐ ab 23.16 ♑	♐ ab 06.42 ♑	♑ ab 03.35 ♒	♒ ab 00.04 ♓	♈ ab 02.47 ♉
16	♏	♑	♑	♒	♓	♉
17	♏ ab 04.13 ♐	♑	♑ ab 19.39 ♒	♒ ab 15.45 ♓	♓ ab 10.12 ♈	♉ ab 06.59 ♊
18	♐	♑ ab 12.21 ♒	♒	♓	♈	♊
19	♐	♒	♒	♓	♈ ab 17.11 ♉	♊ ab 08.22 ♋
20	♐ ab 16.48 ♑	♒	♒ ab 07.34 ♓	♓ ab 01.21 ♈	♉	♋
21	♑	♒ ab 00.16 ♓	♓	♈	♉ ab 20.55 ♊	♋ ab 08.30 ♌
22		♓	♓ ab 17.03 ♈	♈ ab 07.54 ♉	♊	♌
23	♑ ab 05.50 ♒	♓ ab 10.13 ♈	♈	♉	♊ ab 22.46 ♋	♌ ab 09.12 ♍
24		♈	♈	♉ ab 12.11 ♊	♋	♍
25	♒ ab 18.01 ♓	♈	♈ ab 00.10 ♉	♊	♋	♍ ab 11.58 ♎
26	♓	♈ ab 18.12 ♉	♉	♊ ab 15.18 ♋	♋ ab 00.13 ♌	♎
27	♓	♉	♉	♋	♌	♎ ab 17.41 ♏
28	♓ ab 04.32 ♈	♉	♉ ab 05.34 ♊	♋ ab 18.04 ♌	♌ ab 02.26 ♍	♏
29			♊	♌	♍	♏
30	♈ ab 12.42 ♉		♊ ab 09.40 ♋	♌ ab 21.01 ♍	♍ ab 06.17 ♎	
31	♉		♋		♎	

Tag	Juli Mond im	August Mond im	September Mond im	Oktober Mond im	November Mond im	Dezember Mond im
1	♏ ab 02.21 ♐	♑	♒ ab 02.30 ♓	♈	♉ ab 19.24 ♊	♊ ab 07.22 ♋
2	♐	♑ ab 07.47 ♒	♓	♈	♊	♋
3	♐ ab 13.20 ♑	♒	♓ ab 13.59 ♈	♈ ab 05.40 ♉	♊	♋ ab 09.32 ♌
4	♑	♒ ab 20.27 ♓	♈	♉	♊ ab 00.02 ♋	♌
5	♑	♓	♈ ab 23.51 ♉	♉ ab 13.01 ♊	♋	♌ ab 11.41 ♍
6	♑ ab 01.42 ♒	♓	♉	♊	♋ ab 03.31 ♌	♍
7	♒	♓ ab 08.16 ♈	♉ ab 07.37 ♊	♊ ab 18.31 ♋	♌	♍ ab 14.43 ♎
8	♒ ab 14.26 ♓	♈	♊	♋	♌ ab 06.19 ♍	♎
9	♓	♈ ab 18.13 ♉	♊ ab 12.40 ♋	♋ ab 22.03 ♌	♍	♎ ab 19.41 ♏
10	♓	♉	♋	♌	♍ ab 08.59 ♎	♏
11	♓ ab 02.11 ♈	♉ ab 01.16 ♊	♋ ab 14.55 ♌	♌ ab 23.57 ♍	♎	♏ ab 01.35 ♐
12	♈	♊	♌	♍	♎ ab 12.24 ♏	♐
13	♈ ab 11.22 ♉	♊	♌ ab 15.13 ♍	♍	♏	♐ ab 10.04 ♑
14	♉	♊ ab 04.49 ♋	♍	♍ ab 01.11 ♎	♏ ab 17.40 ♐	♑
15	♉ ab 16.55 ♊	♋	♍ ab 15.18 ♎	♎	♐	♑ ab 20.49 ♒
16	♊	♋ ab 05.27 ♌	♎	♎ ab 03.24 ♏	♐	♒
17	♊ ab 18.57 ♋	♌	♎ ab 17.15 ♏	♏	♐ ab 01.42 ♑	♒
18	♋	♌ ab 04.43 ♍	♏	♏ ab 08.15 ♐	♑	♒ ab 09.13 ♓
19	♋ ab 18.44 ♌	♍	♏ ab 22.47 ♐	♐ ab 16.45 ♑	♑ ab 12.39 ♒	♓
20	♌	♍ ab 04.45 ♎	♐	♑	♒	♓ ab 21.36 ♈
21	♌ ab 18.10 ♍	♎	♐	♑	♒	♈
22	♍	♎ ab 07.38 ♏	♐ ab 08.22 ♑		♒ ab 01.12 ♓	♈
23	♍ ab 19.20 ♎	♏	♑	♑ ab 04.21 ♒	♓	♈ ab 07.45 ♉
24	♎	♏ ab 14.35 ♐	♑ ab 20.39 ♒	♒	♓ ab 13.00 ♈	♉
25	♎ ab 23.46 ♏	♐	♒	♒ ab 16.57 ♓	♈	♉ ab 14.16 ♊
26	♏	♐	♒	♓	♈ ab 22.05 ♉	♊
27	♏	♐ ab 01.16 ♑	♒ ab 09.15 ♓	♓	♉	♊
28	♏ ab 08.00 ♐	♑	♓	♓ ab 04.14 ♈	♉	♊ ab 17.16 ♋
29	♐	♑ ab 13.53 ♒	♓ ab 20.26 ♈	♈	♉ ab 03.59 ♊	♋
30	♐ ab 19.11 ♑	♒	♈	♈ ab 13.01 ♉	♊	♋ ab 18.05 ♌
31	♑	♒		♉		♌

1975

Tag	Januar Mond im	Februar Mond im	März Mond im	April Mond im	Mai Mond im	Juni Mond im
1	♌ ab 18.33 ♍	♎	♎ ab 15.34 ♏	♐	♑	♒ ab 02.33 ♓
2	♍	♎ ab 06.54 ♏	♏	♐ ab 12.09 ♑	♑ ab 06.34 ♒	♓
3	♍ ab 20.22 ♎	♏	♏ ab 20.06 ♐	♑	♑	♓ ab 15.02 ♈
4	♎	♏ ab 13.11 ♐	♐	♑ ab 22.46 ♒	♒ ab 18.35 ♓	♈
5	♎	♐	♐	♒	♓	♈
6	♎ ab 00.39 ♏	♐ ab 22.43 ♑	♐ ab 04.40 ♑	♒	♓	♈ ab 02.19 ♉
7	♏	♑	♑	♒ ab 11.17 ♓	♓ ab 07.03 ♈	♉
8	♏ ab 07.40 ♐	♑ ab 10.17 ♒	♑ ab 16.10 ♒	♓	♈	♉ ab 10.50 ♊
9	♐	♒	♒	♓ ab 23.45 ♈	♈ ab 18.04 ♉	♊
10	♐ ab 16.59 ♑	♒ ab 22.46 ♓	♒	♈	♉	♊ ab 16.22 ♋
11	♑	♓	♒ ab 04.50 ♓	♈	♉	♋
12	♑	♓	♓	♈ ab 10.54 ♉	♉ ab 02.45 ♊	♋ ab 19.46 ♌
13	♑ ab 04.04 ♒	♓	♓ ab 17.19 ♈	♉	♊	♌
14	♒ ab 16.24 ♓	♓ ab 11.23 ♈	♈	♉ ab 20.15 ♊	♊ ab 09.08 ♋	♌ ab 22.11 ♍
15	♓	♈	♈	♊	♋	♍
16	♓	♈ ab 23.10 ♉	♈ ab 04.53 ♉	♊	♋ ab 13.39 ♌	♍
17	♓ ab 05.04 ♈	♉	♉	♊ ab 03.28 ♋	♌	♍ ab 00.41 ♎
18	♈	♉ ab 08.35 ♊	♉ ab 14.44 ♊	♋	♌ ab 16.46 ♍	♎
19	♈	♊	♊	♋ ab 08.15 ♌	♍	♎ ab 04.00 ♏
20	♈ ab 16.22 ♉	♊	♊ ab 21.49 ♋	♌	♍ ab 19.06 ♎	♏
21	♉	♊ ab 14.19 ♋	♋	♌ ab 10.43 ♍	♎	♏ ab 08.35 ♐
22	♉	♋	♋ ab 01.32 ♌	♍	♎ ab 21.26 ♏	♐
23	♉ ab 00.23 ♊	♋ ab 16.14 ♌	♌	♍ ab 11.42 ♎	♏	♐ ab 14.57 ♑
24	♊	♌	♌	♎	♏	♑
25	♊ ab 04.21 ♋	♌ ab 15.38 ♍	♌ ab 02.22 ♍	♎ ab 12.40 ♏	♏ ab 00.52 ♐	♑ ab 23.34 ♒
26	♋	♍	♍	♏	♐	♒
27	♋ ab 05.01 ♌	♍ ab 14.39 ♎	♍ ab 01.52 ♎	♏ ab 15.20 ♐	♐ ab 06.31 ♑	♒ ab 10.34 ♓
28	♌	♎	♎	♐	♑	♓
29	♌ ab 04.14 ♍		♎ ab 02.08 ♏	♐ ab 21.09 ♑	♑ ab 15.10 ♒	♓ ab 23.03 ♈
30	♍		♏	♑	♒	♈
31	♍		♏ ab 05.10 ♐		♒	

Tag	Juli Mond im	August Mond im	September Mond im	Oktober Mond im	November Mond im	Dezember Mond im
1	♈	♉	♋	♌	♎	♏
2	♈	♉ ab 05.03 ♊	♋	♌ ab 11.04 ♍	♎ ab 21.08 ♏	♏ ab 08.34 ♐
3	♈ ab 10.55 ♉	♊	♋ ab 00.09 ♌	♍	♏	♐
4	♉	♊ ab 11.18 ♋	♌	♍ ab 10.39 ♎	♏ ab 22.11 ♐	♐ ab 11.59 ♑
5	♉ ab 19.59 ♊	♋	♌ ab 00.30 ♍	♎	♐	♑
6	♊	♋ ab 13.44 ♌	♍ ab 23.38 ♎	♎ ab 10.09 ♏	♐	♑ ab 18.13 ♒
7	♊	♌	♎	♏	♐ ab 01.46 ♑	♒
8	♊ ab 01.24 ♋	♌ ab 13.54 ♍	♎ ab 23.46 ♏	♏ ab 11.36 ♐	♑	♒
9	♋	♍	♏	♐	♑ ab 09.00 ♒	♒ ab 03.52 ♓
10	♋ ab 03.51 ♌	♍ ab 13.52 ♎	♏	♐ ab 16.29 ♑	♒	♓
11	♌	♎	♏ ab 02.41 ♐	♑	♒ ab 19.43 ♓	♓ ab 16.07 ♈
12	♌ ab 04.56 ♍	♎ ab 15.31 ♏	♐	♑	♓	♈
13	♍	♏	♐ ab 09.12 ♑	♑ ab 01.10 ♒	♓	♈
14	♍ ab 06.22 ♎	♏ ab 20.00 ♐	♑	♒	♓ ab 08.18 ♈	♈ ab 04.40 ♉
15	♎	♐	♑ ab 18.52 ♒	♒ ab 12.41 ♓	♈	♉
16	♎ ab 09.24 ♏	♐ ab 03.26 ♑	♒	♓	♈ ab 20.38 ♉	♉ ab 15.13 ♊
17	♏	♑	♒	♓	♉	♊
18	♏ ab 14.33 ♐	♑ ab 13.10 ♒	♒ ab 06.32 ♓	♓ ab 01.21 ♈	♉	♊ ab 22.50 ♋
19	♐	♒	♓	♈	♉ ab 07.15 ♊	♋
20	♐ ab 21.46 ♑	♒	♓ ab 19.08 ♈	♈ ab 13.44 ♉	♊	♋ ab 03.54 ♌
21	♑	♒ ab 00.33 ♓	♈	♉	♊ ab 15.37 ♋	♌
22	♑	♓	♈ ab 07.44 ♉	♉	♋	♌ ab 07.28 ♍
23	♑ ab 06.56 ♒	♓ ab 13.03 ♈	♉	♉ ab 00.52 ♊	♋ ab 21.49 ♌	♍
24	♒	♈	♉ ab 19.14 ♊	♊ ab 09.58 ♋	♌	♍ ab 10.28 ♎
25	♒ ab 17.59 ♓	♈ ab 01.45 ♉	♊	♋	♌ ab 02.05 ♍	♎
26	♓	♉	♊	♋ ab 16.20 ♌	♍	♎ ab 13.29 ♏
27	♓	♉ ab 12.54 ♊	♊ ab 04.08 ♋	♌	♍ ab 04.48 ♎	♏
28	♓ ab 06.28 ♈	♊	♋	♌ ab 19.47 ♍	♎	♏ ab 16.53 ♐
29	♈	♊	♋ ab 09.21 ♌	♍	♎ ab 06.37 ♏	♐
30	♈ ab 18.54 ♉	♊	♌	♍ ab 20.56 ♎	♏	♐ ab 21.17 ♑
31	♉	♊ ab 20.36 ♋		♎		♑

1976

Tag	Januar — Mond im	Februar — Mond im	März — Mond im	April — Mond im	Mai — Mond im	Juni — Mond im
1	♑	♒ ab 20.47 ♓	♓	♈ ab 10.35 ♉	♉ ab 05.06 ♊	♋
2	♑	♓	♓ ab 15.23 ♈	♉	♊	♋ ab 05.38 ♌
3	♑ ab 03.34 ♒	♓	♈	♉ ab 23.16 ♊	♊ ab 15.54 ♋	♌
4	♒	♓ ab 08.18 ♈	♈	♊	♋	♌ ab 11.22 ♍
5	♒ ab 12.36 ♓	♈	♈ ab 04.19 ♉	♊	♋ ab 00.10 ♌	♍
6	♓	♈ ab 21.14 ♉	♉	♊ ab 10.07 ♋	♌	♍ ab 15.00 ♎
7	♓	♉	♉ ab 16.56 ♊	♋	♌	♎
8	♓ ab 00.22 ♈	♉ ab 09.17 ♊	♊	♋ ab 17.37 ♌	♌ ab 05.22 ♍	♎ ab 16.59 ♏
9	♈	♊	♊	♌	♍	♏
10	♈ ab 13.10 ♉	♊	♊ ab 02.59 ♋	♌ ab 21.16 ♍	♍ ab 07.40 ♎	♏ ab 18.07 ♐
11	♉	♊ ab 17.59 ♋	♋	♍	♎	♐
12	♉	♋	♋ ab 08.56 ♌	♍ ab 21.55 ♎	♎ ab 08.03 ♏	♐ ab 19.46 ♑
13	♉ ab 00.20 ♊	♋ ab 22.33 ♌	♌	♎	♏	♑
14	♊	♌	♌ ab 10.59 ♍	♎ ab 21.15 ♏	♏ ab 08.05 ♐	♑ ab 23.32 ♒
15	♊ ab 08.01 ♋	♌ ab 00.00 ♍	♍	♏	♐	♒
16	♋	♍	♍ ab 10.45 ♎	♏ ab 21.16 ♐	♐ ab 09.32 ♑	♒
17	♋ ab 12.16 ♌	♍	♎	♐	♑	♒ ab 06.44 ♓
18	♌	♍ ab 00.15 ♎	♎ ab 10.18 ♏	♐ ab 23.44 ♑	♑ ab 14.03 ♒	♓
19	♌ ab 14.26 ♍	♎ ab 01.14 ♏	♏	♑	♒	♓ ab 17.33 ♈
20	♍	♏	♏ ab 11.34 ♐	♑	♒ ab 22.27 ♓	♈
21	♍ ab 16.11 ♎	♏	♐	♑ ab 05.48 ♒	♓	♈
22	♎	♏ ab 04.19 ♐	♐ ab 15.49 ♑	♒	♓	♈ ab 06.22 ♉
23	♎ ab 18.49 ♏	♐ ab 09.55 ♑	♑ ab 23.20 ♒	♒ ab 15.28 ♓	♓ ab 10.08 ♈	♉
24	♏	♑	♒	♓	♈	♉ ab 18.37 ♊
25	♏ ab 22.52 ♐	♑ ab 17.49 ♒	♒	♓	♈ ab 23.08 ♉	♊
26	♐	♒	♒ ab 09.34 ♓	♓ ab 03.37 ♈	♉	♊
27	♐	♒	♓	♈	♉	♊ ab 04.30 ♋
28	♐ ab 04.25 ♑	♒ ab 03.42 ♓	♓	♈ ab 16.38 ♉	♉ ab 11.23 ♊	♋
29	♑	♓ ab 21.38 ♈	♓ ab 21.38 ♈	♉	♊	♋ ab 11.40 ♌
30	♑ ab 11.35 ♒		♈	♉	♊ ab 21.40 ♋	♌
31			♈			

Tag	Juli — Mond im	August — Mond im	September — Mond im	Oktober — Mond im	November — Mond im	Dezember — Mond im
1	♌ ab 16.47 ♍	♎ ab 04.56 ♏	♐	♑	♓	♈
2	♍	♏	♐ ab 17.30 ♑	♑ ab 04.50 ♒	♓	♈ ab 00.42 ♉
3	♍ ab 20.35 ♎	♏ ab 08.04 ♐	♑	♒	♓ ab 05.46 ♈	♉
4	♎	♐	♑ ab 23.21 ♒	♒ ab 13.10 ♓	♈	♉ ab 13.39 ♊
5	♎ ab 23.34 ♏	♐ ab 11.55 ♑	♒	♓	♈ ab 18.24 ♉	♊
6	♏	♑	♒	♓ ab 23.50 ♈	♉	♊
7	♏	♑ ab 16.58 ♒	♒ ab 07.12 ♓	♈	♉	♊ ab 01.22 ♋
8	♏ ab 02.06 ♐	♒	♓	♈	♉ ab 07.22 ♊	♋
9	♐	♒	♓ ab 17.19 ♈	♈ ab 12.12 ♉	♊	♋ ab 11.13 ♌
10	♐ ab 04.50 ♑	♒ ab 00.01 ♓	♈	♉	♊ ab 19.29 ♋	♌
11	♑	♓	♈	♉	♋	♌ ab 18.56 ♍
12	♑ ab 08.54 ♒	♓ ab 09.50 ♈	♈ ab 05.31 ♉	♉ ab 01.15 ♊	♋ ab 05.37 ♌	♍
13	♒	♈	♉	♊	♌	♍
14	♒ ab 15.37 ♓	♈ ab 22.06 ♉	♉ ab 18.33 ♊	♊ ab 13.25 ♋	♌ ab 12.47 ♍	♍ ab 00.14 ♎
15	♓	♉	♊	♋	♍	♎
16	♓	♉	♊	♋ ab 22.50 ♌	♍	♎
17	♓ ab 01.40 ♈	♉ ab 11.55 ♊	♊ ab 06.07 ♋	♌	♍ ab 16.35 ♎	♎ ab 03.03 ♏
18	♈	♊	♋	♌	♎	♏
19	♈ ab 14.12 ♉	♊ ab 21.34 ♋	♋ ab 14.11 ♌	♌ ab 04.25 ♍	♎ ab 17.32 ♏	♏ ab 03.55 ♐
20	♉	♋	♌	♍	♏	♐
21	♉	♋	♌ ab 18.17 ♍	♍ ab 06.27 ♎	♏ ab 17.04 ♐	♐ ab 04.12 ♑
22	♉ ab 02.41 ♊	♋ ab 04.31 ♌	♍	♎	♐	♑
23	♊	♌	♍ ab 19.28 ♎	♎ ab 06.18 ♏	♐ ab 17.04 ♑	♑ ab 05.49 ♒
24	♊ ab 12.40 ♋	♌ ab 08.04 ♍	♎	♏	♑	♒
25	♋	♍	♎ ab 19.34 ♏	♏ ab 05.49 ♐	♑ ab 19.31 ♒	♒ ab 10.37 ♓
26	♋ ab 19.19 ♌	♍ ab 09.42 ♎	♏	♐	♒	♓
27	♌	♎	♏ ab 20.22 ♐	♐ ab 06.56 ♑	♒ ab 01.48 ♓	♓ ab 19.32 ♈
28	♌ ab 23.24 ♍	♎ ab 11.06 ♏	♐	♑	♓	♈
29	♍	♏	♐ ab 23.14 ♑	♑ ab 11.06 ♒	♓	♈
30	♍	♏	♑	♒	♓ ab 12.02 ♈	♈ ab 07.44 ♉
31	♍ ab 02.14 ♎	♏ ab 13.29 ♐		♒ ab 18.54 ♓		♉

1977

Tag	Januar Mond im	Februar Mond im	März Mond im	April Mond im	Mai Mond im	Juni Mond im
1	♉ ab 20.43 ♊	♋	♋	♌ ab 02.26 ♍	♎	♏ ab 03.55 ♐
2	♊	♋	♋ ab 10.26 ♌	♍	♎ ab 17.24 ♏	♐
3	♊	♋ ab 01.12 ♌	♌	♍ ab 05.40 ♎	♏	♐ ab 04.08 ♑
4	♊ ab 08.13 ♋	♌	♌ ab 16.19 ♍	♎	♏ ab 16.59 ♐	♑
5	♋	♌ ab 07.18 ♍	♍	♎ ab 06.40 ♏	♐	♑ ab 03.44 ♒
6	♋ ab 17.21 ♌	♍	♍ ab 19.35 ♎	♏	♐ ab 16.55 ♑	♒
7	♌	♍ ab 11.37 ♎	♎	♏ ab 07.09 ♐	♑	♒ ab 07.36 ♓
8	♌ ab 00.24 ♍	♎	♎ ab 21.38 ♏	♐	♑ ab 19.00 ♒	♓
9	♍	♎ ab 15.05 ♏	♏	♐ ab 08.41 ♑	♒	♓ ab 15.35 ♈
10	♍	♏	♏ ab 23.42 ♐	♑	♒	♈
11	♍ ab 05.48 ♎	♏ ab 18.12 ♐	♐	♑ ab 12.24 ♒	♒ ab 00.30 ♓	♈
12	♎	♐	♐	♒	♓	♈ ab 02.57 ♉
13	♎ ab 09.45 ♏	♐ ab 21.14 ♑	♐ ab 02.40 ♑	♒ ab 18.50 ♓	♓ ab 09.30 ♈	♉
14	♏	♑	♑	♓	♈	♉ ab 15.50 ♊
15	♏ ab 12.19 ♐	♑	♑ ab 07.01 ♒	♓	♈ ab 21.05 ♉	♊
16	♐	♑ ab 00.46 ♒	♒	♓ ab 03.53 ♈	♉	♊
17	♐ ab 14.03 ♑	♒	♒ ab 13.06 ♓	♈	♉	♊ ab 04.29 ♋
18	♑	♒ ab 05.45 ♓	♓	♈ ab 15.03 ♉	♉ ab 09.51 ♊	♋
19	♑ ab 16.13 ♒	♓	♓ ab 21.24 ♈	♉	♊	♋ ab 15.54 ♌
20	♒	♓ ab 13.23 ♈	♈	♉	♊ ab 22.36 ♋	♌
21	♒ ab 19.31 ♓	♈	♈	♉ ab 03.38 ♊	♋	♌ ab 01.30 ♍
22	♓	♈	♈ ab 08.06 ♉	♊	♋	♍
23	♓	♈ ab 00.07 ♉	♉	♊ ab 16.26 ♋	♋ ab 10.14 ♌	♍ ab 08.36 ♎
24	♓ ab 04.20 ♈	♉	♉ ab 20.39 ♊	♋	♌	♎
25	♈	♉ ab 12.51 ♊	♊	♋	♌ ab 19.32 ♍	♎ ab 12.43 ♏
26	♈ ab 15.42 ♉	♊	♊	♋ ab 03.44 ♌	♍	♏
27	♉	♊	♊ ab 09.17 ♋	♌	♍	♏ ab 14.03 ♐
28	♉ ab 04.38 ♊	♊ ab 01.03 ♋	♋	♌ ab 11.53 ♍	♍ ab 01.29 ♎	♐
29	♊		♋ ab 19.41 ♌	♍	♎	♐ ab 13.49 ♑
30	♊ ab 16.21 ♋		♌	♍ ab 16.13 ♎	♎ ab 03.57 ♏	♑
31	♋		♌		♏	

Tag	Juli Mond im	August Mond im	September Mond im	Oktober Mond im	November Mond im	Dezember Mond im
1	♑	♒ ab 02.24 ♓	♈	♉ ab 21.34 ♊	♋	♌
2	♑ ab 13.57 ♒	♓	♈ ab 01.52 ♉	♊	♋	♌
3	♒	♓ ab 07.55 ♈	♉	♊	♋ ab 06.04 ♌	♌ ab 00.06 ♍
4	♒ ab 16.32 ♓	♈	♉ ab 13.28 ♊	♊ ab 10.10 ♋	♌	♍
5	♓	♈ ab 16.19 ♉	♊	♋	♌ ab 16.17 ♍	♍ ab 08.18 ♎
6	♓ ab 23.04 ♈	♉	♊	♋ ab 21.58 ♌	♍	♎
7	♈	♉	♊ ab 02.04 ♋	♌	♍ ab 22.52 ♎	♎ ab 12.34 ♏
8	♈	♉ ab 05.30 ♊	♋	♌	♎	♏
9	♈ ab 09.34 ♉	♊	♋ ab 13.14 ♌	♌ ab 06.59 ♍	♎	♏ ab 13.22 ♐
10	♉	♊ ab 18.05 ♋	♌	♍	♎ ab 01.43 ♏	♐
11	♉ ab 22.16 ♊	♋	♌ ab 21.35 ♍	♍ ab 12.30 ♎	♏	♐ ab 12.27 ♑
12	♊	♋	♍	♎	♏ ab 02.04 ♐	♑
13	♊	♋ ab 04.57 ♌	♍	♎ ab 15.11 ♏	♐	♑ ab 12.00 ♒
14	♊ ab 10.50 ♋	♌	♍ ab 03.08 ♎	♏	♐ ab 01.51 ♑	♒
15	♋	♌ ab 13.26 ♍	♎	♏ ab 16.28 ♐	♑	♒ ab 14.10 ♓
16	♋ ab 21.52 ♌	♍	♎ ab 06.46 ♏	♐	♑ ab 03.01 ♒	♓
17	♌	♍ ab 19.50 ♎	♏	♐ ab 17.51 ♑	♒	♓ ab 20.12 ♈
18	♌ ab 06.59 ♍	♎	♏ ab 09.29 ♐	♑	♒ ab 06.59 ♓	♈
19	♍	♎	♐	♑ ab 20.37 ♒	♓	♈
20	♍ ab 14.10 ♎	♎ ab 00.36 ♏	♐ ab 12.05 ♑	♒	♓ ab 14.14 ♈	♈ ab 05.55 ♉
21	♎	♏	♑	♒	♈	♉
22	♎ ab 19.14 ♏	♏ ab 04.03 ♐	♑ ab 15.13 ♒	♒ ab 01.27 ♓	♈	♉ ab 17.52 ♊
23	♏	♐	♒	♓	♈ ab 00.10 ♉	♊
24	♏	♐ ab 06.31 ♑	♒ ab 19.30 ♓	♓ ab 08.35 ♈	♉	♊
25	♏ ab 22.05 ♐	♑	♓	♈	♉ ab 11.49 ♊	♊ ab 06.31 ♋
26	♐	♑ ab 08.41 ♒	♓	♈ ab 17.54 ♉	♊	♋
27	♐ ab 23.15 ♑	♒	♓ ab 01.41 ♈	♉	♊	♋ ab 18.52 ♌
28	♑	♒ ab 11.47 ♓	♈	♉	♊ ab 00.21 ♋	♌
29	♑	♓	♈ ab 10.22 ♉	♉ ab 05.09 ♊	♋	♌
30	♑ ab 00.05 ♒	♓ ab 17.12 ♈	♉	♊	♋ ab 12.54 ♌	♌ ab 06.14 ♍
31	♒	♈		♊ ab 17.41 ♋		♍

1978

Tag	Januar Mond im	Februar Mond im	März Mond im	April Mond im	Mai Mond im	Juni Mond im
1	♍ ab 15.32 ♎	♏	♏ ab 14.03 ♐	♑	♒ ab 10.01 ♓	♈
2	♎	♏ ab 08.14 ♐	♐	♑ ab 01.06 ♒	♓	♈ ab 04.51 ♉
3	♎ ab 21.36 ♏	♐	♐ ab 16.59 ♑	♒	♓ ab 15.28 ♈	♉
4	♏	♐ ab 09.51 ♑	♑	♒ ab 04.21 ♓	♈	♉ ab 14.54 ♊
5	♏	♑	♑ ab 18.51 ♒	♓	♈ ab 22.53 ♉	♊
6	♏ ab 00.04 ♐	♑ ab 10.05 ♒	♒	♓ ab 08.52 ♈	♉	♊
7	♐ ab 23.55 ♑	♒	♒ ab 20.46 ♓	♈	♉	♊ ab 02.31 ♋
8	♑	♒ ab 10.48 ♓	♓	♈ ab 15.22 ♉	♉ ab 08.19 ♊	♋
9	♑ ab 23.06 ♒	♓	♓	♉	♊	♋ ab 15.08 ♌
10	♒	♓ ab 13.57 ♈	♓ ab 00.09 ♈	♉	♊ ab 19.42 ♋	♌
11	♒ ab 23.51 ♓	♈	♈	♉ ab 00.28 ♊	♋	♌ ab 03.35 ♍
12	♓	♈ ab 20.51 ♉	♈ ab 06.19 ♉	♊	♋	♍
13	♓ ab 04.06 ♈	♉	♉	♊ ab 12.00 ♋	♋ ab 08.18 ♌	♍ ab 13.56 ♎
14	♈	♉	♉ ab 15.49 ♊	♋	♌	♎
15	♈ ab 12.31 ♉	♉ ab 07.25 ♊	♊	♋ ab 00.31 ♌	♌ ab 20.16 ♍	♎ ab 20.29 ♏
16	♉	♊	♊ ab 03.50 ♋	♌	♍	♏
17	♉	♊ ab 19.56 ♋	♋	♌ ab 11.45 ♍	♍	♏ ab 23.02 ♐
18	♉ ab 00.07 ♊	♋	♋	♍	♍ ab 05.25 ♎	♐
19	♊	♋	♋ ab 16.13 ♌	♍ ab 19.54 ♎	♎	♐ ab 22.53 ♑
20	♊ ab 12.51 ♋	♋ ab 08.10 ♌	♌	♎	♎ ab 10.39 ♏	♑
21	♋	♌	♌	♎	♏	♑ ab 22.08 ♒
22	♋	♌ ab 18.40 ♍	♌ ab 02.50 ♍	♎ ab 00.40 ♏	♏ ab 12.32 ♐	♒
23	♋ ab 01.03 ♌	♍	♍	♏	♐	♒ ab 22.58 ♓
24	♌	♍	♍ ab 10.42 ♎	♏ ab 03.01 ♐	♐ ab 12.42 ♑	♓
25	♌ ab 11.57 ♍	♍ ab 03.04 ♎	♎	♐	♑	♓
26	♍	♎	♎ ab 16.02 ♏	♐ ab 04.28 ♑	♑ ab 13.11 ♒	♓ ab 02.54 ♈
27	♍ ab 21.08 ♎	♎ ab 09.29 ♏	♏	♑	♒	♈
28	♎	♏	♏ ab 19.38 ♐	♑ ab 06.29 ♒	♒ ab 15.37 ♓	♈ ab 10.22 ♉
29			♐	♒	♓	♉
30			♐ ab 22.24 ♑	♒	♓ ab 20.53 ♈	♉
31	♎ ab 04.04 ♏		♑		♈	

Tag	Juli Mond im	August Mond im	September Mond im	Oktober Mond im	November Mond im	Dezember Mond im
1	♉ ab 20.38 ♊	♋	♌ ab 21.47 ♍	♍ ab 15.17 ♎	♏	♐ ab 21.45 ♑
2	♊	♋	♍	♎	♏ ab 11.04 ♐	♑
3	♊	♋ ab 03.11 ♌	♍	♎ ab 22.49 ♏	♐	♑ ab 22.36 ♒
4	♊ ab 08.34 ♋	♌	♍ ab 08.16 ♎	♏	♐ ab 13.41 ♑	♒
5	♋	♌ ab 15.30 ♍	♎	♏	♑	♒
6	♋ ab 21.14 ♌	♍	♎ ab 16.39 ♏	♏ ab 04.07 ♐	♑ ab 16.04 ♒	♒ ab 00.37 ♓
7	♌	♍	♏	♐	♒	♓
8	♌	♍ ab 02.30 ♎	♏ ab 22.40 ♐	♐ ab 07.53 ♑	♒ ab 19.07 ♓	♓ ab 04.40 ♈
9	♌ ab 09.45 ♍	♎	♐	♑	♓	♈
10	♍	♎ ab 11.12 ♏	♐	♑ ab 10.43 ♒	♓ ab 23.12 ♈	♈ ab 10.51 ♉
11	♍ ab 20.49 ♎	♏	♐ ab 02.20 ♑	♒	♈	♉
12	♎	♏ ab 16.43 ♐	♑	♒ ab 13.13 ♓	♈	♉ ab 18.55 ♊
13	♎	♐	♑ ab 04.09 ♒	♓	♈ ab 04.36 ♉	♊
14	♎ ab 04.48 ♏	♐ ab 19.04 ♑	♒	♓ ab 16.07 ♈	♉	♊ ab 04.51 ♋
15	♏	♑	♒ ab 05.10 ♓	♈	♉ ab 11.45 ♊	♋
16	♏ ab 08.50 ♐	♑ ab 19.16 ♒	♓	♈ ab 20.23 ♉	♊	♋ ab 16.38 ♌
17	♐	♒	♓ ab 06.51 ♈	♉	♊ ab 21.17 ♋	♌
18	♐ ab 07.34 ♑	♒ ab 19.05 ♓	♈	♉	♋	♌
19	♑	♓	♈ ab 10.44 ♉	♉ ab 03.08 ♊	♋	♌ ab 05.35 ♍
20	♑ ab 08.42 ♒	♓ ab 20.30 ♈	♉	♊	♋ ab 09.10 ♌	♍
21	♒	♈	♉ ab 17.57 ♊	♊ ab 12.53 ♋	♌	♍ ab 17.41 ♎
22	♒ ab 08.27 ♓	♈	♊	♋	♌ ab 21.58 ♍	♎
23	♓	♈ ab 01.06 ♉	♊	♋	♍	♎
24	♓ ab 10.47 ♈	♉	♊ ab 04.32 ♋	♋ ab 01.05 ♌	♍	♎ ab 02.33 ♏
25	♈	♉ ab 09.32 ♊	♋	♌	♍ ab 09.08 ♎	♏
26	♈ ab 16.51 ♉	♊	♋ ab 17.02 ♌	♌ ab 13.33 ♍	♎	♏ ab 07.08 ♐
27	♉	♊ ab 21.00 ♋	♌	♍	♎ ab 16.39 ♏	♐
28	♉	♋	♌	♍ ab 23.52 ♎	♏	♐ ab 08.16 ♑
29	♉ ab 02.31 ♊	♋	♌ ab 05.12 ♍	♎	♏ ab 20.24 ♐	♑
30	♊	♋ ab 09.40 ♌	♍	♎	♐	♑
31	♊ ab 14.29 ♋	♌		♎ ab 06.53 ♏		♑ ab 07.45 ♒

1979

Tag	Januar	Februar	März	April	Mai	Juni
	Mond im	Mond im	Mond im	Mond im	Mond im	Mond im
1	♒	♈	♈	♊	♋	♌ ab 23.41 ♍
2	♒ ab 08.09 ♓	♈ ab 23.04 ♉	♈ ab 08.10 ♉	♊	♋	♍
3	♓	♉	♉	♊ ab 07.24 ♋	♋ ab 02.57 ♌	♍
4	♓ ab 10.42 ♈	♉	♉ ab 13.59 ♊	♋	♌	♍ ab 12.12 ♎
5	♈	♉ ab 06.34 ♊	♊	♋ ab 18.58 ♌	♌ ab 15.42 ♍	♎
6	♈ ab 16.18 ♉	♊	♊ ab 23.35 ♋	♌	♍	♎ ab 22.06 ♏
7	♉	♊ ab 17.06 ♋	♋	♌	♍	♏
8	♉	♋	♋	♌ ab 07.53 ♍	♍ ab 03.48 ♎	♏
9	♉ ab 00.43 ♊	♋	♋ ab 11.48 ♌	♍	♎	♏ ab 04.15 ♐
10	♊	♋ ab 05.26 ♌	♌	♍ ab 19.46 ♎	♎ ab 13.11 ♏	♐
11	♊ ab 11.15 ♋	♌	♌	♎	♏	♐ ab 7.24 ♑
12	♋	♌ ab 18.18 ♍	♌ ab 00.43 ♍	♎ ab 05.16 ♏	♏ ab 19.25 ♐	♑
13	♋ ab 23.17 ♌	♍	♍	♏	♐	♑ ab 09.07 ♒
14	♌	♍	♍ ab 12.42 ♎	♏ ab 12.19 ♐	♐ ab 23.26 ♑	♒
15	♌	♍ ab 06.38 ♎	♎	♐	♑	♒ ab 10.57 ♓
16	♌ ab 12.11 ♍	♎	♎ ab 22.50 ♏	♐	♑	♓
17	♍	♎ ab 17.13 ♏	♏	♐ ab 17.24 ♑	♑ ab 02.26 ♒	♓ ab 13.53 ♈
18	♍	♏	♏	♑	♒	♈
19	♍ ab 00.41 ♎	♏	♏ ab 06.39 ♐	♑ ab 21.03 ♒	♒ ab 05.19 ♓	♈ ab 18.19 ♉
20	♎	♏ ab 00.52 ♐	♐	♒	♓	♉
21	♎ ab 10.51 ♏	♐	♐ ab 11.57 ♑	♒ ab 23.42 ♓	♓ ab 08.31 ♈	♉
22	♏	♐ ab 05.01 ♑	♑	♓	♈	♉ ab 00.23 ♊
23	♏ ab 17.09 ♐	♑	♑ ab 14.53 ♒	♓	♈ ab 12.21 ♉	♊
24	♐	♑ ab 06.13 ♒	♒	♓ ab 01.52 ♈	♉	♊ ab 08.25 ♋
25	♐ ab 19.28 ♑	♒	♒ ab 16.05 ♓	♈	♉ ab 17.29 ♊	♋
26	♑	♒ ab 05.53 ♓	♓	♈ ab 04.28 ♉	♊	♋ ab 18.48 ♌
27	♑ ab 19.13 ♒	♓	♓ ab 16.48 ♈	♉	♊	♌
28	♒	♓ ab 05.55 ♈	♈	♉ ab 08.49 ♊	♊ ab 00.51 ♋	♌
29	♒ ab 18.26 ♓		♈ ab 18.37 ♉	♊	♋	♌ ab 07.15 ♍
30	♓		♉	♊ ab 16.12 ♋	♋ ab 11.09 ♌	♍
31	♓ ab 19.12 ♈		♉ ab 23.09 ♊		♌	

Tag	Juli	August	September	Oktober	November	Dezember
	Mond im	Mond im	Mond im	Mond im	Mond im	Mond im
1	♍ ab 20.09 ♎	♏	♐ ab 12.34 ♑	♒	♓ ab 11.10 ♈	♉
2	♎	♏ ab 23.06 ♐	♑	♒	♈	♉
3	♎	♐	♑ ab 15.00 ♒	♒ ab 01.24 ♓	♈ ab 12.17 ♉	♉ ab 00.03 ♊
4	♎ ab 06.58 ♏	♐	♒	♓	♉	♊
5	♏	♐ ab 03.23 ♑	♒ ab 15.04 ♓	♓ ab 01.29 ♈	♉ ab 14.26 ♊	♊ ab 05.02 ♋
6	♏ ab 13.56 ♐	♑	♓	♈	♊	♋
7	♐	♑ ab 04.29 ♒	♓ ab 14.30 ♈	♈ ab 01.45 ♉	♊ ab 19.24 ♋	♋ ab 13.10 ♌
8	♐ ab 17.08 ♑	♒	♈	♉	♋	♌
9	♑	♒ ab 04.06 ♓	♈ ab 15.13 ♉	♉ ab 04.08 ♊	♋	♌
10	♑ ab 18.00 ♒	♓	♉	♊	♋ ab 04.15 ♌	♌ ab 00.33 ♍
11	♒	♓ ab 04.11 ♈	♉ ab 18.55 ♊	♊ ab 10.10 ♋	♌	♍
12	♒ ab 18.23 ♓	♈	♊	♋	♌ ab 16.21 ♍	♍ ab 13.30 ♎
13	♓	♈ ab 06.22 ♉	♊	♋ ab 20.12 ♌	♍	♎
14	♓ ab 19.58 ♈	♉	♊ ab 02.28 ♋	♌	♍	♎
15	♈	♉ ab 11.42 ♊	♋	♌	♍ ab 05.17 ♎	♎ ab 01.09 ♏
16	♈ ab 23.44 ♉	♊	♋ ab 13.26 ♌	♌ ab 08.52 ♍	♎	♏
17	♉	♊ ab 20.18 ♋	♌	♍	♎ ab 16.30 ♏	♏ ab 09.37 ♐
18	♉	♋	♌	♍ ab 21.45 ♎	♏	♐
19	♉ ab 06.00 ♊	♋	♌ ab 02.16 ♍	♎	♏	♐ ab 14.55 ♑
20	♊	♋ ab 07.29 ♌	♍	♎	♏ ab 00.57 ♐	♑
21	♊ ab 14.41 ♋	♌	♍ ab 15.11 ♎	♎ ab 09.03 ♏	♐	♑ ab 18.13 ♒
22	♋	♌ ab 20.12 ♍	♎	♏	♐ ab 07.02 ♑	♒
23	♋	♍	♎	♏ ab 18.10 ♐	♑	♒ ab 20.51 ♓
24	♋ ab 01.31 ♌	♍	♎ ab 02.55 ♏	♐	♑ ab 11.37 ♒	♓
25	♌	♍ ab 09.14 ♎	♏	♐	♒	♓ ab 23.41 ♈
26	♌ ab 14.02 ♍	♎	♏ ab 12.36 ♐	♐ ab 01.12 ♑	♒ ab 15.18 ♓	♈
27	♍	♎ ab 21.13 ♏	♐	♑	♓	♈
28	♍	♏	♐ ab 19.41 ♑	♑ ab 06.17 ♒	♓ ab 18.17 ♈	♈ ab 03.08 ♉
29	♍ ab 03.07 ♎	♏	♑	♒	♈	♉
30	♎	♏ ab 06.40 ♐	♑ ab 23.50 ♒	♒ ab 09.30 ♓	♈ ab 20.55 ♉	♉ ab 07.33 ♊
31	♎ ab 14.47 ♏	♐		♓		♊

1980

Tag	Januar Mond im	Februar Mond im	März Mond im	April Mond im	Mai Mond im	Juni Mond im
1	♊ ab 13.30 ♋	♌	♍	♎	♏ ab 23.22 ♐	♑
2	♋	♌ ab 16.22 ♍	♍	♎ ab 06.22 ♏	♐	♑ ab 20.30 ♒
3	♋ ab 21.48 ♌	♍	♍ ab 11.41 ♎	♏	♐	♒
4	♌	♍	♎	♏ ab 17.35 ♐	♐ ab 08.15 ♑	♒
5	♌	♍ ab 05.05 ♎	♎ ab 00.23 ♏	♐	♑	♒ ab 01.11 ♓
6	♌ ab 08.49 ♍	♎	♏	♐	♑ ab 15.04 ♒	♓
7	♍	♎ ab 17.47 ♏	♏ ab 11.39 ♐	♐ ab 02.43 ♑	♒	♓ ab 04.24 ♈
8	♍ ab 21.39 ♎	♏	♐	♑	♒ ab 19.34 ♓	♈
9	♎	♏	♐	♑ ab 07.00 ♒	♓	♈ ab 06.30 ♉
10	♎	♏ ab 04.20 ♐	♐ ab 20.03 ♑	♒	♓ ab 21.45 ♈	♉
11	♎ ab 09.56 ♏	♐	♑	♒ ab 12.07 ♓	♈	♉ ab 08.23 ♊
12	♏	♐ ab 11.13 ♑	♑ ab 00.46 ♒	♓	♈ ab 22.25 ♉	♊
13	♏ ab 19.18 ♐	♑	♒	♓ ab 12.41 ♈	♉	♊ ab 11.30 ♋
14	♐	♑ ab 14.20 ♒	♒	♈	♉ ab 23.08 ♊	♋
15	♐	♒	♒ ab 02.11 ♓	♈ ab 12.11 ♉	♊	♋ ab 17.23 ♌
16	♐ ab 00.52 ♑	♒ ab 14.55 ♓	♓	♉	♊	♌
17	♑	♓	♓ ab 01.42 ♈	♉ ab 12.42 ♊	♊ ab 01.53 ♋	♌
18	♑ ab 03.26 ♒	♓ ab 14.43 ♈	♈	♊	♋	♌ ab 02.48 ♍
19	♒	♈	♈ ab 01.14 ♉	♊ ab 16.12 ♋	♋ ab 08.15 ♌	♍
20	♒ ab 04.34 ♓	♈ ab 15.36 ♉	♉	♋ ab 23.53 ♌	♌	♍ ab 14.56 ♎
21	♓	♉	♉ ab 02.48 ♊	♌	♌ ab 18.33 ♍	♎
22	♓ ab 05.52 ♈	♉ ab 18.59 ♊	♊	♌	♍	♎ ab 03.27 ♏
23	♈	♊	♊ ab 07.56 ♋	♌ ab 11.13 ♍	♍	♏
24	♈ ab 08.32 ♉	♊ ab 01.35 ♋	♋	♍ ab 00.10 ♎	♍ ab 07.12 ♎	♏ ab 14.02 ♐
25	♉	♋	♋ ab 16.59 ♌	♎	♎	♐
26	♉ ab 13.12 ♊	♋ ab 11.11 ♌	♌	♎ ab 19.37 ♏	♎ ab 19.37 ♏	♐ ab 21.47 ♑
27	♊	♌	♌	♏	♏	♑
28	♊ ab 20.03 ♋	♌ ab 22.54 ♍	♌ ab 04.53 ♍	♏	♏	♑
29	♋	♍	♍	♏ ab 12.36 ♐	♏ ab 06.05 ♐	♑ ab 03.04 ♒
30	♋		♍ ab 17.50 ♎	♐	♐	♒
31	♋ ab 05.09 ♌				♐ ab 14.15 ♑	

Tag	Juli Mond im	August Mond im	September Mond im	Oktober Mond im	November Mond im	Dezember Mond im
1	♒	♈	♉ ab 02.51 ♊	♋ ab 20.58 ♌	♌ ab 13.19 ♍	♍ ab 08.14 ♎
2	♒ ab 06.49 ♓	♈ ab 17.56 ♉	♊	♌	♍	♎
3	♓	♉	♊ ab 07.40 ♋	♌	♍	♎ ab 21.01 ♏
4	♓ ab 09.47 ♈	♉ ab 21.10 ♊	♋	♌	♍ ab 01.32 ♎	♏
5	♈	♊	♋ ab 15.23 ♌	♌ ab 07.20 ♍	♎	♏
6	♈ ab 12.31 ♉	♊	♌	♍	♎ ab 14.20 ♏	♏ ab 08.58 ♐
7	♉	♊ ab 02.13 ♋	♌	♍ ab 19.31 ♎	♏	♐
8	♉ ab 15.34 ♊	♋	♌ ab 01.32 ♍	♎	♏ ab 02.26 ♐	♐ ab 19.13 ♑
9	♊	♋ ab 09.24 ♌	♍	♎	♐	♑
10	♊ ab 19.45 ♋	♌	♍ ab 13.23 ♎	♎ ab 08.16 ♏	♐ ab 13.16 ♑	♑
11	♋	♌ ab 18.55 ♍	♎	♏	♑	♑ ab 03.37 ♒
12	♋	♍	♎	♏ ab 20.38 ♐	♑	♒
13	♋ ab 02.03 ♌	♍	♎ ab 02.07 ♏	♐	♑ ab 22.11 ♒	♒ ab 10.04 ♓
14	♌	♍ ab 06.33 ♎	♏	♐	♒	♓
15	♌ ab 11.12 ♍	♎	♏ ab 14.29 ♐	♐ ab 07.37 ♑	♒	♓ ab 14.22 ♈
16	♍	♎ ab 19.16 ♏	♐	♑	♒ ab 04.22 ♓	♈
17	♍ ab 22.56 ♎	♏	♐ ab 00.46 ♑	♑ ab 15.54 ♒	♓	♈ ab 16.37 ♉
18	♎	♏	♑	♒	♓ ab 07.22 ♈	♉
19	♎	♏ ab 07.08 ♐	♑ ab 07.31 ♒	♒ ab 20.32 ♓	♈	♉ ab 17.40 ♊
20	♎ ab 11.34 ♏	♐	♒	♓	♈ ab 07.52 ♉	♊
21	♏	♐ ab 16.12 ♑	♒ ab 10.28 ♓	♓ ab 21.44 ♈	♉	♊ ab 19.04 ♋
22	♏ ab 22.43 ♐	♑	♓	♈	♉ ab 07.28 ♊	♋
23	♐	♑ ab 21.33 ♒	♓ ab 10.38 ♈	♈ ab 20.56 ♉	♊	♋ ab 22.34 ♌
24	♐	♒	♈	♉	♊ ab 08.19 ♋	♌
25	♐ ab 06.45 ♑	♒ ab 23.44 ♓	♈ ab 09.54 ♉	♉ ab 20.18 ♊	♋	♌ ab 05.33 ♍
26	♑	♓	♉	♊	♋ ab 12.24 ♌	♍
27	♑ ab 11.35 ♒	♓	♉ ab 10.22 ♊	♊ ab 22.01 ♋	♌	♍
28	♒	♓ ab 00.12 ♈	♊	♋	♌ ab 20.38 ♍	♍ ab 16.06 ♎
29	♒ ab 14.11 ♓	♈	♊ ab 13.47 ♋	♋	♍	♎
30	♓	♈ ab 00.42 ♉	♋	♋ ab 03.39 ♌	♍	♎ ab 04.37 ♏
31	♓ ab 15.54 ♈	♉		♌		♏

1981

Tag	Januar — Mond im	Februar — Mond im	März — Mond im	April — Mond im	Mai — Mond im	Juni — Mond im
1	♏	♐ ab 11.38 ♑	♑	♒ ab 19.42 ♓	♓ ab 07.58 ♈	♈ ab 17.49 ♊
2	♏ ab 16.43 ♐	♑	♑	♓	♈	♊
3	♐	♑ ab 18.58 ♒	♑ ab 04.51 ♒	♓ ab 21.26 ♈	♈ ab 08.00 ♉	♊ ab 17.39 ♋
4	♐	♒	♒	♈	♉	♋
5	♐ ab 02.42 ♑	♒ ab 23.22 ♓	♒ ab 09.13 ♓	♈ ab 21.05 ♉	♉ ab 09.02 ♊	♋ ab 19.44 ♌
6	♑	♓	♓	♉	♊	♌
7	♑ ab 10.13 ♒	♓	♓ ab 10.49 ♈	♉ ab 20.48 ♊	♊ ab 07.18 ♋	♌
8	♒	♓ ab 02.02 ♈	♈	♊	♋	♌ ab 01.26 ♍
9	♒ ab 15.43 ♓	♈	♈ ab 11.23 ♉	♊ ab 22.34 ♋	♋ ab 10.41 ♌	♍
10	♓	♈ ab 04.11 ♉	♉	♋	♌	♍ ab 10.56 ♎
11	♓ ab 19.44 ♈	♉	♉ ab 12.43 ♊	♋	♌ ab 17.56 ♍	♎
12	♈	♉ ab 06.52 ♊	♊	♋ ab 03.37 ♌	♍	♎ ab 22.55 ♏
13	♈ ab 22.46 ♉	♊	♊ ab 16.06 ♋	♌	♍	♏
14	♉	♊ ab 10.43 ♋	♋	♌ ab 11.57 ♍	♍ ab 04.25 ♎	♏
15	♉	♋	♋ ab 22.03 ♌	♍	♎	♏ ab 11.32 ♐
16	♉ ab 01.18 ♊	♋ ab 16.11 ♌	♌	♍ ab 22.39 ♎	♎ ab 16.38 ♏	♐
17	♊	♌	♌	♎	♏	♐ ab 23.22 ♑
18	♊ ab 04.08 ♋	♌ ab 23.35 ♍	♌ ab 06.20 ♍	♎ ab 10.40 ♏	♏	♑
19	♋	♍	♍	♏	♏ ab 05.15 ♐	♑
20	♋ ab 08.22 ♌	♍	♍ ab 16.31 ♎	♏	♐	♑ ab 09.37 ♒
21	♌	♍ ab 09.13 ♎	♎	♏ ab 23.16 ♐	♐ ab 17.21 ♑	♒
22	♌ ab 15.03 ♍	♎	♎	♐	♑	♒ ab 17.45 ♓
23	♍	♎ ab 20.55 ♏	♎ ab 04.15 ♏	♐	♑ ab 04.01 ♒	♓
24	♍ ab 00.46 ♎	♏	♏	♐ ab 11.32 ♑	♒	♓ ab 23.19 ♈
25	♎ ab 12.49 ♏	♏	♏ ab 16.52 ♐	♑	♒ ab 12.06 ♓	♈
26	♏	♏ ab 09.30 ♐	♐	♑ ab 21.58 ♒	♓	♈
27	♏	♐	♐	♒	♓ ab 16.44 ♈	♈ ab 02.17 ♉
28	♏	♐ ab 20.47 ♑	♐ ab 04.53 ♑	♒	♈	♉
29	♏		♑	♒ ab 04.57 ♓	♈ ab 18.11 ♉	♉ ab 03.22 ♊
30	♏ ab 01.12 ♐		♑ ab 14.16 ♒	♓	♉	♊
31	♐		♒		♉	

Tag	Juli — Mond im	August — Mond im	September — Mond im	Oktober — Mond im	November — Mond im	Dezember — Mond im
1	♊ ab 03.58 ♋	♌ ab 19.55 ♍	♎	♏	♐ ab 13.47 ♑	♑ ab 08.10 ♒
2	♋	♍	♎ ab 22.11 ♏	♏ ab 18.00 ♐	♑	♒ ab 18.17 ♓
3	♋ ab 05.48 ♌	♍ ab 03.25 ♎	♏	♐	♑ ab 01.52 ♒	♓
4	♌	♎	♏	♐	♒	♓
5	♌ ab 10.27 ♍	♎ ab 13.59 ♏	♏ ab 10.24 ♐	♐ ab 06.50 ♑	♒ ab 10.53 ♓	♓ ab 00.50 ♈
6	♍	♏	♐	♑	♓	♈
7	♍ ab 18.43 ♎	♏	♐ ab 22.49 ♑	♑ ab 18.02 ♒	♓ ab 15.38 ♈	♈ ab 03.32 ♉
8	♎	♏ ab 02.23 ♐	♑	♒	♈	♉
9	♎	♐	♑	♒	♈ ab 16.45 ♉	♉ ab 03.31 ♊
10	♎ ab 06.03 ♏	♐ ab 14.21 ♑	♑ ab 08.59 ♒	♒ ab 01.33 ♓	♉	♊
11	♏	♑	♒	♓	♉ ab 16.00 ♊	♊ ab 02.41 ♋
12	♏ ab 18.36 ♐	♑ ab 23.57 ♒	♒ ab 15.35 ♓	♓ ab 05.02 ♈	♊	♋
13	♐	♒	♓	♈	♊ ab 15.38 ♋	♋ ab 03.09 ♌
14	♐	♒	♓ ab 18.56 ♈	♈ ab 05.44 ♉	♋	♌
15	♐ ab 06.20 ♑	♒ ab 06.35 ♓	♈	♉	♋ ab 17.33 ♌	♌ ab 06.39 ♍
16	♑	♓	♈ ab 20.31 ♉	♉ ab 05.42 ♊	♌	♍
17	♑ ab 16.03 ♒	♓ ab 10.50 ♈	♉	♊	♌ ab 22.54 ♍	♍ ab 13.59 ♎
18	♒	♈	♉ ab 22.00 ♊	♊ ab 06.53 ♋	♍	♎
19	♒ ab 23.26 ♓	♈ ab 13.44 ♉	♊	♋	♍	♎ ab 00.40 ♏
20	♓	♉	♊	♋ ab 10.35 ♌	♍ ab 07.34 ♎	♏
21	♓	♉ ab 16.19 ♊	♊ ab 00.40 ♋	♌	♎	♏ ab 13.12 ♐
22	♓ ab 04.44 ♈	♊	♋	♌ ab 17.06 ♍	♎ ab 18.37 ♏	♐
23	♈	♊ ab 19.17 ♋	♋ ab 05.09 ♌	♍	♏	♐
24	♈ ab 08.19 ♉	♋	♌	♍ ab 01.57 ♎	♏	♐ ab 02.00 ♑
25	♉	♋ ab 23.11 ♌	♌ ab 11.29 ♍	♎	♏ ab 07.01 ♐	♑
26	♉ ab 10.42 ♊	♌	♍ ab 19.41 ♎	♎ ab 12.39 ♏	♐	♑ ab 13.54 ♒
27	♊	♌	♎	♏	♐ ab 19.54 ♑	♒
28	♊ ab 12.42 ♋	♌ ab 04.32 ♍	♎	♏	♑	♒
29	♋	♍	♎	♏ ab 00.49 ♐	♑	♒ ab 00.02 ♓
30	♋ ab 15.21 ♌	♍ ab 12.03 ♎	♎ ab 05.54 ♏	♐	♑	♓
31	♌	♎		♐		♓

1982

Tag	Januar Mond im	Februar Mond im	März Mond im	April Mond im	Mai Mond im	Juni Mond im
1	♓	♉	♉	♋	♌	♎
2	♓ ab 07.34 ♈	♉ ab 21.21 ♊	♉ ab 02.51 ♊	♋ ab 14.37 ♌	♌ ab 00.46 ♍	♎ ab 22.13 ♏
3	♈	♊	♊	♌	♍	♏
4	♈ ab 12.03 ♉	♊ ab 23.19 ♋	♊ ab 05.49 ♋	♌ ab 19.19 ♍	♍ ab 07.33 ♎	♏
5	♉	♋	♋	♍	♎	♏ ab 09.32 ♐
6	♉ ab 13.49 ♊	♋	♋ ab 08.51 ♌	♍	♎ ab 16.25 ♏	♐
7	♊	♋ ab 00.51 ♌	♌	♍ ab 01.27 ♎	♏	♐ ab 22.13 ♑
8	♊ ab 14.02 ♋	♌	♌ ab 12.28 ♍	♎	♏ ab 03.17 ♐	♑
9	♋	♌ ab 03.16 ♍	♍	♎ ab 09.34 ♏	♐	♑
10	♋ ab 14.22 ♌	♍	♍ ab 17.35 ♎	♏	♐ ab 15.50 ♑	♑ ab 11.09 ♒
11	♌	♍ ab 08.03 ♎	♎	♏ ab 20.08 ♐	♑	♒
12	♌ ab 16.38 ♍	♎	♎	♐	♑ ab 04.45 ♒	♒ ab 22.45 ♓
13	♍	♎ ab 16.17 ♏	♎ ab 01.17 ♏	♐	♒	♓
14	♍ ab 22.18 ♎	♏	♏ ab 12.04 ♐	♐ ab 08.42 ♑	♒	♓
15	♎	♏	♐	♑	♒ ab 15.47 ♓	♓ ab 07.21 ♈
16	♎	♏ ab 03.46 ♐	♐	♑ ab 21.19 ♒	♓	♈
17	♎ ab 07.47 ♏	♐	♐ ab 00.48 ♑	♒	♓	♈ ab 12.07 ♉
18	♏	♐ ab 16.37 ♑	♑	♒	♓ ab 23.05 ♈	♉
19	♏ ab 20.01 ♐	♑	♑ ab 12.54 ♒	♒ ab 07.20 ♓	♈	♉ ab 13.35 ♊
20	♐	♑	♒	♓	♈	♊
21	♐	♑ ab 04.16 ♒	♒ ab 22.02 ♓	♓ ab 13.24 ♈	♈ ab 02.23 ♉	♊ ab 13.13 ♋
22	♐ ab 08.51 ♑	♒	♓	♈	♉	♋
23	♑	♒ ab 13.10 ♓	♓	♈ ab 15.59 ♉	♉ ab 02.55 ♊	♋ ab 12.58 ♌
24	♑ ab 20.26 ♒	♓	♓ ab 03.38 ♈	♉	♊	♌
25	♒	♓ ab 19.18 ♈	♈	♉ ab 16.49 ♊	♊ ab 02.39 ♋	♌ ab 14.37 ♍
26	♒	♈	♈ ab 06.40 ♉	♊	♋	♍
27	♒ ab 05.50 ♓	♈ ab 23.33 ♉	♉	♊ ab 17.44 ♋	♋ ab 03.28 ♌	♍ ab 19.31 ♎
28	♓		♉ ab 08.45 ♊	♋	♌	♎
29	♓ ab 12.59 ♈		♊	♋ ab 20.10 ♌	♌ ab 06.44 ♍	♎
30	♈		♊	♌	♍	♎ ab 04.02 ♏
31	♈ ab 18.04 ♉		♊ ab 11.10 ♋		♍ ab 13.03 ♎	

Tag	Juli Mond im	August Mond im	September Mond im	Oktober Mond im	November Mond im	Dezember Mond im
1	♏	♐ ab 10.37 ♑	♒	♓	♉	♊
2	♏ ab 15.26 ♐	♑	♒ ab 17.11 ♓	♓ ab 09.07 ♈	♉	♊ ab 11.58 ♋
3	♐	♑ ab 23.18 ♒	♓	♈	♈ ab 01.23 ♉	♋
4	♐	♒	♓	♈ ab 14.10 ♉	♉	♋ ab 12.27 ♌
5	♐ ab 04.16 ♑	♒	♓ ab 01.25 ♈	♉	♉ ab 03.00 ♊	♌
6	♑	♒ ab 10.24 ♓	♈	♉ ab 17.40 ♊	♊	♌ ab 14.33 ♍
7	♑ ab 17.04 ♒	♓	♈ ab 07.28 ♉	♊	♊ ab 05.11 ♋	♍
8	♒	♓ ab 19.21 ♈	♉	♊ ab 20.40 ♋	♋	♍ ab 19.11 ♎
9	♒	♈	♉ ab 11.58 ♊	♋	♋ ab 08.41 ♌	♎
10	♒ ab 04.36 ♓	♈	♊	♋ ab 23.45 ♌	♌	♎ ab 02.35 ♏
11	♓	♈ ab 02.01 ♉	♊ ab 15.19 ♋	♌	♌ ab 13.46 ♎	♏
12	♓ ab 13.50 ♈	♉	♋	♌	♎	♏ ab 12.28 ♐
13	♈	♉ ab 06.23 ♊	♋ ab 17.47 ♌	♌ ab 03.10 ♍	♎ ab 20.43 ♏	♐
14	♈ ab 20.01 ♉	♊	♌	♍	♏	♐
15	♉	♊ ab 08.41 ♋	♌ ab 19.58 ♍	♍ ab 07.23 ♎	♏	♐ ab 00.16 ♑
16	♉ ab 23.04 ♊	♋	♍	♎	♏ ab 05.52 ♐	♑
17	♊	♋ ab 09.41 ♌	♍ ab 23.04 ♎	♎ ab 13.21 ♏	♐	♑ ab 13.13 ♒
18	♊ ab 23.47 ♋	♌	♎	♏	♐ ab 17.22 ♑	♒
19	♋	♌ ab 10.41 ♍	♎	♏ ab 22.03 ♐	♑	♒
20	♋ ab 23.36 ♌	♍	♎ ab 04.33 ♏	♐	♑	♒ ab 01.57 ♓
21	♌	♍ ab 13.23 ♎	♏	♐	♑ ab 06.21 ♒	♓
22	♌	♎	♏ ab 13.31 ♐	♐ ab 09.39 ♑	♒	♓ ab 12.35 ♈
23	♌ ab 00.21 ♍	♎ ab 19.22 ♏	♐	♑	♒ ab 18.43 ♓	♈
24	♍	♏	♐	♑ ab 22.37 ♒	♓	♈ ab 19.37 ♉
25	♍ ab 03.46 ♎	♏	♐ ab 01.32 ♑	♒	♓	♉
26	♎	♏ ab 05.12 ♐	♑	♒	♓ ab 04.08 ♈	♉ ab 22.49 ♊
27	♎ ab 10.59 ♏	♐ ab 17.42 ♑	♑ ab 14.22 ♒	♒ ab 10.13 ♓	♈	♊
28	♏	♑	♒	♓	♈ ab 09.32 ♉	♊
29	♏ ab 21.48 ♐	♑	♒	♓ ab 18.26 ♈	♉	♊ ab 23.13 ♋
30	♐	♑	♒ ab 01.19 ♓	♈	♉ ab 11.36 ♊	♋
31	♐	♑ ab 06.24 ♒		♈ ab 23.04 ♉		♋ ab 22.34 ♌

1983

Tag	Januar Mond im	Februar Mond im	März Mond im	April Mond im	Mai Mond im	Juni Mond im
1	♌	♍ ab 10.48 ♎	♎	♏ ab 17.21 ♐	♐ ab 13.02 ♑	♒
2	♌ ab 22.50 ♍	♎	♎	♐	♑	♒ ab 21.43 ♓
3	♍	♎ ab 15.33 ♏	♎ ab 00.51 ♏	♐	♑	♓
4	♍	♏	♏	♐ ab 04.30 ♑	♑ ab 01.10 ♒	♓
5	♍ ab 01.45 ♎	♏	♏ ab 08.16 ♐	♑	♒	♓ ab 09.00 ♈
6	♎	♏ ab 00.29 ♐	♐	♑ ab 17.07 ♒	♒ ab 13.44 ♓	♈
7	♎ ab 08.17 ♏	♐	♐ ab 19.30 ♑	♒	♓	♈ ab 17.06 ♉
8	♏	♐ ab 12.34 ♑	♑	♒	♓	♉
9	♏ ab 18.14 ♐	♑	♑	♒ ab 05.31 ♓	♓ ab 00.17 ♈	♉ ab 21.38 ♊
10	♐	♑	♑ ab 08.31 ♒	♓	♈	♊
11	♐	♑ ab 01.41 ♒	♒	♓ ab 15.38 ♈	♈ ab 07.37 ♉	♊ ab 23.33 ♋
12	♐ ab 06.27 ♑	♒	♒ ab 20.48 ♓	♈	♉	♋
13	♑	♒ ab 14.02 ♓	♓	♈ ab 23.00 ♉	♉ ab 12.04 ♊	♋
14	♑ ab 19.27 ♒	♓	♓	♉	♊	♋ ab 00.22 ♌
15	♒	♓	♓ ab 07.01 ♈	♉	♊ ab 14.49 ♋	♌
16	♒	♓ ab 00.47 ♈	♈	♉ ab 04.16 ♊	♋	♌ ab 01.39 ♍
17	♒ ab 08.03 ♓	♈	♈ ab 15.05 ♉	♊	♋ ab 17.02 ♌	♍
18	♓	♈ ab 09.31 ♉	♉	♊ ab 08.15 ♋	♌	♍ ab 04.37 ♎
19	♓ ab 19.09 ♈	♉	♉ ab 21.21 ♊	♋	♌ ab 19.37 ♍	♎
20	♈	♉ ab 15.53 ♊	♊	♋ ab 11.27 ♌	♍	♎ ab 10.00 ♏
21	♈	♊	♊	♌	♍ ab 23.12 ♎	♏
22	♈ ab 03.37 ♉	♊ ab 19.32 ♋	♊ ab 00.53 ♋	♌ ab 14.12 ♍	♎	♏ ab 17.56 ♐
23	♉	♋	♋	♍	♎	♐
24	♉ ab 08.41 ♊	♋ ab 20.47 ♌	♋ ab 04.44 ♌	♍ ab 17.05 ♎	♎ ab 04.18 ♏	♐
25	♊	♌	♌	♎	♏	♐ ab 04.09 ♑
26	♊ ab 10.29 ♋	♌ ab 20.50 ♍	♌ ab 06.19 ♍	♎ ab 21.05 ♏	♏ ab 11.28 ♐	♑
27	♋	♍	♍	♏	♐	♑ ab 16.07 ♒
28	♋ ab 10.11 ♌	♍ ab 21.31 ♎	♍ ab 08.49 ♎	♏	♐ ab 21.08 ♑	♒
29	♌		♎	♏ ab 03.29 ♐	♑	♒
30	♌ ab 09.35 ♍		♎ ab 11.58 ♏	♐	♑	♒ ab 04.52 ♓
31	♍		♏		♑ ab 09.00 ♒	

Tag	Juli Mond im	August Mond im	September Mond im	Oktober Mond im	November Mond im	Dezember Mond im
1	♓	♈ ab 09.38 ♉	♊	♋ ab 13.55 ♌	♍	♎ ab 10.41 ♏
2	♓ ab 16.48 ♈	♉	♊ ab 04.54 ♋	♌	♍ ab 00.31 ♎	♏
3	♈	♉ ab 16.44 ♊	♋	♌ ab 15.16 ♍	♎	♏ ab 15.57 ♐
4	♈	♊	♋ ab 06.48 ♌	♍	♎ ab 02.54 ♏	♐
5	♈ ab 02.06 ♉	♊ ab 20.10 ♋	♌	♍ ab 15.43 ♎	♏	♐ ab 23.59 ♑
6	♉	♋	♌ ab 06.37 ♍	♎	♏ ab 07.10 ♐	♑
7	♉ ab 07.42 ♊	♋ ab 20.38 ♌	♍	♎ ab 17.07 ♏	♐	♑
8	♊	♌	♍ ab 06.14 ♎	♏	♐ ab 14.32 ♑	♑ ab 09.40 ♒
9	♊ ab 09.51 ♋	♌ ab 19.50 ♍	♎	♏ ab 21.21 ♐	♑	♒
10	♋	♍	♎ ab 07.50 ♏	♐	♑	♒ ab 21.54 ♓
11	♋ ab 09.54 ♌	♍ ab 19.52 ♎	♏	♐	♑ ab 01.11 ♒	♓
12	♌	♎	♏ ab 13.09 ♐	♐ ab 05.31 ♑	♒	♓
13	♌ ab 09.44 ♍	♎ ab 22.45 ♏	♐	♑	♒ ab 13.42 ♓	♓ ab 10.17 ♈
14	♍	♏	♐ ab 22.34 ♑	♑ ab 17.01 ♒	♓	♈
15	♍ ab 11.11 ♎	♏	♑	♒	♓	♈ ab 20.34 ♉
16	♎	♏ ab 05.34 ♐	♑	♒	♓ ab 01.37 ♈	♉
17	♎ ab 15.39 ♏	♐	♑ ab 10.46 ♒	♒ ab 05.42 ♓	♈	♉
18	♏	♐ ab 16.00 ♑	♒	♓	♈ ab 11.07 ♉	♉ ab 03.24 ♊
19	♏ ab 23.32 ♐	♑	♒ ab 23.31 ♓	♓ ab 17.19 ♈	♉	♊
20	♐	♑	♓	♈	♉ ab 17.46 ♊	♊ ab 07.03 ♋
21	♐	♑ ab 04.26 ♒	♓	♈	♊	♋
22	♐ ab 10.12 ♑	♒	♓ ab 11.11 ♈	♈ ab 02.48 ♉	♊ ab 22.11 ♋	♋ ab 08.45 ♌
23	♑	♒ ab 17.11 ♓	♈	♉	♋	♌
24	♑ ab 22.27 ♒	♓	♈ ab 21.13 ♉	♉ ab 10.11 ♊	♋	♌ ab 10.02 ♍
25	♒	♓	♉	♊	♋ ab 01.20 ♌	♍
26	♒	♓ ab 05.09 ♈	♉	♊ ab 15.48 ♋	♌	♍ ab 12.19 ♎
27	♒ ab 11.12 ♓	♈	♉ ab 04.25 ♊	♋	♌ ab 04.03 ♍	♎
28	♓	♈ ab 15.38 ♉	♊	♋ ab 19.51 ♌	♍	♎ ab 16.27 ♏
29	♓ ab 23.22 ♈	♉	♊ ab 10.25 ♋	♌	♍ ab 06.58 ♎	♏
30	♈	♉ ab 23.50 ♊	♋	♌ ab 22.34 ♍	♎	♏ ab 22.45 ♐
31	♈	♊		♍		♐

1984

Tag	Januar Mond im	Februar Mond im	März Mond im	April Mond im	Mai Mond im	Juni Mond im
1	♐	♑ ab 00.12 ♒	♒ ab 18.30 ♓	♈	♉	♊ ab 07.54 ♋
2	♐ ab 07.08 ♑	♒	♓	♈	♉ ab 18.03 ♊	♋
3	♑	♒ ab 12.23 ♓	♓	♈ ab 01.56 ♉	♊	♋ ab 12.20 ♌
4	♑ ab 17.31 ♒	♓	♓ ab 07.08 ♈	♉	♊	♌
5	♒	♓	♈	♉ ab 12.05 ♊	♊ ab 01.27 ♋	♌ ab 15.28 ♍
6	♒	♓ ab 01.05 ♈	♈ ab 19.10 ♉	♊	♋	♍
7	♒ ab 05.35 ♓	♈	♉	♊ ab 20.00 ♋	♋ ab 06.44 ♌	♍ ab 18.04 ♎
8	♓	♈ ab 13.06 ♉	♉	♋	♌	♎
9	♓ ab 18.16 ♈	♉	♉ ab 05.30 ♊	♋	♌ ab 10.03 ♍	♎ ab 20.49 ♏
10	♈	♉ ab 22.40 ♊	♊	♋ ab 01.02 ♌	♍	♏
11	♈	♊	♊ ab 12.49 ♋	♌	♍ ab 11.55 ♎	♏
12	♈ ab 05.37 ♉	♊	♋	♌ ab 03.12 ♍	♎	♏ ab 00.27 ♐
13	♉	♊ ab 04.21 ♋	♋ ab 16.22 ♌	♍	♎ ab 13.23 ♏	♐
14	♉ ab 13.41 ♊	♋	♌	♍ ab 03.30 ♎	♏	♐ ab 05.49 ♑
15	♊	♋ ab 06.10 ♌	♌ ab 16.48 ♍	♎	♏ ab 15.51 ♐	♑
16	♊ ab 17.48 ♋	♌	♍	♎ ab 03.42 ♏	♐	♑ ab 13.42 ♒
17	♋	♌ ab 05.33 ♍	♍ ab 15.52 ♎	♏	♐ ab 20.44 ♑	♒
18	♋ ab 18.50 ♌	♍	♎ ab 15.50 ♏	♏ ab 05.45 ♐	♑	♒
19	♌	♍ ab 04.40 ♎	♏	♐	♑	♒ ab 00.19 ♓
20	♌ ab 18.36 ♍	♎	♏	♐ ab 11.11 ♑	♑ ab 04.56 ♒	♓
21	♍	♎ ab 05.45 ♏	♏ ab 18.42 ♐	♑	♒	♓ ab 12.41 ♈
22	♍ ab 19.08 ♎	♏	♐	♑ ab 20.28 ♒	♒ ab 16.09 ♓	♈
23	♎	♏ ab 10.23 ♐	♐	♒	♓	♈
24	♎ ab 22.05 ♏	♐	♐ ab 01.37 ♑	♒ ab 08.27 ♓	♓ ab 04.40 ♈	♈ ab 00.39 ♉
25	♏	♐ ab 18.50 ♑	♑	♓	♈	♉
26	♏	♑	♑ ab 13.10 ♒	♓ ab 21.03 ♈	♈ ab 16.14 ♉	♉ ab 10.05 ♊
27	♏ ab 04.13 ♐	♑	♒	♈	♉	♊
28	♐	♑ ab 06.03 ♒	♒	♈	♉	♊ ab 16.10 ♋
29	♐ ab 13.13 ♑	♒	♒ ab 01.38 ♓	♈ ab 08.31 ♉	♉ ab 01.24 ♊	♋
30	♑		♓	♉	♊	♋ ab 19.31 ♌
31	♑		♓ ab 14.15 ♈		♊	

Tag	Juli Mond im	August Mond im	September Mond im	Oktober Mond im	November Mond im	Dezember Mond im
1	♌	♍ ab 06.04 ♎	♏ ab 18.30 ♐	♐ ab 06.29 ♑	♒	♓
2	♌ ab 21.28 ♍	♎	♐	♑	♒ ab 08.50 ♓	♓ ab 04.43 ♈
3	♍	♎ ab 08.05 ♏	♐	♑ ab 15.04 ♒	♓	♈
4	♍ ab 23.28 ♎	♏	♐ ab 00.56 ♑	♒	♓ ab 21.21 ♈	♈ ab 17.21 ♉
5	♎	♏ ab 12.30 ♐	♑	♒	♈	♉
6	♎	♐	♑ ab 10.12 ♒	♒ ab 02.20 ♓	♈	♉
7	♎ ab 02.29 ♏	♐ ab 19.25 ♑	♒	♓	♈ ab 09.54 ♉	♉ ab 04.25 ♊
8	♏	♑	♒ ab 21.25 ♓	♓ ab 14.52 ♈	♉	♊
9	♏ ab 02.04 ♐	♑	♓	♈	♉ ab 21.11 ♊	♊ ab 12.57 ♋
10	♐	♑ ab 04.26 ♒	♓	♈	♊	♋
11	♐ ab 13.24 ♑	♒	♓ ab 09.47 ♈	♈ ab 03.29 ♉	♊	♋ ab 19.09 ♌
12	♑	♒ ab 15.14 ♓	♈	♉	♊ ab 06.32 ♋	♌
13	♑ ab 21.42 ♒	♓	♈ ab 22.34 ♉	♉ ab 15.15 ♊	♋	♌ ab 23.36 ♍
14	♒	♓	♉	♊	♋ ab 13.34 ♌	♍
15	♒	♓ ab 03.29 ♈	♉	♊	♌	♍
16	♒ ab 08.11 ♓	♈	♉ ab 10.26 ♊	♊ ab 01.01 ♋	♌ ab 18.09 ♍	♍ ab 02.53 ♎
17	♓	♈ ab 16.14 ♉	♊	♋	♍	♎
18	♓ ab 20.27 ♈	♉	♊ ab 19.37 ♋	♋ ab 07.42 ♌	♍ ab 20.30 ♎	♎ ab 05.28 ♏
19	♈	♉	♋	♌	♎	♏
20	♈	♉ ab 03.32 ♊	♋	♌ ab 10.57 ♍	♎ ab 21.31 ♏	♏ ab 07.59 ♐
21	♈ ab 08.53 ♉	♊	♋ ab 00.50 ♌	♍	♏	♐
22	♉	♊ ab 11.21 ♋	♌	♍ ab 11.32 ♎	♏ ab 22.35 ♐	♐ ab 11.22 ♑
23	♉ ab 19.11 ♊	♋	♌ ab 02.20 ♍	♎ ab 11.09 ♏	♐	♑
24	♊	♋ ab 15.01 ♌	♍	♏	♐	♑ ab 16.48 ♒
25	♊	♌	♍ ab 00.42 ♎	♏ ab 11.44 ♐	♐ ab 01.18 ♑	♒
26	♊ ab 01.45 ♋	♌ ab 15.33 ♍	♎ ab 01.05 ♏	♐	♑	♒
27	♋	♍	♏	♐ ab 15.06 ♑	♑ ab 07.07 ♒	♒ ab 01.19 ♓
28	♋ ab 04.42 ♌	♍ ab 14.58 ♎	♏ ab 01.33 ♐	♑	♒	♓
29	♌	♎	♐	♑	♒ ab 16.34 ♓	♓
30	♌ ab 05.30 ♍	♎ ab 15.24 ♏	♐ ab 22.14 ♑	♑ ab 22.14 ♒	♓	♓ ab 12.50 ♈
31	♍	♏		♒		♈

1985

Tag	Januar — Mond im	Februar — Mond im	März — Mond im	April — Mond im	Mai — Mond im	Juni — Mond im
1	♈ ab 01.37 ♉	♊	♊ ab 16.24 ♋	♌	♍ ab 23.23 ♎	♏
2	♉	♊ ab 07.00 ♋		♌ ab 12.26 ♍	♎	♏ ab 09.34 ♐
3	♉ ab 13.01 ♊	♋	♋ ab 22.29 ♌	♍	♎ ab 23.18 ♏	♐
4	♊	♋ ab 12.03 ♌	♌	♍ ab 12.54 ♎	♏	♐ ab 10.35 ♑
5	♊ ab 21.18 ♋	♌	♌	♎	♏ ab 23.57 ♐	♑
6	♋	♌ ab 14.10 ♍	♌ ab 00.43 ♍	♎ ab 12.11 ♏	♐	♑ ab 13.53 ♒
7	♋	♍	♍	♏	♐	♒
8	♋ ab 02.29 ♌	♍ ab 15.11 ♎	♍ ab 00.48 ♎	♏ ab 12.18 ♐	♐ ab 00.12 ♑	♒ ab 20.47 ♓
9	♌	♎	♎	♐	♑	♓
10	♌ ab 05.40 ♍	♎ ab 16.50 ♏	♎ ab 00.48 ♏	♐ ab 14.58 ♑	♑ ab 04.39 ♒	♓
11	♍	♏	♏	♑	♒	♓ ab 07.25 ♈
12	♍ ab 08.14 ♎	♏ ab 20.10 ♐	♏ ab 02.30 ♐	♑ ab 21.05 ♒	♒ ab 12.57 ♓	♈
13	♎	♐	♐	♒	♓	♈ ab 20.12 ♉
14	♎ ab 11.08 ♏	♐	♐ ab 06.55 ♑	♒	♓	♉
15	♏	♐ ab 01.28 ♑	♑	♒ ab 06.31 ♓	♓ ab 00.26 ♈	♉
16	♏ ab 14.49 ♐	♑	♑ ab 14.12 ♒	♓	♈	♉ ab 08.46 ♊
17	♐	♑ ab 08.37 ♒	♒	♓ ab 18.19 ♈	♈ ab 13.24 ♉	♊
18	♐ ab 19.30 ♑	♒ ab 17.39 ♓	♒ ab 23.51 ♓	♈	♉	♊ ab 19.23 ♋
19	♑	♓	♓	♈	♉	♋
20	♑	♓	♓	♈ ab 07.13 ♉	♉ ab 02.02 ♊	♋
21	♑ ab 01.39 ♒	♓	♓ ab 11.21 ♈	♉	♊	♋ ab 03.33 ♌
22	♒	♓ ab 04.43 ♈	♈	♉ ab 20.01 ♊	♊ ab 13.06 ♋	♌
23	♒ ab 10.03 ♓	♈	♈	♊	♋	♌ ab 09.33 ♍
24	♓	♈ ab 17.28 ♉	♈ ab 00.07 ♉	♊	♋ ab 21.55 ♌	♍
25	♓ ab 21.06 ♈	♉	♉	♊ ab 07.27 ♋	♌	♍ ab 13.48 ♎
26	♈	♉	♉	♋	♌	♎
27	♈	♉ ab 06.12 ♊	♉ ab 13.03 ♊	♋ ab 16.11 ♌	♌ ab 04.07 ♍	♎ ab 16.38 ♏
28	♈ ab 09.54 ♉	♊	♊	♌	♍	♏
29	♉		♊ ab 00.14 ♋	♌ ab 21.25 ♍	♍ ab 07.41 ♎	♏ ab 18.31 ♐
30	♉ ab 22.01 ♊		♋	♍	♎	♐
31	♊		♋ ab 08.52 ♌		♎ ab 09.08 ♏	

Tag	Juli — Mond im	August — Mond im	September — Mond im	Oktober — Mond im	November — Mond im	Dezember — Mond im
1	♐ ab 20.23 ♑	♒	♓ ab 07.43 ♈	♈ ab 01.36 ♉	♊	♋ ab 02.00 ♌
2	♑	♒ ab 14.34 ♓	♈	♉	♊ ab 09.32 ♋	♌
3	♑ ab 23.37 ♒	♓	♈ ab 19.29 ♉	♉ ab 14.37 ♊	♋	♌
4	♒	♓ ab 23.44 ♈	♉	♊	♋ ab 20.04 ♌	♌ ab 10.15 ♍
5	♒	♈	♉	♊	♌	♍
6	♒ ab 05.41 ♓	♈	♉ ab 08.28 ♊	♊ ab 03.00 ♋	♌ ab 03.19 ♍	♍ ab 15.34 ♎
7	♓	♈ ab 11.42 ♉	♊	♋	♍	♎
8	♓ ab 15.21 ♈	♉	♊ ab 20.11 ♋	♋ ab 12.34 ♌	♍ ab 06.53 ♎	♎ ab 17.57 ♏
9	♈	♉	♋	♌	♎	♏
10	♈	♉ ab 00.32 ♊	♋	♌ ab 18.10 ♍	♎	♏ ab 18.14 ♐
11	♈ ab 03.45 ♉	♊	♋ ab 04.28 ♌	♍	♎ ab 07.32 ♏	♐
12	♉	♊ ab 11.29 ♋	♌	♍ ab 20.13 ♎	♏	♐ ab 18.00 ♑
13	♉ ab 16.24 ♊	♋	♌ ab 08.53 ♍	♎	♏ ab 06.53 ♐	♑
14	♊	♋ ab 18.58 ♌	♍	♎ ab 20.14 ♏	♐ ab 06.54 ♑	♑ ab 19.16 ♒
15	♊	♌	♍ ab 10.35 ♎	♏	♑	♒
16	♊ ab 02.55 ♋	♌ ab 23.16 ♍	♎	♏ ab 20.06 ♐	♑ ab 09.26 ♒	♒ ab 23.51 ♓
17	♋	♍	♎ ab 11.18 ♏	♐	♒	♓
18	♋ ab 10.26 ♌	♍	♏	♐ ab 21.36 ♑	♒ ab 15.43 ♓	♓
19	♌	♍ ab 01.45 ♎	♏ ab 12.41 ♐	♑	♓	♓ ab 08.37 ♈
20	♌ ab 15.30 ♍	♎	♐	♑ ab 01.55 ♒	♓	♈
21	♍	♎ ab 03.52 ♏	♐ ab 15.50 ♑	♒	♓ ab 01.43 ♈	♈ ab 20.41 ♉
22	♍ ab 19.11 ♎	♏	♑	♒ ab 09.28 ♓	♈	♉
23	♎	♏ ab 06.37 ♐	♑ ab 21.12 ♒	♓	♈ ab 14.08 ♉	♉
24	♎ ab 22.17 ♏	♐	♒	♓ ab 19.48 ♈	♉	♉ ab 09.46 ♊
25	♏	♐ ab 10.25 ♑	♒	♈	♉	♊
26	♏	♑	♒ ab 04.51 ♓	♈	♉ ab 03.09 ♊	♊ ab 21.45 ♋
27	♏ ab 01.13 ♐	♑ ab 15.32 ♒	♓	♈ ab 08.00 ♉	♊	♋
28	♐	♒	♓ ab 14.43 ♈	♉	♊ ab 15.24 ♋	♋
29	♐ ab 04.22 ♑	♒ ab 22.26 ♓	♈	♉	♋	♋ ab 07.45 ♌
30	♑	♓	♈	♉ ab 21.00 ♊	♋	♌
31	♑ ab 08.26 ♒	♓		♊		♌ ab 15.44 ♍

1986

Tag	Januar Mond im	Februar Mond im	März Mond im	April Mond im	Mai Mond im	Juni Mond im
1	♍	♎ ab 07.20 ♏	♏	♐ ab 01.26 ♑	♒	♓ ab 06.44 ♈
2	♍ ab 21.46 ♎	♏	♏ ab 15.52 ♐	♑	♒ ab 16.31 ♓	♈
3	♎	♏ ab 10.32 ♐	♐	♑ ab 05.12 ♒	♓	♈ ab 17.46 ♉
4	♎	♐	♐ ab 18.57 ♑	♒	♓	♉
5	♎ ab 01.45 ♏	♐ ab 13.02 ♑	♑	♒ ab 11.04 ♓	♓ ab 01.02 ♈	♉
6	♏	♑	♑ ab 22.43 ♒	♓	♈	♉ ab 06.27 ♊
7	♏ ab 03.48 ♐	♑ ab 15.36 ♒	♒	♓ ab 19.13 ♈	♈ ab 12.00 ♉	♊
8	♐	♒	♒	♈	♉	♊ ab 19.18 ♋
9	♐ ab 04.43 ♑	♒ ab 19.33 ♓	♒ ab 03.49 ♓	♈	♉	♋
10	♑	♓	♓	♈ ab 05.37 ♉	♉ ab 00.27 ♊	♋
11	♑ ab 06.02 ♒	♓	♓ ab 11.04 ♈	♉	♊	♋ ab 07.12 ♌
12	♒	♓ ab 02.22 ♈	♈	♉ ab 17.52 ♊	♊ ab 13.19 ♋	♌
13	♒ ab 09.40 ♓	♈	♈ ab 21.05 ♉	♊	♋	♌ ab 17.19 ♍
14	♓	♈ ab 12.39 ♉	♉	♊	♋	♍
15	♓ ab 17.04 ♈	♉	♉	♊ ab 06.43 ♋	♋ ab 01.16 ♌	♍
16	♈	♉	♉ ab 09.24 ♊	♋	♌	♍ ab 00.39 ♎
17	♈	♉ ab 01.18 ♊	♊	♋ ab 18.11 ♌	♌ ab 10.46 ♍	♎
18	♈ ab 04.14 ♉	♊	♊ ab 22.05 ♋	♌	♍	♎ ab 04.37 ♏
19	♉	♊ ab 13.40 ♋	♋	♌	♍ ab 16.42 ♎	♏
20	♉ ab 17.13 ♊	♋	♋	♌ ab 02.25 ♍	♎	♏ ab 05.37 ♐
21	♊	♋ ab 23.26 ♌	♋ ab 08.39 ♌	♍	♎ ab 19.03 ♏	♐
22	♊	♌	♌	♍ ab 06.51 ♎	♏	♐ ab 05.01 ♑
23	♊ ab 05.15 ♋	♌	♌ ab 15.40 ♍	♎	♏ ab 18.58 ♐	♑
24	♋	♌ ab 05.59 ♍	♍	♎ ab 08.16 ♏	♐	♑ ab 04.51 ♒
25	♋ ab 14.48 ♌	♍	♍ ab 19.23 ♎	♏	♐ ab 18.16 ♑	♒
26	♌	♍ ab 10.08 ♎	♎	♏ ab 08.17 ♐	♑	♒ ab 07.13 ♓
27	♌ ab 21.52 ♍	♎	♎ ab 21.06 ♏	♐	♑ ab 19.01 ♒	♓
28	♍	♎ ab 13.07 ♏	♏	♐ ab 08.42 ♑	♒	♓ ab 13.35 ♈
29	♍		♏ ab 22.21 ♐	♑	♒ ab 22.55 ♓	♈
30	♍ ab 03.11 ♎		♐	♑ ab 11.07 ♒	♓	♈ ab 23.55 ♉
31	♎		♐		♓	

Tag	Juli Mond im	August Mond im	September Mond im	Oktober Mond im	November Mond im	Dezember Mond im
1	♉	♊	♋ ab 03.09 ♌	♍	♎ ab 15.20 ♏	♏ ab 03.09 ♐
2	♉	♊ ab 08.05 ♋	♌	♍ ab 02.04 ♎	♏	♐
3	♉ ab 12.33 ♊	♋	♌ ab 12.07 ♍	♎	♏ ab 16.20 ♐	♐ ab 02.29 ♑
4	♊	♋ ab 19.27 ♌	♍	♎ ab 05.36 ♏	♐	♑
5	♊	♌	♍ ab 18.34 ♎	♏	♐ ab 16.49 ♑	♑ ab 02.24 ♒
6	♊ ab 01.20 ♋	♌	♎	♏ ab 07.49 ♐	♑	♒
7	♋	♌ ab 04.45 ♍	♎ ab 23.13 ♏	♐	♑ ab 18.29 ♒	♒ ab 04.49 ♓
8	♋ ab 12.57 ♌	♍	♏	♐ ab 09.53 ♑	♒	♓
9	♌	♍ ab 12.05 ♎	♏	♑	♒ ab 22.30 ♓	♓ ab 10.50 ♈
10	♌ ab 22.51 ♍	♎	♏ ab 02.41 ♐	♑ ab 12.46 ♒	♓	♈
11	♍	♎ ab 17.37 ♏	♐	♒	♓	♈ ab 20.11 ♉
12	♍	♏	♐ ab 05.29 ♑	♒ ab 17.04 ♓	♓ ab 05.15 ♈	♉
13	♍ ab 06.41 ♎	♏ ab 21.18 ♐	♑	♓	♈	♉
14	♎	♐	♑ ab 08.08 ♒	♓ ab 23.14 ♈	♈ ab 14.25 ♉	♉ ab 07.42 ♊
15	♎ ab 11.59 ♏	♐ ab 23.28 ♑	♒	♈	♉	♊
16	♏	♑	♒ ab 11.28 ♓	♈	♉	♊ ab 20.10 ♋
17	♏ ab 14.35 ♐	♑	♓	♈ ab 07.36 ♉	♉ ab 01.27 ♊	♋
18	♐	♑ ab 00.45 ♒	♓ ab 16.34 ♈	♉	♊	♋
19	♐ ab 15.11 ♑	♒	♈	♉ ab 18.16 ♊	♊ ab 13.47 ♋	♋ ab 08.45 ♌
20	♑	♒ ab 02.53 ♓	♈	♊	♋	♌
21	♑ ab 15.18 ♒	♓	♈ ab 00.26 ♉	♊	♋	♌ ab 20.31 ♍
22	♒	♓ ab 07.28 ♈	♉	♊ ab 06.38 ♋	♋ ab 02.26 ♌	♍
23	♒ ab 17.00 ♓	♈	♉ ab 11.14 ♊	♋	♌	♍
24	♓	♈ ab 15.37 ♉	♊	♋ ab 19.03 ♌	♌ ab 13.47 ♍	♍ ab 06.06 ♎
25	♓ ab 22.03 ♈	♉	♊ ab 23.45 ♋	♌	♍	♎
26	♈	♉	♋	♌	♍ ab 22.00 ♎	♎ ab 12.07 ♏
27	♈	♉ ab 03.01 ♊	♋	♌ ab 05.21 ♍	♎	♏
28	♈ ab 07.12 ♉	♊	♋ ab 10.40 ♌	♍	♎	♏ ab 14.20 ♐
29	♉	♊ ab 15.41 ♋	♌	♍ ab 12.05 ♎	♎ ab 02.14 ♏	♐
30	♉ ab 19.20 ♊	♋	♌ ab 19.58 ♍	♎	♏	♐ ab 13.55 ♑
31	♊	♋		♎		♑

1987

Tag	Januar Mond im	Februar Mond im	März Mond im	April Mond im	Mai Mond im	Juni Mond im
1	♑ ab 12.54 ♒	♓	♓ ab 13.38 ♈	♉	♊	♋ ab 05.26 ♌
2	♒	♓ ab 03.10 ♈	♈	♉ ab 14.17 ♊	♊ ab 09.40 ♋	♌
3	♒ ab 13.37 ♓	♈	♈ ab 19.12 ♉	♊	♋	♌ ab 17.57 ♍
4	♓	♈ ab 09.54 ♉	♉	♊	♋ ab 22.07 ♌	♍
5	♓ ab 17.52 ♈	♉	♉	♊ ab 01.34 ♋	♌	♍
6	♈	♉ ab 20.24 ♊	♉ ab 04.27 ♊	♋	♌	♍ ab 04.25 ♎
7	♈	♊	♊	♋ ab 14.05 ♌	♌ ab 10.08 ♍	♎
8	♈ ab 02.14 ♉	♊	♊ ab 16.25 ♋	♌	♍	♎ ab 11.07 ♏
9	♉	♊ ab 08.56 ♋	♋	♌	♍ ab 19.30 ♎	♏
10	♉ ab 13.40 ♊	♋	♋	♋ ab 01.29 ♍	♎	♏ ab 13.54 ♐
11	♊	♋ ab 21.22 ♌	♋ ab 04.55 ♌	♍	♎	♐
12	♊	♌	♌	♍ ab 10.06 ♎	♎ ab 00.10 ♏	♐ ab 14.06 ♑
13	♊ ab 02.19 ♋	♌	♌ ab 15.56 ♍	♎	♏	♑
14	♋	♌ ab 08.27 ♍	♍	♎ ab 15.41 ♏	♏ ab 03.42 ♐	♑ ab 13.46 ♒
15	♋ ab 14.46 ♌	♍	♍	♏	♐	♒
16	♌	♍ ab 17.45 ♎	♍ ab 00.35 ♎	♏ ab 19.02 ♐	♐ ab 04.37 ♑	♒ ab 14.55 ♓
17	♌	♎	♎	♐	♑	♓
18	♌ ab 02.16 ♍	♎ ab 01.05 ♏	♎ ab 06.58 ♏	♐ ab 21.22 ♑	♑ ab 05.43 ♒	♓ ab 18.57 ♈
19	♍	♏	♏	♑	♒	♈
20	♍ ab 12.10 ♎	♏ ab 06.10 ♐	♏ ab 11.33 ♐	♑ ab 23.46 ♒	♒ ab 08.25 ♓	♈
21	♎	♐	♐	♒	♓	♈ ab 02.10 ♉
22	♎ ab 19.31 ♏	♐ ab 08.58 ♑	♐ ab 14.49 ♑	♒	♓ ab 13.24 ♈	♉
23	♏	♑	♑	♒ ab 03.03 ♓	♈	♉ ab 11.55 ♊
24	♏ ab 23.36 ♐	♑ ab 10.09 ♒	♑ ab 17.19 ♒	♓	♈ ab 20.40 ♉	♊
25	♐	♒	♒	♓ ab 07.41 ♈	♉	♊ ab 23.23 ♋
26	♐	♒ ab 11.08 ♓	♒ ab 19.46 ♓	♈	♉	♋
27	♐ ab 00.43 ♑	♓	♓	♈ ab 14.07 ♉	♉ ab 05.56 ♊	♋
28	♑	♓ ab 23.13 ♈	♓ ab 23.13 ♈	♉	♊	♋ ab 11.53 ♌
29	♑ ab 00.18 ♒		♈	♉ ab 22.44 ♊	♊ ab 17.00 ♋	♌
30			♈	♊	♋	♌
31	♒ ab 00.25 ♓		♈ ab 05.47 ♉		♋	

Tag	Juli Mond im	August Mond im	September Mond im	Oktober Mond im	November Mond im	Dezember Mond im
1	♌ ab 00.35 ♍	♎	♐	♑	♓	♈
2	♍	♎ ab 03.10 ♏	♐ ab 19.05 ♑	♑ ab 02.52 ♒	♓ ab 14.41 ♈	♈ ab 02.06 ♉
3	♍ ab 11.56 ♎	♏	♑	♒	♈ ab 19.03 ♉	♉
4	♎	♏ ab 08.48 ♐	♑ ab 20.22 ♒	♒ ab 04.40 ♓	♉	♉ ab 09.14 ♊
5	♎ ab 20.04 ♏	♐	♒	♓	♉	♊
6	♏	♐ ab 10.52 ♑	♒ ab 20.38 ♓	♓ ab 06.36 ♈	♉ ab 01.17 ♊	♊ ab 18.21 ♋
7	♏	♑	♓	♈	♊	♋
8	♏ ab 00.06 ♐	♑ ab 10.38 ♒	♓ ab 21.35 ♈	♈ ab 09.58 ♉	♊ ab 10.11 ♋	♋
9	♐	♒	♈	♉	♋	♋ ab 05.41 ♌
10	♐ ab 00.44 ♑	♒ ab 10.02 ♓	♈ ab 00.58 ♉	♉ ab 16.04 ♊	♋ ab 21.46 ♌	♌
11	♑ ab 23.50 ♒	♓	♉	♊	♌	♌ ab 18.31 ♍
12	♒	♓ ab 11.10 ♈	♉	♊	♌	♍
13	♒ ab 23.37 ♓	♈	♉ ab 07.55 ♊	♊ ab 01.32 ♋	♌ ab 10.30 ♍	♍
14	♓	♈ ab 15.39 ♉	♊	♋	♍	♍ ab 06.41 ♎
15	♓	♉	♊ ab 18.23 ♋	♋ ab 13.35 ♌	♍ ab 21.49 ♎	♎
16	♓ ab 02.01 ♈	♉ ab 00.00 ♊	♋	♌	♎	♎ ab 15.42 ♏
17	♈	♊	♋	♌	♎	♏
18	♈ ab 08.05 ♉	♊ ab 11.20 ♋	♋ ab 06.51 ♌	♌ ab 02.07 ♍	♎ ab 05.58 ♏	♏ ab 20.34 ♐
19	♉	♋	♌	♍	♏	♐
20	♉ ab 17.33 ♊	♋ ab 23.59 ♌	♌ ab 19.14 ♍	♍ ab 12.51 ♎	♏ ab 10.17 ♐	♐ ab 22.08 ♑
21	♊	♌	♍	♎	♐	♑
22	♊	♌	♍	♎ ab 20.42 ♏	♐ ab 12.33 ♑	♑ ab 22.22 ♒
23	♊ ab 05.14 ♋	♌ ab 12.24 ♍	♍ ab 05.59 ♎	♏	♑	♒
24	♋	♍	♎	♏ ab 01.58 ♐	♑ ab 14.14 ♒	♒ ab 23.11 ♓
25	♋ ab 17.51 ♌	♍ ab 23.36 ♎	♎ ab 14.31 ♏	♐	♒	♓
26	♌	♎	♏	♐ ab 05.34 ♑	♒ ab 16.41 ♓	♓
27	♌	♎	♏ ab 20.50 ♐	♑	♓	♓ ab 02.06 ♈
28	♌ ab 06.27 ♍	♎ ab 08.50 ♏	♐	♑ ab 08.28 ♒	♓ ab 20.37 ♈	♈
29	♍	♏	♐	♒	♈	♈ ab 07.37 ♉
30	♍ ab 18.00 ♎	♏	♐ ab 00.09 ♑	♒ ab 11.20 ♓	♈	♉
31	♎	♏ ab 15.25 ♐		♓		♉ ab 15.30 ♊

1988

Tag	Januar Mond im	Februar Mond im	März Mond im	April Mond im	Mai Mond im	Juni Mond im
1	♊	♋ ab 19.07 ♌	♌	♍ ab 09.06 ♎	♎ ab 02.40 ♏	♐ ab 22.59 ♑
2	♊	♌	♌ ab 14.07 ♍	♎	♏	♑
3	♊ ab 01.17 ♋	♌	♍	♎ ab 20.27 ♏	♏ ab 10.53 ♐	♑
4	♋	♌ ab 07.55 ♍	♍	♏	♐	♑ ab 01.35 ♒
5	♋ ab 12.48 ♌	♍	♍ ab 02.33 ♎	♏	♐ ab 15.55 ♑	♒
6	♌	♍ ab 20.37 ♎	♎	♏ ab 04.30 ♐	♑	♒ ab 04.01 ♓
7	♌	♎	♎ ab 13.28 ♏	♐	♑ ab 19.38 ♒	♓
8	♌ ab 01.36 ♍	♎	♏	♐ ab 10.20 ♑	♒	♓ ab 07.05 ♈
9	♍	♎ ab 07.43 ♏	♏ ab 22.00 ♐	♑	♒ ab 22.40 ♓	♈
10	♍ ab 14.18 ♎	♏	♐	♑ ab 14.11 ♒	♓	♈ ab 11.03 ♉
11	♎	♏ ab 15.37 ♐	♐	♒	♓	♉
12	♎	♐	♐ ab 03.32 ♑	♒ ab 16.25 ♓	♓ ab 01.24 ♈	♉ ab 16.15 ♊
13	♎ ab 00.40 ♏	♐ ab 19.37 ♑	♑	♓	♈	♊
14	♏	♑	♑ ab 06.09 ♒	♓ ab 17.48 ♈	♈ ab 04.23 ♉	♊ ab 23.20 ♋
15	♏ ab 06.59 ♐	♑ ab 20.26 ♒	♒	♈	♉	♋
16	♐	♒	♒ ab 06.43 ♓	♈ ab 19.32 ♉	♉ ab 08.32 ♊	♋
17	♐ ab 09.16 ♑	♒ ab 19.45 ♓	♓	♉	♊	♋ ab 08.58 ♌
18	♑	♓	♓ ab 06.46 ♈	♉ ab 23.11 ♊	♊ ab 20.06 ♋	♌
19	♑ ab 09.03 ♒	♓ ab 19.36 ♈	♈	♊	♋	♌ ab 21.04 ♍
20	♒	♈	♈ ab 08.06 ♉	♊	♋	♍
21	♒ ab 08.28 ♓	♈ ab 21.51 ♉	♉	♊ ab 06.05 ♋	♋ ab 00.52 ♌	♍
22	♓	♉	♉ ab 12.22 ♊	♋	♌	♍ ab 09.58 ♎
23	♓ ab 09.32 ♈	♉	♊	♋ ab 16.35 ♌	♌ ab 13.13 ♍	♎
24	♈	♉ ab 03.43 ♊	♊ ab 20.28 ♋	♌	♍	♎ ab 20.59 ♏
25	♈ ab 13.37 ♉	♊	♋	♌	♍	♏
26	♉	♊ ab 13.13 ♋	♋	♌ ab 05.17 ♍	♍ ab 01.50 ♎	♏
27	♉ ab 21.03 ♊	♋	♋ ab 08.55 ♌	♍	♎	♏ ab 04.19 ♐
28	♊	♋	♌	♍ ab 17.38 ♎	♎ ab 12.07 ♏	♐
29	♊	♋ ab 01.13 ♌	♌ ab 21.50 ♍	♎	♏	♐ ab 08.01 ♑
30	♊ ab 07.12 ♋		♍	♎	♏ ab 18.58 ♐	♑
31	♋		♍		♐	

Tag	Juli Mond im	August Mond im	September Mond im	Oktober Mond im	November Mond im	Dezember Mond im
1	♑ ab 09.30 ♒	♓ ab 19.54 ♈	♉	♊ ab 23.39 ♋	♌	♍
2	♒	♈	♉ ab 10.12 ♊	♋	♌	♍
3	♒ ab 10.34 ♓	♈ ab 22.25 ♉	♊	♋	♌ ab 05.03 ♍	♍ ab 01.57 ♎
4	♓	♉	♊ ab 17.38 ♋	♋ ab 09.32 ♌	♍	♎
5	♓ ab 12.38 ♈	♉	♋	♌	♍ ab 18.05 ♎	♎ ab 13.52 ♏
6	♈	♉ ab 03.44 ♊	♋	♌ ab 22.02 ♍	♎	♏
7	♈ ab 16.28 ♉	♊	♋ ab 04.15 ♌	♍	♎	♏ ab 22.56 ♐
8	♉	♊ ab 11.53 ♋	♌	♍	♎ ab 05.47 ♏	♐
9	♉ ab 22.17 ♊	♋	♌ ab 16.49 ♍	♍ ab 11.04 ♎	♏	♐
10	♊	♋ ab 22.27 ♌	♍	♎	♏ ab 15.07 ♐	♐ ab 05.08 ♑
11	♊	♌	♍	♎ ab 22.59 ♏	♐	♑
12	♊ ab 06.09 ♋	♌	♍ ab 05.52 ♎	♏	♐ ab 22.13 ♑	♑ ab 09.26 ♒
13	♋	♌ ab 10.47 ♍	♎	♏	♑	♒
14	♋ ab 16.12 ♌	♍	♎ ab 18.08 ♏	♏ ab 08.59 ♐	♑	♒ ab 12.54 ♓
15	♌	♍ ab 23.53 ♎	♏	♐	♑ ab 03.37 ♒	♓
16	♌	♎	♏	♐ ab 16.45 ♑	♒	♓ ab 16.04 ♈
17	♌ ab 04.18 ♍	♎	♏ ab 04.26 ♐	♑	♒ ab 07.35 ♓	♈
18	♍	♎ ab 12.13 ♏	♐	♑ ab 22.06 ♒	♓	♈ ab 19.12 ♉
19	♍ ab 17.29 ♎	♏	♐ ab 11.46 ♑	♒	♓ ab 10.13 ♈	♉
20	♎	♏ ab 21.56 ♐	♑	♒	♈	♉ ab 22.44 ♊
21	♎	♐	♑ ab 15.44 ♒	♒ ab 00.59 ♓	♈ ab 12.03 ♉	♊
22	♎ ab 05.14 ♏	♐	♒	♓	♉	♊
23	♏	♐ ab 03.50 ♑	♒ ab 16.52 ♓	♓ ab 02.00 ♈	♉ ab 14.13 ♊	♊ ab 03.36 ♋
24	♏ ab 13.43 ♐	♑	♓	♈	♊	♋
25	♐	♑ ab 06.06 ♒	♓ ab 16.30 ♈	♈ ab 02.23 ♉	♊ ab 18.20 ♋	♋ ab 10.58 ♌
26	♐ ab 18.08 ♑	♒	♈	♉	♋	♌
27	♑	♒ ab 06.02 ♓	♈ ab 15.30 ♉	♉ ab 03.56 ♊	♋	♌ ab 21.28 ♍
28	♑ ab 19.26 ♒	♓	♉	♊	♋ ab 01.53 ♌	♍
29	♒	♓ ab 05.30 ♈	♉ ab 17.44 ♊	♊ ab 08.29 ♋	♌	♍
30	♒ ab 19.24 ♓	♈	♊	♋	♌ ab 13.00 ♍	♍ ab 10.10 ♎
31	♓	♈ ab 06.23 ♉		♋ ab 17.04 ♌		♎

1989

Tag	Januar Mond im	Februar Mond im	März Mond im	April Mond im	Mai Mond im	Juni Mond im
1	♎ ab 22.35 ♏	♐	♐	♑ ab 00.46 ♒	♓	♉
2	♏	♐	♐ ab 09.59 ♑	♒	♓ ab 13.51 ♈	♉
3	♏	♐ ab 00.31 ♑	♑	♒ ab 03.38 ♓	♈	♉ ab 00.03 ♊
4	♏ ab 08.12 ♐	♑	♑ ab 14.37 ♒	♓	♈ ab 13.56 ♉	♊
5	♐	♑ ab 03.52 ♒	♒	♓ ab 03.52 ♈	♉	♊ ab 02.18 ♋
6	♐ ab 14.15 ♑	♒	♒ ab 16.00 ♓	♈	♉ ab 14.04 ♊	♋
7	♑	♒ ab 04.53 ♓	♓	♈ ab 03.08 ♉	♊	♋ ab 07.29 ♌
8	♑ ab 17.31 ♒	♓	♓ ab 15.37 ♈	♉	♊ ab 16.20 ♋	♌
9	♒	♓ ab 05.19 ♈	♈	♉ ab 03.32 ♊	♋	♌ ab 16.30 ♍
10	♒ ab 19.32 ♓	♈	♈ ab 15.26 ♉	♊	♋ ab 22.24 ♌	♍
11	♓	♈ ab 06.46 ♉	♉	♊ ab 06.59 ♋	♌	♍
12	♓ ab 21.37 ♈	♉	♉ ab 17.17 ♊	♋	♌	♍ ab 04.32 ♎
13	♈	♉ ab 10.23 ♊	♊	♋ ab 14.32 ♌	♌ ab 08.31 ♍	♎
14	♈	♊	♊ ab 22.28 ♋	♌	♍	♎ ab 17.12 ♏
15	♈ ab 00.37 ♉	♊ ab 16.41 ♋	♋	♌	♍ ab 21.08 ♎	♏
16	♉	♋	♋	♌ ab 01.40 ♍	♎	♏
17	♉ ab 04.58 ♊	♋	♋ ab 07.14 ♌	♍	♎	♏ ab 04.13 ♐
18	♊	♋ ab 01.34 ♌	♌	♍ ab 14.32 ♎	♎ ab 09.48 ♏	♐
19	♊ ab 10.58 ♋	♌	♌ ab 18.40 ♍	♎	♏	♐ ab 12.42 ♑
20	♋	♌ ab 12.35 ♍	♍	♎	♏ ab 20.53 ♐	♑
21	♋ ab 19.03 ♌	♍	♍	♎ ab 03.14 ♏	♐	♑ ab 18.58 ♒
22	♌	♍	♍ ab 07.25 ♎	♏	♐	♒
23	♌	♍ ab 01.06 ♎	♎	♏ ab 14.39 ♐	♐ ab 05.55 ♑	♒ ab 23.37 ♓
24	♌ ab 05.33 ♍	♎	♎ ab 20.11 ♏	♐	♑	♓
25	♍	♎ ab 13.58 ♏	♏	♐	♑ ab 13.02 ♒	♓
26	♍ ab 18.02 ♎	♏	♏	♐ ab 00.16 ♑	♒	♓ ab 03.07 ♈
27	♎	♏	♏ ab 08.55 ♐	♑	♒ ab 18.14 ♓	♈
28	♎	♏ ab 01.30 ♐	♐	♑ ab 07.34 ♒	♓	♈ ab 05.46 ♉
29	♎ ab 06.50 ♏		♐ ab 18.26 ♑	♒	♓ ab 21.26 ♈	♉
30	♏		♑	♒ ab 12.04 ♓	♈	♉ ab 08.09 ♊
31	♏ ab 17.31 ♐		♑		♈ ab 23.00 ♉	

Tag	Juli Mond im	August Mond im	September Mond im	Oktober Mond im	November Mond im	Dezember Mond im
1	♊	♋ ab 00.42 ♌	♍	♎ ab 21.54 ♏	♐	♑
2	♊ ab 11.20 ♋	♌	♍ ab 03.48 ♎	♏	♐	♑ ab 18.43 ♒
3	♋	♌ ab 09.20 ♍	♎	♏	♐ ab 03.47 ♑	♒
4	♋ ab 16.38 ♌	♍	♎ ab 16.24 ♏	♏ ab 10.30 ♐	♑	♒ ab 01.49 ♓
5	♌	♍ ab 20.29 ♎	♏	♐	♑ ab 13.10 ♒	♓
6	♌	♎	♏	♐ ab 21.46 ♑	♒	♓ ab 06.12 ♈
7	♌ ab 01.05 ♍	♎	♏ ab 04.52 ♐	♑	♒ ab 19.25 ♓	♈
8	♍	♎ ab 09.06 ♏	♐	♑	♓	♈ ab 08.00 ♉
9	♍ ab 12.31 ♎	♏	♐ ab 15.14 ♑	♑ ab 06.07 ♒	♓ ab 22.09 ♈	♉
10	♎	♏ ab 21.03 ♐	♑	♒	♈	♉ ab 08.16 ♊
11	♎	♐	♑ ab 22.03 ♒	♒ ab 10.38 ♓	♈ ab 22.10 ♉	♊
12	♎ ab 01.10 ♏	♐	♒	♓	♉	♊ ab 08.50 ♋
13	♏	♐ ab 06.17 ♑	♒	♓ ab 11.42 ♈	♉ ab 21.20 ♊	♋
14	♏ ab 12.32 ♐	♑	♒ ab 01.08 ♓	♈	♊	♋ ab 11.42 ♌
15	♐	♑ ab 12.00 ♒	♓	♈ ab 10.53 ♉	♊ ab 21.52 ♋	♌
16	♐ ab 21.02 ♑	♒	♓ ab 01.39 ♈	♉	♋	♌ ab 18.20 ♍
17	♑	♒ ab 14.46 ♓	♈	♉ ab 10.20 ♊	♋	♍
18	♑	♓	♈ ab 01.23 ♉	♊	♋ ab 01.46 ♌	♍
19	♑ ab 02.36 ♒	♓ ab 16.00 ♈	♉	♊ ab 12.10 ♋	♌	♍ ab 04.46 ♎
20	♒	♈	♉ ab 02.17 ♊	♋	♌ ab 09.55 ♍	♎
21	♒ ab 06.08 ♓	♈ ab 17.11 ♉	♊	♋ ab 17.48 ♌	♍	♎ ab 17.19 ♏
22	♓	♉	♊ ab 05.51 ♋	♌	♍ ab 21.26 ♎	♏
23	♓ ab 08.41 ♈	♉ ab 19.40 ♊	♋	♌ ab 03.16 ♍	♎	♏
24	♈	♊	♋ ab 12.45 ♌	♍	♎	♏ ab 05.38 ♐
25	♈ ab 11.11 ♉	♊	♌	♍ ab 15.12 ♎	♎ ab 10.14 ♏	♐
26	♉	♊ ab 00.14 ♋	♌ ab 22.33 ♍	♎	♏	♐ ab 16.11 ♑
27	♉ ab 14.16 ♊	♋	♍	♎	♏ ab 22.31 ♐	♑
28	♊	♋ ab 07.12 ♌	♍	♎ ab 03.57 ♏	♐	♑
29	♊ ab 18.33 ♋	♌	♍ ab 09.16 ♎	♏	♐ ab 09.27 ♑	♑ ab 00.39 ♒
30	♋	♌ ab 16.30 ♍	♎	♏ ab 16.24 ♐	♑	♒
31	♋	♍		♐		♒

1990

Tag	Januar — Mond im	Februar — Mond im	März — Mond im	April — Mond im	Mai — Mond im	Juni — Mond im
1	♒ ab 07.11 ♓	♈ ab 20.28 ♉	♈ ab 02.44 ♉	♊ ab 13.51 ♋	♋ ab 01.09 ♌	♍
2	♓	♉	♉	♋	♌	♍ ab 00.32 ♎
3	♓ ab 11.57 ♈	♉ ab 23.13 ♊	♉ ab 04.38 ♊	♋ ab 18.51 ♌	♌ ab 08.19 ♍	♎ ab 12.22 ♏
4	♈	♊	♊	♌	♍	♏
5	♈ ab 15.05 ♉	♊	♊ ab 08.03 ♋	♌	♍ ab 18.29 ♎	♏
6	♉	♊ ab 02.28 ♋	♋	♌ ab 02.43 ♍	♎	♏
7	♉ ab 17.02 ♊	♋	♋ ab 13.25 ♌	♍	♎	♏
8	♊	♋ ab 06.52 ♌	♌	♍ ab 12.45 ♎	♎ ab 06.23 ♏	♏ ab 01.00 ♐
9	♊ ab 18.53 ♋	♌	♌ ab 20.48 ♍	♎	♏	♐ ab 13.13 ♑
10	♋ ab 22.03 ♌	♌ ab 13.14 ♍	♍	♎ ab 00.19 ♏	♏ ab 18.57 ♐	♑
11	♌	♍	♍ ab 06.10 ♎	♏	♐	♑ ab 00.10 ♒
12	♌	♍ ab 22.10 ♎	♎	♏ ab 12.49 ♐	♐ ab 07.22 ♑	♒
13	♌	♎	♎ ab 17.26 ♏	♐	♑	♒ ab 09.01 ♓
14	♌ ab 03.58 ♍	♎ ab 09.35 ♏	♏	♐ ab 01.16 ♑	♑ ab 18.31 ♒	♓
15	♍	♏	♏	♑	♒	♓ ab 14.56 ♈
16	♍ ab 13.18 ♎	♏ ab 22.08 ♐	♏ ab 05.57 ♐	♑ ab 11.53 ♒	♒ ab 02.55 ♓	♈
17	♎	♐	♐	♒	♓	♈ ab 17.44 ♉
18	♎	♐	♐ ab 18.02 ♑	♒ ab 18.58 ♓	♓ ab 07.32 ♈	♉
19	♎ ab 01.17 ♏	♐ ab 09.31 ♑	♑	♓	♈	♉ ab 18.15 ♊
20	♏ ab 13.45 ♐	♑	♑ ab 03.32 ♒	♓ ab 21.59 ♈	♈ ab 07.32 ♉	♊
21	♐	♑ ab 17.53 ♒	♒	♈	♉	♊ ab 18.10 ♋
22	♐	♒	♒ ab 09.09 ♓	♈	♉ ab 08.01 ♊	♋
23	♐	♒ ab 22.50 ♓	♓	♈ ab 22.04 ♉	♊	♋ ab 19.26 ♌
24	♐ ab 00.28 ♑	♓	♓ ab 09.09 ♈	♉	♊	♌
25	♑	♓	♈	♉	♊	♌
26	♑ ab 08.26 ♒	♓	♈ ab 11.16 ♉	♉ ab 21.13 ♊	♊ ab 07.35 ♋	♌ ab 23.43 ♍
27	♒	♓	♉	♊	♋	♍
28	♒ ab 13.52 ♓	♓ ab 01.17 ♈	♉ ab 11.27 ♊	♊ ab 21.40 ♋	♋ ab 09.30 ♌	♍
29	♓		♊	♋	♌	♍ ab 07.48 ♎
30	♓ ab 17.35 ♈		♊ ab 11.43 ♋	♋	♌ ab 15.09 ♍	♎
31	♈		♋		♍	

Tag	Juli — Mond im	August — Mond im	September — Mond im	Oktober — Mond im	November — Mond im	Dezember — Mond im
1	♎ ab 19.02 ♏	♐	♑ ab 21.52 ♒	♒ ab 14.43 ♓	♈ ab 06.32 ♉	♉ ab 17.23 ♊
2	♏	♐ ab 03.09 ♑	♒	♓	♉	♊
3	♏	♑	♒	♓ ab 18.43 ♈	♉	♊ ab 16.28 ♋
4	♏ ab 07.36 ♐	♑ ab 13.20 ♒	♒ ab 05.06 ♓	♈	♉ ab 06.07 ♊	♋
5	♐	♒	♓	♈ ab 20.07 ♉	♊	♋ ab 17.01 ♌
6	♐ ab 19.40 ♑	♒ ab 20.55 ♓	♓ ab 09.24 ♈	♉	♊ ab 06.08 ♋	♌
7	♑	♓	♈	♉ ab 20.48 ♊	♋	♌ ab 20.40 ♍
8	♑	♓ ab 02.14 ♈	♈ ab 11.56 ♉	♊	♋ ab 08.25 ♌	♍
9	♑ ab 06.07 ♒	♈	♉	♊ ab 22.30 ♋	♌	♍
10	♒	♈ ab 05.56 ♉	♉ ab 14.06 ♊	♋	♌ ab 13.49 ♍	♍ ab 04.01 ♎
11	♒ ab 14.30 ♓	♉	♊	♋ ab 02.17 ♌	♍	♎
12	♓	♉ ab 08.42 ♊	♊ ab 16.54 ♋	♌	♍ ab 22.09 ♎	♎ ab 14.29 ♏
13	♓ ab 20.37 ♈	♊	♋	♌ ab 08.21 ♍	♎	♏
14	♈	♊	♋ ab 20.53 ♌	♍	♎ ab 08.40 ♏	♏ ab 02.45 ♐
15	♈	♊	♌	♍ ab 16.47 ♎	♏	♐
16	♈ ab 00.30 ♉	♊ ab 11.13 ♋	♌	♎	♏ ab 20.40 ♐	♐ ab 15.36 ♑
17	♉	♋	♌ ab 02.19 ♍	♎	♐	♑
18	♉ ab 02.33 ♊	♋ ab 14.12 ♌	♍	♎ ab 00.25 ♏	♐	♑
19	♊	♌	♍ ab 09.35 ♎	♏	♐ ab 09.32 ♑	♑ ab 04.00 ♒
20	♊ ab 03.45 ♋	♌ ab 18.34 ♍	♎	♏ ab 14.10 ♐	♑	♒
21	♋	♍	♎ ab 19.07 ♏	♐	♑ ab 22.08 ♒	♒ ab 14.49 ♓
22	♋ ab 05.30 ♌	♍	♏	♐	♒	♓
23	♌	♍	♏	♐	♒	♓
24	♌ ab 09.18 ♍	♍ ab 01.18 ♎	♏ ab 06.53 ♐	♐ ab 03.04 ♑	♒	♓ ab 22.46 ♈
25	♍	♎	♐	♑	♒ ab 08.33 ♓	♈
26	♍ ab 16.19 ♎	♎ ab 10.57 ♏	♐ ab 19.37 ♑	♑ ab 15.15 ♒	♓	♈ ab 03.10 ♉
27	♎	♏	♑	♒	♓ ab 15.07 ♈	♉
28	♎	♏ ab 22.58 ♐	♑	♒	♈	♉
29	♎ ab 02.40 ♏	♐	♑ ab 06.55 ♒	♒ ab 00.23 ♓	♈ ab 17.38 ♉	♉ ab 04.27 ♊
30	♏	♐ ab 11.24 ♑	♒	♓	♉	♊
31	♏ ab 15.01 ♐	♑		♓ ab 05.15 ♈		♊ ab 04.04 ♋

1991

Tag	Januar Mond im	Februar Mond im	März Mond im	April Mond im	Mai Mond im	Juni Mond im
1	♋	♍	♍	♏	♐	♑
2	♋ ab 03.55 ♌	♍ ab 21.03 ♎	♍ ab 07.04 ♎	♏	♐ ab 04.55 ♑	♑ ab 00.42 ♒
3	♌	♎	♎	♏ ab 09.00 ♐	♑	♒
4	♌ ab 05.58 ♍	♎ ab 05.02 ♏	♎ ab 14.09 ♏	♐	♑ ab 17.52 ♒	♒ ab 12.37 ♓
5	♍	♏	♏	♐ ab 21.20 ♑	♒	♓
6	♍ ab 11.34 ♎	♏ ab 16.24 ♐	♏ ab 00.36 ♐	♑	♒	♓ ab 21.26 ♈
7		♐	♐	♑	♒ ab 05.05 ♓	♈
8	♎ ab 21.00 ♏	♐	♐	♑ ab 10.00 ♒	♓	♈
9	♏	♐ ab 05.17 ♑	♐ ab 13.15 ♑	♒	♓ ab 12.35 ♈	♈ ab 02.14 ♉
10	♏	♑	♑	♒ ab 20.18 ♓	♈	♉
11	♏ ab 09.07 ♐	♑	♑	♓	♈ ab 16.08 ♉	♉ ab 03.37 ♊
12	♐	♑ ab 17.17 ♒	♑ ab 01.32 ♒	♓ ab 02.50 ♈	♉	♊
13	♐ ab 22.01 ♑	♒	♒	♈	♉ ab 17.03 ♊	♊ ab 03.17 ♋
14	♑	♒	♒ ab 11.12 ♓	♈ ab 06.06 ♉	♊	♋
15	♑ ab 10.05 ♒	♒ ab 03.00 ♓	♓	♉	♊ ab 17.15 ♋	♋ ab 03.11 ♌
16	♒	♓	♓ ab 17.38 ♈	♉ ab 07.42 ♊	♋	♌
17	♒	♓ ab 10.12 ♈	♈	♊	♋ ab 18.31 ♌	♌ ab 05.04 ♍
18	♒ ab 20.24 ♓	♈	♈ ab 21.41 ♉	♊ ab 09.18 ♋	♌	♍
19	♓	♈ ab 15.25 ♉	♉	♋	♌ ab 22.01 ♍	♍ ab 10.02 ♎
20	♓	♉	♉	♋	♍	♎
21	♓ ab 04.28 ♈	♉ ab 19.11 ♊	♉ ab 00.38 ♊	♋ ab 12.05 ♌	♍	♎ ab 18.19 ♏
22	♈	♊	♊	♌	♍ ab 04.09 ♎	♏
23	♈ ab 10.02 ♉	♊ ab 21.57 ♋	♊ ab 03.28 ♋	♌ ab 16.30 ♍	♎	♏ ab 05.17 ♐
24	♉	♋	♋	♍	♎ ab 12.42 ♏	♐
25	♉ ab 13.07 ♊	♋	♋ ab 06.44 ♌	♍ ab 22.37 ♎	♏	♐ ab 17.50 ♑
26	♊	♋ ab 00.14 ♌	♌	♎	♏ ab 23.22 ♐	♑
27	♊ ab 14.24 ♋	♌	♌ ab 10.42 ♍	♎ ab 06.35 ♏	♐	♑
28	♋	♌ ab 02.51 ♍	♍	♏	♐	♑ ab 06.48 ♒
29	♋ ab 15.04 ♌		♍ ab 15.50 ♎	♏ ab 16.43 ♐	♐ ab 11.41 ♑	♒
30	♌		♎	♐	♑	♒
31	♌ ab 16.45 ♍		♎ ab 23.02 ♏		♑	

Tag	Juli Mond im	August Mond im	September Mond im	Oktober Mond im	November Mond im	Dezember Mond im
1	♒ ab 18.52 ♓	♈	♉ ab 04.04 ♊	♋	♌ ab 00.48 ♍	♎
2	♓	♈ ab 17.33 ♉	♊	♋ ab 15.59 ♌	♍	♎ ab 17.34 ♏
3	♓	♉	♊ ab 17.20 ♋	♌	♍ ab 05.13 ♎	♏
4	♓ ab 04.34 ♈	♉ ab 21.55 ♊	♋	♌ ab 18.46 ♍	♎	♏
5	♈	♊	♋ ab 09.14 ♌	♍	♎	♏ ab 02.33 ♐
6	♈ ab 10.53 ♉	♊	♌	♍ ab 22.01 ♎	♎ ab 11.10 ♏	♐
7	♉	♊ ab 23.48 ♋	♌ ab 10.36 ♍	♎	♏	♐ ab 13.42 ♑
8	♉ ab 13.43 ♊	♋	♍	♎ ab 03.01 ♏	♏ ab 19.22 ♐	♑
9	♊	♋ ab 00.10 ♌	♍ ab 12.52 ♎	♏	♐	♑
10	♊ ab 14.04 ♋	♌	♎	♏ ab 10.59 ♐	♐	♑ ab 02.28 ♒
11	♋	♌ ab 00.36 ♍	♎ ab 17.43 ♏	♐	♐ ab 06.17 ♑	♒
12	♋ ab 13.36 ♌	♍	♏	♐ ab 22.11 ♑	♑	♒ ab 15.20 ♓
13	♌	♍ ab 02.53 ♎	♏	♑	♑ ab 19.07 ♒	♓
14	♌ ab 14.13 ♍	♎	♏ ab 02.15 ♐	♑	♒	♓
15	♍	♎ ab 08.35 ♏	♐	♑ ab 11.05 ♒	♒	♓ ab 02.07 ♈
16	♍ ab 17.35 ♎	♏	♐ ab 14.05 ♑	♒	♒ ab 07.34 ♓	♈
17	♎	♏ ab 18.12 ♐	♑	♒ ab 22.54 ♓	♓	♈ ab 09.11 ♉
18	♎	♐	♑	♓	♓ ab 17.08 ♈	♉
19	♎ ab 00.42 ♏	♐	♑ ab 02.59 ♒	♓ ab 07.34 ♈	♈	♉ ab 12.22 ♊
20	♏	♐ ab 06.35 ♑	♒	♈	♈ ab 20.50 ♉	♊
21	♏ ab 11.17 ♐	♑	♒ ab 14.21 ♓	♈	♉	♊ ab 12.55 ♋
22	♐	♑ ab 19.28 ♒	♓	♈ ab 12.56 ♉	♉ ab 01.23 ♊	♋
23	♐ ab 23.56 ♑	♒	♓ ab 22.57 ♈	♉	♊	♋ ab 12.39 ♌
24	♑	♒	♈	♉ ab 16.10 ♊	♊ ab 02.26 ♋	♌
25	♑	♒ ab 06.52 ♓	♈	♊	♋	♌ ab 13.25 ♍
26	♑ ab 12.50 ♒	♓	♈ ab 05.00 ♉	♊ ab 18.38 ♋	♋ ab 03.38 ♌	♍
27	♒	♓ ab 16.02 ♈	♉	♋	♌	♍ ab 16.38 ♎
28	♒	♈	♉ ab 09.26 ♊	♋ ab 21.21 ♌	♌ ab 06.13 ♍	♎
29	♒ ab 00.36 ♓	♈ ab 23.01 ♉	♊	♌	♍	♎ ab 23.04 ♏
30	♓	♉	♊ ab 12.59 ♋	♌	♍ ab 10.48 ♎	♏
31	♓ ab 10.21 ♈	♉		♌		♏

1992

Tag	Januar Mond im	Februar Mond im	März Mond im	April Mond im	Mai Mond im	Juni Mond im
1	♏ ab 08.31 ♐	♑	♒	♓	♈ ab 21.10 ♉	♊
2	♐	♑ ab 15.10 ♒	♒	♓ ab 05.05 ♈	♉	♊ ab 13.58 ♋
3	♐ ab 20.10 ♑	♒	♒ ab 10.12 ♓	♈	♉	♋
4	♑	♒	♓	♈ ab 13.19 ♉	♉ ab 02.29 ♊	♋ ab 15.36 ♌
5	♑	♒ ab 03.52 ♓	♓ ab 21.08 ♈	♉	♊	♌
6	♑ ab 09.00 ♒	♓	♈	♉ ab 19.34 ♊	♊ ab 06.10 ♋	♌ ab 17.29 ♍
7	♒	♓ ab 15.16 ♈	♈	♊	♋	♍
8	♒ ab 21.53 ♓	♈	♈ ab 06.06 ♉	♊	♋ ab 09.08 ♌	♍ ab 20.34 ♎
9	♓	♈	♉	♊ ab 00.19 ♋	♌	♎
10	♓	♈ ab 00.37 ♉	♉ ab 13.04 ♊	♋	♌ ab 11.57 ♍	♎
11	♓ ab 09.23 ♈	♉	♊	♋ ab 03.47 ♌	♍	♎ ab 01.28 ♏
12	♈	♉ ab 07.09 ♊	♊ ab 17.51 ♋	♌	♍ ab 15.06 ♎	♏
13	♈ ab 18.01 ♉	♊	♋	♌ ab 06.10 ♍	♎	♏ ab 08.30 ♐
14	♉	♊ ab 10.32 ♋	♋ ab 20.21 ♌	♍	♎ ab 19.16 ♏	♐
15	♉ ab 22.56 ♊	♋	♌	♍ ab 08.11 ♎	♏	♐ ab 17.51 ♑
16	♊	♋ ab 11.16 ♌	♌ ab 21.14 ♍	♎	♏	♑
17	♊	♌	♍	♎ ab 11.11 ♏	♏ ab 01.23 ♐	♑
18	♊ ab 00.27 ♋	♌ ab 10.48 ♍	♍ ab 21.56 ♎	♏	♐	♑ ab 05.20 ♒
19	♋ ab 23.58 ♌	♍	♎	♏ ab 16.41 ♐	♐ ab 10.14 ♑	♒
20	♌	♍ ab 11.06 ♎	♎	♐	♑	♒ ab 18.01 ♓
21	♌ ab 23.23 ♍	♎	♎ ab 00.21 ♏	♐	♑ ab 21.44 ♒	♓
22	♍	♎ ab 14.12 ♏	♏	♐ ab 01.41 ♑	♒	♓
23	♍	♏	♏ ab 06.14 ♐	♑ ab 13.39 ♒	♒	♓ ab 06.04 ♈
24	♍ ab 00.43 ♎	♏ ab 21.27 ♐	♐	♒	♒ ab 10.26 ♓	♈
25	♎ ab 05.33 ♏	♐	♐ ab 16.09 ♑	♒	♓	♈ ab 15.29 ♉
26	♏	♐	♑	♒ ab 02.21 ♓	♓ ab 21.53 ♈	♉
27	♏	♐ ab 08.34 ♑	♑	♓	♈	♉ ab 21.15 ♊
28	♏ ab 14.21 ♐	♑	♑ ab 05.45 ♒	♓ ab 13.14 ♈	♈	♊
29	♐	♑ ab 21.35 ♒	♒	♈	♈ ab 06.17 ♉	♊ ab 23.43 ♋
30	♐		♒ ab 18.24 ♓	♈	♉	♋
31	♐ ab 02.08 ♑		♓		♉ ab 11.20 ♊	

Tag	Juli Mond im	August Mond im	September Mond im	Oktober Mond im	November Mond im	Dezember Mond im
1	♋	♍	♏	♐	♑ ab 13.44 ♒	♒ ab 10.24 ♓
2	♋ ab 00.16 ♌	♍ ab 10.18 ♎	♏	♐ ab 18.30 ♑	♒	♓
3	♌	♎	♏ ab 02.51 ♐	♑	♒	♓ ab 22.50 ♈
4	♌ ab 00.38 ♍	♎ ab 13.17 ♏	♐	♑	♒ ab 02.14 ♓	♈
5	♍ ab 02.28 ♎	♏	♐ ab 12.07 ♑	♑ ab 05.54 ♒	♓	♈
6	♎	♏ ab 19.58 ♐	♑	♒	♓ ab 14.20 ♈	♈ ab 09.17 ♉
7	♎	♐	♑	♒ ab 18.39 ♓	♈	♉
8	♎ ab 06.54 ♏	♐	♑ ab 00.09 ♒	♓	♈	♉ ab 16.38 ♊
9	♏	♐ ab 06.01 ♑	♒	♓	♈ ab 00.20 ♉	♊
10	♏ ab 14.18 ♐	♑	♒ ab 12.57 ♓	♓ ab 06.37 ♈	♉	♊ ab 21.06 ♋
11	♐	♑ ab 18.17 ♒	♓	♈	♉ ab 07.50 ♊	♋
12	♐	♒	♓	♈ ab 16.49 ♉	♊	♋ ab 23.48 ♌
13	♐ ab 00.16 ♑	♒	♓ ab 01.03 ♈	♉	♊ ab 13.20 ♋	♌
14	♑	♒ ab 06.52 ♓	♈	♉	♋	♌
15	♑ ab 12.04 ♒	♓	♈ ab 11.48 ♉	♉ ab 01.09 ♊	♋ ab 17.24 ♌	♌ ab 01.57 ♍
16	♒	♓ ab 19.12 ♈	♉	♊	♌	♍
17	♒	♈	♉ ab 20.41 ♊	♊ ab 07.37 ♋	♌ ab 20.29 ♍	♍ ab 04.34 ♎
18	♒ ab 00.45 ♓	♈	♊	♋	♍	♎
19	♓	♈ ab 06.11 ♉	♊	♋ ab 12.02 ♌	♍ ab 23.04 ♎	♎ ab 08.21 ♏
20	♓ ab 13.08 ♈	♉	♊ ab 03.00 ♋	♌	♎	♏
21	♈	♉ ab 14.37 ♊	♋ ab 06.20 ♌	♌ ab 14.28 ♍	♎ ab 01.53 ♏	♏ ab 13.43 ♐
22	♈ ab 23.37 ♉	♊	♌	♍	♏	♐
23	♉	♊ ab 19.37 ♋	♌ ab 07.09 ♍	♍ ab 15.40 ♎	♏ ab 06.02 ♐	♐ ab 21.05 ♑
24	♉	♋	♍	♎	♐	♑
25	♉ ab 06.45 ♊	♋ ab 21.16 ♌	♍ ab 06.56 ♎	♎ ab 17.05 ♏	♐ ab 12.39 ♑	♑
26	♊	♌	♎	♏	♑	♑ ab 06.44 ♒
27	♊ ab 10.09 ♋	♌ ab 20.47 ♍	♎ ab 06.45 ♏	♏ ab 20.30 ♐	♑ ab 22.20 ♒	♒
28	♋	♍	♏	♐	♒	♒ ab 18.29 ♓
29	♋ ab 10.40 ♌	♍ ab 20.12 ♎	♏	♐ ab 03.19 ♑	♒	♓
30	♌	♎	♏ ab 10.34 ♐	♑	♒	♓
31	♌ ab 10.02 ♍	♎ ab 21.39 ♏		♑		♓ ab 07.08 ♈

1993

Tag	Januar Mond im	Februar Mond im	März Mond im	April Mond im	Mai Mond im	Juni Mond im
1	♈	♉ ab 12.15 ♊	♊	♋ ab 16.22 ♌	♌ ab 02.01 ♍	♎ ab 12.23 ♏
2	♈ ab 18.31 ♉	♊	♊	♌	♍	♏
3	♉	♊ ab 17.57 ♋	♊ ab 03.17 ♋	♌ ab 18.11 ♍	♍ ab 03.21 ♎	♏ ab 15.02 ♐
4	♉	♋	♋	♍	♎	♐
5	♉ ab 02.43 ♊	♋ ab 19.52 ♌	♋ ab 06.41 ♌	♍ ab 17.55 ♎	♎ ab 03.58 ♏	♐ ab 19.27 ♑
6	♊	♌	♌	♎	♏	♑
7	♊ ab 07.11 ♋	♌ ab 19.30 ♍	♌ ab 06.53 ♍	♎ ab 17.33 ♏	♏ ab 05.35 ♐	♑
8	♋	♍	♍	♏	♐	♑ ab 02.40 ♒
9	♋ ab 08.50 ♌	♍ ab 18.59 ♎	♍ ab 05.47 ♎	♏ ab 19.11 ♐	♐ ab 09.52 ♑	♒
10	♌	♎	♎	♐	♑	♒ ab 12.58 ♓
11	♌ ab 09.21 ♍	♎ ab 20.24 ♏	♎ ab 05.41 ♏	♐	♑ ab 17.45 ♒	♓
12	♍	♏	♏	♐ ab 00.25 ♑	♒	♓
13	♍ ab 10.31 ♎	♏	♏ ab 08.34 ♐	♑	♒	♓ ab 01.15 ♈
14	♎	♏ ab 01.09 ♐	♐	♑ ab 09.37 ♒	♒ ab 04.51 ♓	♈
15	♎ ab 13.43 ♏	♐	♐ ab 15.29 ♑	♒	♓	♈ ab 13.20 ♉
16	♏	♐ ab 09.21 ♑	♑	♒ ab 21.33 ♓	♓ ab 17.25 ♈	♉
17	♏ ab 19.31 ♐	♑	♑	♓	♈	♉ ab 23.13 ♊
18	♐	♑ ab 20.06 ♒	♑ ab 01.53 ♒	♓	♈	♊
19	♐	♒	♒	♓ ab 10.16 ♈	♈ ab 05.17 ♉	♊
20	♐ ab 03.47 ♑	♒ ab 08.13 ♓	♒ ab 14.12 ♓	♈	♉	♊ ab 06.06 ♋
21	♑	♓	♓	♈ ab 22.09 ♉	♉ ab 15.08 ♊	♋
22	♑ ab 14.01 ♒	♓	♓	♉	♊	♋ ab 10.27 ♌
23	♒	♓ ab 20.51 ♈	♓ ab 02.52 ♈	♉	♊ ab 22.39 ♋	♌
24	♒	♈	♈	♉ ab 08.28 ♊	♋	♌ ab 13.19 ♍
25	♒ ab 01.48 ♓	♈	♈ ab 15.00 ♉	♊	♋	♍
26	♓	♈ ab 09.12 ♉	♉	♊ ab 16.46 ♋	♋ ab 04.04 ♌	♍ ab 15.46 ♎
27	♓ ab 14.29 ♈	♉	♉	♋	♌	♎
28	♈	♉ ab 19.53 ♊	♉ ab 01.49 ♊	♋ ab 22.40 ♌	♌ ab 07.47 ♍	♎ ab 18.38 ♏
29	♈		♊	♌	♍	♏
30	♈ ab 02.38 ♉		♊ ab 11.15 ♋	♌	♍ ab 10.19 ♎	♏ ab 22.29 ♐
31			♋		♎	

Tag	Juli Mond im	August Mond im	September Mond im	Oktober Mond im	November Mond im	Dezember Mond im
1	♐	♑ ab 18.37 ♒	♓	♈	♉ ab 11.14 ♊	♊ ab 03.18 ♋
2	♐	♒	♓ ab 23.22 ♈	♈ ab 17.14 ♉	♊	♋
3	♐ ab 03.49 ♑	♒	♈	♉	♊ ab 21.26 ♋	♋ ab 10.34 ♌
4	♑	♒ ab 04.45 ♓	♈	♉	♋	♌
5	♑ ab 11.15 ♒	♓	♈ ab 12.10 ♉	♉ ab 05.28 ♊	♋ ab 05.07 ♌	♌ ab 15.44 ♍
6	♒	♓ ab 16.40 ♈	♉	♊	♌	♍
7	♒ ab 21.11 ♓	♈	♉	♊ ab 15.43 ♋	♌ ab 09.48 ♍	♍ ab 19.04 ♎
8	♓	♈	♉ ab 00.17 ♊	♋	♍	♎
9	♓	♈ ab 05.23 ♉	♊	♋ ab 22.35 ♌	♍ ab 11.43 ♎	♎ ab 21.05 ♏
10	♓ ab 09.12 ♈	♉	♊ ab 09.38 ♋	♌	♎	♏
11	♈	♉ ab 16.48 ♊	♋	♌ ab 01.37 ♍	♎ ab 12.01 ♏	♏ ab 22.40 ♐
12	♈ ab 21.38 ♉	♊	♋ ab 14.52 ♌	♍	♏	♐
13	♉	♊	♌	♍	♏ ab 12.21 ♐	♐
14	♉	♊ ab 00.47 ♋	♌ ab 16.21 ♍	♍ ab 01.48 ♎	♐	♐ ab 01.07 ♑
15	♉ ab 08.08 ♊	♋	♍	♎	♐ ab 14.35 ♑	♑
16	♊	♋ ab 04.44 ♌	♍ ab 15.45 ♎	♎ ab 01.02 ♏	♑	♑ ab 05.52 ♒
17	♊ ab 15.09 ♋	♌	♎	♏	♑ ab 20.09 ♒	♒
18	♋	♌ ab 05.42 ♍	♎ ab 15.16 ♏	♏ ab 01.24 ♐	♒	♒ ab 14.00 ♓
19	♋ ab 18.48 ♌	♍	♏	♐	♒	♓
20	♌	♍ ab 05.36 ♎	♏ ab 16.54 ♐	♐ ab 04.43 ♑	♒ ab 05.28 ♓	♓ ab 01.20 ♈
21	♌ ab 20.25 ♍	♎	♐	♑	♓	♈
22	♍	♎ ab 06.28 ♏	♐ ab 21.55 ♑	♑ ab 11.50 ♒	♓ ab 17.31 ♈	♈ ab 14.06 ♉
23	♍ ab 21.40 ♎	♏	♑	♒	♈	♉
24	♎	♏ ab 09.46 ♐	♑	♒ ab 22.18 ♓	♈	♉
25	♎	♐	♑ ab 06.20 ♒	♓	♈ ab 06.15 ♉	♉ ab 01.47 ♊
26	♎ ab 00.01 ♏	♐ ab 15.59 ♑	♒	♓	♉	♊
27	♏	♑	♒ ab 16.14 ♓	♓ ab 10.40 ♈	♉ ab 17.49 ♊	♊
28	♏ ab 04.14 ♐	♑	♓	♈	♊	♊ ab 10.47 ♋
29	♐	♑ ab 00.43 ♒	♓ ab 04.30 ♈	♈ ab 23.21 ♉	♊	♋
30	♐ ab 10.28 ♑	♒	♈	♉	♊	♋ ab 17.00 ♌
31	♑	♒ ab 11.19 ♓		♉		♌

1994

Tag	Januar Mond im	Februar Mond im	März Mond im	April Mond im	Mai Mond im	Juni Mond im
1	♌ ab 21.16 ♍	♎	♎ ab 15.44 ♏	♐	♑ ab 18.35 ♒	♓
2	♍	♎ ab 08.50 ♏	♏	♐ ab 05.39 ♑	♒	♓ ab 20.32 ♈
3	♍	♏	♏ ab 17.55 ♐	♑	♒	♈
4	♍ ab 00.32 ♎	♏ ab 12.15 ♐	♐	♑ ab 11.46 ♒	♒ ab 02.48 ♓	♈
5	♎	♐	♐ ab 22.25 ♑	♒	♓	♈ ab 09.15 ♉
6	♎ ab 03.30 ♏	♐ ab 17.03 ♑	♑	♒ ab 20.52 ♓	♓ ab 14.02 ♈	♉
7	♏	♑	♑	♓	♈	♉ ab 22.04 ♊
8	♏ ab 06.35 ♐	♑ ab 23.17 ♒	♑ ab 05.16 ♒	♓ ab 08.10 ♈	♈ ab 02.51 ♉	♊
9	♐	♒	♒	♈	♉	♊
10	♐ ab 10.17 ♑	♒ ab 07.24 ♓	♒ ab 14.10 ♓	♈ ab 20.49 ♉	♉ ab 15.44 ♊	♊ ab 09.23 ♋
11	♑	♓	♓	♉	♊	♋
12	♑ ab 15.26 ♒	♓ ab 17.50 ♈	♓ ab 01.00 ♈	♉	♊ ab 03.28 ♋	♋ ab 18.30 ♌
13	♒	♈	♈	♉ ab 09.49 ♊	♋	♌
14	♒ ab 23.05 ♓	♈	♈ ab 13.28 ♉	♊	♋ ab 12.59 ♌	♌
15	♓	♈ ab 06.21 ♉	♉	♊ ab 21.42 ♋	♌	♌ ab 01.17 ♍
16	♓	♉	♉	♋	♌ ab 19.32 ♍	♍
17	♓ ab 09.43 ♈	♉ ab 19.06 ♊	♉ ab 02.30 ♊	♋	♍	♍ ab 05.49 ♎
18	♈	♊	♊	♋ ab 05.46 ♌	♍ ab 22.55 ♎	♎
19	♈ ab 22.23 ♉	♊	♊ ab 13.55 ♋	♌	♎	♎ ab 08.21 ♏
20	♉	♊ ab 05.28 ♋	♋	♌ ab 11.59 ♍	♎ ab 23.52 ♏	♏
21	♉	♋	♋ ab 21.40 ♌	♍	♏	♏ ab 09.33 ♐
22	♉ ab 10.35 ♊	♋ ab 11.48 ♌	♌	♍ ab 13.41 ♎	♏ ab 23.44 ♐	♐
23	♊	♌	♌ ab 01.15 ♍	♎	♐	♐ ab 10.38 ♑
24	♊ ab 19.56 ♋	♌ ab 14.28 ♍	♍	♎ ab 13.19 ♏	♐	♑
25	♋	♍	♍	♏	♐ ab 00.18 ♑	♑ ab 13.11 ♒
26	♋	♍	♍ ab 01.47 ♎	♏	♑	♒
27	♋ ab 01.39 ♌	♍ ab 15.07 ♎	♎	♏ ab 12.49 ♐	♑	♒ ab 18.45 ♓
28	♌	♎	♎ ab 02.16 ♏	♐	♑ ab 03.20 ♒	♓
29	♌ ab 04.40 ♍		♏	♐ ab 14.06 ♑	♒	♓
30	♍		♏ ab 02.42 ♐	♑	♒	♓ ab 04.08 ♈
31	♍ ab 06.35 ♎		♐		♒ ab 10.04 ♓	

Tag	Juli Mond im	August Mond im	September Mond im	Oktober Mond im	November Mond im	Dezember Mond im
1	♈	♉ ab 13.06 ♊	♋	♌	♎	♏
2	♈ ab 16.24 ♉	♊	♋ ab 17.38 ♌	♌ ab 07.40 ♍	♎ ab 21.20 ♏	♏ ab 08.14 ♐
3	♉	♊	♌	♍	♏	♐
4	♉	♊ ab 00.23 ♋	♌ ab 22.34 ♍	♍ ab 09.57 ♎	♏ ab 20.47 ♐	♐ ab 07.43 ♑
5	♉ ab 05.13 ♊	♋	♍	♎	♐	♑
6	♊	♋ ab 08.32 ♌	♍	♎ ab 10.23 ♏	♐ ab 21.03 ♑	♑ ab 08.53 ♒
7	♊ ab 16.18 ♋	♌	♍ ab 00.58 ♎	♏	♑	♒
8	♋	♌ ab 13.43 ♍	♎	♏ ab 10.48 ♐	♑ ab 23.49 ♒	♒ ab 13.25 ♓
9	♋	♍	♎ ab 02.27 ♏	♐	♒	♓
10	♋ ab 00.44 ♌	♍ ab 17.08 ♎	♏	♐ ab 12.45 ♑	♒	♓ ab 22.04 ♈
11	♌	♎	♏ ab 04.26 ♐	♑	♒ ab 06.05 ♓	♈
12	♌ ab 06.49 ♍	♎ ab 19.57 ♏	♐	♑ ab 17.10 ♒	♓	♈
13	♍	♏	♐ ab 07.45 ♑	♒	♓ ab 15.45 ♈	♈ ab 09.57 ♉
14	♍ ab 11.16 ♎	♏ ab 22.54 ♐	♑	♒ ab 00.19 ♓	♈	♉
15	♎	♐	♑ ab 12.43 ♒	♓	♈	♉ ab 23.01 ♊
16	♎ ab 14.36 ♏	♐ ab 02.19 ♑	♒	♓ ab 09.57 ♈	♈ ab 03.45 ♉	♊
17	♏	♑	♒ ab 19.32 ♓	♈	♉	♊
18	♏ ab 17.10 ♐	♑ ab 06.35 ♒	♓	♈ ab 21.35 ♉	♉ ab 16.42 ♊	♊ ab 11.26 ♋
19	♐	♒	♓	♉	♊	♋
20	♐ ab 19.31 ♑	♒ ab 12.28 ♓	♓ ab 04.31 ♈	♉ ab 10.29 ♊	♊	♋ ab 22.14 ♌
21	♑	♓	♈	♊	♊ ab 05.22 ♋	♌
22	♑ ab 22.39 ♒	♓ ab 20.56 ♈	♈ ab 15.48 ♉	♊	♋	♌
23	♒	♈	♉	♊ ab 23.16 ♋	♋ ab 16.34 ♌	♌ ab 07.02 ♍
24	♒	♈	♉	♋	♌	♍
25	♒ ab 03.57 ♓	♈ ab 08.14 ♉	♉ ab 03.42 ♊	♋	♌	♍ ab 13.28 ♎
26	♓	♉	♊	♋ ab 10.06 ♌	♌ ab 01.10 ♍	♎
27	♓ ab 12.32 ♈	♉ ab 21.08 ♊	♊ ab 16.13 ♋	♌	♍	♎ ab 17.18 ♏
28	♈	♊	♋	♌ ab 17.22 ♍	♍ ab 06.23 ♎	♏
29	♈	♊	♋	♍	♎	♏ ab 18.46 ♐
30	♈ ab 00.14 ♉	♊	♋ ab 01.56 ♌	♍	♎ ab 08.22 ♏	♐
31	♉	♊ ab 09.01 ♋		♍ ab 20.47 ♎		♐ ab 18.58 ♑

1995

Tag	Januar Mond im	Februar Mond im	März Mond im	April Mond im	Mai Mond im	Juni Mond im
1	♑	♒ ab 09.06 ♓	♓	♈ ab 19.00 ♉	♉ ab 13.54 ♊	♋
2	♑ ab 19.40 ♒	♓	♓	♉	♊	♋ ab 21.18 ♌
3	♒	♓ ab 15.13 ♈	♓ ab 00.31 ♈	♉	♊	♌
4	♒ ab 22.50 ♓	♈	♈	♉ ab 06.50 ♊	♊ ab 02.46 ♋	♌
5	♓	♈	♈ ab 09.51 ♉	♊	♋	♌ ab 07.47 ♍
6	♓	♈ ab 01.10 ♉	♉	♊ ab 19.41 ♋	♋ ab 14.56 ♌	♍
7	♓ ab 05.57 ♈	♉	♉ ab 21.56 ♊	♋	♌	♍ ab 15.14 ♎
8		♉ ab 13.45 ♊	♊	♋	♌	♎
9	♈ ab 16.59 ♉	♊	♊	♋ ab 07.16 ♌	♌ ab 00.34 ♍	♎ ab 19.04 ♏
10	♉	♊	♊ ab 10.41 ♋	♌	♍	♏
11	♉	♊ ab 02.18 ♋	♋	♌ ab 15.40 ♍	♍ ab 06.31 ♎	♏ ab 19.51 ♐
12	♉ ab 05.58 ♊	♋	♋ ab 21.29 ♌	♍	♎ ab 06.31 ♏	♐
13	♊	♋ ab 12.32 ♌	♌	♍ ab 20.21 ♎	♎ ab 08.54 ♏	♐ ab 19.06 ♑
14	♊ ab 18.21 ♋	♌	♌	♎	♏	♑
15	♋	♌ ab 19.53 ♍	♌ ab 04.55 ♍	♎ ab 21.14 ♏	♏ ab 08.59 ♐	♑ ab 18.53 ♒
16		♍	♍	♏	♐	♒
17	♋ ab 04.37 ♌	♍ ab 01.01 ♎	♍ ab 09.19 ♎	♏ ab 23.52 ♐	♐ ab 08.37 ♑	♒ ab 21.14 ♓
18		♎	♎	♐	♑	♓
19	♌ ab 12.40 ♍	♎ ab 04.56 ♏	♎ ab 11.53 ♏	♐ ab 23.55 ♑	♑ ab 09.40 ♒	♓
20		♏	♏	♑	♒	♓ ab 03.30 ♈
21	♍ ab 18.55 ♎	♏ ab 08.14 ♐	♏ ab 13.58 ♐	♑	♒ ab 13.41 ♓	♈
22		♐	♐	♑ ab 02.39 ♒	♓	♈ ab 13.36 ♉
23	♎ ab 23.33 ♏	♐ ab 11.12 ♑	♐ ab 16.32 ♑	♒	♓ ab 21.14 ♈	♉
24		♑	♑	♒ ab 07.52 ♓	♈	♉
25	♏	♑ ab 14.15 ♒	♑ ab 20.11 ♒	♓	♈	♉ ab 02.03 ♊
26	♏ ab 02.38 ♐	♒	♒	♓ ab 15.42 ♈	♈ ab 07.47 ♉	♊
27		♒ ab 18.17 ♓	♒	♈	♉	♊ ab 14.57 ♋
28	♐ ab 04.27 ♑	♓	♒ ab 02.19 ♓	♈	♉ ab 20.08 ♊	♋
29	♑		♓	♈ ab 01.54 ♉	♊	♋
30	♑ ab 06.04 ♒		♓ ab 09.27 ♈	♉	♊	♋ ab 03.03 ♌
31			♈		♊ ab 09.00 ♋	

Tag	Juli Mond im	August Mond im	September Mond im	Oktober Mond im	November Mond im	Dezember Mond im
1	♌	♍ ab 03.24 ♎	♏ ab 18.58 ♐	♐ ab 02.11 ♑	♒ ab 14.18 ♓	♓ ab 01.52 ♈
2	♌ ab 13.36 ♍	♎	♐	♑	♓	♈
3	♍	♎ ab 09.30 ♏	♐ ab 21.46 ♑	♑ ab 05.00 ♒	♓ ab 20.22 ♈	♈ ab 10.41 ♉
4	♍ ab 21.56 ♎	♏	♑	♒	♈	♉
5	♎	♏ ab 13.15 ♐	♑ ab 23.48 ♒	♒ ab 08.36 ♓	♈	♉ ab 21.36 ♊
6		♐	♒	♓	♈ ab 04.36 ♉	♊
7	♎ ab 03.20 ♏	♐ ab 14.53 ♑	♒ ab 02.09 ♓	♓ ab 13.43 ♈	♉	♊
8	♏	♑	♓	♈	♉ ab 14.56 ♊	♊ ab 09.45 ♋
9	♏ ab 05.38 ♐	♑ ab 15.29 ♒	♓ ab 06.15 ♈	♈ ab 21.06 ♉	♊	♋
10	♐	♒	♈	♉	♊	♋ ab 22.25 ♌
11	♐ ab 05.44 ♑	♒ ab 16.47 ♓	♈ ab 13.22 ♉	♉	♊ ab 02.58 ♋	♌
12	♑	♓	♉	♉ ab 07.11 ♊	♋	♌
13	♑ ab 05.22 ♒	♓ ab 20.42 ♈	♉ ab 23.49 ♊	♊	♋ ab 15.38 ♌	♌ ab 10.27 ♍
14	♒	♈	♊	♊ ab 19.21 ♋	♌	♍
15	♒ ab 06.38 ♓	♈	♊	♋	♌	♍ ab 20.10 ♎
16	♓	♈ ab 04.26 ♉	♊ ab 12.17 ♋	♋	♌ ab 03.03 ♍	♎
17	♓ ab 11.24 ♈	♉	♋	♋ ab 07.47 ♌	♍	♎
18	♈	♉ ab 15.41 ♊	♋	♌	♍ ab 11.19 ♎	♎ ab 02.08 ♏
19	♈ ab 20.21 ♉	♊	♋ ab 00.20 ♌	♌ ab 18.12 ♍	♎	♏
20	♉	♊	♌	♍	♎ ab 15.41 ♏	♏ ab 04.14 ♐
21	♉	♊ ab 04.25 ♋	♌ ab 10.02 ♍	♍	♏	♐
22	♉ ab 08.24 ♊	♋	♍	♍ ab 01.16 ♎	♏ ab 16.57 ♐	♐ ab 03.47 ♑
23	♊	♋ ab 16.14 ♌	♍ ab 15.51 ♎	♎ ab 05.07 ♏	♐	♑
24	♊ ab 21.17 ♋	♌	♎	♏	♐ ab 16.49 ♑	♑ ab 02.53 ♒
25	♋	♌	♎ ab 20.21 ♏	♏	♑	♒
26	♋ ab 09.08 ♌	♌ ab 01.51 ♍	♏	♏ ab 06.57 ♐	♑ ab 17.16 ♒	♒ ab 03.46 ♓
27	♌	♍	♏ ab 23.31 ♐	♐	♒	♓
28	♌	♍ ab 09.16 ♎	♐	♐ ab 08.16 ♑	♒ ab 20.00 ♓	♓ ab 08.07 ♈
29	♌ ab 19.13 ♍	♎	♐	♑	♓	♈
30	♍	♎ ab 14.52 ♏		♑ ab 10.24 ♒	♓	♈ ab 16.22 ♉
31	♍	♏		♒		♉

1996

Tag	Januar Mond im	Februar Mond im	März Mond im	April Mond im	Mai Mond im	Juni Mond im
1	♉	♋	♋ ab 17.48 ♌	♍	♎ ab 13.43 ♏	♏ ab 02.44 ♐
2	♉ ab 03.30 ♊	♋	♌	♍ ab 22.27 ♎	♏	♐
3	♊	♋ ab 10.47 ♌	♌	♎	♏ ab 17.06 ♐	♐ ab 03.30 ♑
4	♊ ab 15.57 ♋	♌	♌ ab 05.14 ♍	♎ ab 04.58 ♏	♐	♑
5	♋	♌ ab 22.23 ♍	♍	♏	♐ ab 18.55 ♑	♑ ab 03.46 ♒
6	♋	♍	♍ ab 14.41 ♎	♏	♑	♒
7	♋ ab 04.31 ♌	♍	♎	♏ ab 09.22 ♐	♑ ab 20.40 ♒	♒ ab 05.20 ♓
8	♌	♍ ab 08.31 ♎	♎ ab 22.06 ♏	♐	♒	♓
9	♌ ab 16.30 ♍	♎	♏	♐ ab 12.31 ♑	♒ ab 23.30 ♓	♓ ab 09.24 ♈
10	♍	♎ ab 16.36 ♏	♏	♑	♓	♈
11	♍	♏	♏ ab 03.33 ♐	♑ ab 15.10 ♒	♓	♈ ab 16.12 ♉
12	♍ ab 02.56 ♎	♏ ab 21.59 ♐	♐	♒	♓	♉
13	♎	♐	♐ ab 07.09 ♑	♒ ab 18.01 ♓	♓ ab 04.01 ♈	♉
14	♎ ab 10.31 ♏	♐	♑	♓	♈	♉ ab 01.17 ♊
15	♏	♐ ab 00.30 ♑	♑ ab 09.16 ♒	♓ ab 21.44 ♈	♈ ab 10.26 ♉	♊
16	♏ ab 14.26 ♐	♑	♒	♈	♉	♊ ab 12.09 ♋
17	♐	♑ ab 01.01 ♒	♒ ab 10.51 ♓	♈	♉ ab 18.49 ♊	♋
18	♐ ab 15.08 ♑	♒	♓	♈ ab 03.06 ♉	♊	♋
19	♑	♒ ab 01.10 ♓	♓ ab 13.16 ♈	♉	♊	♋ ab 00.23 ♌
20	♑ ab 14.16 ♒	♓	♈	♉ ab 10.55 ♊	♊ ab 05.17 ♋	♌
21	♒	♓ ab 02.59 ♈	♈ ab 18.00 ♉	♊	♋	♌ ab 13.08 ♍
22	♒ ab 14.03 ♓	♈	♉	♊ ab 21.26 ♋	♋ ab 17.29 ♌	♍
23	♓	♈ ab 08.09 ♉	♉	♋	♌	♍
24	♓ ab 16.38 ♈	♉	♉ ab 02.00 ♊	♋ ab 09.45 ♌	♌	♍ ab 00.38 ♎
25	♈	♉ ab 17.15 ♊	♊	♌	♌ ab 05.59 ♍	♎
26	♈ ab 23.17 ♉	♊	♊ ab 13.07 ♋	♌ ab 21.50 ♍	♍	♎ ab 08.54 ♏
27	♉	♊	♋	♍	♍ ab 16.34 ♎	♏
28	♉	♊ ab 05.11 ♋	♋	♍	♎	♏ ab 13.02 ♐
29	♉ ab 09.43 ♊	♋	♋ ab 01.38 ♌	♍ ab 23.31 ♎	♎ ab 23.31 ♏	♐
30	♊		♌	♎	♏	♐ ab 13.48 ♑
31	♊ ab 22.12 ♋		♌ ab 13.16 ♍		♏	

Tag	Juli Mond im	August Mond im	September Mond im	Oktober Mond im	November Mond im	Dezember Mond im
1	♑	♓	♈ ab 13.21 ♉	♉ ab 05.02 ♊	♋	♌
2	♑ ab 13.06 ♒	♓	♉	♊	♋ ab 10.17 ♌	♌ ab 07.12 ♍
3	♒	♓ ab 00.06 ♈	♉ ab 20.09 ♊	♊	♌	♍
4	♒ ab 13.08 ♓	♈	♊	♊ ab 14.15 ♋	♌ ab 22.58 ♍	♍ ab 19.24 ♎
5	♓	♈ ab 04.34 ♉	♊	♋	♍	♎
6	♓ ab 15.43 ♈	♉	♊ ab 06.30 ♋	♋	♍	♎
7	♈	♉ ab 12.50 ♊	♋	♋ ab 02.13 ♌	♍ ab 10.30 ♎	♎ ab 04.40 ♏
8	♈ ab 21.44 ♉	♊	♋ ab 18.55 ♌	♌	♎	♏
9	♉	♊ ab 23.58 ♋	♌	♌ ab 14.50 ♍	♎ ab 19.03 ♏	♏ ab 09.59 ♐
10	♉	♋	♌	♍	♏	♐
11	♉ ab 06.53 ♊	♋	♌ ab 07.29 ♍	♍	♏	♐ ab 12.15 ♑
12	♊	♋ ab 12.30 ♌	♍	♍ ab 02.01 ♎	♏ ab 00.27 ♐	♑
13	♊ ab 18.09 ♋	♌	♍ ab 18.52 ♎	♎	♐	♑ ab 13.15 ♒
14	♋	♌	♎	♎ ab 10.47 ♏	♐ ab 03.45 ♑	♒
15	♋	♌ ab 01.08 ♍	♎	♏	♑	♒ ab 14.45 ♓
16	♋ ab 06.32 ♌	♍	♎ ab 04.21 ♏	♏ ab 17.08 ♐	♑ ab 06.15 ♒	♓
17	♌	♍ ab 12.56 ♎	♏	♐	♒	♓ ab 17.56 ♈
18	♌ ab 19.17 ♍	♎	♏ ab 11.32 ♐	♐ ab 21.38 ♑	♒ ab 09.01 ♓	♈
19	♍	♎ ab 22.51 ♏	♐	♑	♓	♈ ab 23.11 ♉
20	♍	♏	♐ ab 16.13 ♑	♑ ab 00.52 ♒	♓ ab 12.35 ♈	♉
21	♍ ab 07.15 ♎	♏	♑	♒	♈	♉
22	♎	♏ ab 05.49 ♐	♑ ab 18.40 ♒	♒ ab 03.23 ♓	♈ ab 17.13 ♉	♉ ab 06.18 ♊
23	♎ ab 16.44 ♏	♐	♒	♓	♉	♊
24	♏	♐ ab 09.23 ♑	♒ ab 19.44 ♓	♓ ab 05.51 ♈	♉ ab 23.21 ♊	♊ ab 15.15 ♋
25	♏ ab 22.25 ♐	♑	♓	♈	♊	♋
26	♐	♑ ab 10.11 ♒	♓ ab 20.47 ♈	♈ ab 09.12 ♉	♊	♋
27	♐	♒	♈	♉	♊ ab 07.38 ♋	♋ ab 02.10 ♌
28	♐ ab 00.18 ♑	♒ ab 09.50 ♓	♈ ab 23.25 ♉	♉ ab 14.36 ♊	♋	♌
29	♑ ab 23.48 ♒	♓	♉	♊	♋ ab 18.31 ♌	♌ ab 14.46 ♍
30	♒	♓ ab 10.16 ♈	♉	♊ ab 22.57 ♋	♌	♍
31	♒ ab 23.02 ♓	♈		♋		♍

1997

Tag	Januar — Mond im	Februar — Mond im	März — Mond im	April — Mond im	Mai — Mond im	Juni — Mond im
1	♍ ab 03.33 ♎	♏	♏ ab 13.02 ♐	♑	♒ ab 13.51 ♓	♈
2		♏ ab 05.52 ♐	♐	♑ ab 05.00 ♒	♓	♈ ab 01.40 ♉
3	♎ ab 14.03 ♏	♐	♐ ab 18.39 ♑	♒	♓ ab 16.00 ♈	♉
4	♏ ab 20.28 ♐	♐ ab 09.45 ♑	♑	♒ ab 06.43 ♓	♈	♉ ab 05.56 ♊
5	♐	♑	♑ ab 20.55 ♒	♓	♈ ab 18.05 ♉	♊
6	♐ ab 22.56 ♑	♑ ab 10.22 ♒	♒	♓ ab 07.20 ♈	♉	♊ ab 12.03 ♋
7		♒	♒ ab 20.58 ♓	♈	♉ ab 21.22 ♊	♋
8	♑	♒ ab 09.35 ♓	♓	♈ ab 08.21 ♉	♊	♋ ab 20.59 ♌
9	♑ ab 23.01 ♒	♓	♓ ab 20.34 ♈	♉	♊	♌
10		♓ ab 09.30 ♈	♈	♉ ab 11.29 ♊	♊ ab 03.14 ♋	♌
11	♒ ab 22.52 ♓	♈	♈ ab 21.38 ♉	♊	♋	♌ ab 08.44 ♍
12	♓	♈ ab 11.57 ♉	♉	♊ ab 18.04 ♋	♋ ab 12.34 ♌	♍
13		♉	♉	♋	♌	♍ ab 21.36 ♎
14	♓ ab 00.23 ♈	♉ ab 17.54 ♊	♉ ab 01.49 ♊	♋	♌	♎
15	♈	♊	♊	♋ ab 04.23 ♌	♌ ab 00.44 ♍	♎
16	♈ ab 04.41 ♉	♊	♊ ab 09.52 ♋	♌	♍	♎ ab 08.52 ♏
17	♉	♊ ab 03.14 ♋	♋	♌ ab 17.01 ♍	♍ ab 13.28 ♎	♏
18	♉ ab 11.54 ♊	♋	♋ ab 21.09 ♌	♍	♎	♏ ab 16.40 ♐
19	♊	♋ ab 14.53 ♌	♌	♍	♎	♐
20	♊ ab 21.30 ♋	♌	♌	♍ ab 05.37 ♎	♎ ab 00.13 ♏	♐ ab 21.03 ♑
21	♋	♌	♌ ab 10.00 ♍	♎	♏	♑
22	♋	♌ ab 03.29 ♍	♍	♎ ab 16.20 ♏	♏ ab 07.52 ♐	♑ ab 23.21 ♒
23	♋ ab 08.51 ♌	♍	♍ ab 22.36 ♎	♏	♐	♒
24	♌	♍ ab 16.24 ♎	♎	♏	♐ ab 12.52 ♑	♒
25	♌ ab 21.57 ♍	♎	♎ ab 09.43 ♏	♏ ab 00.33 ♐	♑	♒ ab 01.10 ♓
26	♍	♎	♏	♐	♑ ab 16.21 ♒	♓
27	♍	♎ ab 03.58 ♏	♏	♐ ab 06.33 ♑	♒	♓ ab 03.40 ♈
28	♍ ab 10.22 ♎	♏	♏ ab 18.41 ♐	♑	♒ ab 19.19 ♓	♈
29	♎		♐	♑ ab 10.51 ♒	♓	♈ ab 07.24 ♉
30	♎ ab 21.49 ♏		♐	♒	♓ ab 22.19 ♈	♉
31	♏		♐ ab 01.08 ♑		♈	

Tag	Juli — Mond im	August — Mond im	September — Mond im	Oktober — Mond im	November — Mond im	Dezember — Mond im
1	♉ ab 12.36 ♊	♋	♌ ab 05.28 ♍	♍ ab 00.33 ♎	♏	♐ ab 19.39 ♑
2	♊	♋ ab 11.28 ♌	♍	♎	♏ ab 05.28 ♐	♑
3	♊ ab 19.34 ♋	♌	♍ ab 18.31 ♎	♎ ab 12.58 ♏	♐	♑
4	♋	♌ ab 23.16 ♍	♎	♏	♐ ab 13.32 ♑	♑ ab 00.59 ♒
5	♋	♍	♎	♏	♑	♒
6	♋ ab 04.46 ♌	♍	♎ ab 07.11 ♏	♏ ab 23.44 ♐	♑ ab 19.34 ♒	♒ ab 05.08 ♓
7	♌	♍ ab 12.18 ♎	♏	♐	♒	♓
8	♌ ab 16.23 ♍	♎	♏ ab 17.55 ♐	♐ ab 08.05 ♑	♒ ab 23.36 ♓	♓ ab 08.25 ♈
9	♍	♎ ab 00.51 ♏	♐	♑	♓	♈
10	♍	♏	♐	♑ ab 13.30 ♒	♓	♈ ab 11.01 ♉
11	♍ ab 05.22 ♎	♏ ab 10.46 ♐	♐ ab 01.24 ♑	♒	♓ ab 01.45 ♈	♉
12	♎	♐	♑	♒ ab 16.00 ♓	♈	♉ ab 13.36 ♊
13	♎ ab 17.21 ♏	♐ ab 16.43 ♑	♑ ab 05.11 ♒	♓	♈ ab 02.46 ♉	♊
14	♏	♑	♒	♓ ab 16.26 ♈	♉	♊ ab 17.26 ♋
15	♏	♑ ab 18.59 ♒	♒ ab 06.00 ♓	♈	♉ ab 04.06 ♊	♋
16	♏ ab 02.03 ♐	♒	♓	♈ ab 16.17 ♉	♊	♋ ab 23.59 ♌
17	♐	♒ ab 19.02 ♓	♓ ab 05.26 ♈	♉	♊ ab 07.33 ♋	♌
18	♐ ab 06.46 ♑	♓	♈	♉ ab 17.27 ♊	♋	♌
19	♑	♓ ab 18.46 ♈	♈ ab 05.22 ♉	♊	♋ ab 14.39 ♌	♌ ab 10.01 ♍
20	♑ ab 08.30 ♒	♈	♉	♊ ab 21.46 ♋	♌	♍
21	♒	♈ ab 19.58 ♉	♉ ab 07.40 ♊	♋	♌	♍ ab 22.36 ♎
22	♒ ab 09.01 ♓	♉	♊	♋	♌ ab 01.34 ♍	♎
23	♓	♉ ab 23.57 ♊	♊ ab 13.34 ♋	♋ ab 06.11 ♌	♍	♎
24	♓ ab 10.04 ♈	♊	♋	♌	♍ ab 14.30 ♎	♎ ab 11.08 ♏
25	♈	♊	♋ ab 23.13 ♌	♌ ab 18.00 ♍	♎	♏
26	♈ ab 12.54 ♉	♊ ab 07.12 ♋	♌	♍	♎	♏ ab 21.08 ♐
27	♉	♋	♌	♍	♎ ab 02.44 ♏	♐
28	♉ ab 18.05 ♊	♋ ab 17.20 ♌	♌ ab 11.28 ♍	♍ ab 07.06 ♎	♏	♐
29	♊	♌	♍	♎	♏ ab 12.29 ♐	♐ ab 03.49 ♑
30	♊	♌	♍	♎ ab 19.16 ♏	♐	♑
31	♊ ab 01.39 ♋	♌		♏		♑ ab 07.59 ♒

1998

Tag	Januar Mond im	Februar Mond im	März Mond im	April Mond im	Mai Mond im	Juni Mond im
1	♒	♈	♈	♊	♋	♌ ab 04.22 ♍
2	♒ ab 10.57 ♓	♈ ab 22.26 ♉	♈ ab 06.01 ♉	♊ ab 20.11 ♋	♋ ab 10.50 ♌	♍
3	♓	♉	♉	♋	♌	♍ ab 16.18 ♎
4	♓ ab 13.44 ♈	♉ ab 02.10 ♊	♉ ab 08.16 ♊	♋ ab 03.37 ♌	♌ ab 20.48 ♍	♎
5	♈	♊	♊	♌	♍	♎ ab 05.07 ♏
6	♈ ab 16.53 ♉	♊	♊ ab 13.28 ♋	♌ ab 14.26 ♍	♍	♏
7	♉	♊ ab 07.58 ♋	♋	♍	♍ ab 09.20 ♎	♏ ab 16.35 ♐
8	♉ ab 20.43 ♊	♋	♋ ab 21.47 ♌	♍	♎	♐
9	♊	♋ ab 15.48 ♌	♌	♍ ab 03.05 ♎	♎ ab 22.11 ♏	♐
10	♊	♌	♌	♎	♏	♐ ab 01.51 ♑
11	♊ ab 01.44 ♋	♌ ab 02.10 ♍	♌ ab 08.36 ♍	♎ ab 15.57 ♏	♏	♑
12	♋	♍	♍	♏	♏ ab 09.49 ♐	♑ ab 09.04 ♒
13	♋ ab 08.46 ♌	♍ ab 14.18 ♎	♍ ab 20.59 ♎	♏	♐	♒
14	♌	♎	♎	♏ ab 03.53 ♐	♐ ab 19.40 ♑	♒ ab 14.32 ♓
15	♌ ab 18.32 ♍	♎	♎ ab 09.52 ♏	♐	♑	♓
16	♍	♎ ab 03.14 ♏	♏	♐ ab 14.06 ♑	♑ ab 03.31 ♒	♓ ab 18.24 ♈
17	♍	♏	♏	♑	♒	♈
18	♍ ab 06.45 ♎	♏ ab 14.57 ♐	♏ ab 21.57 ♐	♑ ab 21.42 ♒	♒ ab 09.04 ♓	♈ ab 20.48 ♉
19	♎ ab 19.35 ♏	♐	♐	♒	♓	♉
20	♏	♐ ab 23.31 ♑	♐ ab 07.44 ♑	♒ ab 02.07 ♓	♓	♉ ab 22.27 ♊
21	♏ ab 23.31 ♐	♑	♑	♓	♓ ab 12.07 ♈	♊
22	♐	♑	♑ ab 14.02 ♒	♓ ab 03.31 ♈	♈	♊
23	♐	♑ ab 04.11 ♒	♒	♈	♈ ab 13.07 ♉	♊ ab 00.40 ♋
24	♐ ab 13.40 ♑	♒	♒ ab 16.44 ♓	♈ ab 03.31 ♉	♉	♋
25	♑	♒ ab 05.43 ♓	♓	♉	♉ ab 13.26 ♊	♋ ab 05.05 ♌
26	♑ ab 17.28 ♒	♓	♓ ab 16.50 ♈	♉ ab 03.10 ♊	♊	♌
27	♒	♓ ab 05.43 ♈	♈	♊	♊ ab 14.59 ♋	♌ ab 12.55 ♍
28	♒ ab 19.09 ♓	♈	♈ ab 16.07 ♉	♊ ab 02.56 ♋	♋	♍
29	♓		♉	♋	♋ ab 19.39 ♌	♍
30	♓ ab 20.22 ♈		♉	♋	♌	♍
31	♈		♉ ab 16.39 ♊		♌	

Tag	Juli Mond im	August Mond im	September Mond im	Oktober Mond im	November Mond im	Dezember Mond im
1	♍ ab 00.06 ♎	♏	♐ ab 03.24 ♑	♒	♓ ab 12.28 ♈	♉
2	♎	♏ ab 08.49 ♐	♑	♒	♈	♉ ab 22.31 ♊
3	♎ ab 12.46 ♏	♐	♑ ab 10.22 ♒	♒ ab 00.24 ♓	♈ ab 12.13 ♉	♊
4	♏	♐ ab 18.19 ♑	♒	♓	♉	♊ ab 22.29 ♋
5	♏	♑	♒ ab 13.49 ♓	♓ ab 01.33 ♈	♉ ab 11.12 ♊	♋
6	♏ ab 00.25 ♐	♑	♓	♈	♊	♋ ab 00.56 ♌
7	♐	♑ ab 00.32 ♒	♓ ab 14.53 ♈	♈ ab 00.58 ♉	♊ ab 11.40 ♋	♌
8	♐ ab 09.28 ♑	♒	♈	♉	♋	♌ ab 07.22 ♍
9	♑	♒ ab 04.05 ♓	♈ ab 15.17 ♉	♉ ab 00.45 ♊	♋ ab 15.34 ♌	♍
10	♑ ab 15.53 ♒	♓	♉	♊	♌	♍
11	♒	♓ ab 06.11 ♈	♉ ab 16.41 ♊	♊ ab 02.49 ♋	♌ ab 23.28 ♍	♍ ab 17.44 ♎
12	♒ ab 20.23 ♓	♈	♊	♋	♍	♎
13	♓	♈ ab 08.05 ♉	♊ ab 20.21 ♋	♋ ab 08.26 ♌	♍	♎
14	♓ ab 23.46 ♈	♉	♋	♌	♍ ab 10.59 ♎	♎ ab 06.17 ♏
15	♈	♉ ab 10.47 ♊	♋	♌ ab 17.33 ♍	♎ ab 23.42 ♏	♏
16	♈	♊	♋ ab 02.49 ♌	♍	♏	♏ ab 18.48 ♐
17	♈ ab 02.34 ♉	♊ ab 14.46 ♋	♌	♍	♏	♐
18	♉	♋	♌ ab 11.53 ♍	♍ ab 05.03 ♎	♏ ab 12.14 ♐	♐ ab 05.56 ♑
19	♉ ab 05.19 ♊	♋ ab 21.02 ♌	♍	♎	♐	♑
20	♊	♌	♍ ab 22.58 ♎	♎ ab 17.37 ♏	♐ ab 23.46 ♑	♑ ab 15.18 ♒
21	♊ ab 08.44 ♋	♌	♎	♏	♑	♒
22	♋	♌ ab 05.22 ♍	♎	♏	♑	♒ ab 22.46 ♓
23	♋ ab 13.50 ♌	♍	♎ ab 11.23 ♏	♏ ab 06.17 ♐	♑ ab 09.44 ♒	♓
24	♌	♍ ab 16.03 ♎	♏	♐	♒	♓
25	♌ ab 21.35 ♍	♎	♏ ab 00.06 ♐	♐ ab 18.06 ♑	♒ ab 17.15 ♓	♓ ab 04.05 ♈
26	♍	♎ ab 04.26 ♏	♐	♑	♓	♈
27	♍	♏	♐ ab 11.31 ♑	♑ ab 03.45 ♒	♓ ab 21.35 ♈	♈ ab 07.06 ♉
28	♍ ab 08.15 ♎	♏	♑	♒	♈	♉
29	♎	♏ ab 16.56 ♐	♑	♒	♈	♉
30	♎ ab 20.45 ♏	♐	♑ ab 19.54 ♒	♒ ab 09.59 ♓	♈ ab 22.54 ♉	♉ ab 08.23 ♊
31	♏	♐		♓		♊

1999

Tag	Januar Mond im	Februar Mond im	März Mond im	April Mond im	Mai Mond im	Juni Mond im
1	♊ ab 09.16 ♋	♌	♌ ab 11.06 ♍	♎	♏	♐ ab 03.07 ♑
2	♋	♌ ab 02.38 ♍	♍	♎ ab 13.50 ♏	♏ ab 08.37 ♐	♑
3	♋ ab 11.32 ♌	♍	♍ ab 19.35 ♎	♏	♐	♑ ab 14.38 ♒
4	♌	♍ ab 10.57 ♎	♎	♏	♐ ab 21.13 ♑	♒
5	♌ ab 16.50 ♍	♎	♎	♏ ab 02.08 ♐	♑	♒
6	♍	♎ ab 22.07 ♏	♎ ab 06.23 ♏	♐	♑	♒ ab 00.02 ♓
7	♍	♏	♏	♐ ab 14.40 ♑	♑ ab 08.41 ♒	♓
8	♍ ab 01.54 ♎	♏ ab 10.39 ♐	♏ ab 18.47 ♐	♑	♒	♓ ab 06.09 ♈
9	♎	♐	♐	♑	♒ ab 17.17 ♓	♈
10	♎ ab 13.50 ♏	♐ ab 22.11 ♑	♐	♑ ab 01.25 ♒	♓	♈ ab 08.44 ♉
11	♏	♑	♐ ab 06.55 ♑	♒	♓ ab 21.54 ♈	♉
12	♏ ab 02.24 ♐	♑	♑	♒ ab 08.36 ♓	♈	♉ ab 08.49 ♊
13	♐	♑ ab 06.58 ♒	♑ ab 16.33 ♒	♓	♈ ab 22.57 ♉	♊
14	♐	♒	♒	♓ ab 11.47 ♈	♉	♊ ab 08.15 ♋
15	♐ ab 13.30 ♑	♒ ab 12.41 ♓	♒ ab 22.31 ♓	♈	♉ ab 22.08 ♊	♋
16	♑	♓	♓	♈ ab 12.08 ♉	♊	♋ ab 09.08 ♌
17	♑ ab 22.12 ♒	♓ ab 16.07 ♈	♓ ab 01.14 ♈	♉	♊ ab 21.40 ♋	♌
18	♒	♈	♈	♉ ab 11.40 ♊	♋	♌ ab 13.13 ♍
19	♒	♈	♈	♊	♋ ab 23.38 ♌	♍
20	♒ ab 04.41 ♓	♈ ab 18.30 ♉	♈ ab 02.10 ♉	♊ ab 12.28 ♋	♌	♍ ab 21.11 ♎
21	♓	♉	♉	♋	♌	♎
22	♓ ab 09.26 ♈	♉ ab 20.55 ♊	♉ ab 03.06 ♊	♋ ab 16.07 ♌	♌ ab 05.16 ♍	♎
23	♈	♊	♊	♌	♍	♎ ab 08.19 ♏
24	♈ ab 12.53 ♉	♊	♊ ab 05.34 ♋	♌ ab 23.05 ♍	♍ ab 14.30 ♎	♏
25	♉	♊ ab 00.10 ♋	♋	♍	♎	♏ ab 20.52 ♐
26	♉ ab 15.30 ♊	♋	♋ ab 10.23 ♌	♍	♎	♐
27	♊	♋ ab 04.45 ♌	♌	♍ ab 08.47 ♎	♎ ab 02.06 ♏	♐
28	♊ ab 17.58 ♋	♌	♌ ab 17.35 ♍	♎	♏	♐ ab 09.13 ♑
29	♋		♍	♎ ab 20.14 ♏	♏ ab 14.38 ♐	♑
30	♋ ab 21.17 ♌		♍	♏	♐	♑ ab 20.20 ♒
31	♌		♍ ab 02.50 ♎		♐	

Tag	Juli Mond im	August Mond im	September Mond im	Oktober Mond im	November Mond im	Dezember Mond im
1	♒	♓ ab 17.48 ♈	♉	♊ ab 14.32 ♋	♌	♍ ab 18.30 ♎
2	♒	♈	♉ ab 06.26 ♊	♋	♌ ab 05.08 ♍	♎
3	♒ ab 05.35 ♓	♈ ab 22.10 ♉	♊	♋ ab 18.14 ♌	♍	♎ ab 04.36 ♏
4	♓	♉	♊ ab 09.11 ♋	♌	♍ ab 12.58 ♎	♏
5	♓ ab 12.22 ♈	♉	♋	♌ ab 23.41 ♍	♎	♏
6	♈	♉ ab 00.58 ♊	♋ ab 12.30 ♌	♍	♎ ab 22.47 ♏	♏ ab 16.28 ♐
7	♈ ab 16.23 ♉	♊	♌	♍	♏	♐
8	♉	♊ ab 02.54 ♋	♌ ab 16.58 ♍	♍ ab 06.53 ♎	♏	♐
9	♉ ab 18.01 ♊	♋	♍	♎	♏ ab 10.16 ♐	♐ ab 05.15 ♑
10	♊	♋ ab 04.57 ♌	♍ ab 23.17 ♎	♎ ab 16.02 ♏	♐	♑
11	♊ ab 18.28 ♋	♌	♎	♏	♐ ab 23.01 ♑	♑ ab 18.00 ♒
12	♋	♌ ab 08.23 ♍	♎	♏	♑	♒
13	♋ ab 19.27 ♌	♍	♎ ab 08.09 ♏	♏ ab 03.20 ♐	♑	♒
14	♌	♍ ab 14.25 ♎	♏	♐	♑ ab 11.47 ♒	♒ ab 05.19 ♓
15	♌ ab 22.40 ♍	♎	♏ ab 19.36 ♐	♐ ab 16.05 ♑	♒	♓
16	♍	♎ ab 23.41 ♏	♐	♑	♒ ab 22.22 ♓	♓ ab 13.31 ♈
17	♍	♏	♐	♑	♓	♈
18	♍ ab 05.20 ♎	♏	♐ ab 08.14 ♑	♑ ab 04.18 ♒	♓	♈ ab 17.46 ♉
19	♎	♏ ab 11.33 ♐	♑	♒	♓ ab 04.58 ♈	♉
20	♎ ab 15.31 ♏	♐	♑ ab 19.39 ♒	♒ ab 13.34 ♓	♈	♉ ab 18.40 ♊
21	♏	♐	♒	♓	♈ ab 07.27 ♉	♊
22	♏	♐ ab 00.00 ♑	♒	♓ ab 18.42 ♈	♉	♊ ab 17.53 ♋
23	♏ ab 03.49 ♐	♑	♒ ab 03.52 ♓	♈	♉ ab 07.15 ♊	♋
24	♐	♑ ab 09.50 ♒	♓	♈ ab 20.26 ♉	♊	♋ ab 17.33 ♌
25	♐ ab 16.09 ♑	♒	♓ ab 08.35 ♈	♉	♊ ab 06.30 ♋	♌
26	♑	♒ ab 18.51 ♓	♈	♉ ab 20.34 ♊	♋	♌ ab 19.35 ♍
27	♑	♓	♈ ab 10.52 ♉	♊	♋ ab 07.20 ♌	♍
28	♑ ab 02.55 ♒	♓	♉	♊ ab 21.10 ♋	♌	♍
29	♒	♓ ab 00.10 ♈	♉ ab 12.22 ♊	♋	♌ ab 11.12 ♍	♍ ab 01.15 ♎
30	♒ ab 11.28 ♓	♈	♊	♋ ab 23.48 ♌	♍	♎
31	♓	♈ ab 03.42 ♉		♌		♎ ab 10.37 ♏

2000

Tag	Januar Mond im	Februar Mond im	März Mond im	April Mond im	Mai Mond im	Juni Mond im
1	♏	♐ ab 18.11 ♑	♑	♒ ab 09.13 ♓	♒ ab 01.56 ♈	♉ ab 17.35 ♊
2	♏ ab 22.33 ♐	♑	♑	♓	♈	♊
3	♐	♑	♑ ab 14.15 ♒	♓ ab 16.23 ♈	♈ ab 05.55 ♉	♊ ab 17.31 ♋
4	♐	♑ ab 06.32 ♒	♒	♈	♉	♋
5	♐ ab 11.25 ♑	♒	♒ ab 00.31 ♓	♈ ab 20.30 ♉	♉ ab 07.24 ♊	♋ ab 17.47 ♌
6	♑	♒ ab 17.03 ♓	♓	♉	♊	♌
7	♑ ab 23.54 ♒	♓	♓ ab 07.55 ♈	♉ ab 22.59 ♊	♊ ab 08.15 ♋	♌ ab 19.58 ♍
8	♒	♓	♈	♊	♋	♍
9	♒	♓ ab 01.18 ♈	♈ ab 13.02 ♉	♊	♋ ab 10.02 ♌	♍
10	♒ ab 11.00 ♓	♈	♉	♊ ab 01.17 ♋	♌	♍ ab 01.00 ♎
11	♓	♈ ab 07.22 ♉	♉ ab 16.47 ♊	♋	♌ ab 13.42 ♍	♎
12	♓ ab 19.49 ♈	♉	♊	♋ ab 04.17 ♌	♍	♎ ab 08.56 ♏
13	♈	♉ ab 11.24 ♊	♊ ab 19.52 ♋	♌	♍ ab 19.28 ♎	♏
14	♈	♊	♋	♌ ab 08.20 ♍	♎	♏ ab 19.19 ♐
15	♈ ab 01.39 ♉	♊ ab 13.46 ♋	♋ ab 22.44 ♌	♍	♎	♐
16	♉	♋	♌	♍ ab 13.37 ♎	♎ ab 03.17 ♏	♐
17	♉ ab 04.26 ♊	♋ ab 15.12 ♌	♌	♎	♏	♐ ab 07.28 ♑
18	♊	♌	♌ ab 01.49 ♍	♎ ab 20.36 ♏	♏ ab 13.10 ♐	♑
19	♊ ab 05.02 ♋	♌ ab 16.54 ♍	♍	♏	♐	♑ ab 20.27 ♒
20	♋	♍	♍ ab 05.58 ♎	♏	♐	♒
21	♋ ab 04.59 ♌	♍ ab 20.22 ♎	♎	♏ ab 05.59 ♐	♐ ab 01.02 ♑	♒
22	♌	♎	♎ ab 12.19 ♏	♐	♑	♒ ab 08.53 ♓
23	♌ ab 06.08 ♍	♎ ab 02.59 ♏	♏	♐ ab 17.48 ♑	♑ ab 14.01 ♒	♓
24	♍	♏	♏ ab 21.44 ♐	♑	♒	♓ ab 18.56 ♈
25	♍ ab 10.10 ♎	♏	♐	♑	♒	♈
26	♎	♏ ab 13.11 ♐	♐	♑ ab 06.43 ♒	♒ ab 02.08 ♓	♈
27	♎ ab 18.02 ♏	♐	♐ ab 09.52 ♑	♒	♓	♈ ab 01.20 ♉
28	♏	♐	♑	♒ ab 18.07 ♓	♓ ab 11.09 ♈	♉
29	♏	♐ ab 01.46 ♑	♑ ab 22.35 ♒	♓	♈	♉ ab 04.00 ♊
30	♏ ab 05.19 ♐		♒	♓	♈ ab 16.03 ♉	♊
31	♐		♒		♉	

Tag	Juli Mond im	August Mond im	September Mond im	Oktober Mond im	November Mond im	Dezember Mond im
1	♊ ab 04.10 ♋	♌ ab 14.28 ♍	♎	♏ ab 23.51 ♐	♑	♒
2	♋	♍	♎ ab 06.56 ♏	♐	♑	♒
3	♋ ab 03.39 ♌	♍ ab 16.32 ♎	♏	♐	♑ ab 07.42 ♒	♒ ab 04.24 ♓
4	♌	♎	♏ ab 15.09 ♐	♐ ab 10.43 ♑	♒	♓
5	♌ ab 04.20 ♍	♎ ab 22.05 ♏	♐	♑	♒ ab 20.14 ♓	♓ ab 15.18 ♈
6	♍	♏	♐	♑ ab 23.34 ♒	♓	♈
7	♍ ab 07.48 ♎	♏	♐ ab 02.48 ♑	♒	♓ ab 06.03 ♈	♈ ab 22.28 ♉
8	♎	♏ ab 07.31 ♐	♑	♒	♈	♉
9	♎ ab 14.49 ♏	♐	♑ ab 15.45 ♒	♒ ab 11.37 ♓	♈ ab 12.13 ♉	♉ ab 01.51 ♊
10	♏	♐ ab 19.45 ♑	♒	♓	♉	♊
11	♏	♑	♒	♓ ab 20.52 ♈	♉ ab 15.28 ♊	♊ ab 02.50 ♋
12	♏ ab 01.07 ♐	♑ ab 08.44 ♒	♒ ab 03.35 ♓	♈	♊	♋
13	♐	♒	♓	♈	♊ ab 17.22 ♋	♋ ab 03.10 ♌
14	♐ ab 13.29 ♑	♒ ab 20.42 ♓	♓ ab 13.01 ♈	♈ ab 03.07 ♉	♋	♌
15	♑	♓	♈	♉	♋ ab 19.20 ♌	♌ ab 04.31 ♍
16	♑	♓	♈ ab 20.06 ♉	♉ ab 07.20 ♊	♌	♍
17	♑ ab 02.28 ♒	♓ ab 06.45 ♈	♉	♊	♌	♍ ab 08.02 ♎
18	♒	♈	♉	♊ ab 10.38 ♋	♌ ab 22.16 ♍	♎
19	♒ ab 14.45 ♓	♈ ab 14.32 ♉	♉ ab 01.23 ♊	♋	♍	♎ ab 14.13 ♏
20	♓	♉	♊	♋ ab 13.43 ♌	♍ ab 02.36 ♎	♏
21	♓	♉ ab 19.56 ♊	♊ ab 05.17 ♋	♌	♎	♏ ab 22.58 ♐
22	♓ ab 01.10 ♈	♊	♋	♌ ab 16.53 ♍	♎ ab 08.34 ♏	♐
23	♈	♊ ab 23.01 ♋	♋ ab 08.01 ♌	♍	♏	♐
24	♈ ab 08.45 ♉	♋	♌	♍ ab 20.31 ♎	♏ ab 16.34 ♐	♐ ab 09.55 ♑
25	♉	♋	♌ ab 10.03 ♍	♎	♐	♑
26	♉ ab 13.02 ♊	♋ ab 00.18 ♌	♍	♎	♐	♑ ab 22.26 ♒
27	♊	♌	♍ ab 12.23 ♎	♎ ab 01.24 ♏	♐ ab 02.58 ♑	♒
28	♊ ab 14.31 ♋	♌ ab 00.56 ♍	♎	♏	♑	♒
29	♋	♍	♎ ab 16.31 ♏	♏ ab 08.41 ♐	♑	♒
30	♋ ab 14.25 ♌	♍	♏	♐	♑ ab 15.28 ♒	♒ ab 11.28 ♓
31	♌	♍ ab 02.34 ♎		♐ ab 19.03 ♑		♓

2001

Tag	Januar Mond im	Februar Mond im	März Mond im	April Mond im	Mai Mond im	Juni Mond im
1	♓ ab 23.15 ♈	♉	♉	♋	♌	♎
2	♈	♉ ab 21.57 ♊	♉ ab 04.37 ♊	♋ ab 18.55 ♌	♌ ab 03.17 ♍	♎ ab 15.57 ♏
3	♈	♊	♊	♌	♍	♏
4	♈ ab 07.58 ♉	♊	♊ ab 09.25 ♋	♌ ab 20.47 ♍	♍ 05.51 ♎	♏ ab 21.59 ♐
5	♉	♊ ab 01.01 ♋	♋	♍	♎	♐
6	♉ ab 12.45 ♊	♋	♋ ab 11.31 ♌	♍ ab 21.58 ♎	♎ ab 09.02 ♏	♐
7	♊	♋ ab 01.22 ♌	♌	♎	♏	♐ ab 06.24 ♑
8	♊ ab 14.10 ♋	♌	♌ ab 11.45 ♍	♎	♏ ab 14.06 ♐	♑
9	♋	♌ ab 01.36 ♍	♍	♎ ab 00.02 ♏	♐	♑ ab 17.21 ♒
10	♋ 13.45 ♌	♍	♍ ab 11.48 ♎	♏	♐ ab 22.11 ♑	♒
11	♌	♍ ab 00.47 ♎	♎	♏ ab 04.48 ♐	♑	♒
12	♌ ab13.27 ♍	♎	♎ ab 13.44 ♏	♐	♑	♒ ab 05.54 ♓
13	♍	♎ ab 03.52 ♏	♏	♐ ab 13.22 ♑	♑ ab 09.21 ♒	♓
14	♍ ab 15.06 ♎	♏	♏ ab 19.18 ♐	♑	♒	♓ ab 18.04 ♈
15	♎	♏ ab 11.03 ♐	♐	♑ ab 01.12 ♒	♒ ab 22.02 ♓	♈
16	♎ ab 20.03 ♏	♐	♐ ab 05.03 ♑	♒	♓	♈
17	♏	♐ ab 22.00 ♑	♑	♒ ab 14.01 ♓	♓	♈ ab 03.40 ♉
18	♏	♑	♑ ab 17.37 ♒	♓	♓ ab 09.42 ♈	♉
19	♏ ab 04.37 ♐	♑	♒	♓	♈	♉ ab 09.43 ♊
20	♐	♑ ab 10.55 ♒	♒	♓ ab 01.19 ♈	♈ ab 18.30 ♉	♊
21	♐ ab 15.38 ♑	♒	♒ ab 06.29 ♓	♈	♉	♊ ab 12.42 ♋
22	♑	♒ ab 23.46 ♓	♓	♈ ab 09.57 ♉	♉ ab 00.13 ♊	♋
23	♑	♓	♓ ab 17.45 ♈	♉	♊	♋ ab 13.56 ♌
24	♑ ab 04.44 ♒	♓	♈	♉ ab 16.12 ♊	♊ ab 03.43 ♋	♌
25	♒	♓ ab 11.21 ♈	♈ ab 02.52 ♉	♊	♋	♌ ab 14.59 ♍
26	♒ ab 17.40 ♓	♈	♉	♊ ab 20.50 ♋	♋ ab 06.13 ♌	♍
27	♓	♈ ab 21.07 ♉	♉	♋	♌	♍ ab 17.12 ♎
28	♓	♉	♉ ab 10.02 ♊	♋	♌ ab 08.39 ♍	♎
29	♓ ab 05.36 ♈		♊	♋ ab 00.26 ♌	♍	♎ ab 21.30 ♏
30	♈		♊	♌	♍	♏
31	♈ ab 15.22 ♉		♊ ab 15.24 ♋		♍ ab 11.42 ♎	

Tag	Juli Mond im	August Mond im	September Mond im	Oktober Mond im	November Mond im	Dezember Mond im
1	♏	♑	♒	♓ ab 20.09 ♈	♉	♊
2	♏ ab 04.14 ♐	♑	♒ ab 01.33 ♓	♈	♉ ab 22.14 ♊	♊ ab 11.31 ♋
3	♐	♑ ab 06.54 ♒	♓	♈	♊	♋
4	♐ ab 13.23 ♑	♒	♓ ab 13.59 ♈	♈ ab 07.02 ♉	♊	♋ ab 15.17 ♌
5	♑	♒ ab 19.31 ♓	♈	♉	♊ ab 04.45 ♋	♌
6	♑	♓	♈	♉ ab 16.13 ♊	♋	♌ ab 18.12 ♍
7	♑ ab 00.34 ♒	♓	♈ ab 01.19 ♉	♊	♋ ab 09.35 ♌	♍
8	♒	♓ ab 08.06 ♈	♉	♊ ab 23.20 ♋	♌	♍ ab 20.58 ♎
9	♒ ab 13.06 ♓	♈	♉ ab 10.42 ♊	♋	♌ ab 12.50 ♍	♎
10	♓	♈ ab 19.24 ♉	♊	♋ ab 03.55 ♌	♍	♎ ab 00.10 ♏
11	♓	♉	♊ ab 17.10 ♋	♌	♍ ab 14.54 ♎	♏
12	♓ ab 01.37 ♈	♉ ab 04.00 ♊	♋	♌ ab 05.59 ♍	♎	♏ ab 04.31 ♐
13	♈	♊	♋ ab 20.17 ♌	♍	♎ ab 16.46 ♏	♐
14	♈ ab 12.14 ♉	♊ ab 08.56 ♋	♌	♍ ab 06.27 ♎	♏	♐ ab 10.49 ♑
15	♉	♋	♌ ab 20.40 ♍	♎	♏ ab 19.52 ♐	♑
16	♉ ab 19.27 ♊	♋ ab 10.26 ♌	♍	♎ ab 07.04 ♏	♐	♑ ab 19.44 ♒
17	♊	♌	♍ ab 20.01 ♎	♏	♐	♒
18	♊ ab 22.57 ♋	♌ ab 09.54 ♍	♎	♏ ab 09.48 ♐	♐ ab 01.41 ♑	♒
19	♋	♍	♎ ab 20.28 ♏	♐	♑	♒ ab 07.10 ♓
20	♋ ab 23.44 ♌	♍ ab 09.20 ♎	♏	♐ ab 16.12 ♑	♑ ab 10.56 ♒	♓
21	♌	♎	♏	♑	♒	♓ ab 19.46 ♈
22	♌ ab 23.30 ♍	♎ ab 10.51 ♏	♏ ab 00.03 ♐	♑	♒ ab 22.53 ♓	♈
23	♍	♏	♐	♑ ab 02.27 ♒	♓	♈
24	♍	♏ ab 16.00 ♐	♐ ab 07.49 ♑	♒	♓	♈ ab 07.13 ♉
25	♍ ab 00.09 ♎	♐	♑	♒ ab 14.57 ♓	♓ ab 11.22 ♈	♉
26	♎	♐	♑ ab 17.06 ♒	♓	♈	♉ ab 15.40 ♊
27	♎ ab 03.18 ♏	♐ ab 01.03 ♑	♒	♓	♈ ab 22.07 ♉	♊
28	♏	♑	♒	♓ ab 03.16 ♈	♉	♊ ab 20.41 ♋
29	♏ ab 09.45 ♐	♑	♒ ab 07.51 ♓	♈	♉	♋
30	♐	♑ ab 12.49 ♒	♓	♈	♉ ab 06.05 ♊	♋
31	♐ ab 19.17 ♑	♒		♈ ab 13.49 ♉		♋ ab 23.10 ♌

2002

Tag	Januar Mond im	Februar Mond im	März Mond im	April Mond im	Mai Mond im	Juni Mond im
1	♌	♍ ab 09.45 ♎	♎	♏ ab 07.49 ♐	♑	♒
2		♎	♎ ab 19.52 ♏	♐	♑	♒ ab 00.38 ♓
3	♌ ab 00.35 ♍	♎ ab 11.36 ♏	♏	♐ ab 12.59 ♑	♑ ab 05.45 ♒	♓
4	♍	♏	♏ ab 22.56 ♐	♑	♒	♓ ab 12.52 ♈
5	♍ ab 02.25 ♎	♏ ab 16.22 ♐	♐	♑ ab 22.28 ♒	♒ ab 16.47 ♓	♈
6		♐	♐	♒	♓	♈
7	♎ ab 05.42 ♏	♐ ab 00.09 ♑	♐ ab 05.49 ♑	♒ ab 09.59 ♓	♓	♈ ab 01.08 ♉
8	♏	♑	♑	♓	♓ ab 05.23 ♈	♉
9	♏ ab 10.58 ♐	♑ ab 10.16 ♒	♑ ab 15.57 ♒	♓	♈	♉ ab 11.30 ♊
10	♐	♒	♒	♓ ab 22.42 ♈	♈ ab 17.33 ♉	♊
11	♐ ab 18.19 ♑	♒ ab 21.54 ♓	♒ ab 03.57 ♓	♈	♉	♊ ab 19.16 ♋
12	♑	♓	♓	♈	♉	♋
13	♑	♓	♓	♈ ab 10.56 ♉	♉ ab 04.05 ♊	♋
14	♑ ab 03.42 ♒	♓ ab 10.27 ♈	♓ ab 16.35 ♈	♉	♊	♋ ab 00.40 ♌
15	♒		♈	♉ ab 21.57 ♊	♊ ab 12.34 ♋	♌
16	♒ ab 15.01 ♓	♈ ab 22.59 ♉	♈	♊	♋	♌ ab 04.25 ♍
17	♓	♉	♈ ab 05.02 ♉	♊	♋ ab 18.53 ♌	♍
18	♓	♉	♉	♊ ab 07.02 ♋	♌	♍ ab 07.12 ♎
19	♓ ab 03.36 ♈	♉ ab 09.51 ♊	♉ ab 16.21 ♊	♋	♌ ab 23.02 ♍	♎
20	♈	♊	♊	♋ ab 13.22 ♌	♍	♎ ab 09.43 ♏
21	♈ ab 15.48 ♉	♊ ab 17.17 ♋	♊	♌	♍	♏
22	♉	♋	♊ ab 01.07 ♋	♌ ab 16.36 ♍	♍ ab 01.20 ♎	♏ ab 12.43 ♐
23	♉	♋ ab 20.37 ♌	♋	♍	♎	♐
24	♉ ab 01.29 ♊	♌	♋ ab 06.14 ♌	♍ ab 17.23 ♎	♎ ab 02.39 ♏	♐ ab 17.02 ♑
25	♊	♌ ab 20.48 ♍	♌	♎	♏	♑
26	♊ ab 07.18 ♋	♍	♌ ab 07.45 ♍	♎ ab 17.16 ♏	♏ ab 04.21 ♐	♑ ab 23.37 ♒
27	♋		♍	♏	♐	♒
28	♋ ab 09.32 ♌	♍ ab 19.48 ♎	♍ ab 07.05 ♎	♏ ab 18.14 ♐	♐ ab 07.55 ♑	♒
29	♌		♎	♐	♑	♒ ab 09.02 ♓
30	♌ ab 09.41 ♍		♎ ab 06.22 ♏	♐ ab 22.04 ♑	♑ ab 14.36 ♒	♓
31			♏		♒	

Tag	Juli Mond im	August Mond im	September Mond im	Oktober Mond im	November Mond im	Dezember Mond im
1	♓ ab 20.50 ♈	♉	♊ ab 22.15 ♋	♋ ab 12.59 ♌	♍	♎ ab 12.16 ♏
2	♈	♉	♋	♌	♍ ab 02.29 ♎	♏
3	♈	♉ ab 04.48 ♊	♋	♌ ab 15.53 ♍	♎	♏ ab 12.59 ♐
4	♈ ab 09.17 ♉	♊	♋ ab 03.38 ♌	♍	♎ ab 02.11 ♏	♐
5	♉	♊ ab 13.03 ♋	♌	♍ ab 15.52 ♎	♏	♐ ab 14.40 ♑
6	♉ ab 20.02 ♊	♋	♌ ab 05.17 ♍	♎	♏ ab 02.02 ♐	♑
7	♊	♋ ab 17.28 ♌	♍	♎ ab 14.58 ♏	♐	♑ ab 18.55 ♒
8	♊	♌	♍ ab 04.58 ♎	♏	♐ ab 04.00 ♑	♒
9	♊ ab 03.38 ♋	♌ ab 19.04 ♍	♎	♏ ab 15.22 ♐	♑	♒
10	♋	♍	♎ ab 04.49 ♏	♐	♑ ab 09.28 ♒	♒ ab 02.47 ♓
11	♋ ab 08.09 ♌	♍ ab 19.39 ♎	♏	♐ ab 18.46 ♑	♒	♓
12	♌	♎	♏ ab 06.45 ♐	♑	♒ ab 18.43 ♓	♓ ab 13.59 ♈
13	♌ ab 10.42 ♍	♎ ab 21.02 ♏	♐	♑ ab 01.52 ♒	♓	♈
14	♍	♏	♐ ab 11.49 ♑	♒	♓	♈ ab 02.44 ♉
15	♍ ab 12.40 ♎	♏	♑	♒	♓ ab 06.39 ♈	♉
16	♎	♏ ab 00.26 ♐	♑ ab 19.55 ♒	♒ ab 12.08 ♓	♈	♉ ab 14.44 ♊
17	♎ ab 15.14 ♏	♐	♒	♓	♈ ab 19.25 ♉	♊
18	♏	♐ ab 06.16 ♑	♒	♓	♉	♊
19	♏ ab 19.03 ♐	♑	♒ ab 06.19 ♓	♓ ab 00.15 ♈	♉	♊ ab 00.31 ♋
20	♐	♑ ab 14.18 ♒	♓	♈	♉ ab 07.26 ♊	♋
21	♐ ab 00.27 ♑	♒	♓ ab 18.12 ♈	♈ ab 12.58 ♉	♊	♋ ab 07.50 ♌
22	♑	♒ ab 00.12 ♓	♈	♉	♊ ab 17.49 ♋	♌
23	♑	♓	♈	♉	♋	♌ ab 13.06 ♍
24	♑ ab 07.41 ♒	♓	♈ ab 06.56 ♉	♉ ab 01.18 ♊	♋	♍
25	♒	♓ ab 11.49 ♈	♉	♊	♋ ab 02.01 ♌	♍ ab 16.54 ♎
26	♒ ab 17.05 ♓	♈	♉ ab 19.28 ♊	♊ ab 12.11 ♋	♌	♎
27	♓	♈	♊	♋	♌ ab 07.43 ♍	♎ ab 19.42 ♏
28	♓	♈ ab 00.33 ♉	♊	♋ ab 20.21 ♌	♍	♏
29	♓ ab 04.40 ♈	♉	♊ ab 06.03 ♋	♌	♍ ab 10.55 ♎	♏ ab 22.02 ♐
30	♈	♉ ab 12.46 ♊	♋	♌	♎	♐
31	♈ ab 17.18 ♉	♊		♌ ab 01.00 ♍		♐

2003

Tag	Januar – Mond im	Februar – Mond im	März – Mond im	April – Mond im	Mai – Mond im	Juni – Mond im
1	♐	♒	♒	♈	♉	♊ ab 22.28 ♋
2	♐ ab 00.44 ♑	♒ ab 20.56 ♓	♒ ab 04.27 ♓	♈	♈	♋
3	♑	♓	♓	♈ ab 09.21 ♉	♉ ab 04.28 ♊	♋
4	♑ ab 04.58 ♒	♓	♓ ab 14.31 ♈	♉	♊	♋ ab 08.26 ♌
5	♒	♓ ab 06.45 ♈	♈	♉ ab 22.25 ♊	♊ ab 16.43 ♋	♌
6	♒ ab 11.58 ♓	♈	♈	♊	♋	♌ ab 15.52 ♍
7	♓	♈ ab 19.00 ♉	♈ ab 02.37 ♉	♊	♋	♍
8	♓ ab 22.16 ♈	♉	♉	♊ ab 10.37 ♋	♋ ab 02.47 ♌	♍ ab 20.31 ♎
9	♈	♉	♉ ab 15.39 ♊	♋	♌	♎
10	♈	♉ ab 07.46 ♊	♊	♋ ab 19.55 ♌	♌ ab 09.32 ♍	♎ ab 22.40 ♏
11	♈ ab 10.49 ♉	♊	♊	♌	♍	♏
12	♉	♊ ab 18.20 ♋	♊ ab 03.13 ♋	♌	♍ ab 12.43 ♎	♏ ab 23.13 ♐
13	♉ ab 23.09 ♊	♋	♋	♌ ab 01.08 ♍	♎	♐
14	♊	♋	♋ ab 11.07 ♌	♍	♎ ab 13.15 ♏	♐ ab 23.39 ♑
15	♊	♋ ab 01.05 ♌	♌	♍ ab 02.43 ♎	♏	♑
16	♊ ab 08.57 ♋	♌	♌ ab 14.53 ♍	♎	♏ ab 12.44 ♐	♑ ab 01.42 ♒
17	♋	♌ ab 04.24 ♍	♍	♎ ab 02.17 ♏	♐	♒
18	♋ ab 15.30 ♌	♍	♍ ab 15.44 ♎	♏	♐ ab 13.04 ♑	♒ ab 06.58 ♓
19	♌	♍ ab 05.49 ♎	♎	♏ ab 01.53 ♐	♑	♓
20	♌ ab 19.33 ♍	♎	♎ ab 15.39 ♏	♐	♑ ab 16.02 ♒	♓ ab 16.07 ♈
21	♍	♎ ab 07.10 ♏	♏	♐ ab 03.21 ♑	♒	♈
22	♍ ab 22.24 ♎	♏	♏ ab 16.34 ♐	♑	♒ ab 22.42 ♓	♈
23	♎	♏ ab 09.47 ♐	♐	♑ ab 07.59 ♒	♓	♈ ab 04.16 ♉
24	♎	♐	♐ ab 19.49 ♑	♒	♓	♉
25	♎ ab 01.10 ♏	♐ ab 14.12 ♑	♑	♒ ab 16.03 ♓	♓ ab 09.00 ♈	♉ ab 17.14 ♊
26	♏	♑	♑	♓	♈	♊
27	♏ ab 04.27 ♐	♑ ab 20.26 ♒	♑ ab 01.52 ♒	♓ ab 02.55 ♈	♈ ab 21.33 ♉	♊
28	♐	♒	♒	♈	♉	♊ ab 04.53 ♋
29	♐ ab 08.31 ♑		♒ ab 10.27 ♓	♈ ab 15.27 ♉	♉	♋
30	♑		♓	♉	♉ ab 10.33 ♊	♋
31	♑ ab 13.45 ♒		♓ ab 21.06 ♈		♊	

Tag	Juli – Mond im	August – Mond im	September – Mond im	Oktober – Mond im	November – Mond im	Dezember – Mond im
1	♋ ab 14.14 ♌	♍	♏	♐	♒ ab 20.53 ♓	♓ ab 11.57 ♈
2	♌	♍ ab 07.49 ♎	♏ ab 19.33 ♐	♐ ab 04.22 ♑	♓	♈
3	♌ ab 21.17 ♍	♎	♐	♑	♓	♈ ab 23.31 ♉
4	♍	♎ ab 11.13 ♏	♐ ab 22.52 ♑	♑ ab 08.46 ♒	♓ ab 06.04 ♈	♉
5	♍	♏	♑	♒	♈	♉
6	♍ ab 02.21 ♎	♏ ab 14.12 ♐	♑	♒ ab 15.21 ♓	♈ ab 17.30 ♉	♉ ab 12.27 ♊
7	♎	♐	♑ ab 03.16 ♒	♓	♉	♊
8	♎ ab 05.45 ♏	♐ ab 17.03 ♑	♒	♓	♉	♊
9	♏	♑	♒ ab 09.08 ♓	♓ ab 00.09 ♈	♉ ab 06.15 ♊	♊ ab 01.12 ♋
10	♏ ab 07.49 ♐	♑ ab 20.24 ♒	♓	♈	♊	♋
11	♐	♒	♓ ab 17.10 ♈	♈ ab 11.06 ♉	♊ ab 19.11 ♋	♋ ab 12.41 ♌
12	♐ ab 09.22 ♑	♒	♈	♉	♋	♌
13	♑	♒ ab 01.20 ♓	♈	♉ ab 23.46 ♊	♋	♌ ab 22.08 ♍
14	♑ ab 11.39 ♒	♓	♈ ab 03.51 ♉	♊	♋ ab 06.49 ♌	♍
15	♒	♓ ab 09.01 ♈	♉	♊	♌	♍
16	♒ ab 16.15 ♓	♈	♉ ab 16.33 ♊	♊ ab 12.42 ♋	♌ ab 15.37 ♍	♍ ab 04.48 ♎
17	♓	♈ ab 19.54 ♉	♊	♋	♍	♎
18	♓	♉	♊	♋ ab 23.42 ♌	♍ ab 20.43 ♎	♎ ab 08.21 ♏
19	♓ ab 00.21 ♈	♉	♊ ab 05.08 ♋	♌	♎	♏
20	♈	♉ ab 08.42 ♊	♋	♌	♎ ab 22.25 ♏	♏ ab 09.17 ♐
21	♈ ab 11.49 ♉	♊	♋ ab 15.04 ♌	♌ ab 07.02 ♍	♏	♐
22	♉	♊ ab 20.45 ♋	♌	♍	♏ ab 22.04 ♐	♐ ab 08.56 ♑
23	♉	♋	♌ ab 21.06 ♍	♍ ab 10.28 ♎	♐	♑
24	♉ ab 00.43 ♊	♋	♍	♎	♐ ab 21.32 ♑	♑ ab 09.14 ♒
25	♊	♋ ab 05.49 ♌	♍ ab 23.50 ♎	♎ ab 11.10 ♏	♑	♒
26	♊ ab 12.24 ♋	♌	♎	♏	♑ ab 22.49 ♒	♒
27	♋	♌ ab 11.28 ♍	♎	♏ ab 10.56 ♐	♒	♒ ab 12.11 ♓
28	♋ ab 21.18 ♌	♍	♎ ab 00.53 ♏	♐	♒	♓ ab 19.09 ♈
29	♌	♍ ab 14.42 ♎	♏	♐ ab 11.38 ♑	♒ ab 03.26 ♓	♈
30	♌	♎	♏ ab 01.58 ♐	♑	♓	♈
31	♌ ab 03.28 ♍	♎ ab 17.01 ♏		♑ ab 14.42 ♒		♈

2004

Tag	Januar Mond im	Februar Mond im	März Mond im	April Mond im	Mai Mond im	Juni Mond im
1	♈ ab 06.03 ♉	♊	♋	♌	♍ ab 19.04 ♎	♏
2	♉	♊ ab 15.04 ♋	♋	♌ ab 03.46 ♍	♎	♏ ab 08.53 ♐
3	♉ ab 18.59 ♊	♋	♋ ab 10.19 ♌	♍	♎ ab 21.40 ♏	♐
4	♊	♋	♌	♍ ab 08.53 ♎	♏	♐ ab 08.13 ♑
5	♊	♋ ab 01.51 ♌	♌ ab 18.19 ♍	♎	♏ ab 22.09 ♐	♑
6	♊ ab 07.40 ♋	♌	♍	♎ ab 11.25 ♏	♐	♑ ab 08.11 ♒
7	♋	♌ ab 10.04 ♍	♍ ab 23.32 ♎	♏	♐ ab 22.18 ♑	♒
8	♋ ab 18.39 ♌	♍	♎	♏ ab 12.51 ♐	♑	♒ ab 10.39 ♓
9	♌	♍ ab 16.14 ♎	♎	♐ ab 14.34 ♑	♑ ab 23.47 ♒	♓
10	♌	♎	♎ ab 03.04 ♏	♑	♒	♓ ab 16.50 ♈
11	♌ ab 03.39 ♍	♎ ab 20.59 ♏	♏	♑ ab 17.34 ♒	♒	♈
12	♍	♏	♏ ab 05.58 ♐	♒	♒ ab 03.53 ♓	♈
13	♍ ab 10.39 ♎	♏	♐	♒ ab 22.25 ♓	♓	♈ ab 02.38 ♉
14	♎	♏ ab 00.36 ♐	♐ ab 08.53 ♑	♓	♓ ab 11.03 ♈	♉
15	♎ ab 15.34 ♏	♐	♑	♓	♈	♉ ab 14.45 ♊
16	♏	♐ ab 03.15 ♑	♑ ab 12.11 ♒	♓ ab 05.25 ♈	♈ ab 20.58 ♉	♊
17	♏ ab 18.19 ♐	♑	♒	♈	♉	♊
18	♐	♑ ab 05.28 ♒	♒ ab 16.27 ♓	♈ ab 14.44 ♉	♉	♊ ab 03.38 ♋
19	♐ ab 19.25 ♑	♒	♓	♉	♉ ab 08.48 ♊	♋
20	♑	♒ ab 08.28 ♓	♓ ab 22.30 ♈	♉	♊	♋ ab 16.06 ♌
21	♑ ab 20.12 ♒	♓	♈	♉	♊ ab 21.36 ♋	♌
22	♒	♓ ab 13.46 ♈	♈	♉ ab 02.11 ♊	♋	♌
23	♒ ab 22.30 ♓	♈	♈ ab 07.11 ♉	♊	♋	♌ ab 03.11 ♍
24	♓	♈ ab 22.31 ♉	♉	♊ ab 14.57 ♋	♋ ab 10.08 ♌	♍
25	♓	♉	♉ ab 18.36 ♊	♋	♌	♍ ab 11.51 ♎
26	♓ ab 04.07 ♈	♉	♊	♋	♌ ab 20.53 ♍	♎
27	♈	♉ ab 10.23 ♊	♊	♋ ab 03.15 ♌	♍	♎ ab 17.14 ♏
28	♈ ab 13.47 ♉	♊	♊ ab 07.42 ♋	♌	♍	♏
29	♉	♊ ab 23.13 ♋	♋	♌ ab 13.01 ♍	♍ ab 04.24 ♎	♏ ab 19.17 ♐
30	♉		♋ ab 19.08 ♌	♍	♎	♐
31	♉ ab 02.19 ♊		♌		♎ ab 08.09 ♏	

Tag	Juli Mond im	August Mond im	September Mond im	Oktober Mond im	November Mond im	Dezember Mond im
1	♐ ab 19.02 ♑	♒	♈	♉	♊ ab 15.54 ♋	♋
2	♑	♒ ab 05.35 ♓	♈	♉ ab 19.56 ♊	♋	♋ ab 11.51 ♌
3	♑ ab 18.23 ♒	♓	♈ ab 01.17 ♉	♊	♋	♌
4	♒	♓ ab 09.00 ♈	♉	♊	♋ ab 04.33 ♌	♌
5	♒ ab 19.27 ♓	♈	♉ ab 11.26 ♊	♊ ab 07.55 ♋	♌	♌ ab 00.01 ♍
6	♓	♈ ab 16.27 ♉	♊	♋	♌ ab 16.01 ♍	♍
7	♓	♉	♊ ab 23.51 ♋	♋ ab 20.24 ♌	♍	♍ ab 09.47 ♎
8	♓ ab 00.04 ♈	♉	♋	♌	♍	♎
9	♈	♉ ab 03.34 ♊	♋	♌	♍ ab 00.24 ♎	♎ ab 15.45 ♏
10	♈ ab 08.52 ♉	♊	♋ ab 12.07 ♌	♌ ab 07.01 ♍	♎	♏
11	♉	♊ ab 16.21 ♋	♌	♍	♎ ab 05.06 ♏	♏ ab 17.55 ♐
12	♉ ab 20.46 ♊	♋	♌ ab 22.17 ♍	♍ ab 14.33 ♎	♏	♐
13	♊	♋	♍	♎	♏ ab 06.58 ♐	♐ ab 17.43 ♑
14	♊	♋ ab 04.31 ♌	♍	♎ ab 19.11 ♏	♐	♑
15	♊ ab 09.41 ♋	♌	♍ ab 05.55 ♎	♏	♐ ab 07.34 ♑	♑ ab 17.11 ♒
16	♋	♌ ab 14.50 ♍	♎	♏ ab 21.59 ♐	♑	♒
17	♋ ab 21.57 ♌	♍	♎ ab 11.26 ♏	♐	♑ ab 08.40 ♒	♒ ab 18.25 ♓
18	♌	♍ ab 23.10 ♎	♏	♐	♒	♓
19	♌	♎	♏ ab 15.31 ♐	♐ ab 00.08 ♑	♒ ab 11.39 ♓	♓ ab 22.53 ♈
20	♌ ab 08.45 ♍	♎	♐	♑	♓	♈
21	♍	♎ ab 05.38 ♏	♐ ab 18.36 ♑	♑ ab 02.39 ♒	♓ ab 17.12 ♈	♈
22	♍ ab 17.40 ♎	♏	♑	♒	♈	♈ ab 06.53 ♉
23	♎	♏ ab 10.10 ♐	♑ ab 23.56 ♒	♒ ab 06.14 ♓	♈	♉
24	♎	♐	♒	♓	♈ ab 01.17 ♉	♉ ab 17.33 ♊
25	♎ ab 00.09 ♏	♐ ab 12.48 ♑	♒	♓ ab 11.25 ♈	♉	♊
26	♏	♑	♒ ab 03.58 ♓	♈	♉ ab 11.26 ♊	♊
27	♏ ab 03.49 ♐	♑ ab 14.09 ♒	♓	♈ ab 18.38 ♉	♊	♊ ab 05.39 ♋
28	♐	♒	♓ ab 08.48 ♈	♉	♊	♋
29	♐ ab 04.59 ♑	♒ ab 15.34 ♓	♈	♉	♊ ab 23.12 ♋	♋ ab 18.15 ♌
30	♑	♓	♈ ab 10.25 ♉	♉ ab 04.12 ♊	♋	♌
31	♑ ab 04.55 ♒	♓ ab 18.47 ♈		♊		♌ ab 06.34 ♍

2005

Tag	Januar	Februar	März	April	Mai	Juni
	Mond im	Mond im	Mond im	Mond im	Mond im	Mond im
1	♍	♎ ab 07.52 ♏	♏	♐ ab 04.49 ♑	♒	♓ ab 01.09 ♈
2	♍ ab 17.21 ♎	♏	♏ ab 19.31 ♐	♑	♒ ab 15.44 ♓	♈
3		♏ ab 13.22 ♐	♐	♑ ab 07.32 ♒	♓	♈ ab 07.21 ♉
4	♎ ab 01.01 ♏	♐ ab 15.33 ♑	♐ ab 23.13 ♑	♒	♓ ab 19.37 ♈	♉
5	♏	♑	♑	♒ ab 09.46 ♓	♈	♉ ab 15.37 ♊
6	♏	♑	♑	♓	♈	♊
7	♏ ab 04.45 ♐	♑ ab 15.27 ♒	♑ ab 00.50 ♒	♓ ab 12.29 ♈	♈ ab 01.02 ♉	♊
8	♐	♒	♒	♈	♉	♊ ab 01.47 ♋
9	♐ ab 05.12 ♑	♒ ab 15.00 ♓	♒ ab 01.33 ♓	♈ ab 16.51 ♉	♉ ab 08.30 ♊	♋
10	♑	♓	♓	♉	♊	♋ ab 13.41 ♌
11	♑ ab 04.08 ♒	♓ ab 16.22 ♈	♓ ab 03.04 ♈	♉ ab 23.56 ♊	♊ ab 18.21 ♋	♌
12		♈	♈	♊	♋	♌
13	♒ ab 03.51 ♓	♈ ab 21.19 ♉	♈ ab 07.06 ♉	♊	♋	♌ ab 02.23 ♍
14	♓	♉	♉	♊ ab 10.04 ♋	♋ ab 06.18 ♌	♍
15	♓ ab 06.28 ♈	♉	♉ ab 14.45 ♊	♋	♌	♍ ab 14.00 ♎
16	♈	♉ ab 06.19 ♊	♊	♋ ab 22.18 ♌	♌ ab 18.47 ♍	♎
17	♈ ab 13.07 ♉	♊	♊	♌	♍	♎ ab 22.25 ♏
18	♉	♊ ab 18.14 ♋	♊ ab 01.45 ♋	♌	♍	♏
19	♉ ab 23.25 ♊	♋	♋	♌ ab 10.28 ♍	♍ ab 05.31 ♎	♏
20	♊	♋	♋ ab 14.18 ♌	♍	♎	♏ ab 02.46 ♐
21	♊	♋ ab 06.56 ♌	♌	♍ ab 20.28 ♎	♎ ab 12.50 ♏	♐
22	♊ ab 11.43 ♋	♌	♌ ab 02.11 ♍	♎	♏	♐ ab 03.53 ♑
23	♋	♌ ab 18.45 ♍	♍	♎ ab 03.26 ♏	♏ ab 16.39 ♐	♑
24		♍	♍	♏	♐	♑ ab 03.37 ♒
25	♋ ab 00.22 ♌	♍	♍ ab 12.01 ♎	♏ ab 07.47 ♐	♐ ab 18.12 ♑	♒
26	♌	♍ ab 05.00 ♎	♎	♐	♑	♒ ab 04.04 ♓
27	♌ ab 12.25 ♍	♎	♎ ab 19.30 ♏	♐ ab 10.34 ♑	♑ ab 19.11 ♒	♓
28	♍	♎ ab 13.22 ♏	♏	♑	♒	♓ ab 06.52 ♈
29	♍ ab 23.14 ♎		♏	♑ ab 12.55 ♒	♒ ab 21.10 ♓	♈
30	♎		♏ ab 00.58 ♐	♒	♓	♈ ab 12.46 ♉
31			♐		♓	

Tag	Juli	August	September	Oktober	November	Dezember
	Mond im	Mond im	Mond im	Mond im	Mond im	Mond im
1	♉	♊ ab 13.53 ♋	♌	♍	♎ ab 08.30 ♏	♐
2	♉ ab 21.27 ♊	♋ ab 20.57 ♌	♌ ab 15.25 ♍	♍	♏	♐
3	♊	♌	♍	♍	♏ ab 14.56 ♐	♐ ab 02.43 ♑
4	♊	♋ ab 02.11 ♌	♍	♎	♐	♑
5	♊ ab 08.08 ♋	♌	♍ ab 08.53 ♎	♎ ab 01.04 ♏	♐ ab 19.18 ♑	♑ ab 04.37 ♒
6	♋	♌ ab 14.55 ♍	♎	♏	♑	♒
7	♋ ab 20.12 ♌	♍	♎ ab 19.11 ♏	♏ ab 08.29 ♐	♑ ab 22.32 ♒	♒ ab 06.45 ♓
8	♌	♍	♏	♐	♒	♓
9	♌	♍ ab 03.10 ♎	♏ ab 13.45 ♐	♐	♒	♓ ab 10.03 ♈
10	♌ ab 08.58 ♍	♎	♐	♐ ab 01.24 ♑	♒ ab 01.24 ♓	♈
11	♍	♎ ab 13.36 ♏	♐	♑ ab 17.06 ♒	♓	♈ ab 14.47 ♉
12	♍ ab 21.10 ♎	♏	♐ ab 07.58 ♑	♒	♓ ab 04.23 ♈	♉
13	♎	♏ ab 20.48 ♐	♑	♒ ab 19.06 ♓	♈	♉ ab 21.00 ♊
14	♎	♐	♑ ab 10.03 ♒	♓	♈ ab 08.03 ♉	♊
15	♎ ab 06.52 ♏	♐	♒	♓ ab 20.40 ♈	♉	♊
16	♏	♐ ab 0.14 ♑	♒ ab 10.25 ♓	♈	♉ ab 13.11 ♊	♊ ab 05.02 ♋
17	♏ ab 12.36 ♐	♑	♓	♈ ab 23.05 ♉	♊	♋
18	♐	♑ ab 00.40 ♒	♓ ab 10.44 ♈	♉	♊ ab 20.43 ♋	♋ ab 15.19 ♌
19	♐ ab 14.27 ♑	♒ ab 23.53 ♓	♈	♉	♋	♌
20	♑	♓	♈ ab 12.48 ♉	♉ ab 03.45 ♊	♋	♌
21	♑ ab 13.56 ♒	♓	♉	♊	♋ ab 07.11 ♌	♌ ab 03.40 ♍
22	♒	♓ ab 00.02 ♈	♉ ab 18.08 ♊	♊ ab 11.42 ♋	♌	♍
23	♒ ab 13.12 ♓	♈	♊	♋	♌ ab 19.43 ♍	♍ ab 16.27 ♎
24	♓	♈ ab 02.59 ♉	♊	♋ ab 22.50 ♌	♍	♎
25	♓ ab 14.24 ♈	♉	♊ ab 03.11 ♋	♌	♍	♎ ab 03.05 ♏
26	♈	♉ ab 09.44 ♊	♋	♌	♍ ab 07.59 ♎	♏
27	♈ ab 18.55 ♉	♊	♋ ab 15.04 ♌	♌ ab 11.29 ♍	♎	♏ ab 09.45 ♐
28	♉	♊ ab 19.58 ♋	♌	♍	♎ ab 17.34 ♏	♐
29	♉	♋	♌	♍ ab 23.16 ♎	♏	♐
30	♉ ab 03.03 ♊	♋ ab 08.15 ♌	♌ ab 03.45 ♍	♎	♏ ab 23.33 ♐	♐ ab 12.36 ♑
31	♊	♌		♎		♑

. . . neun Monden wird
der Mensch zum Leben zubereitet . . .
Friedrich Freiherr von Logau (1604–1655)

Die Charakteristik der einzelnen Zeichen

Mond im Widder

Steckbrief
Der Widder-Mond-Typ: die ungeduldige Seele
Element: Feuer
Herrscherplanet: Mars
Eigenschaft: bewegend, die ersten Frühlingsanzeichen
Prinzip: Aufbruch
Pol: männlich
Farbe: Rot
Körperregion: Kopf
Schwächen: Eigenwilligkeit, Unbesonnenheit
Stärken: Entschlossenheit, Tatkraft

Unabhängig davon, in welchem Tierkreiszeichen die Sonne bei Ihrer Geburt stand, hat der Mond Ihnen auch typische Charaktereigenschaften des Widders in die Wiege gelegt. Der Mond symbolisiert die Seele, die inneren, unbewußten und emotionalen Bedürfnisse und Wünsche. Er steht für unsere oft irrationalen, unlogischen und nicht erklärbaren Handlungen und Reaktionen.

Wenn Ihre Geburtsmond im Widder stand, stehen Sie unter einem wahren Energieschub: Sie bersten vor Tatendrang, oft herrscht im Gemütsleben ein regelrechter Sturm. Sie suchen aufregende Situationen, treffen Entscheidungen aus dem Stegreif, aus der jeweiligen Gefühlslage. Sie suchen das Abenteuer. Der Optimismus der Widder-Mond-Menschen ist beneidenswert, unbesiegbar ihre Selbstsicherheit und auch die Naivität, mit der sie vieles angehen.

Mit Niederlagen werden Sie ohne größere Schwierigkeiten fertig. Das Leben bietet viele Möglichkeiten – wenn ein Vorhaben scheitert, wenden Sie sich eben dem nächsten zu.

Gerade auf zwischenmenschliche Bindungen und Liebesbeziehungen wirkt sich der Widder-Mond sehr erfrischend und anregend aus. Das bewirkt insbesondere seine lebensbejahende und positive Einstellung. So sind Sie bestens geeignet, andere emotional aufzubauen. Ihre Seele ist meist fröhlich, wenn Sie auch zur Ungeduld neigen. Die Partner der Widder-Mond-Wesen kennen einen stark gefühlsbetonten, erotischen und herzlichen Menschen, der aber immer seine ehrliche Meinung kundtut. Sie hassen jegliche Unehrlichkeit und Unaufrichtigkeit. Positive und negative Empfindungen bringen Sie unmittelbar und direkt zum Ausdruck.

Als Widder-Mond-Mensch reifen Sie am besten, wenn Ihnen Entschlossenheit, Mut und auch Spontaneität abverlangt werden. Denn Sie müssen sich Ihre unbewußte Tatkraft und Ihr Durchsetzungsvermögen nicht unbedingt erst deutlich machen, um Ihr Leben nutzbringend zu bereichern. Sie gehören zu den geborenen Führungspersönlichkeiten. Mit Ihrem Ehrgeiz und Ihrem Elan schaffen Sie den Weg an die Spitze. Dabei brauchen Sie immer Menschen um sich. Sie werden sicher keinen Routineberuf wählen, denn der würde Sie nicht auslasten.

Die Widder-Mond-Frau
Um sich richtig wohl zu fühlen, brauchen Sie ein bewegtes, abenteuerliches und auch aufregendes Leben. Dann sind Sie

in Ihrem Element. Sie suchen »gewagte Situationen«, damit Sie Ihren Mut beweisen können. Mangelt es daran, werden Sie leicht unzufrieden. Es fällt Ihnen schwer, die eigenen Gefühle zu kontrollieren, geschweige denn zu beherrschen. Auch daran erkennt man die Widder-Mond-Frau: an ihrem unverwüstlichen und beneidenswert erfrischenden Charme. In der Liebe wünschen Sie sich jedoch trotz aller Selbständigkeit einen Mann zum Anlehnen. Möglichst stark und ritterlich soll er sein, obwohl Sie einen Beschützer nicht nötig haben. Allerdings werden Sie nur mit Schwierigkeiten einen passenden Mann finden: einen, der Ihnen an Entschlossenheit, Mut und Energie überlegen ist. Ihr Partner darf auf keinen Fall zu Ihnen aufschauen – im Gegenteil: Er soll Ihnen durchaus Reibungsflächen bieten.

Die Widder-Mond-Mann

Männer mit diesem Geburtsmond empfinden ihre Mütter in den meisten Fällen als sehr starke, dynamische und eigenständige Frauen. Entschlossenheit und Selbständigkeit sind für Sie von klein auf Selbstverständlichkeiten. Gerade deshalb suchen Sie in Ihrer Partnerin eine Frau, die stark, mutig, kühn und ebenso entschlußkräftig ist. Sie sollte eher Kumpel als anschmiegsame Geliebte sein und Abenteuer mit Ihnen erleben wollen. Sie suchen kein Heimchen am Herd, sondern jemanden, der Ihre Bedürfnisse und Wünsche versteht und mit Ihnen teilen kann. Ihre Empfindungen und Regungen sind direkt, ehrlich, ungeduldig und leidenschaftlich. Sie müssen aber lernen, Ihre Gefühle, die oft sehr intensiv sind, offen zum Ausdruck zu bringen. Lassen Sie Ihren Emotionen freien Lauf. Nur so können Sie sich als Person akzeptieren und mit sich selbst in Harmonie leben, nur so können Sie eine glückliche Beziehung eingehen. Sehr wichtig ist Ihnen, daß Sie seelischen Dampf ablassen können, sonst würde Ihre Umwelt unter Ihren überschüssigen Kräften leiden. Ihren angestauten Streß und

Frust bauen Sie jedoch auch gerne in sportlichen Aktivitäten und körperlicher Arbeit ab. Für Sie gilt: so schnell sich Aggressionen in Ihnen aufbauen, so schnell sind sie auch wieder vergessen.

Das Widder-Mond-Kind

Es ist ein Glück, daß meist nur sehr nervenstarke, geduldige und humorvolle Mütter die kleinen Widder-Mond-Kinder auf die Welt bringen. Oder es sind Mütter, die an ihrem Geburtstag selbst den starken Einfluß dieses Tierkreiszeichens hatten. Denn diese drei Eigenschaften sind bei der Erziehung eines Widder-Mond-Kindes unerläßlich. Geduld ist das Wichtigste: In keinem Alter sollte die Aktivität des Kindes eingeschränkt werden. Mit Zwang und Verboten erreichen Sie nichts. Die Kleinen sind die aktivsten Säuglinge, sehr temperamentvolle Kleinkinder, abenteuerlustige Kinder und energiegeladene Teenager. Von Anfang an sind Widder-Mond-Kinder Kämpfernaturen: Sie wollen im Mittelpunkt stehen, ganz gleich, ob Jungs oder Mädchen. Befehlen können Sie ihnen übrigens nichts. Bitten Sie sie lieber mit einem freundlichen Lächeln ... Das Widder-Mond-Kind ist vor allem mit einem starken Willen und Ausdauer gesegnet. Erreicht es mit Trotzen, Schreien und Brüllen nicht sein Ziel, so ändert es die Strategie und wird mit großer Diplomatie letztendlich doch erreichen, was es wollte. Schule und Disziplin sind dem Widder-Mond-Kind verhaßt. Oft ist es nicht bei der Sache, vernachlässigt die Hausaufgaben, obwohl seine Auffassungsgabe sehr gut ist. Aber: Langeweile ist ihm ein Greuel. Ein Theoretiker wird aus einem Kind im Widder-Mond niemals werden.

Von klein auf zeigt sich schon: Die besten Freunde sind solche, die ihnen den nötigen Respekt zeigen. Sie verstehen sich gut mit den quirligen Zwilling-Monden, mit den energischen Löwe-Monden und den temperamentvollen Schütze-Monden. Für die Fisch- und Krebs-Monde werden sie Beschützer sein.

Mit den Skorpion-Monden dagegen kommen sie nicht so gut klar: sie lehnen sich gegen Autoritäten auf.

Mond im Widder ...

... Sonne im Widder: Dieser reine Widdertyp mit dem Element Feuer ist sehr bestimmend. Sie planen gerne, ziehen – auch wenn Sie selbst keine öffentliche Machtposition innehaben – am liebsten die Fäden aus dem Hintergrund. Willenskraft, Mut und impulsives Drängen nach Fortschritt und Erneuerung gehören für Sie zu den grundlegenden Dingen des Lebens. Stets suchen Sie nach neuen Aufgaben, nichts macht Sie ungeduldiger als Stagnation und Langeweile. Manchmal wirken Sie launenhaft, zeigen sprunghaftes und wenig ausdauerndes Handeln. Sie müssen aber aus Ihren Fehlern und Erfahrungen lernen. Das gilt auch für die Liebe: Lassen Sie Ihre Rechthaberei und gönnen Sie Ihrem Partner/Ihrer Partnerin eine eigene Meinung. Ohne Vorbehalte!

... Sonne im Stier: Die Elemente Feuer und Erde verbinden sich hier zu einer Persönlichkeit, die nach außen gelassen wirkt, in deren Innerem es aber brodelt. Ihre Eigenwilligkeit und Ihr besitzergreifender Charakter veranlassen Sie, sich für das Maß aller Dinge zu halten. Dabei haben Sie viele gute Eigenschaften: Ihre Bedachtsamkeit, Ihre Vorsicht, aber auch Ihr Mut schaffen den Ausgleich zu Ihrem Hang, sich auch auf Kosten anderer durchzusetzen. Sie haben viele Begabungen für künstlerische Dinge, arbeiten gerne kreativ und sind auch in der Liebe sehr erfinderisch. Das hindert Sie allerdings nicht daran, in der Partnerschaft eifersüchtig zu sein. Wenn Sie Ihre Liebesbeziehungen nicht gefährden wollen, sollten Sie diese Neigung allerdings in den Griff bekommen!

... Sonne in den Zwillingen: Unternehmungslust und Freiheitsliebe sind die beiden Eigenschaften, die diese Mischung aus Feuer und Luft am besten kennzeichnen. Sie gelten als wendig und beweglich, zeichnen sich durch rasche Auffassungsgabe und hohe Intelligenz aus. Ihre Geschäftstüchtigkeit wirkt manchmal etwas »anrüchig«, denn Sie lassen sich keinerlei günstige Gelegenheit durch die Lappen gehen. Durch Ihre oft hektische Betriebsamkeit schaffen Sie in kurzer Zeit zahlreiche Dinge, für die andere Tage und Wochen brauchen. Natürlich zehrt das auf lange Sicht an Ihren Nerven. Kein Wunder also, daß Sie gesundheitliche Probleme bekommen! Ihr Spontaneität wirkt sich auch in Liebe und Partnerschaft aus: Manchmal preschen Sie einfach zu schnell durchs Gefühlsleben. Geduld würde Ihnen mehr Erfolg bescheren!

... Sonne im Krebs: Widersprüchlich sind die beiden Einflüsse der Tierkreiszeichen, die sich in Ihnen vereinen: der einfühlsame Krebs und der ungestüme Widder, die Elemente Wasser und Feuer. So ist eine gewisse Zwiespältigkeit in Ihrem Wesen natürlich stets vorhanden, und es ist kein Wunder, daß Sie als launenhaft und sehr wankelmütig gelten. Sie packen Probleme mit Energie an, sind ungestüm und streben nach Anerkennung – doch machen Sie sich manches schwerer als nötig. Ihr Tatendrang wird durch Ängste und Unsicherheit gehemmt. Bei Konflikten geben Sie zu rasch auf – auch in der Liebe. Sie suchen zwar Leidenschaft und Romantik und sind auch bereit, in der Partnerschaft alles zu geben. Doch oft bleibt Ihnen die glückliche Erfüllung wegen Ihres aufbrausenden Temperaments und der Launenhaftigkeit versagt.

... Sonne im Löwen: Hier treffen zwei Feuerzeichen aufeinander, und das führt dazu, daß Ihr Temperament, Ihr Mut und Ihre Tatkraft Sie oft im Mittelpunkt allen Geschehens thronen lassen. Sie sind ehrgeizig, dynamisch und gehen auf Ziele zu, von denen andere nicht einmal zu träumen wagen. Ihre Persönlichkeit macht es Ihnen leicht, selbst ausgefallenste Probleme zu lösen. Allerdings: Sie gehen dabei mit dem Kopf durch die Wand. Nichts kann Sie aufhalten, auch der Widerstand Ihrer Umwelt nicht. Dieses Verhalten wird von anderen oft als Überheblichkeit mißverstanden. Auch in der Liebe wollen Sie stets den Ton angeben, obwohl dies einer der wenigen Bereiche im Leben ist, in denen Sie hin und wieder mal zurückstecken. Aber ungern – Ihre Freiheit ist Ihnen immer wichtiger.

... Sonne in der Jungfrau: Die Elemente Erde und Feuer machen Sie in dieser Kombination zu einem Menschen, der pflichtbewußt ist und dabei mutig und voller Antriebskraft. Sie sind beileibe kein Gewohnheitstier, sondern streben auch hochfliegende Ziele hartnäckig an. Natürlich wird dies von Erfolg gekrönt: Dafür sorgen Ihr Humor, Ihr Charme und Ihre Fähigkeit, hin und wieder einmal ohne Skrupel vorzugehen. Sie sind ein Kraftpaket, das sich so leicht durch nichts erschüttern läßt. Auch in bezug auf die Liebe nicht: In der Partnerschaft gelten Sie als verläßlich und verschmust. Einziger Wermutstropfen: Ihr ständiges Kritisieren und Ihr Drang, den Partner zu bevormunden. Aber das können Sie in den Griff bekommen!

... Sonne in der Waage: Das Luftzeichen Waage hat's nicht leicht mit Ihrem feurigen Widder-Mond. Denn sehr unterschiedliche Naturen müssen hier vereint werden. Zuverlässigkeit und Unberechenbarkeit, Ruhe und Leidenschaft, Kameradschaftssinn und Egoismus – all das liegt in den beiden Charakteren verborgen, die Sie bestimmen und prägen. Innerhalb kürzester Zeit kann Ihre Stimmung ins Gegenteil umschlagen, und damit muß Ihre Umwelt erst einmal fertig werden. Außerdem auch mit Ihrem Widerspruchsgeist, der sich besonders in Diskussionen zeigt: Sie vertreten Ihre Meinung ohne Rücksicht auf eigene Verluste oder gar die Ansichten anderer. Das mag Sie unbeliebt machen, doch man schätzt Ihre Standfestigkeit – vor allem dann, wenn Sie sich auf Ziele konzentrieren, die allgemein anerkannt sind. In der Liebe gelten Sie als empfindsam und gefühlvoll.

... Sonne im Skorpion: Die beiden gegensätzlichen Elemente Wasser und Feuer, die sich in Ihren beiden Tierkreiszeichen zeigen, müssen erst einmal unter einen Hut gebracht werden – keine leichte Aufgabe! Sie fühlen den Drang in sich, alles besser zu machen als andere, haben es dabei aber schwer, gegen Ihre negativen Eigenschaften anzukämpfen: Doch Aggressivität, Triebhaftigkeit und Leidenschaft sind nicht immer die richtigen Mittel, ein Ziel zu erreichen. Vermutlich werden Sie Ihre Energien oft fürs Allgemeinwohl einsetzen und dabei auch Erfolg erzielen. Ohne Anerkennung scheint Ihnen übrigens das Leben fade. Sie werden deshalb auch im Privaten Bestätigung suchen. Keine leichte Aufgabe, denn in der Liebe neigen Sie zu Eifersucht und Mißtrauen. Erst wenn Sie das überwinden, finden Sie hier Ihr Glück!

... Sonne im Schützen: Beide Zeichen tragen das Feuer als Element in sich – keine leichte Aufgabe also, Ihre Vorzüge und Mängel mit Willenskraft zu einer harmonischen Einheit zusammenzuschmieden. Keine Angst: Sie schaffen es, weil Sie im tiefsten Innern ein fairer Mensch sind! Ehrlich, aufrichtig und entschlossen gehen Sie Ihren Weg und lassen sich nicht durch Widrigkeiten aufhalten. Ihr boshafter Humor läßt Sie andere oft »auf den Arm« nehmen – und sei es nur, um von eigenen Fehlern abzulenken. Im Grunde jedoch sind Sie verbindlich, ja liebenswürdig, selbst wenn Ihnen manchmal etwas Bedachtsamkeit besser zu Gesicht stünde. In der Liebe gelten Sie zwar als leidenschaftlich, aber auch als flatterhaft. Sie passen sich nur ungern einem Partner an. Mit etwas Übung in Sachen Toleranz jedoch gelingt Ihnen auch dies.

... Sonne im Steinbock: Bei Ihnen setzt sich das Element Erde durch: Ihre Zielstrebigkeit ist geradezu sprichwörtlich. Sie sind impulsiv, schaffen es aber trotzdem, Ihre Pläne durch Ausdauer und Konzentration zu verwirklichen. Faulenzer können Sie nicht ausstehen, dazu sind Sie selbst viel zu sehr in Bewegung. Sie streben durchaus eine Karriere an, und es wird Ihnen auch gelingen, ganz nach oben zu kommen: Sie sind nämlich bereit, härtesten Einsatz zu zeigen. Ihr Unabhängigkeitsgefühl macht es schwer für Sie, anderen zu vertrauen und sich auf sie zu verlassen. Das gilt im Job ebenso wie in der Liebe – leider! Doch Sie werden Ihr Glück finden, wenn Sie eine gewisse Reife erreicht haben und nicht mehr flüchtigen Affären nachjagen. Geduld ist dafür sowohl auf Ihrer Seite wie auf der Ihres Partners nötig.

... Sonne im Wassermann: Die Dynamik des Elements Luft verbindet sich hier mit dem Feuer des Widder-Mondes. Ungeduld und Leidenschaft werden bei Ihnen oft durch äußere Umstände entzündet – zu einem Feuer, das dann gar nicht mehr so leicht zu löschen ist. Ihre vielseitigen Begabungen setzen Sie durchaus um, aber Sie nehmen mit großer Ungeduld wahr, daß andere keine so schnelle Auffassungsgabe haben. Vorsicht: Das kann dazu führen, daß Sie vorschnell aufgeben, wenn etwas mal nicht so läuft, wie Sie es sich vorstellen. Das gilt übrigens auch fürs Privatleben: Sie sind zwar voller Liebenswürdigkeit, voller Charme und Rücksichtnahme – aber Sie neigen auch hier zu übergroßer Ungeduld. Ihr Partner/Ihre Partnerin sollte auf jeden Fall all Ihre Interessen teilen.

... Sonne in den Fischen: Auch hier Gegensätzliches – Wasser und Feuer nämlich! Kein Wunder also, daß Sie viel innere Überzeugungskraft brauchen, um sich all das zu schaffen, was Sie sich erträumen. Sie verstehen es jedoch bestens, Impulsivität und Tatkraft auf der einen mit Mitgefühl und Begeisterungsfähigkeit auf der anderen Seite zu verbinden. Sie mögen zwar naiv wirken, sind es aber keineswegs – im Gegenteil: Sie können durchaus angriffslustig sein. Dabei schießen Sie schon mal übers Ziel hinaus, bekommen dies aber auch schnell wieder in den Griff. In der Liebe gelten Sie als hingebungsvoll und häuslich. Dennoch kommt Ihr Temperament hier niemals zu kurz – manchmal geht es sogar mit Ihnen durch. Wenn Ihr Partner damit klarkommt, steht Ihrem Glück nichts im Wege.

*... da gingen andere Sonnen
und andere Monden auf ...*
Johann Wolfgang von Goethe (1749–1832)

Mond im Stier

Steckbrief
Der Stier-Mond-Typ: die gemütliche Seele
Element: Erde
Herrscherplanet: Venus
Eigenschaft: stabilisierend als zweites Frühlingszeichen
Prinzip: Sicherheit
Pol: weiblich
Farben: ein kräftiges Grün, Sand- und Erdfarben
Körperregionen: Hals und Nacken
Schwächen: Sturheit, Rechthaberei
Stärken: Konsequenz und Geduld

Unabhängig davon, in welchem Tierkreiszeichen die Sonne bei Ihrer Geburt stand, hat der Mond Ihnen auch typische Charaktereigenschaften des Stiers in die Wiege gelegt. Der Mond symbolisiert die Seele, die inneren, unbewußten und emotionalen Bedürfnisse und Wünsche. Er steht für unsere oft irrationalen, unlogischen und nicht erklärbaren Handlungen und Reaktionen.

Im Gemütsleben herrscht bei Ihnen meist Frieden, denn Mond-Stiere haben oft ein sehr starkes Bedürfnis nach Ruhe und Behaglichkeit. Sicherheit materieller Art ist Ihnen sehr wichtig. Gibt es damit jedoch Schwierigkeiten, so ist Ihr Seelenfrieden schnell gestört. Um das Gleichgewicht wieder herzustellen, können Sie dann unglaubliche Kräfte aktivieren. Der Mond-Stier-Mensch ist meist ausgeglichen. Für Sie ist das

Leben lebenswert, wenn Gleichgewicht herrscht zwischen Geben und Nehmen. Aber auch Fürsorglichkeit und Großzügigkeit dürfen nicht fehlen.

Eine Ihrer anderen Qualitäten ist die äußere und innere Beständigkeit. Von Nachteil kann es jedoch sein, daß Sie Dinge, die Ihnen lieb und wert sind, gerne »in Besitz« nehmen. In der Partnerschaft wird der Stier-Mond-Mensch seiner großen Liebe alles geben. Sie sind immer in Sorge um das leibliche und irdische Wohl. Dabei fehlt Ihnen keinesfalls Genußfreude und Gastfreundschaft. Man schätzt Sie wegen Ihrer aufgeschlossenen Geselligkeit und Sinnlichkeit. Kurz gesagt: Sie sind einfach eine »treue Seele«, der es allerdings an Bequemlichkeit nicht mangeln darf. Materielle Sicherheiten bewerten Sie oft zu stark. Es gehört zu den Lernprozessen Ihres Lebens, Hab und Gut nicht zu wichtig zu nehmen. Dazu gehört auch, das normale Leben so zu akzeptieren, wie es ist, und alltägliche Risiken ohne Scheu einzugehen.

Durch Ihre friedliche und zurückhaltende Art finden Sie Ihre Freunde meist bei anderen Erd-Monden: Steinbock und Jungfrau, manchmal auch bei Waage-Geborenen. Mit Wasser-Monden wie Fischen, Krebs oder Skorpion tun Sie sich dagegen schwer. Von den Ideen des Zwillings jedoch lassen Sie sich nach anfänglichen Schwierigkeiten begeistern.

Die Stier-Mond-Frau

Der erste Eindruck einer Stier-Mond-Frau ist der von Zurückhaltung und Verführung zugleich. Sie wissen Ihre weiblichen Reize einzusetzen. Deshalb sind Sie noch keineswegs ein Vamp, Kinder und Haushalt können Ihnen durchaus Spaß machen. Um aber Ihre inneren Wünsche und Bedürfnisse auszuleben, brauchen Sie immer genügend Zeit und Freiraum.

Das Fundament Ihres Lebens muß solide und stabil sein. Das bringt Ihnen oft den Ruf ein, materialistisch zu denken, doch Sie legen auch großen Wert auf die inneren und äußeren Werte. Durch Ihre Ruhe und Kraft sind Sie anderen Menschen oft eine große Stütze, ebenso durch Ihre emotionale Ausgewogenheit und Ihre Beständigkeit. Im großen und ganzen sind Sie als Stier-Mond-Frau sehr zufrieden mit Ihrem Leben – wenn Sie Ihre sinnlichen Bedürfnisse ausleben dürfen.

So großzügig Sie auch selbst mit Zärtlichkeit umgehen, Sie wollen in innigen Stunden ebenfalls auf Ihre Kosten kommen. Das genießen Sie zusammen mit Ihrem Partner. Sie können unter diesem Umständen durchaus ein ganzes Leben lang treu sein. Doch obwohl Sie als weich, weiblich und freundlich gelten, stehen Sie gleichzeitig Ihren »Mann«. Sie wissen, was Sie wollen, Sie sind eine eigenständige Persönlichkeit. Um Ihre Bedürfnisse durchzusetzen, gebrauchen Sie Ihren sprichwörtlichen Dickkopf. Und wenn Sie dann etwas nicht bald bekommen, können Sie sehr nachtragend sein.

Der Stier-Mond-Mann

Wenn der Geburtsmond sich im Tierkreiszeichen Stier befindet, erleben die Herren der Schöpfung ihre Mutter oft als eine gutmütige, häusliche und sehr praktisch veranlagte Frau. Diese versteht es aber trotz allen Pflichtbewußtseins, die freundlichen und positiven Seiten des Lebens zu genießen. Und das nimmt der Stier-Mond-Mann auf. Verläßlichkeit und Beständigkeit sind ihm wichtig. Sie sind ein sehr gewissenhafter, fleißiger, verantwortungsbewußter und treuer Mann. Große Worte sind Ihnen fremd, Taten sind Ihnen wichtiger. Ehrlichkeit wird sehr groß geschrieben, ebenso gute Manieren und Pflichterfüllung.

Geformt von seinem Mutterbild fühlt sich der Stier-Mond-Mann zu Frauen hingezogen, die im gleichen Maße Ruhe und Kraft ausströmen. Die »totale Weiblichkeit« schätzen Sie also nicht, schlichte Schönheit und ein gutes Maß an weiblichen Reizen genügen Ihnen. »Sie« sollte eher rundlich sein als eine

dünne Mannequin-Figur haben. Schon in früher Jugend suchen Sie weniger das Abenteuer, sondern eher die »Frau fürs
Leben«. Sie sollte immer gut für sein sinnliches, leibliches und
seelisches Wohl sorgen, aber in Maßen, nicht unbedingt auf üppige und verschwenderische Weise. Das liegt Ihnen nämlich
gar nicht ...

Oft hat man bei Ihnen den Eindruck, daß Sie unfähig sind,
Ihre Gefühle zu zeigen. Eines müssen Sie im Laufe Ihres Lebens jedoch lernen: sich auszuleben und selbst auszukosten.
Denn erst dann wird Ihre Beziehung zu Frauen sehr harmonisch. Und auch die alltäglichen, häuslichen und materiellen
Belange lasten nicht mehr so schwer auf Ihrer Seele.

Das Stier-Mond-Kind
Schon als kleines Kind läßt sich der Stier-Mond nur schlecht
zu irgend etwas überreden oder gar zwingen, wozu er keine
Lust hat. Er will seinen Kopf durchsetzen, selbst wenn das als
Sturheit ausgelegt wird. Trotz des großen Dickkopfs sind Stiermonde sehr anschmiegsame und sinnliche kleine Menschen.
Und sie sind »Gewohnheitstiere«, die ungern aus der gewohnten Umgebung herausgerissen werden. Schon in frühester Jugend sind die Kleinen sehr bequem. Erst spät lernen sie
sitzen, krabbeln und gehen. Dann aber geht's bei dem kleinen
Stier-Mond-Kind erst richtig los: War es vorher ruhig, nett und
friedlich, holt es jetzt alles als kleiner Wildfang nach. Jungen
und Mädchen setzen bereits ihren Charme ein, wann immer es
nötig ist und sie etwas erreichen wollen.

In der Schule nehmen die Stier-Mond-Kinder ihre Pflichten
sehr ernst. Sie sind brave Schüler, die gewissenhaft ihre Aufgaben erledigen. Klassenbeste werden sie nicht, sie lernen
langsam, dafür aber sehr intensiv. Die größte Tugend der Stier-
Mond-Kinder ist ihre Geduld. Erklärungen akzeptieren sie
nur, wenn sie hieb- und stichfest sind.

Mond im Stier ...

... Sonne im Widder: Spannung in Ihrem Wesen und Charakter entsteht dadurch, daß Sie zwei benachbarte Zeichen vereinen. Die Elemente Erde und Feuer sorgen jedoch dafür, daß Sie Durchsetzungskraft und Begeisterungsfähigkeit mit Ehrgeiz und Überzeugungskunst verbinden. Sie treten meist freundlich und zuvorkommend auf und kommen deshalb spielend an jedes Ziel, selbst wenn es noch so hoch gesteckt ist. Hüten Sie sich jedoch vor zu schnellem Urteil über andere. Bleiben Sie nicht zu starr an alten Gewohnheiten kleben – das hindert Sie nämlich daran, Ihre künstlerischen Ambitionen auszuleben. Dabei könnten Sie in diesem Bereich viel erreichen, denn Ihnen ist ein einzigartiger Geschäftssinn in die Wiege gelegt worden. In der Liebe suchen Sie Stabilität und Sicherheit.

... Sonne im Stier: Die positiven wie auch die negativen Wesenszüge des Erdzeichens Stier treten bei Ihnen besonders stark hervor. Es liegt jedoch in Ihrer Hand, ob Sie selbst eher die guten Eigenschaften – also Ausdauer, Zielstrebigkeit, Güte und Ehrlichkeit – fördern, oder aber den negativen (Eigensinn, Selbstgerechtigkeit, wenig Anpassungsfähigkeit) zuviel Raum geben. Sicher können Sie sein, daß Stabilität in Ihrem Leben eine vorherrschende Rolle spielt. Das gilt im Berufsleben ebenso wie im privaten Bereich. Sie gehen Ihren Weg beharrlich durch dick und dünn, es macht Ihnen dabei nichts aus, wenn mal etwas schiefgeht. In der Liebe sieht es ähnlich aus: Auf Teufel komm' raus wollen Sie Ihren Kopf durchsetzen. Sie müssen aber lernen, daß in einer Partnerschaft Toleranz nötig ist – und daß Sie Ihrem/r Liebsten Freiheiten zugestehen müssen, um ihn oder sie zu halten ...

... Sonne in den Zwillingen: Kaum jemand ist so wißbegierig, unternehmungslustig und voller Lebensfreude wie diese Kombination aus den Elementen Luft und Erde! Gleichzeitig haben Sie einen Hang zu intellektuellen Diskussionen. Negative Züge wie Leichtsinn und Flatterhaftigkeit kommen nur selten zum Ausbruch – doch Sie sollten der Gefahr gewärtig sein, daß Sie zur Oberflächlichkeit neigen. Sie streben nach Sicherheit, vor allem in materieller Hinsicht, aber Sie lieben auch Abenteuer und Abwechslung. Kein Wunder, daß Sie für Ihre Umwelt nicht ganz leicht einzuordnen sind! In der Liebe sollten Sie nach einem/r Partner/in Ausschau halten, deren/dessen Interessen sehr ähnlich gelagert sind. Mit ein wenig Anpassung finden dann auch Sie dauerhaftes Glück!

... Sonne im Krebs: Meist ist die Kombination der Elemente Erde und Wasser sehr vorteilhaft: Selbst wenn Sie zunächst schüchtern wirken, stellt sich schnell heraus, daß Sie starken Willen und große Kreativität besitzen. Sie sind für das richtige Ziel durchaus opferbereit und haben auch Erfolg, denn Sie taktieren nicht forsch, sondern mit Diplomatie. Allerdings: Kritik vertragen Sie nicht so gut – dann sind Sie leicht beleidigt. Sie sollten aber lernen, daß Kritik durchaus konstruktiv sein kann. Achten Sie den Ratschlag Ihrer Mitmenschen, er ist in den seltensten Fällen böse gemeint! In der Liebe wollen Sie vieles oft erzwingen. Das kann nicht immer gutgehen. Ein Lebenspartner jedoch, der Ihnen Ehrlichkeit und Verläßlichkeit entgegenbringt, wird Ihnen auch Harmonie und Glück garantieren können.

... Sonne im Löwen: Eine Verbindung von Willenskraft, Ehrgeiz und Stolz zeichnet Ihren Charakter aus. Sie akzeptieren Niederlagen nur schwer, und Sie hassen nichts mehr, als daß einer Ihrer Wünsche nicht in Erfüllung geht. Da können Sie regelrecht explodieren ... Sie müssen lernen, auch mit Niederlagen umzugehen, Enttäuschungen wegzustecken. Niemand kann auf Dauer immer Sieger sein! Sie neigen dazu, keinerlei Aufgaben abzugeben – auch hier sollten Sie umdenken: Nehmen Sie nicht nur Ihre Person wichtig, delegieren Sie bestimmte Projekte an Mitarbeiter und Untergebene. Deshalb wird Ihr Ruhm nicht geschmälert! In der Liebe suchen Sie vor allem nach einem erfüllten Sexualleben. Ihre romantischen Bestrebungen halten sich eher in Grenzen.

... Sonne in der Jungfrau: Ernst und praktisch gehen Sie durchs Leben, arbeitsam und tüchtig streben Sie Ihren Zielen nach. Sie haben sich etwas vorgenommen und das wollen Sie auch erreichen: Koste es, was es wolle! Sie stürzen sich nicht blindlings in ein Abenteuer, sondern durchdenken genau, planen alles voraus. Sie sind allerdings sehr konservativ: Es dauert lange, bis Sie sich von Althergebrachtem trennen. Sie dürfen aber nicht jede Neuerung als Hindernis betrachten, sondern auch als Herausforderung. Sicherheit geht Ihnen beinahe über alles – und darunter leidet manchmal Ihr Privatleben. Nerven Sie Ihre/n Partner/in nicht mit Vorwürfen, sondern üben Sie sich in Verständnis und Toleranz!

... Sonne in der Waage: Man kann seinen Weg durchs Leben auf leichte oder schwere Weise nehmen – und Sie werden wahrscheinlich eher die zweite Version wählen. Das liegt in Ihrer Natur, die von den Elementen Luft und Erde bestimmt wird. Sie sind ein sehr dynamischer und erfolgreicher Mensch. Sie verstehen es, Ihre vielseitigen Begabungen einzusetzen. Und Sie scheuen dabei keinerlei Konkurrenz. Selbst wenn es Sie innere Kämpfe kostet: Sie können akzeptieren, daß Sie nicht immer Ihren Kopf durchsetzen werden. Das macht Sie zu einem begehrten Verhandlungspartner. Sie sind außerdem sehr feinfühlig, was Ihnen besonders bei der Liebe zugute kommt. Jeden Mißerfolg auf diesem Gebiet jedoch empfinden Sie doppelt schwer und sind tief enttäuscht, wenn das Idealbild, das Sie von Ihrem/r Liebsten hatten, sich in der Realität nicht bestätigt.

... Sonne im Skorpion: Die Elemente Wasser und Erde verbinden sich in Ihrem Charakter zu einem harmonischen Ganzen. Sie sind seriös und standfest, haben Selbstdisziplin und eine praktische Veranlagung. Mit Energie, Ausdauer und Fleiß konzentrieren Sie sich auf den Weg nach oben. Weil Sie außerdem noch mit einem starken Willen gesegnet sind, haben Sie sicher Erfolg im Leben. Hin und wieder lassen Sie sich allerdings verunsichern: durch Kleinigkeiten und auch, weil Sie ein wenig abergläubisch sind. Ihren Mitmenschen gelten Sie als humorvoll und liebenswert, selbst wenn Sie manchmal etwas rechthaberisch sind. In der Liebe suchen Sie immer nach Romantik und die finden Sie zunächst in zahlreichen Affären. Erst später sehnen Sie sich nach einer reifen, harmonischen Beziehung.

... Sonne im Schützen: Die Elemente Feuer und Erde treffen bei dieser Sternzeichen-Konstellation aufeinander. Und weil gute und schlechte Eigenschaften hier einen Ausgleich erfahren, leben Sie mit sich selbst durchaus in Harmonie. Ihr freundliches Wesen zeigt sich vor allem bei der Arbeit im Team: Sie müssen nicht um jeden Preis die Führung an sich reißen, sondern sind ein verantwortungsbewußter Kollege, der sich einfügt, dennoch aber seine Stellung zu behaupten weiß. Ihr Fehler ist, daß Sie manchmal ungeduldig sind, daß Sie auch Probleme damit haben, endgültige Entschlüsse zu fassen. Ihre Vielseitigkeit und Ihre Kreativität sollten Sie nicht davon abhalten, eine Sache von Anfang bis Ende durchzuziehen. In der Liebe sind Sie sehr romantisch; Sie lassen sich aber nicht gerne einengen.

... Sonne im Steinbock: Schöpferische Kraft, ausgeprägter Wille und Gerechtigkeitssinn werden Ihnen zugeschrieben. Zweimal steht Ihnen das Element Erde zur Seite und bringt so vor allem Stabilität in Ihr Leben. Sie halten deswegen auch nicht allzu viel von Veränderungen jeglicher Art – böswillige

Neider werden Sie sogar spießig nennen. Im Grunde kann Sie das nicht erschüttern, wissen Sie doch: Ohne Sie und Ihren Lebensstil, ohne Ihre Ehrlichkeit und Ihr Pflichtbewußtsein könnte es kein Staats- und Gemeinwesen geben. Sie setzen sich ein Ziel – und streben dem dann zäh und am Ende erfolgreich zu. In der Liebe schätzt man Ihre Ruhe, Ihren Humor und Ihren natürlichen Charme. Wenn Sie nicht auf den/die erstbeste/n Partner/in hereinfallen, finden Sie sicherlich das große Glück!

... Sonne im Wassermann: Ihre große Liebenswürdigkeit und Ihre Umgänglichkeit machen Sie zu einem ausgesprochen beliebten Zeitgenossen. Doch Sie sind auch ein guter Schauspieler: Niemand erkennt nämlich auf Anhieb Ihre inneren Kämpfe gegen so negative Eigenschaften wie Eigensinn, Rechthaberei, Selbstsucht oder Oberflächlichkeit. Ihre Intuition ist sehr ausgeprägt. So wissen Sie meist sehr schnell, woran Sie bei einem Menschen sind. Und verstehen es daher, ihn richtig zu behandeln. In der Liebe zeigen Sie sich manchmal halsstarrig und überaus hartnäckig – nicht immer zur Freude Ihres/r Partners/in. Zeigen Sie ein wenig mehr Gefühl und liebevolle Zuwendung!

... Sonne in den Fischen: Viele Gegensätze gilt es zu überwinden, wenn Sie in dieser Konstellation geboren sind. Sie können sich naiv und harmlos geben, haben es aber in Wirklichkeit faustdick hinter den Ohren. Sie wissen genau, wie Sie jemanden um den Finger wickeln können, wie Sie Ihre Ziele am besten erreichen. Ein großes Manko ist Ihr Egoismus – da kennen Sie oft keinerlei Rücksicht! Manchmal geht Ihr Temperament mit Ihnen durch, obwohl Sie durchaus auch verträglich und anpassungsfähig sein können. In der Liebe sollten Sie darauf achten, eine/n Partner/in zu wählen, der/dem Sie bedingungslos vertrauen können. Sie neigen nämlich zur Eifersucht ...

... schön lächelt der Mond
uns aus himmlischem Zelt...
Friedrich Leopold Graf zu Stolberg (1750–1819)

Mond im Zwilling

Steckbrief
Der Zwillings-Mond-Typ: die kommunizierende Seele
Element: Luft
Herrscherplanet: Merkur
Eigenschaft: angleichend
Prinzip: Kontakt
Pol: männlich
Farben: helles bis kräftiges Grün
Körperregionen: Schulter, Arme, Hände
Schwächen: Oberflächlichkeit und Unzuverlässigkeit
Stärken: Flexibilität und Geschicklichkeit

Unabhängig davon, in welchem Tierkreiszeichen die Sonne bei
Ihrer Geburt stand, hat der Mond Ihnen auch typische Charaktereigenschaften des Zeichens Zwillinge in die Wiege gelegt. Der Mond symbolisiert die Seele, die inneren, unbewußten und emotionalen Bedürfnisse und Wünsche. Er steht für
unsere irrationalen, unlogischen und nicht erklärbaren Handlungen und Reaktionen.

Wer unter dem Mond in den Zwillingen geboren ist, benötigt
das ganze Leben hindurch den Gefühls- und Gedankenaus-
tausch mit seinen Mitmenschen.
    Ebenfalls sehr wichtig ist Abwechslung für Sie. Eintönigkeit
schätzen Sie absolut nicht, Sie sehnen sich nach Situationen,
die unterhaltsam und anregend sind. Als Gesprächspartner

sind Zwillingsmonde interessant, objektiv und aufgeschlossen. Wenn man jedoch Ihren Redefluß auslöst, kann man Sie nur mehr schwer bremsen. Sie wollen sich mitteilen – ohne Rücksicht auf andere.

Emotionen handhaben Sie eher rational. Oftmals kann es zu Unstimmigkeiten kommen, denn Sie handeln stets mit dem Verstand, nicht nach dem Gefühl, nicht »aus dem Bauch«. Ihr Wunsch wird es immer sein, Abwechslungsreiches und Interessantes zu erleben. Als Zwillings-Mond-Mensch bringen Sie mit Ihrer Vielseitigkeit, die sehr erfrischend und auch sprühend sein kann, Unternehmungslust und Lebendigkeit in jede zwischenmenschliche Beziehung. Treue in der Liebe ist für Sie dennoch kein Problem. Durch Ihre Lebhaftigkeit wirken Sie aber oft unbeständig und leichtlebig.

Ihr ganzes Leben lang werden Sie lernen müssen, nicht alles mit dem Verstand zu entscheiden, sondern auch die Gefühle zur Geltung kommen zu lassen. Freunde finden Zwillings-Monde als Luftzeichen bei den Feuerzeichen. Sie wirken anregend bei den Mondzeichen Schütze, Widder und Löwe. Turbulent werden die Freundschaften zu den Wassermann-Monden. Beruhigend und ausgleichend wirken die Waagen auf den Zwilling.

Die Zwillings-Mond-Frau

Ihre Schwierigkeit liegt darin, daß Sie oft nur mit dem Verstand entscheiden und nicht Ihre Gefühle bestimmen lassen. Sie sind sehr mitteilsam. Ohne Kontakt zu anderen können Sie nicht existieren, Sie müssen kommunizieren und diskutieren können. Oftmals analysieren Sie alles, wollen alles rational verstehen – aber das geht eben einfach nicht immer. Sie sollten lernen, Ihre Gefühle und Bedürfnisse so zu leben, wie sie sind und wie sie kommen.

Wie Sie sich fühlen, hängt davon ab, welchen Neigungen und Interessen Sie Raum gewähren. Sie gestalten Ihr Leben möglichst abwechslungsreich und anregend. Dafür benötigen Sie aber immer Eindrücke und Impulse von außen. Bekommen Sie diese nicht, so fühlen Sie sich absolut unwohl. Ihr Charme sprüht, je besser Sie sich fühlen. Denn Sie sind eine unternehmungslustige Frau, die Ihre Umgebung positiv und belebend beeinflußt.

In Ihrem Leben werden Sie viel ausprobieren und kennenlernen, das bringt Sie so richtig in Schwung, und es verschafft Ihrer Seele eine prickelnde Lebendigkeit. Oft wirken Sie dadurch unbeständig. Aber das ist Ihnen gleichgültig: Durch Ihre Heiterkeit verbreiten Sie überall, wo Sie auftauchen, Jubel und Trubel.

Der Zwillings-Mond-Mann

Viele Merkmale der Zwillings-Mond-Frau lassen sich auf Sie übertragen. Sie sind lebenslustig – »Je bunter, desto lieber« könnte Ihr Lebensmotto sein. Schon Ihre Mutter haben Sie als sehr kontaktfreudig, als vielseitig interessiert empfunden – und das hat sich auf Sie übertragen: Denn Abwechslung, Unterhaltung, aber auch Aufgeschlossenheit und Gesprächsbereitschaft waren Ihnen schon in frühester Jugend nicht fremd.

Bei der Partnersuche werden Sie darauf achten, daß Ihre Liebste unterhaltsam und geistreich ist. Sie muß unternehmungslustig und wißbegierig sein. Und sie ist es, die in Ihrer Beziehung für neue Impulse sorgen wird, die keine Langeweile aufkommen lassen. Denn nur so können Sie sicher sein, daß der graue Alltag nicht trostlos wird. Dabei ist es gleichgültig, unter welchem Tierkreiszeichen der Zwillings-Mond-Mann geboren ist: Die ideale Frau muß vielseitig, redegewandt und mitteilsam sein. Sie wollen sich mit ihr austauschen können, das ist Ihnen das Wichtigste. Intellekt steht bei Ihnen höher als jegliche Emotion. Den Anstoß zu »tiefschürfenden« Gesprächen erwarten Sie ebenfalls von Ihrer Partnerin.

Im beruflichen Bereich fällt es Ihnen nicht schwer, das Richtige zu finden. Ihre Redegewandtheit und Ihre Sprachgewalt machen Sie zum geborenen Journalisten oder Reporter, zum Rundfunkmoderatoren oder Kinderbuchautoren. Ihr kreatives Denken läßt Sie für jede Werbefirma oder eine Entwicklungsabteilung zu einer Bereicherung werden.

Das Zwillings-Mond-Kind

Schon mit zwei Jahren kann's passieren, daß Sie erkennen, welche Sprachgewalt Ihr Zwillings-Mond-Kind hat. Und es wird nicht mehr aufhören: Alles wird nachgeplappert! Wissensdurst und Neugierde sind angeboren, und schon als Kleinkind ist es begierig, das Erlebte oder Gehörte wiederzugeben. Gute Nerven sind für die Eltern solcher Kleinen sehr wichtig. Mit einfachem »Verbieten« geht übrigens nichts: Die elterliche Trickkiste muß häufig geöffnet werden, damit der kleine Zwillings-Mond tut, was Sie wollen.

Im Kindergarten und später in der Schule wird das Zwillings-Mond-Kind oft mit Begeisterung in andere Rollen schlüpfen. Es wird Spiele erfinden und viele andere Kinder damit unterhalten. Die Fantasie kennt keine Grenzen. Schon wenn die Zwillings-Monde klein sind, werden sie sich Geschichten einfallen lassen, sie erzählen und ausschmücken. Auch sind sie sehr aufnahmefähig für Fremdsprachen. Sie werden keinerlei Schwierigkeiten haben, zweisprachig aufzuwachsen. Mathematik, Physik und Chemie werden nicht so gute Fächer sein, dafür wird das Kind in den Fächern Geographie, Deutsch, Biologie und Fremdsprachen die besten Noten nach Hause bringen. Die Aufgaben können schon mal schlampig gemacht werden, denn Ausdauer und Geduld gehören nicht zu den Stärken des Zwillings-Mondes. Doch das wird durch einen Riesenvorteil ausgewogen: Kinder unter diesem Zeichen erkennen das Wesentliche auf einen Blick – langes Pauken ist unnötig.

Mond im Zwilling ...

... Sonne im Widder: Als »typisch männlich« gelten die beiden Sternzeichen, die Ihren Charakter prägen. Die Elemente Luft und Feuer tun das ihre, daß Sie ein Mensch sind, der sich mit Geschick und Energie durchzusetzen versteht. Sie gelten als sehr kontaktfreudig, obwohl Sie durchaus kühl und distanziert wirken können. Arbeit geht Ihnen über alles, aber Sie verstehen es auch, dem Leben seine schönen Seiten abzugewinnen. Sie neigen hin und wieder zum »Aus-der-Haut-Fahren«, vor allem dann, wenn Sie sich ungerecht behandelt fühlen oder eine Intrige gegen Ihre Person wittern. Ihre Führungseigenschaften werden dadurch kaum in Frage gestellt. In der Liebe neigen Sie ebenfalls dazu, Ihre/n Partner/in unauffällig zu lenken. Das mag manchem unbequem werden – Sie sollten also auf jeden eine/n Liebste/n suchen, die oder der tolerant genug ist, Sie gewähren zu lassen.

... Sonne im Stier: Ihre frische, anregende und stets jugendlich wirkende Persönlichkeit läßt Sie zu einem eher praktischen als geistigen Menschen werden. Das nüchterne Handeln des Erdzeichens Stier verbindet sich aufs beste mit dem geistreichen und lebhaften Luftzeichen Zwilling – kein Wunder also, daß Sie als scharfsinniger Beobachter schnell erkennen, was Ihre Mitmenschen wirklich von Ihnen wollen. Sie sind vielseitig begabt, und das sollten Sie beruflich nutzen. Leider neigen Sie dazu, Ihre Zeile sehr unrealistisch zu sehen. Vielleicht hilft es Ihnen, wenn Sie sich einen »Lebensplan« aufstellen, nach dem Sie vorgehen. Das gilt auch für die Liebe: Bleibt Ihre Zuwendung unerwidert, so übersehen Sie das einfach – ebenso wie Schwächen und Unzulänglichkeiten. Auf Dauer jedoch läßt sich auf diese Weise keine Beziehung harmonisch führen. Deshalb: Lernen Sie, die Gefühle anderer richtig zu deuten!

... Sonne im Zwilling: Sie sind ein »reiner« Zwilling! Das heißt, alle kosmischen Eigenschaften werden verstärkt. Das Element Luft spielt eine wichtige Rolle dabei: Sie sind beweglich und passen sich gerne an. Vielleicht allzu gern, denn Ihre Vorliebe für Wechsel und Vielfalt läßt Sie manchmal den Überblick verlieren. Sie wirken auch ein wenig unsicher. Hüten Sie sich davor, sich zu verzetteln und dann Pfusch abzuliefern – das wäre Ihrem beruflichen Fortkommen sicher nicht förderlich. Ihre großer – übergroßer! – Bewegungsdrang läßt eine Partnerschaft nur schwerlich zu. Glücklich werden Sie daher nur mit einem/r Partner/in, der/die Ihre Sucht nach Freiheit behutsam eingrenzt. Dabei hilft Ihnen jedoch auch Ihre Anhänglichkeit sowie Ihre heiter-aktive Lebensauffassung.

... Sonne im Krebs: Luft und Wasser sind die beiden Elemente, die hier die Wesenszüge prägen: Einerseits Unrast und Unbeständigkeit, andererseits Einfühlsamkeit, Wissensdurst und Aufgeschlossenheit. Sie sind gewiß vielseitigst veranlagt – nutzen Sie Ihre Talente. Sie zeigen viel Schwung und Fantasie, das kann Ihnen manchmal Probleme bereiten. Nämlich dann, wenn Sie vergessen, daß andere nicht so schnell und wendig im Geiste sind. Lernen Sie daher, sich zur rechten Zeit zu entspannen. Vorsicht: Wenn Sie das nicht schaffen, sind Sie mehr als andere gefährdet, vorschnell zu Medikamenten, Alkohol oder Drogen zu greifen! In der Liebe haben Sie oft zu hohe Erwartungen. Ihr/e Partner/in muß dann viel Verständnis zeigen.

... Sonne im Löwen: Luft und Feuer sind die Elemente, die Ihr Wesen bestimmen – und das ist eine brisante Mischung! Leidenschaften und Begeisterung lodern hell auf – bis sie zum Problem werden. Aber meist handeln Sie eher vernünftig und objektiv. Ihre Freiheitsliebe ist sehr groß, Sie lieben das Abenteuer. Aber Sie streben auch nach Sicherheit. Weil Sie hin und wieder auch gerne einem gewissen Faulenzertum nachgeben, müssen Sie sich manchmal am Riemen reißen, um Ihre Vorstellungen verwirklichen zu können. Sie sollten vermeiden, Ihre eigene Person allzu hoch einzuschätzen. Mit Disziplin erreichen Sie nämlich mehr als mit zu vielen Versprechungen. In der Liebe gibt's oft Probleme: Sie suchen nach Bewunderung, nach geistiger Anregung, nach körperlicher Befriedigung. Alles bei einem Partner – das ist nicht leicht zu finden!

... Sonne in der Jungfrau: Ihre Eigenschaften werden von den Elementen Luft und Erde geprägt – einer Kombination, die nicht einfach ist: Sie suchen das Schöne und scheuen sich gleichzeitig, sich daran zu erfreuen. Sie wissen nämlich, wie nichtig Irdisches ist. Sie sind voller Lebenslust, bedenken jedoch ständig, daß Ihre Aufgaben ernsthafter Natur sind. Das Wichtigste für Sie ist, Selbstvertrauen aufzubauen. Dann haben Sie auch keine Probleme damit, Ihren Beruf auszufüllen und Ihren Verpflichtungen nachzukommen. Alleine können Sie nicht leben, selbst wenn Sie sich hin und wieder zurückziehen: Sie brauchen Menschen um sich herum. In der Liebe zeigen Sie oft mehr Verstand als Gefühl – zum Unverständnis Ihrer/s Partners/in. Sollen Sie aber zu einer Entscheidung gedrängt werden, suchen Sie oft Ihr Heil in der Flucht ...

... Sonne in der Waage: Hier haben sich zwei Luftzeichen vereint – und so sind Sie meist ein Mensch, der sehr emotional reagiert und der sich bewußt auf die Handlungen und Denkweisen seiner Umwelt einzustellen vermag. Was Sie überhaupt nicht einordnen können, sind Angriffe, die sich gegen Ihre Person richten. Auch ist Ihnen die Gleichgültigkeit Ihrer Mitmenschen gegenüber wichtigen Ereignissen und Entwicklungen ein Rätsel: gehören Sie doch zu denen, die immer auf dem neuesten Informationsstand sind. Des öfteren werden Sie Ihren Lebensstil und Ihre Ansichten ändern – das macht es für Ihre Umgebung nicht leicht, mit Ihnen mitzuhalten. In der

Liebe halten Sie sich deshalb bedeckt: Ihre Wünsche sind manchmal schwer auszumachen. Zeigen Sie Ihrem/r Partner/in mehr Vertrauen...

... Sonne im Skorpion: Ein »Hansdampf in allen Gassen« – das sind Sie wirklich, wenn Sie nicht lernen, die Eigenschaften der Elemente Wasser und Luft ein wenig harmonischer zu vereinen. Ihre Lebhaftigkeit und Mobilität bringen jedoch durchaus auch Vorteile: Sie schaffen auf vielseitige Weise die unterschiedlichsten Aufgaben, und das auch noch zur Zufriedenheit aller. Ihre Initiative ist in allen Berufen gefragt und gesucht. Weil Sie dabei auch noch eine liebenswürdige Ausstrahlung haben, machen Sie sich auch kaum echte Feinde. Eher Neider – und die setzen dann auch das Gerücht in die Welt, Sie seien arrogant und überheblich. In der Liebe sind Sie treu und liebevoll, ein echter Familienmensch – wenn Sie sich denn einmal dazu entschlossen haben, eine Familie zu gründen ...

... Sonne im Schützen: Im Vollmond stehen sich die beiden Tierkreiszeichen mit den Elementen Luft und Feuer gegenüber: Sie können es zwar weit bringen, aber Ihnen wird dabei nichts geschenkt! Ihr Charme und Ihr Charisma lassen Sie sehr anziehend erscheinen, dazu sind Sie selbstsicher, schlagfertig und vielseitig. Negativ sind dagegen Eigenschaften wie Rechthaberei, Ungeduld, Selbstgerechtigkeit oder sogar Herrschsucht. Ihrer innere Unruhe zeigt sich jeden Monat um Vollmond herum, und Sie werden stets damit zu kämpfen haben, Ihren Charakter in ausgewogener Harmonie zu halten. In der Liebe streben Sie vor allem – wie auch in allen anderen Lebensbereichen – Unabhängigkeit an. Kein Wunder, daß Ihr/e Partner/in oft vor den Kopf gestoßen ist. Sie sollten ein wenig Zurückhaltung an den Tag legen!

... Sonne im Steinbock: Um Ihre geistige Beweglichkeit benei-

det Sie so mancher, denn sie geht Hand in Hand mit einem gut
entwickelten Sinn für Stabilität. Sie sind zwar innerlich ohne
Rast und Ruh', suchen ständig nach neuen Herausforderungen. Gleichzeitig aber gelingt es Ihnen, Ihre ungeheure Neu-
gier aufs Leben in die richtigen Bahnen zu lenken – zu per-
sönlichem Erfolg nämlich. Einziges Manko: Es fällt Ihnen
schwer, bei der Sache zu bleiben, sich auf eines zu konzentrieren. Wenn Sie lernen, nicht jede Herausforderung anzuneh-
men und mit mehr Überlegung und Nachdenken zu reagieren,
bevor Sie überstürzt handeln, kann eigentlich nichts mehr
schiefgehen. In der Liebe hängt Ihr Wohlbefinden im körperlichen wie im seelischen Bereich ganz von Ihrem/r Partner/in
ab: Herrscht in Ihrer Beziehung Harmonie, so geht es Ihnen
rundherum gut!

... Sonne im Wassermann: Doppelt wirkt das Element Luft auf
Sie ein – Sie gelten als besonders arbeitsam, fleißig, hilfsbereit
und zuverlässig! Die negativen Eigenschaften treten bei dieser Konstellation in den Hintergrund: ein Zuviel an Temperament, an Leidenschaft oder sogar Verschlagenheit. Sie gelten
als wahrer Tröster der Menschheit: Zu Ihnen kann man mit jedem Problem kommen, Sie finden immer ein freundliches
Wort. Sie sind ein guter Beobachter und geben vielleicht auch
deshalb meist wirklich gute Ratschläge. In der Liebe wirken
Sie manchmal ein wenig nüchtern und kühl. Das könnte Ihre/n
Partner/in verunsichern. Hüten Sie sich daher davor, zu wenig
über Ihre Gefühle zu reden – sonst vereinsamen Sie ...

... Sonne in den Fischen: Sie haben eine ganze Palette an
Fähigkeiten und Eigenschaften zu bieten, und es fällt Ihnen sicher schwer, Positives und Negatives richtig zu sortierten. Zu
oft sind die Übergänge fließend: Ihre Anpassungsfähigkeit er-
möglicht es Ihnen, mit vielen Menschen auszukommen – aber
Sie neigen auch dazu, Ihre Umgebung zum Narren zu halten.

Instinktiv erkennen Sie, was man von Ihnen erwartet. Je nach Laune geben Sie den Wünschen der anderen nach oder führen sie in die Irre. So kann es schnell sein, daß man Ihnen Falschheit und die Neigung zur Intrige vorwirft. In der Liebe können Sie Ihre schillernde Natur ebenfalls nicht ablegen: Finden Sie daher heraus, was Sie wirklich wollen – und teilen Sie das Ihrem/r Partner/in ehrlich mit. Nur dann können Sie auf dauerhaftes Glück zählen ...

... auch kam der liebe Mond hervor
und leuchtete so schön ...
Ludwig Christoph Heinrich Hölty (1748–1776)

Mond im Krebs

Steckbrief
Der Krebs-Mond-Typ: die empfängliche Seele
Element: Wasser
Herrscherplanet: Mond
Eigenschaft: bewegend als erstes Sommerzeichen
Prinzip: Fruchtbarkeit
Pol: weiblich
Farben: Beige, wäßrige Farben und Silber
Körperregion: Brust
Schwächen: Launenhaftigkeit und Nachtragend-Sein
Stärken: Sensibilität und Empfänglichkeit

Unabhängig davon, in welchem Tierkreiszeichen die Sonne bei
Ihrer Geburt stand, hat der Mond Ihnen auch typische Charaktereigenschaften des Krebses in die Wiege gelegt. Der
Mond symbolisiert die Seele, die inneren, unbewußten und
emotionalen Bedürfnisse und Wünsche. Er steht für unsere irrationalen, unlogischen und nicht erklärbaren Handlungen
und Reaktionen.

Steht Ihr Geburtsmond im Krebs, so sind Sie überaus empfänglich für Gefühle. Krebs-Mond-Menschen sind sehr stark
beeinflußbar, oft zart besaitet und offen für alle Einflüsse, die
von außen kommen. Gerade deshalb sind Sie auch sehr ver-
letzlich, sensibel und haben starkes Einfühlungsvermögen. Ihr
Nachteil: Sie schwanken sehr stark in den unterschiedlichsten

Launen; das ist bedingt durch die inneren und äußeren Eindrücke, die ständig auf Sie einstürmen.

Sie sind ein sehr gefühlvoller Mensch, und Ihr Liebesleben gestaltet sich sehr zärtlich und romantisch. Zunächst muß allerdings zwischen der Krebs-Mond-Seele und dem Partner großes Vertrauen entstanden sein. Bis es zu dieser Vertrautheit kommt, kann oft sehr lange dauern, denn sie fordert Geduld und viel Feingefühl. Wer das erreicht hat, dem werden Fürsorge, seelische Unterstützung, Treue und Hingabe geboten. Denn Krebs-Monde wollen sich anlehnen, sich geborgen und beschützt fühlen, deshalb haben sie auch ein starkes Zugehörigkeitsgefühl. Die emotionale Sicherheit überwiegt bei Ihnen stets gegenüber der materiellen. Nur so fühlen Sie sich wohl und können Ihre sehr intensiven und tiefen Gefühle und Empfindungen freisetzen.

Großes Verständnis herrscht gegenüber den Fische-Mond-Geborenen. Das kann Liebe auf den ersten Blick sein, eine Sandkastenliebe besteht oft über Jahre. Mit Skorpion-Monden werden Sie Ihren Spaß haben, Waage-Monde werden Sie umsorgen, Löwe-Monde werden Sie bewundern. Schlecht kommen Sie mit Widder-Monden aus: Sie sind zu spontan und energiegeladen.

Die Krebs-Mond-Frau

Sie benötigen viel Schutz, Wärme, Zugehörigkeit und das Gefühl von Geborgenheit, um sich richtig wohl zu fühlen. Den inneren Halt und die Festigkeit suchen Sie oft bei anderen Menschen, am liebsten bei Ihrem Partner. Nach außen werden Sie immer die »Coole« spielen und Ihre Gefühle nicht zugeben. Erst wenn Sie nach längerer Zeit Vertrauen zu Ihren Mitmenschen aufgebaut haben, sind Sie eine sehr treue, einfühlsame und sehr hilfsbereite Bezugsperson.

Die Krebs-Mond-Frau kann sehr anschmiegsam, einfühlsam und gefühlsbetont sein. Ist das der Fall, ist die Sehnsucht nach

Romantik und Zärtlichkeit groß. Besonders bei ihrem Partner und ihren Kindern, aber auch bei ihren Mitmenschen hat sie dieses Bedürfnis. Doch so, wie sie den seelischen Tiefgang und die Übereinstimmung braucht, um sich vollkommen zu öffnen, kann sie auch sehr schroff und abweisend sein. Keine schafft es wie sie, einen anderen abblitzen zu lassen.

Eine Ihrer schlechtesten Eigenschaften ist es, daß Sie sehr nachtragend sind. Sie speichern jedes Leid, das man Ihnen angetan hat, nicht nur im Gedächtnis, sondern in Ihrer Seele. Das Positive daran: Sie vergessen auch niemals Gutes, das Ihnen widerfahren ist. Sie nehmen alles zur Kenntnis, Sie können auch alles verzeihen, aber eben nicht vergessen. Krebs-Mond-Frauen sind sehr einfühlsam und somit auch begnadete Künstlerinnen: in der Malerei, in der Schriftstellerei, in der Musik. Ihr Gefühl für Formen und Farben übertrifft vieles.

Der Krebs-Mond-Mann

Der Mond steht in der Astrologie für das mütterliche Prinzip, und so wird Ihr Mutterbild besonders ausgeprägt vorhanden sein. Ihr Feingefühl liegt im seelischen Erbe Ihrer Mutter begründet: War sie fürsorglich und liebevoll, immer um das Wohl der Familie und der Kinder besorgt, dann werden Sie dies nachvollziehen wollen. Sie werden sich immer zu Frauen hingezogen fühlen, die sehr gefühlsbetont und sensibel sind. »Sie« sollte vor allem romantisch, auch häuslich und hingebungsvoll sein. Auch die Seele muß den gleichen Tiefgang besitzen.

Zeit Ihres Lebens werden Sie Schwierigkeiten damit haben, Ihre Gefühle zu zeigen. Sie versuchen, die persönlichen seelischen und auch emotionalen Bedürfnisse auf Ihre Partnerin zu übertragen. Sie müssen jedoch lernen, sich zu äußern und auszusprechen, was in Ihnen vorgeht. Nur so können Sie eine Beziehung richtig gestalten, nur so kann Ihnen Ihre Partnerin das zurückgeben kann, was Sie erwarten: Treue, Geborgenheit und emotionale Zuwendung.

Das Krebs-Mond-Kind

Kleine Krebs-Monde leben oft in ihrer eigenen Traumwelt. Dabei sollte man sie nicht stören oder gar belächeln. Denn es ist ihnen sehr ernst damit. Ihre Stimmungen schwanken von himmelhoch jauchzend bis zu Tode betrübt. Sie wollen umsorgt, umhegt und bewundert werden, Liebe und Fürsorge geben ihnen die nötige Sicherheit. Lob ist für das Kind sehr wichtig.

Krebs-Monde sind meist eher ängstliche Kinder. Sie scheuen laute Geräusche, fremde Gesichter und übergroßes Spielzeug. Am wohlsten fühlen sich die Kleinen in Gesellschaft bei der Mutter. Im Trotzalter wird das Kind nicht wütend mit den Beinen aufstampfen und vor Wut gar brüllen, es wird eher weinen, ja, wahre Tränenfluten vergießen. Als Eltern sollte man sich aber davon nicht beeindrucken lassen.

Ein großer Schritt und die Abnabelung von der Mutter sind erst der Kindergarten, dann die Schule. Bei den Hausaufgaben werden Krebs-Monde gewissenhaft und interessiert sein. Malen und Singen sind oft die Lieblingsfächer, später wird Geschichte hinzukommen. Die Musikalität der Kleinen ist sehr ausgeprägt.

Zu Tieren haben Krebs-Monde einen besonderen Draht. Ein eigenes Haustier werden sie umsorgen und pflegen. Um das Selbstvertrauen des kleinen Krebs-Monds zu stärken, braucht er viel Liebe, Lob und vor allem Rückendeckung.

Mond im Krebs ...

... Sonne im Widder: Typisch männliche Eigenschaften des Feuerzeichens Widder stehen den ebenso typisch weiblichen des Wasserzeichens Krebs gegenüber. Kein Wunder, daß Sie etwas unausgeglichen wirken! Sie fühlen sich zwischen Fröhlichkeit und Schwermut hin- und hergerissen. Dennoch schaffen Sie es, neue Gedanken und Ideen im Beruf umzusetzen und entschlossen die Stufen der Karriereleiter emporzuklettern. Ihre besondere Begabung ist die Spontaneität, mit der Sie selbst Konfliktsituationen meistern. Hüten Sie sich jedoch vor zuviel Selbstkritik, die hindert nur Ihr Vorwärtskommen. In der Liebe ist Ihnen Sicherheit wichtig – allein deshalb schon vermeiden Sie jeden Konflikt. Sie gelten als treu und verläßlich, sollten sich aber in Ihrer Partnerschaft zu behaupten lernen.

... Sonne im Stier: Sie haben ein tolles Geschenk des Schicksals mitbekommen: nämlich ein ausgezeichnetes Gedächtnis. Das hilft Ihnen, enormes Wissen aufzunehmen und zu speichern. Das brauchen Sie auch, denn im allgemeinen gelten Sie als langsamer Denker, und das Gedächtnis hilft Ihnen da über manches hinweg. Sie sind ein sehr praktischer Mensch, konzentrieren sich auf Wesentliches und strahlen Sicherheit aus. Bei Ihren Mitmenschen wecken Sie Vertrauen – und das enttäuschen Sie auch nicht. Werden Sie allerdings getäuscht oder greift man Sie an, können Sie nur schwer vergessen und verzeihen. Das spielt auch in der Liebe mit: Sie selbst sind treu und hilfsbereit, anhänglich und suchen die Harmonie einer Familie. Doch wehe, Sie werden darin enttäuscht!

... Sonne im Zwilling: Unbeständigkeit und Empfindsamkeit sind zwei Charakterzüge, die Ihnen das Leben nicht gerade leicht machen. Doch natürlich haben Ihnen die Elemente Luft und Wasser auch Positives mitgegeben: etwa die Fähigkeit, sensibel und fantasievoll auf Schwierigkeiten zu reagieren. Sie schaffen es aber nur schwer, Ihre eigenen Emotionen von denen Ihrer Mitmenschen zu trennen. Das müssen Sie lernen, sonst werden Sie Ihr Leben lang unter Spannungen, Gereiztheiten und Feindseligkeiten leiden. Schaffen Sie es aber, offen kundzutun, wie Sie eine Sache sehen, werden andere nicht mehr auf Ihre Kosten nach vorne kommen. In der Liebe zeigen Sie eine Neigung zu romantischen Affären. Sie brauchen eine/n Partner/in, bei dem/der Sie lernen, die Realitäten besser einzuschätzen und Ihre Traumwelt hintan zu stellen.

... Sonne im Krebs: Bei dieser Konstellation sind die Eigenschaften des Krebses naturgemäß besonders verstärkt anzutreffen. Sie sind feinfühlig und zeigen große seelische Empfindsamkeit. Stimmungen und die Gefühle Ihrer Umwelt nehmen Sie rasch auf – und diese Fähigkeit verhilft Ihnen auch zu manchem Vorteil im Beruf. Sie haben keinerlei Probleme damit, andere so zu akzeptieren, wie sie sind. Das bringt Ihnen eine natürliche Überlegenheit über kleinliche Denkweisen. Allerdings: Manchmal ziehen Sie sich zu sehr in die selbst gewählte Einsamkeit zurück. Dabei brauchen Sie Menschen um sich! Auch in der Liebe kann die Gefahr der Isolation bestehen – wenn Sie nicht lernen, das Leben zu genießen und so zu nehmen, wie es kommt.

... Sonne im Löwen: Geschick im Umgang mit Menschen ist wohl Ihre hervorragendste Eigenschaft. Selbst wenn Skandale Ihren Weg begleiten – kaum einer wird sich daran lange erinnern. Ihr Charme läßt sie nämlich rasch in Vergessenheit geraten. Feuer und Wasser sind Ihre Elemente – das deutet auf viele widerstreitende Wesenszüge hin. Sie sind geschäftstüchtig, werden aber auch leicht das Opfer von Intrigen. Dabei stehen Sie zunächst als Verlierer da, denn all Ihre Dementi nutzen nichts, Ihr Ruf scheint beschädigt – selbst wenn dann schnell wieder Gras über die Sache wächst. In der Liebe genießen Sie alle Annehmlichkeiten. Ihre/n Partner/in wählen Sie mit Bedacht. Materielle Sicherheit ist ebenso wichtig wie Harmonie in der Familie.

... Sonne in der Jungfrau: Man kann Sie nicht gerade ein Mauerblümchen nennen, aber es stimmt schon: Sie machen wenig aus sich – obwohl Sie Ihr Licht durchaus nicht unter den

Scheffel stellen müßten. Sie gelten als empfindsam und zurückhaltend, aber gerade das macht Sie vielen Leuten so sympathisch. Fühlen Sie sich ungerechterweise angegriffen, ziehen Sie sich am liebsten in ein Schneckenhaus zurück. Dennoch stellen Sie sich allen Forderungen im Leben – aber eben auf die stille Art. Sie haben es nicht nötig, um Ihre Erfolge Wind zu machen. In der Liebe halten Sie es ähnlich: Sie behandeln alles diskret, sind auch durchaus bereit, mehr zu geben als zu nehmen.

... Sonne in der Waage: Dickfelligkeit und auffallende Sensibilität sind die beiden Pole, um die sich Ihr Leben dreht. Keine leichte Aufgabe für Sie selbst, aber auch nicht für Ihre Umwelt. Sie haben einen Sensor für alles Ungewöhnliche und stehen für Ihre Überzeugungen ein. Durchaus vehement, aber dennoch ohne andere zu verletzen – dazu zeigen Sie zuviel Diplomatie. Sie haben stets guten Kontakt zu Ihren Mitmenschen, das sollten Sie auch beruflich nutzen. In der Liebe kann's gelegentlich zu Meinungsverschiedenheiten kommen. Sie setzen sich dann gerne durch, sollten jedoch lernen, die Meinung Ihrer/s Partners/in auch einmal gelten zu lassen.

... Sonne im Skorpion: Sie sind oft als »Mädchen für alles« oder »Mann, der's schon richten wird« bekannt: ein Mensch also, dessen Fähigkeiten und Vielseitigkeit überall gewürdigt wird. Ihr Erfolg blüht im Verborgenen, obwohl Sie durchaus die Begabung in sich tragen, an der Spitze zu stehen. Aber Sie ziehen die Fäden lieber aus dem Hintergrund: Sie sind der ideale »zweite Mann«, die »zweite Frau«! Sie haben ein gesundes Selbstvertrauen und brauchen das Rampenlicht nicht, um sich zu profilieren. Manchmal neigen Sie zu Gefühlsausbrüchen, vor allem dann, wenn Sie gerade viel Arbeit erledigen müssen. In der Liebe sind Sie leidenschaftlich und wirken beinahe magnetisch auf Ihre/n Partner/in. Sie müssen aber lernen, auch der/dem anderen das Recht zuzugestehen, eine eigene Meinung zu haben und zu äußern ...

... Sonne im Schützen: Strebsamkeit und starker Wille, dabei Pflichtbewußtsein und heiteres Wesen – Sie scheinen ein echter Glückspilz zu sein! Dazu kommt noch, daß Ihnen der Mond genug Vorsicht und Einfühlungsvermögen mitgegeben hat, so daß Sie mit Ihren lieben Mitmenschen bestens klarkommen. Instinktiv reagieren Sie in allen Lebenssituationen richtig. Denn Sie haben eine rasche Auffassungsgabe und nutzen selbstsicher jede Situation in der passenden Art und Weise. In der Liebe schaffen Sie es, Ihrem/r Partner/in das Gefühl zu vermitteln, in einer harmonischen Beziehung zu leben. Selbst wenn Sie nicht unbedingt den Familienverbund brauchen, um rundherum glücklich zu sein ...

... Sonne im Steinbock: Diese Konstellation ist nicht sehr häufig anzutreffen: Sonne, Mond und Erde liegen nämlich hier auf einer Linie und können ihre Kräfte voll entfalten. Sie gelten als zäh und fast schon asketisch, sind sehr prinzipientreu. Dennoch entwickeln Sie eine Sensibilität für sich und Ihre Umwelt, die ihresgleichen sucht. Sie sind sicher: Sie haben in diesem Leben eine bestimmte Aufgabe, und deshalb sind Sie ein Suchender – nach dem Sinn und Zweck Ihres Daseins. Sie streben keine Position in dieser Welt an, sondern richten Ihren Intellekt lieber auf Ideale und hehre Prinzipien. In der Liebe sehnen Sie sich nach Anerkennung. Doch Sie geben sofort alles auf, um Ihrem Verständnis von Pflichterfüllung nachzukommen. Sie sollten bedenken: Nur wenn Sie herzlich und voller Wärme auf andere zugehen, wird Ihnen Gleiches widerfahren!

... Sonne im Wassermann: Ihr Tatendrang ist wahrhaft mitreißend, kaum jemand kann sich Ihnen und Ihrer Energie entziehen. Das will auch fast keiner, denn Sie wissen intuitiv, wer Ihnen und Ihren Zielen nachfolgen möchte. Ihr Einfühlungsvermögen ist ebenfalls sensationell: Sie finden sich überall zurecht und werden auch von allen Menschen angenommen. Das birgt Gefahren: Manchmal wissen Sie nicht zu unterscheiden, was oder wer Ihnen wirklich guttut. Ohne Liebe können Sie nicht existieren – glauben Sie zumindest. Dabei übersehen Sie, daß Harmonie und Vertrauen in einer Partnerschaft wichtiger sind als Verliebtheit und Überschwang. Sie müssen lernen, Ihrem/r Partner/in auf gleicher Ebene entgegenzukommen.

... Sonne in den Fischen: Besondere Empfindsamkeit wurde Ihnen in die Wiege gelegt. Und das kann dazu führen, daß Sie ohne Schwung und mit extremer Zurückhaltung durchs Leben gehen. Ein wenig mehr Initiative, Entschlußkraft und Energien täten Ihnen gut. Raffen Sie sich auf, und versuchen Sie mehr Tatendrang zu entwickeln! Erfolge im Beruf bleiben Ihnen nämlich sonst versagt. Wahrscheinlich haben Sie auch Angst vor Fehlentscheidungen und Rückschlägen, dabei sollten Sie wissen: Nur durch Fehler können Sie lernen! In der Liebe sind Sie zwar voller Frohsinn und Romantik. Aber Ihre Schüchternheit kann Kontakte sehr behindern. Bauen Sie Ihr Selbstbewußtsein ein wenig aus – dann finden Sie ohne Probleme den/die richtige/n Partner/in!

... des Tages bist mir die helle Sonn',
des Nachts ein klarscheinender Mond ...
Paulus Melissus (1539–1602)

Mond im Löwen

Steckbrief
Der Löwe-Mond-Typ: die stolze Seele
Element: Feuer
Herrscherplanet: Sonne
Eigenschaft: stabilisierend als zweites Sommerzeichen
Prinzip: Zeugung
Pol: männlich
Farben: Orange, Gold und leuchtende Farben
Körperregionen: Rücken
Schwächen: Stolz und Egozentrik
Stärken: Mut und Organisationstalent

Unabhängig davon, in welchem Tierkreiszeichen die Sonne bei Ihrer Geburt stand, hat der Mond Ihnen auch typische Charaktereigenschaften des Löwen in die Wiege gelegt. Der Mond symbolisiert die Seele, die inneren, unbewußten und emotionalen Bedürfnisse und Wünsche. Er steht für unsere irrationalen, unlogischen und nicht erklärbaren Handlungen und Reaktionen.

Ihr Gemütsleben wird von Sonnenschein beherrscht, wenn Ihr Geburtsmond im Löwen stand. Das ist kein Widerspruch: Sie strahlen so viel Kraft und Stärke aus, daß andere sich in Ihrer Nähe wohl fühlen, sicher und aufgehoben. Sie haben das Bedürfnis, emotional und materiell großzügig zu sein. So viel Gefühl Sie auch in alle Richtungen zeigen, so sehr brauchen Sie

jedoch auch Anerkennung und Bewunderung. Sie überneh-
men gerne die Verantwortung und die Führung. Von anderen
wird Ihnen das manchmal als Anmaßung ausgelegt. Aber damit haben Sie keine Probleme: Sie machen das durch Ihre Her-
zenswärme wieder wett.

In der Liebe können Sie sich mit leidenschaftlichen und
überschwenglichen Gefühlen voll entfalten. Ihr starker Be-
schützerinstinkt wirkt zwar in einer Partnerschaft ausgleichend, mag aber auch zu Besitzansprüchen führen. Und das
kann eine Beziehung ganz schön trüben. Ihr Leben lang werden Sie nach Anerkennung, Bewunderung, Verantwortung
und Ruhm suchen.

Sie sind ein stolzer Mensch, halten sich oft für großartig,
was – als Kehrseite der Medaille – zu Arroganz ausarten
kann. Sie werden vor allem begreifen müssen, daß Sie Ihre
Verantwortung nicht mit Bevormundung verwechseln. Setzen
Sie Ihre Seelenkraft gezielt frei, vertun Sie Ihre Energien
nicht planlos. Und lernen Sie ein wenig mehr Toleranz und
Bescheidenheit.

Löwe-Monde umgeben sich am liebsten mit Sternzeichen,
die ihre Autorität akzeptieren: Jungfrauen oder Krebsen. Der
Umgang mit den Steinböcken dürfte schwierig werden, denn
die haben ihren eigenen und ehrgeizigen Kopf. Fröhlich und
lustig wird das Zusammensein mit dem Zwilling, aufregende
und spannende Beziehungen sind mit Schütze und Wassermann zu erwarten.

Die Löwe-Mond-Frau

Sie zeigen Ihre Gefühle nicht allzu gerne – viel lieber ist es Ihnen, wenn man nur Ihr Selbstbewußtsein und Ihre allseits bekannte Herzlichkeit sieht. Sie lieben ein möglichst großes Umfeld, damit Sie mit Ihren Qualitäten auch genug glänzen
können. Von großer Bedeutung sind für Sie Liebe und Partnerschaft. Sie leben innerlich ein stark männliches Prinzip, voll

schöpferischer und zeugender Kraft. Und das wollen Sie auch bei Ihrem Lebensgefährten sehen: Er muß »handfest« sein. Am liebsten wäre es Ihnen, von einem starken Mann begehrt und umschwärmt zu werden. Dann fühlen Sie sich wohl und glücklich, können Ihre tiefen und leidenschaftlichen Gefühle zum Ausdruck bringen.

In Ihnen schlummern sehr kreative Fähigkeiten, die Sie künstlerisch ausleben sollten. Löwe-Mond-Frauen sind oft hervorragend in Berufen wie Goldschmiedin, Schmuckdesignerin oder Juwelierin. Mit Leib und Seele und viel Herz sind Sie bei vielen gemeinnützigen und wohltätigen Projekten bei der Sache, natürlich möglichst in führender und kompetenter Position. Dafür sind Sie schnell Feuer und Flamme und setzen sich auch voll ein.

Der Löwe-Mond-Mann

Selbstbewußtsein, Herzlichkeit und leichte Dominanz waren für Sie als Kind bestimmend. Und so suchen Sie jemanden als Partnerin, der die Familie ohne Schwierigkeiten führen kann. Natürlich sollte »Sie« darüber hinaus ihre beruflichen und persönlichen Interessen vertreten.

Kompetenz, natürliche Autorität, Kraft und Konsequent sind für Sie selbstverständlich. Kein Wunder, daß Sie mit schwachen Frauen, die noch dazu das »Luxusweibchen« spielen, nichts anfangen können. Sie fühlen sich zu starken Frauen hingezogen, die Persönlichkeit ausstrahlen und selbstsicher auftreten.

Aber – »Sie« muß Ihre Person natürlich trotzdem bewundern. In intimen Beziehungen kann es zu Machtspielen und Konkurrenzkämpfen kommen, die aber Ihre Partnerschaft spannend bereichern. Am liebsten sonnen Sie sich in den herzlichen und tiefen Gefühlen Ihrer Angebeteten. Ganz gleich, in welchem Tierkreiszeichen der Sonne Sie geboren sind: Immer werden Sie über einen sehr starken, herzlichen und intensiven emotionalen Ausdruck verfügen. Den können Sie durch Worte, Gesten und Blicke bestens vermitteln.

Schwierig wird es allerdings, wenn Sie Ihre Stärke mit der einer Partnerin vereinbaren sollen. Ideal wäre eine Frau, die sich bewundernd an Sie anlehnt und trotzdem eine eigene Persönlichkeit darstellt.

Das Löwe-Mond-Kind

Schon im Babyalter blühen die kleinen Löwe-Monde durch Lob und Beifall auf. Das brauchen sie für ihre Entwicklung wie die Luft zum Atmen. Ihre Unlust äußern sie lautstark und mit viel Nachdruck. Die Kleinen zeigen nicht nur sehr viel Selbstbewußtsein, sondern schon frühzeitig auch sehr viel Diplomatie. Kindheit und Jugend werden zwischen dem Löwe-Mond und seinen Eltern eine Gratwanderung zwischen herzlichem Miteinander und harter Tyrannei. Bei allen seinen Taten will er gelobt werden und das nicht zu wenig.

Der angeborene Sinn für Gerechtigkeit ist groß. Wenn man ihm etwas sachlich erklärt, wird er das akzeptieren und mit Einsicht belohnen. Ansonsten sind Löwe-Monde fröhlich, oft großzügig und heiter.

Ihre Würde allerdings darf nicht angegriffen werden, man sollte sie niemals lächerlich machen. Sonst kommt's zu Trotzreaktionen – und dann kann man kleine Löwen lautstark brüllen hören ...

Löwe-Mond-Kinder sind sehr intelligent; ihre Auffassungsgabe ist gut. Allerdings: Den Fleiß haben sie nicht erfunden. Bei den Lehrern sind sie sehr beliebt, sie verstehen es, jeden um den Finger zu wickeln. Um etwas bei ihnen zu erreichen, kann man an ihre Eitelkeit appellieren.

Mond im Löwen ...

... Sonne im Widder: Sie konzentrieren sich voller Selbstvertrauen zunächst einmal auf Ihr berufliches Fortkommen. Da steigen Sie schnell auf, denn in Ihnen schlummern gewaltige Führungspotentiale. Ihr Unabhängigkeitsstreben, Ihr Unternehmungsgeist und Ihre Risikobereitschaft lassen die Karriere vorgezeichnet erscheinen. Doch Vorsicht: Oft wirken Sie exaltiert und allzu auffallend auf Ihre Mitmenschen und Kollegen, vor allem, da Sie dazu neigen, anderen Ihren Willen aufzuzwingen. Da Sie aber gleichzeitig nach Harmonie streben, fällt es Ihnen meist leicht, Unstimmigkeiten wieder einzurenken. Das gilt auch für die Liebe, denn selbst in der Partnerschaft wollen Sie die dominierende Rolle nicht einfach abgeben. Sie sollten aber stets bedenken: In einer Liebesbeziehung gibt es Geben und Nehmen – auf beiden Seiten!

... Sonne im Stier: Eigenwilligkeit und gesunder Ehrgeiz sind die beiden Eigenschaften, die Ihnen von den beiden Elementen Feuer und Erde in die Wiege gelegt wurden. Sie handeln energisch, und Sie haben eine Begabung für die Kunst – vor allem für die Schauspielerei. Langeweile kennen Sie nicht – »action« wird bei Ihnen großgeschrieben. Sie werden Ihren Weg gehen – zur Not auch alleine, ohne die Hilfe von Mäzenen und Förderern. Sie müssen nur Ihr überschäumendes Temperament ein wenig zügeln, sonst brausen Sie zu schnell auf und stoßen damit andere vor den Kopf. Das gilt natürlich auch für die Liebe: Ihre Kompromißlosigkeit macht's nicht leicht für Ihre/n Partner/in. Finden Sie jedoch jemanden, der Sie bewundert und anerkennt, steht Ihrem Glück nichts mehr im Wege!

... Sonne im Zwilling: Luft und Feuer lassen Ihre Seele aufflammen und verstärken Ihre positiven, aber auch die negativen Eigenschaften. Oft neigen Sie dazu, gereizt zu reagieren, unbeständig zu sein und unberechenbar Ihrem Eigensinn nachzugeben. Dagegen steht dann Ihre Liebenswürdigkeit, Ihr Großmut und Ihre optimistische Lebenseinstellung. Die machen Sie fast unwiderstehlich, und dann verzeiht man Ihnen so manchen Charaktermangel. Sie sind nur schwer einschätzbar, denn selbst wenn Sie Ihre Umwelt charmant verzaubern, haben Ihre Äußerungen und Pläne durchaus Substanz. In der Liebe tun Sie sich etwas schwer, den/die passende/n Partner/in zu finden – zu sehr wollen Sie selbst im Vordergrund stehen. Dazu kommt Ihr Freiheitsdrang – das verlangt nach einem/r Partner/in mit viel Toleranz!

... Sonne im Krebs: Feuer und Wasser – eine Zusammenstellung, die nie ganz einfach ist. Zwei Seelen streiten in Ihrer Brust: Der Löwe treibt Sie zu stets neuen Aktivitäten, der Krebs dagegen gebietet Ihnen Zurückhaltung und Vorsicht. Sie haben Erfolg im Leben, wenn Sie lernen, selbstbewußt aufzutreten. Sie brauchen dennoch immer den Beifall Ihrer Umgebung, um wirklich große Taten zu vollbringen. Hin und wieder wirken Sie unzuverlässig: nämlich dann, wenn Sie Ihre Wesenszüge nicht so ganz harmonisch im Griff haben. In der Liebe sind Sie empfindlich und beeinflußbar, aber auch eigenwillig und selbstbewußt. Keine leichte Aufgabe für Ihre/n Partner/in!

... Sonne im Löwen: Doppelter Löwe und damit doppeltes Feuer machen Ihnen die Hölle heiß! Mut, Selbstbewußtsein, Begeisterungsfähigkeit, Eigenständigkeit – das sind Ihre besten Eigenschaften. Doch all Ihr königliches Auftreten klappt eben manchmal doch nicht so recht – zuviel müßten Sie leisten, um allen Forderungen gerecht zu werden. »Übrig« bleibt jedoch stets ein Mensch, der die Aufmerksamkeit seiner Umwelt auf sich ziehen wird, und dies meist in positiver Hinsicht. Sie haben ohne Zweifel Charisma – und dies nutzen Sie auch, um etwaige Differenzen zwischen Ihren Träumen und der Realität zu kaschieren. Trotz alledem sind Sie jedoch ein seriöser Mensch. In der Liebe fühlen Sie sich manchmal im Stich gelassen: Sie haben einfach zu hohe Erwartungen ...

... Sonne in der Jungfrau: In der Jugend galten Sie als Musterkind. Ihr Charme, Ihr Streben nach besten Noten, Ihre Vielseitigkeit entzückten Eltern und Lehrer. Leider führt das dazu, daß Sie nicht nur an sich selbst, sondern auch an Ihre Mitmenschen sehr hohe Erwartungen hegen. Kaum einer kann die erfüllen – und so werden Sie oft mit Enttäuschungen zu kämpfen haben. Dennoch verlieren Sie nicht Ihren Mut und Ihre Zielstrebigkeit. Sie neigen allerdings zu unbedachtsamen Äußerungen – da sollten Sie etwas mehr Selbstdisziplin üben. In der Liebe sind Sie verletzbar, vor allem, wenn Ihr/e Partner/in nicht treu ist.

... Sonne in der Waage: Um wirklich glücklich zu sein, brauchen Sie das Gefühl, im Mittelpunkt zu stehen. Gleichzeitig jedoch sehnen Sie sich danach, Ihr Leben in Ruhe und Muße zu gestalten. Kein Wunder, daß Sie Probleme haben, diese beiden extremen Wünsche gefühlsmäßig unter einen Hut zu bringen. Diplomatie ist gefragt – und die haben Sie in die Wiege gelegt bekommen. Damit schaffen Sie sich selbst Ihren Erfolg, und das, ohne besonders darauf hin zu arbeiten. Dennoch gelten Sie als fleißig und gewissenhaft. Einziges Manko: Sie sind schnell beleidigt, wenn man Ihre Charakterfestigkeit anzweifelt. In der Liebe sind Sie zwar romantisch und leidenschaftlich, haben aber Probleme, Ihre wahren Gefühle zu äußern. Sie sollten sich jedoch im klaren darüber sein: Den/die ideale/n Partner/in gibt es nicht.

... Sonne im Skorpion: Manchmal verblüffen Sie Ihre Mitmenschen mit den Ahnungen und Erwartungen, die Sie haben. Sie müssen mit einer fast seherischen Begabung leben, die Ihnen das nötige Selbstvertrauen verleiht, das Leben und die von ihm gestellten Aufgaben zu meistern. Oft sind Sie daher ein Außenseiter, denn Sie stellen vieles in Frage, auch Dinge und Sachverhalte, die anderen unverrückbar erscheinen. Ihr starker

Wille bringt Sie dennoch voran, und zwar auf schnellstem Weg: Sie schieben nichts auf die lange Bank. In der Liebe haben Sie es manchmal schwer. Sie sind einerseits warmherzig, mitfühlend und selbstlos, aber auch ungestüm, rechthaberisch und ein Nörgler. Bekommen Sie die negativen Wesenszüge jedoch in den Griff, werden Sie das große Glück finden.

... Sonne im Schützen: Große Geduld zeichnet Sie ganz besonders aus. Sie vertrauen von vornherein auf Ihr Glück und wissen – irgendwann wird es sich einstellen. Sie haben recht: Trotz mancher Mißerfolge bleibt Ihnen Fortuna auf lange Sicht treu! Sie sind verbindlich, haben eine starken Willen und wirken sehr selbstsicher. Beharrlich verfolgen Sie Ihre Ziele, und wenn alle Stricke reißen, führt Sie Ihr Instinkt wieder auf den rechten Weg. Manchmal neigen Sie zur Oberflächlichkeit und sind ein wenig empfindlich, vor allem wenn Sie sich angegriffen fühlen – ob zu Recht oder Unrecht. In der Liebe suchen Sie Anerkennung. Erst wenn Sie lernen, auch die Eigenarten Ihrer/s Partners/in zu akzeptieren und somit Konflikte zu vermeiden, werden Sie zu einer harmonischen Beziehung fähig sein.

... Sonne im Steinbock: Was Sie eigentlich wollen, weiß keiner – auch Sie selber nicht! Erde und Feuer wirken als Elemente auf Ihr Wesen ein: Sie werden ein Suchender voller Unruhe bleiben, wenn Sie es nicht schaffen, Ihren Willen und Ihren Verstand ein wenig in die richtigen Bahnen zu lenken. Sie haben nämlich große Führungsqualitäten, die Sie auch in die entsprechenden Positionen brächten – wenn Sie nur etwas konsequenter und beständiger wären ... In der Liebe bringen Sie Ihrem/r Partner/in viel Vertrauen entgegen. Aber Sie beharren oft auf Ihren Grundsätzen, ohne die anderer gelten zu lassen. Das führt natürlich zu Konflikten ...

... Sonne im Wassermann: Sie lieben es, imposant aufzutreten. Dabei sind Ihnen neben Ihrem Charme und Charisma ohne Zweifel auch noch Freundlichkeit, Humor und Liebenswürdigkeit in die Wiege gelegt worden. Tief drinnen wissen Sie jedoch um die Schalheit und Vergänglichkeit des Ruhms. Dieser Zwiespalt macht Ihnen manchmal zu schaffen. Achten Sie auch darauf, daß Sie mit den Unzulänglichkeiten Ihrer Mitmenschen nicht zu unduldsam umgehen: Nicht jeder hat Ihre schnelle Auffassungsgabe und Ihren Intellekt! In der Liebe suchen Sie nach Bestätigung, sind zugleich jedoch sprunghaft und unschlüssig. Sie brauchen eine/n Partner/in, der/dem diese Eigenschaften nichts ausmachen ...

... Sonne in den Fischen: Wasser und Feuer – klar, daß dies Problem schafft! Ihre inneren Spannungen werden Sie in Atem halten. Im Gegensatz zum »normalen« Löwen sind Sie eher bescheiden und zurückhaltend. Allerdings: Sind Sie einmal gezwungen, im Mittelpunkt des Interesses zu stehen, so verteidigen Sie Ihre Ansichten vehement und ohne Rücksicht auf Verluste. Ihre Energie ist kaum zu zügeln, und deshalb packen Sie viele ungewöhnliche Dinge an. Zeichnet sich jedoch ab, daß sie nicht zu einem erfolgreichen Ende zu führen sind, geben Sie Ihrer Enttäuschung offen Raum. In der Liebe erkennen Sie nicht gleich, wer die/der richtige Partner/in für Sie ist. Sie selbst geben alles, bekommen aber oft nur wenig zurück ...

... und ihm zur Seite glänzt, mit ihrer Rosenkrone geschmückt,
Titania, in mildern Mondesglanz ...

Christoph Martin Wieland (1773–1813), »Oberon«

Mond in der Jungfrau

Steckbrief
Der Jungfrau-Mond-Typ: die vernünftige Seele
Element: Erde
Herrscherplanet: Merkur
Eigenschaft: angleichend als drittes Sommerzeichen
Prinzip: Erde
Pol: weiblich
Farben: Hellbraun, Hellgrün und Sandfarben
Körperregionen: Bauch
Schwächen: Pedanterie und Kritiksucht
Stärken: Methodik und Fleiß

Unabhängig davon, in welchem Tierkreiszeichen die Sonne bei
Ihrer Geburt stand, hat der Mond Ihnen auch typische Charaktereigenschaften der Jungfrau in die Wiege gelegt. Der
Mond symbolisiert die Seele, die inneren, unbewußten und
emotionalen Bedürfnisse und Wünsche. Er steht für unsere irrationalen, unlogischen und nicht erklärbaren Handlungen
und Reaktionen.

Wenn der Geburtsmond in der Jungfrau steht, herrscht in
Ihrem Gemütsleben Ordnung. Sie haben stets das Bedürfnis
nach System und Ordnung. Alles wird genau geplant, nichts
wird dem Zufall überlassen. Am liebsten würden Sie auch
noch Ihre Gefühle mit dem Verstand steuern. Glücklicher-
weise ist das nicht möglich – und genau das bereitet Ihnen Pro-

bleme. Sie wollen Emotionen oft einfach nicht wahrhaben, obwohl Sie andererseits erkennen, daß sie notwendig sind. Alle Aufgaben erfüllen Sie gewissenhaft und zuverlässig. Vernunft und Bescheidenheit sind keine großen Worte in Ihrem Leben, sondern eine Selbstverständlichkeit. Sie gehen Ihren Weg pflichtbewußt, damit auch nur ja alles perfekt funktioniert.

Da Sie Schwierigkeiten mit Ihren Gefühlen haben, gestaltet sich Ihr Liebesleben oft problematisch. Sie können Ihre Empfindungen einfach nicht gut äußern. Wenn Sie jedoch zu einem Partner genug Vertrauen aufgebaut haben, sind Sie durchaus bereit, viel Gefühl zu investieren – und dies auch kundzutun. Zuvor jedoch prüfen Sie alles genau, um kein Risiko einzugehen. Für Sie ist es wichtig, in Situationen, bei Personen oder Dingen erkennen zu können, was für Sie nützlich ist. Da wird analysiert, katalogisiert und kritisiert. Nichts überlassen Sie dem Zufall. Ihre Aufgabe für das Leben ist es zu lernen, mit Ihren Gefühlen umzugehen und Ihre Empfindungen spontan auszudrücken. Sie sollten dem Leben auch die heiteren Seiten abgewinnen.

Als Freunde haben Sie oft Menschen aus dem Tierkreiszeichen Steinbock oder Krebs. Eine lebenslange Freundschaft kann mit einer Waage entstehen. Die Verbindung mit einem Stier entwickelt sich ruhig und ebenfalls zufriedenstellend. Und der Fisch wird Sie lehren, mit der Fantasie auf Reisen zu gehen ...

Die Jungfrau-Mond-Frau

Sie brauchen in Ihrem Leben immer geordnete Bahnen, alle Verhältnisse müssen geregelt sein. Sie streben Situationen an, die Sie überschauen können, die berechenbar sind. Sie fühlen sich nicht wohl, wenn Sie die Abläufe und Ereignisse des Lebens dem Zufall überlassen müssen. Sicherer Boden unter den Füßen und realistische Tatsachen sind Ihnen wichtig. Sie neigen dazu, alles zu analysieren. Der Nachteil dabei ist, daß solch ein Verhalten jegliche gefühlsmäßige Spontaneität ausschließt. Sie geben dabei aber die Hoffnung nicht auf, daß Sie irgendwann die geheimnisvolle Welt der Gefühle und Empfindungen verstehen können. Andererseits bringen Sie mit Ihrem Verhalten gerade im Beruf die Sache auf den Punkt, wenn andere noch lange darüber nachdenken müssen.

Es fällt Ihnen schwer, sich Gefühlen hinzugeben. Klar, daß sich das auf eine Partnerschaft nicht besonders gut auswirkt. Sie können sich einfach nicht gehenlassen. Sie müssen aber lernen, sich fallen zu lassen, anderen – Ihrem Liebsten! – zu vertrauen, denn letztendlich kommt das Ihrem Wohlbefinden zugute. Sie sind halt eine sehr vernunftbegabte Seele. Dabei sind Sie in Ihrem Element, wenn Sie Menschen bei Problemlösungen helfen können. Als Ratgeberin und auch als Trösterin anderer sind Sie unersetzlich. Da ist Ihnen dann die Vernunft gleichgültig. Oft geben Sie auch Ratschläge, ohne darum gebeten worden zu sein: Das mag mancher nicht leiden ...

Der Jungfrau-Mond-Mann

Praktische Veranlagung, Sorgfalt und Häuslichkeit sind Ihnen wichtig. So sind Sie von Jugend auf geprägt, und das erwarten Sie auch von Ihrer Partnerin. Ihnen selbst gehen Pflichtbewußtsein, Ordnung und Familie über alles. Alle Abläufe des Lebens sind geregelt. Nichts hassen Sie mehr als Zwischenfälle: Die bringen alles durcheinander. Im allgemeinen fühlen Sie sich zu solchen Frauen hingezogen, die alle alltäglichen Anforderungen ohne Probleme in den Griff bekommen. Ihre Liebste sollte keine hohen Ansprüche stellen und jeder Situation gewachsen sein. Sie wollen sich selbst ergänzt wissen, deshalb darf man Ihnen nicht zuviel abverlangen – vor allem keine großartigen emotionalen Liebesbeweise. Ihre Zuneigung zeigen Sie einfach und still. Deshalb werden Sie sich bestimmt nicht für eine stürmische und allzu leidenschaftliche Partnerin entscheiden.

In Ihrem Leben werden Sie lernen müssen, emotionale und seelische Bedürfnisse sowie Herzensregungen selbst zu äußern. Sie können nicht immer darauf warten, daß Ihre Partnerin Ihnen in dieser Beziehung alles abnimmt. Sonst warten Sie ein Leben lang vergebens auf die Erfüllung Ihrer innersten Wünsche. Sie sollten Ihre Gefühle endlich ausleben: Nicht alles kann man mit dem Verstand entscheiden, viele Dinge muß man »aus dem Bauch« heraus klären.

Das Jungfrau-Mond-Kind

Im Gegensatz zu manch anderem Kind sind Jungfrau-Monde im Babyalter eher ruhig. Sie wollen nur von der Mutter umsorgt und geliebt werden. Es sind sehr sensible Kinder, die nichts von fremden Geräuschen, Gesichtern oder Gerüchen halten. Sicher braucht jedes Kind seine Rituale, aber der kleine Jungfrau-Mond braucht noch etwas mehr davon: Alles muß stimmen, muß seinen geregelten Ablauf haben. Für das Selbstwertgefühl ist Lob unheimlich wichtig. Schon sehr früh macht es sich bemerkbar, daß die Kleinen sehr pedantisch sind, besonders in der Trotzphase. Jungfrau-Monde brüllen nicht, wenn sie etwas nicht bekommen, sondern eher dann, wenn jemand ihre Gewohnheiten oder Vorlieben mißachtet.

Schon im Kindergarten und später in der Schule wird der Kleine Recht und Unrecht zu unterscheiden wissen. Er spürt instinktiv, was richtig und falsch ist. Nichts ärgert ihn mehr als Feigheit, Übervorteilung und Ungerechtigkeit. In der Schule zeigen sich Jungfrau-Monde folgsam, fleißig und fast nie aufmüpfig. Sie lernen gerne. Sie ärgern sich nur, wenn sie das Gefühl haben, weniger zu wissen als die anderen.

Mond in der Jungfrau ...

... Sonne im Widder: Gegensätze müssen sich hier vereinen – die Zurückhaltung und die Nachdenklichkeit des Erdzeichens Jungfrau mit der Dynamik und Aggressivität des Feuerzeichens Widder. Sie werden Ihr Leben lang damit zu kämpfen haben, diese Gegensätze unter einen Hut zu bringen. Leichter fällt Ihnen dies, wenn Sie endlich Ihre Selbstzweifel ablegen. Sie wissen doch: Mit Disziplin und Selbstbeherrschung erreichen Sie jedes Ziel! Sie haben eine Ader für alles Kaufmännische, denn kühles Abwägen und Tatkraft halten sich bei Ihnen die Waage. Nicht nur im Beruflichen, sondern auch im Privaten sollten Sie sich bemühen, eigene Fehler und Schwächen zuzugeben und diese nicht nur beim Partner zu entdecken. Mit ein wenig Verständnis leben Sie dann in einer harmonischen Beziehung!

... Sonne im Stier: Ihre Charaktereigenschaften ergeben eine harmonische Mischung: Sie sind aktiv und strebsam, haben Mut und sind hartnäckig bei der Verfolgung Ihrer Ziele. Ruhe und Ausgeglichenheit, Zuverlässigkeit und Freundlichkeit stehen bei Ihnen an erster Stelle. Man weiß schnell, daß Sie alles sehr ernst nehmen und jedem Anliegen Ihre gesamte Energie widmen. Das macht Sie gut geeignet zum Organisieren und für Führungsaufgaben. Sie gelten als kluger Kopf, der sich nicht von Fantastereien beeinflussen läßt. Sie sind allerdings sehr konservativ und selten innovationsbereit. Das gilt auch für die Partnerschaft: Akzeptieren Sie hin und wieder den Gefühlsüberschwang, den die Liebe mit sich bringt. Man kann nicht immer nur dem Verstand leben ...

... Sonne im Zwilling: Ihr Sinn ist eher aufs Praktische ausgerichtet. Dazu gelten Sie als strebsam, als verläßlich und sehr gewissenhaft. Negativ hingegen zeigen sich Eigenschaften wie Unausgeglichenheit oder übersteigerte Nervosität. Das sollten Sie rasch in den Griff bekommen, sonst werden Sie Zeit Ihres Lebens unter seelischen Anspannungen leiden. Sie denken und handeln großzügig – jedenfalls solange Sie Prinzipienreiterei vermeiden. Ihre Fähigkeit zu analytischem Denken und zu Präzision macht Sie zu einem gesuchten Mitarbeiter und Kollegen. In der Liebe wirken Sie zwar romantisch, doch das kann trügen: Sie lieben hier nämlich die Abwechslung. Und das toleriert nicht jede/r Partner/in!

... Sonne im Krebs: Je nach erblicher Veranlagung und Erziehung werden Sie entweder Selbstdisziplin und Selbstbeherrschung üben oder aber überschwenglich in Gefühlen baden. Sie lassen sich zwar von Rückschlägen nicht entmutigen und zeigen auch viel Verständnis für Ihre Mitmenschen und sind sehr großzügig. Hin und wieder kann das aber als aufdringlich empfunden werden. Biedern Sie sich also nicht an, gehen Sie lieber auf Abstand: Wer Sie braucht, wird Sie schon rufen! Ihren erhobenen Zeigefinger braucht jedoch niemand ... auch in der Liebe nicht. Leicht geraten Sie in zu große Abhängigkeit, geben Sie sich regelrecht auf. Sie sollten sich einer/m Partner/in zuwenden, bei dem/der Ihre Wünsche nicht unterdrückt werden.

... Sonne im Löwen: Willenskraft und Strebsamkeit halten sich bei Ihnen die Waage zwischen Pflichtbewußtsein und Pedanterie. Sie suchen zwar Anerkennung, sind aber durchaus bereit, dafür Entbehrungen und Arbeit auf sich zu nehmen. Manchmal neigen Sie zum Starrsinn: Lernen Sie daher, öfters einzulenken und nachzugeben. Das gilt im Beruf, aber auch für Ihr Verhalten im Freundeskreis. Zuviel an Selbstkritik jedoch ist auch nicht gut: Sie laufen dann Gefahr, sich in Unsicherheiten und Ängsten zu verlieren. Wegen Ihrer eigenwilligen Art haben Sie es mit Ihrer Umwelt manchmal nicht leicht. In der Liebe werden Sie lernen müssen, Sympathien zu erringen. Toleranz und Selbstdisziplin sind da sicher hilfreich für Sie ...

... Sonne in der Jungfrau: Ihnen wird nachgesagt, daß Sie es mit der Wahrheit manchmal nicht so genau nehmen. Das finden zumindest Neider und andere böswillige Menschen. Aber Sie handeln stets in bester Absicht: Sie streben einem Ideal nach, das Sie in Ihrem eigenen Leben allerdings manchmal nicht verwirklichen können. Sie sind sehr kritisch eingestellt und halten damit auch gegenüber Mitmenschen nicht hinterm Berg. In der Liebe leiden Sie darunter, daß Sie keine Ruhe finden. Ihr Charme jedoch, Ihre Hilfsbereitschaft und die Sympathien, die Sie sich erwerben, lassen Ihre Chancen niemals versiegen. Lernen Sie doch, andere mit all ihren Schwächen zu akzeptieren ...

... Sonne in der Waage: Ein bißchen tapsig, dabei aber freundlich und gutmütig – so könnte man den ersten Eindruck Ihrer Person am besten umschreiben. Sie sind ein eher zurückhaltender Mensch, was aber nicht bedeutet, daß Sie nicht höchst aufgeweckt durchs Leben gehen. Die Elemente Luft und Erde verbinden sich in Ihrem Charakter: Ihnen ist klar, daß man um Erfolge kämpfen muß, daß sie einem nicht in den Schoß fallen. Sie wissen aber auch: Mit Frohsinn und Optimismus kommt man weiter als mit Schwarzseherei. So richten Sie Ihren Lebensstil an der Bereitschaft zu harter Arbeit und Lebenslust aus. Das gilt auch für die Liebe: Sie streben zwar ein hohes Ideal an, sind aber auch hier eher zurückhaltend. Dafür gelten Sie als treu und zuverlässig und bekommen diese Tugenden auch zurück.

... Sonne im Skorpion: Die Elemente Erde und Wasser machen Sie zu einem in sich harmonischen Menschen: friedlich und freundlich, zielstrebig und ehrgeizig, ohne Vorurteile. Dennoch sind Sie kein Langweiler, denn Sie können ganz schön auf die Pauke hauen, wenn's mal nicht nach Ihrem Willen geht. Diesen Fehler sollten Sie in den Griff bekommen, sonst stoßen Sie nicht nur auf den Unwillen Ihrer Mitmenschen, sondern nach und nach wird auch Ihr Selbstvertrauen erschüttert. Sie können ja nicht immer gewinnen. Sie sind sehr schnell im Auffassen und Erkennen von Sachverhalten. Was Sie üben müssen, ist Toleranz – auch die Meinung anderer hat ihre Berechtigung. In der Liebe sind Sie treu und hingebungsvoll. Lernen Sie es, Ihren scharfen Verstand zu Gunsten von etwas mehr an Gefühl zurückzustellen, dann bleibt Ihnen das große Glück nicht versagt ...

... Sonne im Schützen: Mut, Tatendrang und Selbstsicherheit sind die guten Eigenschaften, die Ihnen von den Elementen Erde und Feuer in die Wiege gelegt wurden. Dem gegenüber stehen Unausgeglichenheit, Reserviertheit und ein unheilvoller Drang, an allem und jedem Kritik zu üben. Sie wissen Ihre Chancen realistisch einzuschätzen und können andere sehr gut überzeugen. Aber Sie sind und bleiben ein unruhiger Geist, der ständig nach neuen Herausforderungen sucht. Merken Sie jedoch, daß Sie diesen nicht gewachsen sind, so werden Sie reizbar und übernervös. In der Liebe suchen Sie ernsthaft nach Harmonie und echter Partnerschaftlichkeit. Sie sind manchmal sehr hart in Ihrer Kritik an anderen – üben Sie sich mehr in Toleranz!

... Sonne im Steinbock: Die Erde als Element ist in beiden Sternzeichen dieser Konstellation gegeben, und das führt dazu, daß Sie sich ganz gewiß wenig Illusionen machen, sondern mit beiden Beinen fest auf dem Boden der Tatsachen stehen. Dabei sind Sie ehrgeizig, intelligent, kritisch und bescheiden. Ihre Mitmenschen mögen Sie, denn Sie verstehen es, überzeugend zu wirken. Manchmal erscheinen Sie unnahbar und kühl, doch Sie selbst wissen am besten, daß Sie hinter diesem Verhalten lediglich Ihre Unsicherheit verstecken. In der Liebe müssen Sie sich zunächst einmal überwinden, um Kontakte aufzubauen. Sie sind sehr freiheitsliebend, und so brauchen Sie eine/n Partner/in, der Ihnen die »lange Leine« läßt.

... Sonne im Wassermann: Objektivität ist Ihre große Stärke: Das hat Ihnen die Konstellation dieser beiden Sternzeichen in die Wiege gelegt. Die Elemente Luft und Erde tun ein übriges dazu. Sie gelten als freundlich und liebenswürdig, als strebsam, pflichtbewußt, verläßlich und ideenreich. Mit Sicherheit haben Sie künstlerische Begabungen, die Sie vielleicht sogar zu einem Beruf in diesem Bereich ausbauen können. Negativ kann sich auswirken, daß Ihre Wesenszüge auch zu Perfektionismus, Pedanterie und Krittelei neigen. In der Liebe kann's zu Problemen kommen, wenn Ihr/e Partner/in nicht erkennt, wann Sie es ernst meinen und wann Sie eher humorig-heiter sind. Sie sind nicht sehr romantisch, deshalb sollten Sie über Ihre Gefühle offen reden.

... Sonne in den Fischen: Wenn diese Konstellation am Himmel steht, ist zugleich Vollmond – und vielleicht haben Sie deshalb einen so scharfen Verstand, gepaart mit herausragender Urteilsfähigkeit! Sie suchen nach der Wahrheit hinter allen Dingen, sind tiefgründig und praktisch zur gleichen Zeit. Negativ können sich Ihre Eigenschaften in Richtung Geltungssucht, Rechthaberei oder sogar Verschlagenheit entwickeln: Es liegt in Ihrer Hand, dies in den Griff zu bekommen. Ihre Begabungen und Ihr Ehrgeiz können Sie in höchste Höhen aufsteigen lassen – dafür sind Sie auch bereit, Opfer zu bringen. In der Liebe bleiben Sie manchmal zu mißtrauisch: Lernen Sie, Vertrauen zu entwickeln – nur dann wird Ihnen auch welches entgegengebracht. Sie sind oft nicht bereit, Kompromisse einzugehen. Sie sollten aber wissen: Den Traumprinzen – die Traumprinzessin gibt es nicht ...

. . . mir ist es, denk ich nur an dich
als in den Mond zu sehen:
Ein stiller Friede kommt auf mich . . .
Johann Wolfgang von Goethe (1749–1832)

Mond in der Waage

Steckbrief
Der Waage-Mond-Typ: die entgegenkommende Seele
Element: Luft
Herrscherplanet: Venus
Eigenschaft: bewegend als erstes Herbstzeichen
Prinzip: Verbindung
Pol: männlich
Farben: Taubenblau, Rosa und Hellblau
Körperregionen: Haut und Nieren
Schwächen: Wankelmut und Bequemlichkeit
Stärken: Diplomatie und Ästhetik

Unabhängig davon, in welchem Tierkreiszeichen die Sonne bei Ihrer Geburt stand, hat der Mond Ihnen auch typische Charaktereigenschaften der Waage in die Wiege gelegt. Der Mond symbolisiert die Seele, die inneren, unbewußten und emotionalen Bedürfnisse und Wünsche. Er steht für unsere irrationalen, unlogischen und nicht erklärbaren Handlungen und Reaktionen.

Steht der Geburtsmond in der Waage, so herrscht in Ihrem Gemütsleben Ausgewogenheit. Harmonische und friedvolle Lebensumstände, nichts anderes wünschen Sie sich – und das bekommen Sie auch. Ganz besonders ist dies bei Partnerschaften und dem menschlichen Miteinander der Fall. Sie streben meist danach, unharmonische und heikle Situationen zu schlichten, und versuchen in solchen Fällen zu vermitteln. Ihr großes Talent ist die Diplomatie. Wenn es allerdings um konkrete Entscheidungen geht, haben Sie Schwierigkeiten. Bösartige Menschen würden Sie dann einfach unentschlossen nennen ...

Ernsthaft wird Ihre Beziehung unter diesem Aspekt jedoch niemals leiden. Es kann aber hin und wieder vorkommen, daß Ihre Harmoniesucht den anderen nervt. Der Waage-Mond symbolisiert auch die Lebens- und Liebeskunst: Sie sind stets darauf bedacht, daß es Ihrem Partner an nichts fehlt, und können auch sämtliche Register der kunstvollen Verführung ziehen. Sie wollen die Liebe genießen. Damit ist auch die Erotik eng verbunden: Es fehlt Ihnen weder an liebenswürdiger Ausstrahlung noch an Charme, was Ihre Chancen beim anderen Geschlecht natürlich wesentlich steigert. Sie streben nach harmonischen Verhältnissen, und dazu gehört auch Schönheit, Ästhetik und die Kunst.

Sie werden lernen müssen, sich nicht auf andere zu verlassen. Sie sind selbst dynamisch und entschlossen genug, um Ihr Leben in die Hand zu nehmen. Nur so können Sie eine zu große Abhängigkeit von anderen vermeiden. Dazu gehören auch Disziplin und Standhaftigkeit statt übertriebener Nachsicht. Mit gleichgesinnten Fischen und Krebsen verstehen Sie sich bestens. Mit Zwillingen und dem Wassermann ergeben sich aufregende Freundschaften.

Die Waage-Mond-Frau

Sie lieben die Annehmlichkeiten des Lebens und Geselligkeit und wollen sich davon nichts entgehen lassen. Denn Sie fühlen sich nur so richtig wohl, wenn Sie eine gute Lebensart pflegen und vor allem genießen können, und das nicht nur zu besonderen Anlässen. Ihr Umfeld wünschen Sie sich freundlich, ausgeglichen und friedlich. Streitereien gehen Sie gerne aus dem

Weg; dabei meiden Sie vor allem Menschen und Situationen, die in dieser Richtung etwas heraufbeschwören könnten.

Ihr Aussehen ist meist ansprechend und gepflegt. Sie haben Charme und Stil. Im großen und ganzen braucht die Waage-Mond-Frau nichts anderes als ein kultiviertes und liebenswürdiges Miteinander in ihrem Umfeld. Deshalb suchen Sie sich Menschen und Lebensumstände, bei denen das gegeben ist. Dabei sind Sie durchaus auch zu Zugeständnissen bereit. Um Ihre Ziele zu erreichen, werden Sie allerdings eher Ihre diplomatischen Fähigkeiten einsetzen. In Ihrem Leben müssen Sie jedoch darauf achten, nicht immer nur Gefühle und Bedürfnisse anderer zu befriedigen, sondern auch zu erkennen, daß die eigenen Emotionen und Wünsche für ein erfülltes Leben voller Harmonie ebenfalls wichtig sind.

Der Waage-Mond-Mann

Liebenswürdigkeit und Ausgeglichenheit sind die Haupteigenschaften, die Sie von Ihrer Mutter gelernt haben und die Sie auch von Ihrer Partnerin erwarten. Sie sind immer um Gerechtigkeit bemüht, dabei entgegenkommend und bereit, dem Leben durchaus die schönen und angenehmen Seiten abzugewinnen. Freundlichkeit und Diplomatie gehören zu Ihrer Person wie zu einem Engel die Flügel. Negativ kann sich dies in Unentschlossenheit und anscheinend feigem Zurückziehen bei einer Konfrontation äußern.

Sie wünschen sich eine Partnerin mit Stil, deren Aussehen und Erscheinung gepflegt bis elegant ist. Zu Ihrer Vorstellung von einer perfekten Frau gehören außerdem Schönheit und Ästhetik. Harmonie ist Ihnen in einer Beziehung sehr wichtig, in der natürlich auch die Liebe eine große Rolle spielt. Sie streiten nicht gern, jeder Konflikt ist Ihnen ein Greuel. Innerlich sind Sie oft unentschlossen. Sie sollten rasch lernen, Ihre seelischen Bedürfnisse selbst auszuleben. Erstens kann Ihnen das niemand abnehmen, auch nicht Ihre Liebste. Und zweitens werden Sie erst dann auch innere Harmonie verspüren, wenn Sie Ihre eigenen Wünsche wahr machen können. Gefühle dürfen ruhig »unter die Haut« gehen ...

Ungerechtigkeiten können Sie nicht ausstehen. Sie setzen sich für anderen ein, wenn Sie nur das geringste Anzeichen von mangelndem Fair play entdecken. Durch Ihre Wißbegierde haben Sie sich schon im Kindesalter ein Hintergrundwissen angeeignet und können bestens über Moral und Ethik urteilen.

Das Waage-Mond-Kind

Schon in jüngsten Jahren fallen den Kleinen Entscheidungen schwer. Mit Mami zum Einkaufen oder mit der Freundin auf den Spielplatz? Auch Diplomatie gehört bereits zum Repertoire im Kinderzimmer. Disziplin ist deshalb bei der Erziehung sehr wichtig. Kleine Waage-Monde sind sehr sauber und ordentlich, sie lieben es behaglich und gemütlich. Im Grunde sind sie eher unsicher, deshalb ist ihnen die Nähe der Eltern und Geschwister und auch der Freunde sehr wichtig.

Schon im Kleinkindalter suchen sie den Ausgleich, was die Geduld der Eltern oft auf eine harte Probe stellt. Denn das Kind wägt immer ab: Soll ich oder soll ich nicht? Und das kann ganz schön nerven. Damit sie eine Entscheidung »von oben« akzeptieren, sind gute Argumente nötig. Sie haben meist großes Talent für Malen und Musik. In der Schule sind sie wißbegierig. Sie wollen immer auch die Hintergründe eines Sachverhalts erfahren. Sie denken logisch und klar, sind exzellente und zufriedene Schüler. Beliebte Fächer sind Biologie, Geographie und Geschichte.

Mond in der Waage ...

... Sonne im Widder: Die beiden Planeten stehen in Opposition zueinander, und das bedeutet, daß Sie besonders anfällig sind für Gefühlsschwankungen aller Art. Einerseits himmelhoch jauchzend, dann wieder zu Tode betrübt – das umschreibt Ihr Seelenleben wohl am besten. Lernen Sie ein wenig mehr Gelassenheit – dann bleiben Sie in der Lage, auch große Konflikte sachlich zu beurteilen. Hüten Sie sich auch davor, Probleme einfach »auszublenden« – etwa mit einem Gläschen Wein. Zu groß ist die Gefahr, daß Sie in eine Abhängigkeit geraten ... Sie haben viele künstlerische Talente, die Sie vielleicht zum Beruf ausbauen sollten. In der Liebe brauchen Sie viel Verständnis – nicht nur wegen Ihrer Unausgeglichenheit, sondern auch wegen Ihres Bestrebens, Konflikten möglichst aus dem Weg zu gehen.

... Sonne im Stier: Äußerlich mögen Sie ja ruhig und zurückhaltend erscheinen, doch Sie wissen selbst am besten: Innerlich haben Sie dieselben Konflikte und Kämpfe auszustehen wie alle anderen. Sie verstehen es nur besser, Ihre Gefühle im Zaum zu halten. Sie sind freundlich und aufgeschlossen – das macht es Ihnen leicht, Kontakte zu Ihren Mitmenschen zu knüpfen. Probleme kennen Sie nicht – denn Sie weichen ihnen meist aus. Das führt dazu, daß Sie auch nur schwer lernen, Ihre Ellenbogen einzusetzen. Und so bleiben Sie im harten Karrierekampf manchmal auf der Strecke. Lernen Sie, hin und wieder »nein« zu sagen. Das gilt auch für die Liebe: Lassen Sie sich nicht unterdrücken!

... Sonne im Zwilling: Zweimal das Element Luft – das wirkt sich besonders auf eine Verstärkung Ihrer geistigen Begabung und Ihres Sinns für soziale Belange aus. Sie werden immer danach streben, ungelöste Probleme anzupacken und der staunenden Umwelt ein perfektes Ergebnis zu präsentieren. Sie arbeiten gerne eigenständig und setzen dabei Ihren scharfen Verstand ein. Sie verabscheuen nichts mehr als Oberflächlichkeit, Langeweile und Interesselosigkeit. Ihren Standpunkt vertreten Sie vehement, aber auch charmant und liebenswürdig.

Leider neigen Sie dazu, schlechte Erfahrungen zu ernst zu nehmen. Stärken Sie Ihr Selbstvertrauen – dann haben Sie auch in der Liebe bald den Erfolg, den Sie sich wünschen!

... Sonne im Krebs: Sie gelten als höflich und zuvorkommend, bringen viel Verständnis für die Probleme anderer auf. Dennoch haben Sie auch dunkle Seiten: Sie taktieren gern und neigen dazu, sich selbst falsch einzuschätzen. Das ändert sich, wenn Sie lernen, mehr Selbstvertrauen zu entwickeln. Ihr Ehrgeiz ist es, möglichst allen Menschen ihre Probleme abzunehmen. Daß dies nicht möglich ist, wissen Sie zwar, dennoch ist Ihre Hilfsbereitschaft unerschöpflich. Sie mögen Romantik und können sich das Leben ohne Liebe nicht vorstellen. Bedenken Sie aber: Ihr Partner muß Sie in all Ihren Idealen unterstützen – sonst geht die Beziehung in die Brüche!

... Sonne im Löwen: Ernst und Humor liegen in Ihrem Wesen eng beieinander. Manchmal sehen Sie alles rosarot, dann neigen Sie wieder zu Pessimismus. Im Grunde sind Sie ein freundlicher Mensch, man schätzt Sie wegen Ihres Charmes und Ihrer verständnisvollen Art. Sie sehnen sich nach einer Führungsrolle; bleibt Ihnen diese versagt, so suchen Sie anderweitig nach Zerstreuung und Ablenkung – Vorsicht, das kann auch im Alkohol sein! Hängen Sie Ihr Herz nicht an wertlose Dinge, stellen Sie sich lieber neue, nützliche Aufgaben. Manchmal sind Sie etwas faul – dem sollten Sie dann rasch entgegenwirken. In der Liebe sind Sie beständig, ja treu. Sie mögen aber kein zudringliches Verhalten – auch nicht von Ihrer/m Liebsten.

... Sonne in der Jungfrau: Sie sind ordnungsliebend, manchmal fast pedantisch, aber auch sensibel und friedfertig. Mit den Aggressionen anderer können Sie nur schwer umgehen – sie sind Ihnen einfach unverständlich. So wirken Sie sehr zurückhaltend und liebenswürdig, obwohl Sie durchaus einen harten Kurs einschlagen können, wenn es erforderlich ist. Kritik können Sie gut vertragen, sie sollte allerdings präzise sein und sich nicht in nebulösen Anschuldigungen erschöpfen. In der Liebe sollten Sie darauf achten, daß Sie sich mit Ihrem/r Partner/in gut vertragen. In Ihrer Beziehung sollte gegenseitiges Geben und Nehmen ausgeglichen sein, sonst kommt's zu Konflikten ...

... Sonne in der Waage: Die positiven und negativen Eigenschaften des Elements Luft und des Tierkreiszeichens verstärken sich in Ihrer Person: Als »doppelte« Waage gelten Sie als besonders sinnlich und charmant, als diplomatisch und klug. Ihre Toleranz und Friedfertigkeit werden manchmal schon fast zuviel. Innere Kämpfe lassen Sie von himmelhoch jauchzend zum absoluten Gegenteil schwanken. Sie müssen lernen, diese Gegensätze auszugleichen: mit Selbstbeherrschung und Disziplin. In der Liebe lassen Sie Ihrem Sinn für Romantik freien Lauf. Sie laufen oft einem Trugbild nach und sind dann natürlich enttäuscht, wenn es in sich zusammenbricht. Sie suchen nach Stabilität und Sicherheit – beides können Sie erreichen, wenn Sie etwas realistischer an die Partnersuche herangehen.

... Sonne im Skorpion: Sie haben es zunächst einmal nicht leicht, denn Sie müssen mit sehr unterschiedlichen Wesenszügen fertig werden: einerseits Einfühlsamkeit, Toleranz und Ruhe, andererseits Verschlossenheit, Unberechenbarkeit und Unnahbarkeit. Sie wissen jedoch instinktiv, wie Sie wann zu handeln haben. Dieses Talent befähigt Sie auch, trotz aller Unentschlossenheit Ihren Weg zu machen. Da Sie sich auch in Geduld üben, warten Sie einfach ab, bis sich der Erfolg bei Ihnen einstellt. In der Liebe setzen Sie auf Vertrauen: Sie geben welches und erwarten es auch zurück. Haben Sie eine/n Partner/in gefunden, sind Sie ihm/ihr auch treu.

... Sonne im Schützen: Luft und Feuer – diese Elemente verheißen selten ein ruhiges und ausgeglichenes Leben. So sind Sie auf der einen Seite ausgeglichen und ruhig, wissen Sie doch um Ihre Kreativität und Ihre intellektuellen Fähigkeiten. Auf der anderen Seite stehen jedoch Ihre Launenhaftigkeit und Ihre Rechthaberei, die zu Konflikten mit Ihren Mitmenschen führen können. Es fällt Ihnen schwer, diese beiden Pole im Griff zu behalten. Sie suchen die Aufmerksamkeit anderer, stehen gerne im Mittelpunkt. Auch in der Liebe natürlich: Sie kommen bei Ihren Liebespartnern gut an, doch fehlt es Ihnen an der Fähigkeit, dauerhafte Beziehungen aufzubauen.

... Sonne im Steinbock: Die Elemente Erde und Luft gehen bei dieser Konstellation eine etwas zwiespältige Verbindung ein – und das wirkt sich natürlich auch auf Ihr Wesen aus. Nach außen robust und eigenständig, sind Sie im Innern ein eher sanfter Typ, der oft auch von Selbstzweifeln geplagt wird. Dennoch wirken Sie friedfertig, vertrauen anderen voll und ganz und müssen daher nicht selten mit Enttäuschungen fertig werden. Lernen Sie es deshalb, ein gesundes Mißtrauen zu entwickeln. Dann lösen Sie sich auch besser von falschen Freunden und unrealistischen Zielen. In der Liebe sind Sie ebenfalls von Zweifeln geplagt: Sie glauben nicht an sich selbst – und das wirkt sich auch auf Ihre Beziehungen aus.

... Sonne im Wassermann: Doppelt wirkt das Element Luft auf Ihren Charakter ein: Sie sind ganz gewiß nicht kontaktscheu, sondern freuen sich auf jede neue Bekanntschaft. Dennoch lieben Sie auch die traute Zweisamkeit. Nach außen wirken Sie manchmal etwas kühl, können aber Ihr gutes Herz niemals verleugnen. Sie neigen manchmal zu Tagträumen: Hüten Sie sich davor, Realitäten zu verleugnen! Sozialen Pflichten stehen Sie besonders aufgeschlossen gegenüber. Das kann dazu führen, daß man Sie ausnutzen will. In der Liebe fürchten Sie nichts mehr als Streit und Konflikte. Dennoch sollten Sie niemals vergessen: Zu einer echten Partnerschaft gehören auch Auseinandersetzungen. Nur so können Sie ausloten, wie es um Sie und Ihre/n Partner/in bestellt ist.

... Sonne in den Fischen: Gefühlstiefe, Anpassungsfähigkeit und Kreativität sind Ihre wesentlichen Talente. Dazu kommen noch ein gut ausgeprägtes Selbstbewußtsein und viel Kreativität – was wollen Sie mehr?! Die Konstellation Fische-Waage ist im allgemeinen sehr ausgeglichen: Negative Züge stellen keine unüberwindbaren Gegensätze dar. Oftmals haben Sie einen Hang zum Übersinnlichen und Interesse an Religion, Esoterik und Mystik. Den schönen Dingen des Lebens sind Sie sehr zugetan – auch in der Liebe! Sie müssen allerdings darauf achten, daß Sie sich nicht an eine/n Partner/in binden, der/die Sie zu sehr dominiert: Sie lassen sich nämlich leicht unterdrücken ...

... in der Mondennacht,
wenn nur die Sehnsucht und die Schwermut wacht ...
Ludwig Uhland (1787–1862)

Mond im Skorpion

Steckbrief
Der Skorpion-Mond-Typ: die tiefschürfende Seele
Element: Wasser
Herrscherplanet: Pluto (Mars)
Eigenschaft: stabilisierend als zweites Herbstzeichen
Prinzip: Umwandlung
Pol: weiblich
Farben: Rot/Schwarz und extreme Mischungen
Körperregionen: die Harnleiter und die Geschlechtsorgane
Schwächen: Fanatismus und Kompromißlosigkeit
Stärken: Durchsetzungskraft und Unermüdlichkeit

Unabhängig davon, in welchem Tierkreiszeichen die Sonne bei Ihrer Geburt stand, hat der Mond Ihnen auch typische Charaktereigenschaften des Skorpions in die Wiege gelegt. Der Mond symbolisiert die Seele, die inneren, unbewußten und emotionalen Bedürfnisse und Wünsche. Er steht für unsere irrationalen, unlogischen und nicht erklärbaren Handlungen und Reaktionen.

Bei einem Geburtsmond im Skorpion herrscht im Gemütsleben oftmals Hochspannung. Sie haben einen starken Forscherdrang und ein unstillbares Experimentierbedürfnis: Allem wollen Sie schon von klein auf bis auf den Grund nachgehen. Trotz Ihrer angeborenen Introvertiertheit sind Sie doch oft recht unbequem und hinterfragen alles – wirklich alles. Sie müssen ständig bei sich und anderen ausprobieren, wo die Belastbarkeit ihre Grenzen hat. Gerade schwierige Situationen reizen Sie besonders. Mit Ihrer kämpferischen Gemütshaltung wollen Sie Schlechtes und Böses erkennen und dann natürlich beseitigen.

So ist klar, daß sich Liebesbeziehungen sehr leidenschaftlich und intensiv, aber auch sehr sinnlich gestalten. In der Liebe kennen Sie nämlich nur zwei Möglichkeiten: Entweder Sie lieben abgrundtief mit Haut und Haaren – oder gar nicht. Dazwischen gibt es für Sie nichts. Die Sexualität spielt für Sie in jeder Partnerschaft eine sehr wichtige Rolle. In Ihrem Leben suchen Sie nach Anerkennung. Ständig haben Sie das Bedürfnis nach Selbstbehauptung und wollen die Dinge durchsetzen, die Sie für gut halten.

Zu Ihren Eigenschaften gehören ausgeprägter Ehrgeiz ebenso wie der Drang nach mehr Erkenntnis. All das sind unbewußte Triebfedern für Ihr Handeln. Um große Pläne in die Tat umzusetzen, arbeiten Sie mit Kampfgeist und einer enormen Zähigkeit. Sie werden lernen müssen, andere Dinge und Menschen zu akzeptieren, die nicht der gleichen Meinung sind wie Sie und die Ihren eigenen Bestrebungen widersprechen.

Freunde werden Sie sich meist ebenfalls aus einem Wasserzeichen – also Krebs und Fische – suchen. Vom quirligen Zwilling lernen Sie eine gewisse Leichtigkeit, vom Schützen den Ideenreichtum. Kritisch sind Verbindungen mit Widdern oder Löwen: Es kann Machtkämpfe geben! Waagen ordnen sich Ihnen zunächst unter und setzen ihre Wünsche dann mit Diplomatie durch.

Die Skorpion-Mond-Frau
Das Leben, die Liebe und alle Gefühle betrachten Sie zunächst einmal als große Herausforderung. Selbst wenn es dadurch für Sie und andere schmerzlich wird: Sie brauchen diese »Härtetests«, denn Sie wollen immer die geheimsten

Seelenschichten durchdringen. Nicht nur bei sich selbst, sondern auch bei anderen Menschen. Damit macht man sich bei seinen Mitmenschen natürlich nicht immer beliebt ... Wenn es wirklich darauf ankommt, sind Sie jedoch in der Lage, tiefsitzende und oft verdrängte Seelenprobleme zu erfassen und zur »Heilung« beizutragen.

Sie wollen sich meist durchsetzen und selbst behaupten. Das schaffen Sie auch, aber nicht mit der Ellenbogenmethode, sondern unter Einsatz Ihrer weiblichen Reize und Ihrer fast »magischen« Ausstrahlung. Damit es Ihnen gutgeht und Sie sich wohl fühlen, müssen Sie häufig Ihre Lebenstüchtigkeit unter Beweis stellen. Doch das stört Sie nicht, denn es hebt Ihr Selbstwertgefühl. Trotz der Kraft und der Belastbarkeit, die Sie an den Tag legen, sind Sie eine sehr sensible Frau. Sie sollten aber mit mehr Rücksicht den Mitmenschen gegenüber zu Ihren »Taten« schreiten. Ziehen Sie öfter einmal Ihre Stacheln ein, um ein friedliches Miteinander mit anderen Menschen zu erreichen!

Der Skorpion-Mond-Mann

Sie sind – wie alle Mondmänner – von der Mutter geprägt. Sie war meist resolut, zäh und oft kompromißlos, aber eine sehr lebenstüchtige und leidenschaftlich-hingebungsvolle Frau. Und genau das suchen Sie auch bei Ihrer Lebenspartnerin. Ihre eigenen herausragenden Eigenschaften sind Konsequenz, Durchsetzungsvermögen und Unermüdlichkeit.

Dennoch fühlen Sie sich zu Frauen hingezogen, die in der Beziehung zu sehr leidenschaftlichen und intensiven Gefühlen fähig sind. Aber Sie lieben auch das Geheimnisvolle: Wirkt Ihre Herzensdame unergründlich, dann hat sie schon fast gewonnen. Denn im Grunde lieben Sie es, wenn Sie mit ihr kein leichtes Spiel haben. Um so intensiver knistert es später in der Erotik. Mit Gefühlen tun Sie sich übrigens ein wenig schwer, sie bleiben eine ständige Herausforderung. Oft bleibt Ihre

Seele unerfüllt und unbefriedigt. Stellen Sie sich Ihren eigenen Gefühlen, und testen Sie nicht dauernd Ihre innere Belastbarkeit und die psychischen Grenzen Ihrer Partnerin! Das löst nur Kummer und Frust aus.

In gewisser Weise sind die Skorpion-Mond-Männer Eigenbrötler und ziemlich introvertiert. Sie gelten als sehr ruhig, können gut zuhören. Irgendwann jedoch brauchen auch Ihre Gefühle ein Ventil. Um die Aggressionen abzubauen, stürzen Sie sich daher oft in den Sport.

Das Skorpion-Mond-Kind

Kleine Skorpion-Monde lieben die Heimlichkeit, kleine Schätze, die nur ihnen gehören. Ihre Augen sind oft sehr tiefgründig, ihre Blicke häufig hypnotisch und verwirrend: Schon früh probieren sie aus, wer ihrem Blick standhält. Den Eltern sollte dies keine Probleme bereiten, sie sollten allerdings standhalten, schon um die eigene Stärke zu zeigen. Der Skorpion-Mond sucht das Abenteuer schon im Kleinkindalter. Dinge, die man ihm vorenthält, interessieren ihn besonders.

Trotz Tatendurst und Forscherdrang haben diese Kinder einen großen Bedarf an Ruhe. Sie brauchen immer einen Platz, an den sie sich zurückziehen können. Man sollte die Kinder behutsam zwischen »hart« und »herzlich« erziehen. Dennoch darf eine starke Hand nicht fehlen. Ihre Persönlichkeit ist sehr ausgeprägt, bei zuviel Nachgiebigkeit werden sie leicht bockig. Reicht man ihnen den kleinen Finger, nehmen sie gern die ganze Hand.

Verbal und körperlich braucht der kleine Skopion-Mond jeden Tag seine Streicheleinheiten. In der Schule zeigt er enormen Wissensdurst in allen Fächern, mit einem wachen Verstand. Dafür gibt's leider Probleme mit der schulischen Disziplin. Aber wer ihm beibringen kann, daß er für sich lernt und nicht für die Lehrer, hat auf jeden Fall gewonnen.

Mond im Skorpion ...

... Sonne im Widder: Hier verbinden sich Wasser und Feuer – und das ist Ihrem Wesen natürlich anzumerken. Dennoch: Ihr ausgeprägter Wille, Ihre Leidenschaft führen zusammen mit großem Gefühl und manchmal Listenreichtum zu beruflichem Erfolg. Sie sind Realist, aber Sie haben wenig Talent zum Kompromiß – dabei sollten Sie doch wissen, daß das ganze Leben aus Geben und Nehmen besteht! Herausforderungen nehmen Sie sofort an – und wollen Ihren Willen dann auf Biegen und Brechen durchsetzen. Kein Wunder, daß Sie ständig auf Hochtouren laufen. Dazu kommt noch Ihre Ungeduld ... Erst wenn Sie die in den Griff bekommen, werden Sie auch in der Liebe lang andauerndes Glück finden: Lassen Sie auch einmal die Meinung Ihrer/s Partner/in gelten!

... Sonne im Stier: Zur Vollmondzeit stehen sich Erdelement Stier und Wasserelement Skorpion gegenüber – und das bedeutet, daß beide einen sehr gegensätzlichen Einfluß ausüben. Sie sind sicher selbstbewußt – aber vielleicht verschlossen. Sie gelten als pessimistisch, schaffen es aber dennoch, das Leben nicht allzu schwerzunehmen. Manchmal entwickeln Sie sich zum Eigenbrötler: Lernen Sie daher früh, Gefühle auszuleben und tolerant und freundlich auf andere zuzugehen. Sehen Sie alles ein wenig positiver – das erleichtert Ihnen das Leben nämlich enorm. In der Liebe sind Sie oft der »Beschützer«. Ihre Anhänglichkeit kann nicht jede/r Partner/in ertragen, denn allzu leicht wirken Sie besitzergreifend und eifersüchtig. Ihre Liebenswürdigkeit macht diesen schwachen Charakterzug allerdings mehr als wett!

... Sonne im Zwilling: Die Elemente Luft und Wasser sind hier bestimmend. Sie wirken daher manchmal ein wenig rastlos; dabei haben Sie den festen Willen, alle Probleme in den Griff zu bekommen. Und weil Sie hartnäckig und geschickt sind, gelingt Ihnen das meist auch. Sie sind sehr empfindsam und haben eine Antenne für die Stimmungen Ihrer Mitmenschen. Hüten Sie sich jedoch davor, sich zu sehr mit den Problemen anderer zu belasten. Gehen Sie ruhig Ihren eigenen Weg. Beachten Sie jedoch – vor allem bei Freundschaft und Liebe – auch einmal die Meinung anderer, selbst dann, wenn Sie intuitiv anders handeln wollen: Manchmal liegen Ihre lieben Mitmenschen nämlich gar nicht so verkehrt!

... Sonne im Krebs: Zwei Wasserzeichen entfalten ihre Kräfte! Sie setzen sich gerne hohe Ziele und haben durchaus die Fähigkeit, diese mit Mut, Ausdauer und Zähigkeit zu erreichen. Sie sind selbst zu Begeisterung fähig, haben aber auch die Gabe, andere mitzureißen. Ihr Arbeitseifer und Ihre Verläßlichkeit machen Sie zu einem beliebten Kollegen. Sie gehen an eine Aufgabe sehr praktisch heran, wissen aber auch genau Ihre Chancen auf Erfolg abzuwägen. In der Liebe steht das Körperliche bei Ihnen im Vordergrund. Finden Sie hier die/den passende/n Partner/in, so steht Ihrem Glück allerdings nichts im Wege! Allerdings sollten Sie versuchen, Ihre Eifersucht in den Griff zu bekommen.

... Sonne im Löwen: Sie sind der große Schweiger – unnützes Geplapper ist Ihnen verhaßt! Sie haben nämlich herausgefunden, daß Ihnen nichts mehr Schaden bringt, als wenn Sie Ihr Herz auf der Zunge tragen. Dabei sind Sie empfindsam und sensibel, scheuen aber auch keinerlei Konfrontation, wenn's um Ihre materielle Sicherheit geht. Sie sind sehr vielseitig und haben deshalb viele berufliche Aufstiegschancen. Ihre Kreativität auf dem Gebiet der Musik, der Schriftstellerei oder der Schauspielerei kann zu großem Erfolg führen. In der Liebe gelten Sie als zuverlässig und treu – auch wenn Sie hin und wieder nach Abwechslung streben. Sie sollten sich daher besser eine/n tolerante/n Partner/in suchen!

... Sonne in der Jungfrau: Sie gelten als friedliebend und freundlich; das sollte aber nicht darüber hinweg täuschen, daß Sie durchaus zielstrebig zu handeln vermögen. Sie sind ein Mensch mit praktischen Alltagserfahrungen. Ihr Sachverstand wird daher oft bewundert, und man kann verstehen, daß Sie manchmal ein wenig arrogant erscheinen. Sie spüren gerne Verborgenes auf, und wenn Sie gefragt werden, vertreten Sie Ihre eigene Meinung durchaus vehement. Da neigen Sie dann zur Perfektion. In der Liebe sind Sie treu und voller Hingabe an den/die geliebte/n Partner/in. Sie müssen allerdings lernen, Ihre Gefühle zu äußern ...

... Sonne in der Waage: Sie wirken nett und gutmütig – doch Sie können blitzschnell den Stachel ausfahren. Und Sie scheuen sich dann auch nicht, einer Übermacht von »Gegnern« zornig gegenüberzustehen. Sie sehen schon: Mit der Kombination der Elemente Luft und Wasser in Ihren Sternzeichen ist Ausgeglichenheit nicht Ihre Stärke. Sie haben eine Begabung dafür, Ihre Vorteile stets zu erkennen und zu nutzen – und das kann bei Ihrer Umwelt auf wenig Gegenliebe stoßen. Wenn Sie jedoch lernen, Toleranz zu zeigen, mit Ihren Mitmenschen höflich und ruhig umzugehen, haben Sie leichtes Spiel im Beruf. Bei der Karriereplanung nämlich fügen Sie sich in alle Konventionen. In der Liebe suchen Sie nach Harmonie und Stabilität: Wenn Sie eine/n Partner/in finden, dem/der Ihre wechselnden Stimmungen nichts ausmachen, haben Sie gewonnen!

... Sonne im Skorpion: Ein »doppelter« Skorpion, der auch unter der zweifachen Wirkung des Elements Wasser steht: Sie sind ganz besonders Gefühlen und Intuitionen unterworfen. Sie handeln oft sehr impulsiv, und so kommt es auch zu Mißverständnissen mit Ihrer Umwelt. Manchmal ist's recht schwer, mit Ihnen auszukommen! Da Sie aber meist ein sonniges Gemüt besitzen, sehr hilfsbereit und vernünftig sind, leiden Sie nicht unter Einsamkeit oder Isolation. Es sei denn, Sie wählen sie selbst. Sie fühlen nämlich das Bestreben in sich, hin und wieder Ihre Emotionen in aller Stille »aufzuarbeiten«. In der Liebe neigen Sie dazu, die eigene Person überzubewerten. Hüten Sie sich auch davor, Ihre/n Partner/in umerziehen zu wollen ...

... Sonne im Schützen: Sie halten Ihr Leben fest in der Hand. Arbeit und Erfolg sind Ihnen wichtig – und trotz aller Niederlagen und Enttäuschungen geben Sie nicht auf: So könnte man Ihren Charakter in wenigen Worten umschreiben. Doch Sie neigen auch zu Übertreibung und Unrast. Dabei haben Sie die Fähigkeit, auf andere zuzugehen und Idealen nachzueifern. Manchmal wirken Sie etwas selbstgefällig und überheblich und fühlen sich allein gelassen: Dabei lieben Sie doch die Freiheit – warum also stört Sie das Alleinsein so? In der Liebe erwarten Sie Harmonie, sind aber nicht bereit, von vornherein Ihre Gefühle zu äußern. Kein Wunder, daß Sie nur dann Ihr großes Glück finden, wenn Sie mehr Einfühlungsvermögen und Anpassungsbereitschaft zeigen ...

... Sonne im Steinbock: Viele Menschen mit dieser Konstellation gelten als hochbegabt und ragen aus der Masse heraus. Sie lernen früh, sich zu behaupten und selbstständig große Leistungen zu schaffen. Ihre Selbstsicherheit befähigt Sie, sich zu Führungspositionen aufzuschwingen – selbst wenn Ihnen das nicht in die Wiege gelegt wurde. Dabei stehen Sie zu Ihren Ansichten, vertreten durchaus auch ungewöhnliche Meinungen. In der Liebe sind Sie sehr gefühlsbetont. Das hat natürlich große Schwankungen im emotionalen Bereich zur Folge. Nicht jede/r Partner/in kommt damit klar. Vor allem, weil Sie stets nach Bewunderung und Anerkennung suchen, selbst aber eher intolerant sind.

... Sonne im Wassermann: Gegensätze ziehen sich zwar an, aber bei Ihnen tun die Sterne in dieser Hinsicht fast zuviel des Guten. Ihre Persönlichkeit ist so facettenreich, daß man sich zunächst einmal auf Ihre Ausstrahlung konzentriert. Und die ist ohne Zweifel enorm! Erst nach und nach lassen Sie erkennen, ob Sie eher die positiven oder negativen Wesenszüge dieser Konstellation in sich tragen: Ideenreichtum, Fantasie und Großzügigkeit – oder Überheblichkeit, Skrupellosigkeit und Unfähigkeit zur Selbstkritik. Ihre Instinkte sollten Sie richtig leiten ... In der Liebe sind Sie gefühlsmäßig oft hin- und hergerissen. Prüfen Sie sorgfältig, um Sie nicht auf eine/n Partner/in hereinzufallen, der/die Sie ausnützt.

... Sonne in den Fischen: Diplomatische Raffinesse ist wohl Ihre Haupteigenschaft. Dazu kommen eine ausgeprägte Persönlichkeit, starker Wille und Standfestigkeit – all das liegt in Ihnen vereint.»Doppelt« wirkt das Element Wasser auf Sie ein – Sie werden also kaum starr in einer Situation verharren, sondern stets in Bewegung sein. Sie sind sehr sensibel – das hat Vorteile, birgt aber auch Gefahren. Denn allzu leicht lassen Sie sich in negative Strömungen Ihrer Umwelt hineinziehen. Ihr Ehrgeiz führt Sie zudem oft auf falsche Bahnen. In der Liebe sind Sie sehr zögerlich: Begegnet man Ihnen nicht sofort mit Sympathie, so ziehen Sie sich zurück. Haben Sie jedoch erst einmal eine/n Partner/in gefunden, der/die mit Ihnen übereinstimmt, so sind Sie bedingungslos treu und ergeben.

*... wenn der silberne Mond
durch die Gesträuche blickt.*
Friedrich Leopold Graf zu Stolberg (1750–1819)

Mond im Schützen

Steckbrief
Der Schütze-Mond-Typ: die suchende Seele
Element: Feuer
Herrscherplanet: Jupiter
Eigenschaft: angleichend als drittes Herbstzeichen
Prinzip: Glauben
Pol: männlich
Farben: Lila und Dunkelrot
Körperregionen: Oberschenkel und Hüfte
Schwächen: Einmischung und die Prahlerei
Stärken: Enthusiasmus und Überzeugungskraft

Unabhängig davon, in welchem Tierkreiszeichen die Sonne bei
Ihrer Geburt stand, hat der Mond Ihnen auch typische Charaktereigenschaften des Schützen in die Wiege gelegt. Der
Mond symbolisiert die Seele, die inneren, unbewußten und
emotionalen Bedürfnisse und Wünsche. Er steht für unsere irrationalen, unlogischen und nicht erklärbaren Handlungen
und Reaktionen.

Hoffnung und Zuversicht sind die herausragenden Eigenschaften in Ihrem Gemütsleben. Ihre Seele strebt sehr nach
Ausdehnung, Wachstum und tiefen Erkenntnissen, und ein
großes Anliegen ist Ihnen die Suche nach dem Sinn des Lebens. Schütze-Mond-Menschen sind immer wach, an allem interessiert und sehr aufgeschlossen. Sie sind überzeugt, zu

Höherem berufen zu sein. Sie wollen Ihre Erfahrungen und die Wertmaßstäbe an andere Menschen weitergeben und sie davon überzeugen. Sie sind sicher: Es gibt im Leben viele Dinge zu entdecken und zu verstehen; daher rührt Ihre Abenteuerlust und Ihr Drang zu vielen Reisen.

In der Liebe sind Sie kameradschaftlich und freundschaftlich. Will Ihr Partner das nicht, so kann es in der Beziehung sehr still werden. Auch die Liebe sehen Sie nämlich eher missionarisch, in der Sie »aufwertend« tätig sein können. Mit großer Begeisterung setzen Sie sich für »die gute Sache« ein, zeigen dabei viel Engagement. Sie stehen voll dahinter und glauben daher auch an die große Liebe. Ohne viele Worte schaffen Sie es dann, Ihren Partner mitzureißen. Oftmals müßten Sie sich eher bremsen, denn bei aller Begeisterung dürfen Sie die realistischen Tatsachen nicht aus dem Auge verlieren. Sonst ist eine gewisse Weltfremdheit die Folge.

Freunde gewinnen Schütze-Monde bei den Zwillingen oder Widdern. Mit einem Wassermann werden Sie die Welt erobern und zugleich reformieren. Weniger gut verstehen Sie sich mit dem ruhigen Steinböcken oder der Jungfrau. Sie könnten jedoch ein guter Ausgleich sein und Ihnen Ruhe bringen.

Die Schütze-Mond-Frau

Zwei Dinge sind in Ihrem Leben sehr wichtig: Ihre Freiheit und Ihre Unabhängigkeit. Sie lassen sich von nichts und niemandem festlegen. Sie müssen Ihre Begeisterung am Leben, die von innen heraus kommt, austoben können. Sie sollten sich nur den Interessen, Zielen und Aufgaben widmen, die Ihnen innere Bestätigung und Zufriedenheit geben. Ihren großen Antrieb bekommen Sie von der Sehnsucht nach den tiefen Erkenntnissen und dem Wunsch nach Einsicht in die rätselhaften und universellen Zusammenhänge unseres Lebens. Sie wollen nicht einfach nur lernen: Sie wollen verstehen, nachvollziehen können, begreifen. Dabei geben Sie sich nicht mit einfachen und oberflächlichen Erklärungen zufrieden.

Aus diesem Wesen entsteht viel Toleranz, die Sie Ihren Mitmenschen und der Umwelt entgegenbringen. Ihre Suche dient der Gerechtigkeit: Alle werden gleich behandelt. Ebenso wie Sie selbst die Freiheit lieben, werden Sie sie auch Ihrem Partner in einer Beziehung zugestehen. Sie werden ihn gewiß nicht einengen, denn das wollen Sie ja auch selbst auf keinen Fall erleben.

Das Leben der Schütze-Mond-Frau besteht oft aus glücklichen Zufällen, die ihr den Weg nach oben ebnen. Immer auf Achse für sich und andere, werden Sie sich in der Reisebranche sehr wohl fühlen. Fremde Kulturen faszinieren Sie – es kann gut sein, daß Sie hier auch Ihre Berufung finden. Sie lieben die Natur und werden viel Zeit an der frischen Luft verbringen.

Der Schütze-Mond-Mann

Sie sehen in der Frau zunächst einmal ein sehr aufgeschlossenes, verständnisvolles und begeisterungsfähiges Wesen – jemanden, mit dem man »Pferde stehlen« kann. Bei Ihrer Partnerin suchen Sie das gleiche, das Sie von Ihrer Mutter erwartet haben: nämlich Zuwendung, Gerechtigkeit und Unabhängigkeit, aber auch Kameradschaft und Einsatzbereitschaft. Sie fühlen sich also vor allem zu Frauen hingezogen, die zumindest Unabhängigkeit, Abenteuerlust und Tatendrang in sich spüren. Ihre Partnerin sollte eine Ergänzung sein, mit der Sie auf Reisen gehen, ferne Länder erforschen, sich selbst auf der seelischen und geistigen Ebene kennenlernen.

Sie sollten versuchen, Ihre Gefühle selbst auszuleben. Sie können das keinem anderen überlassen, auch wenn Sie eine Partnerin haben, die Sie besser kennt als jeder andere. Nur wenn Sie Ihren spontanen und anspruchsvollen Emotionen offen nachgehen, können Sie Ihre Persönlichkeit vervollständigen und Ihre Mitmenschen von Ihren Zielen überzeugen.

Viele glückliche Zufälle helfen Ihnen im Leben auf dem Weg
nach oben. Als Schütze-Mond lieben Sie die Natur: Spazier-
gänge z. B. sind bei jedem Wetter angesagt. Viel Bewegung ist
Ihnen sehr wichtig, Sie lieben Sportarten, bei denen Sie Ihrem
Freiheitsdrang nachgeben können: also Radfahren, Skilaufen,
Rudern oder Surfen und Segeln.

Das Schütze-Mond-Kind

Schon von klein auf sind die kleinen Schütze-Monde sehr interessiert an der Natur. Fragen über Fragen an die Eltern, was,
wann und wo, wieso, warum ... Aber nicht nur die Natur ist ihnen wichtig: Ihre Wißbegierde kennt keine Grenzen. Sie sind
geborene Optimisten, Temperamentsbündel, die gerne lachen.
Sie beeindrucken durch ihren natürlichen Charme. Ihr Appe-
tit ist immer gesegnet, und sie gehören nicht zu den Kindern,
die heikel und mäkelig sind.

Für den kleinen Schütze-Mond gilt: Je toller, desto besser –
auch dann, wenn er schlafen soll. Schon früh erkundet er seine
Umgebung. Nichts ist vor ihm sicher. Bücher über Wissen, Abenteuer, Sagen und Märchen – davon kann er nie genug bekommen. Da macht es ihm auch nichts aus, mal alleine zu sein. Im
Gegenteil: Das braucht er, um mit dem Leben und der Welt fertig zu werden. So wird der Schütze-Mond schon früh zur selb-
ständigen Persönlichkeit. Langeweile ein Fremdwort für ihn.

Lernen ist für das Schütze-Mond-Kind sehr wichtig. Sein
Wissensdurst ist nicht zu bremsen. Oft mausert es sich zum
Klassenbesten. Wichtig sind ihm Vertrauen, Toleranz und Ehrlichkeit – von Klassenkameraden und Lehrern ebenso wie von
seinen Geschwistern und Eltern.

Mond im Schützen ...

... Sonne im Widder: Zweimal Feuer – das gibt Zunder! Und
das merkt man Ihrem Wesen natürlich an. Sie wollen nach
vorne mit aller Kraft und allem Tatendrang, die Ihnen das

Schicksal mitgegeben hat. Dabei streben Sie auch stark nach Unabhängigkeit – am ehesten werden Sie also einen Beruf ergreifen, in dem Sie all Ihre Talente und Neigungen verwirklichen können. Leider fehlt es Ihnen ein wenig an Ausdauer – und deshalb werden Sie lange brauchen, bis Sie auf der Karriereleiter ganz oben stehen. Ihr Idealismus jedoch lässt es nicht zu, daß Sie skrupellos vorgehen ... Auch in der Liebe nicht: Sie suchen Freundschaft und Loyalität in einer Partnerschaft und sind auch bereit, dasselbe zurückzugeben. Leider lassen Sie sich oft ausnutzen.

... Sonne im Stier: Sie lassen sich schnell von etwas begeistern – manchmal vielleicht allzu schnell! Ihre Kreativität, Ihre Ungeduld und Ihre Entschlußlosigkeit bewegen Sie zu oft zu einem Wechsel. Ausdauer ist daher nicht Ihre Stärke. Das hindert Sie an einem glatten und raschen Aufstieg auf der Karriereleiter. Sie streben nach materieller Sicherheit, und deshalb fürchten Sie sich davor, auch einmal ungewöhnliche Wege zu Ihren Zielen einzuschlagen. Das ist schade, denn dann würden Sie es eher schaffen, Ihren Standpunkt durchzusetzen und anderen begreiflich zu machen. Ihre Lebensfreude jedoch macht Sie überall beliebt. Das kommt Ihnen natürlich auch in der Partnerschaft zugute: Sie sind kontaktfreudig und anpassungsfähig. Wenn Sie dazu noch lernen, Ihre Gefühle auszuleben und Ihrem/r Partner/in mitzuteilen, steht Ihrem Glück nichts im Wege!

... Sonne im Zwilling: Ihr Charme und Ihr Einfallsreichtum erleichtern Ihnen den Lebensweg. Doch darin besteht eine Gefahr: Sie verlassen sich vielleicht zu sehr auf diese beiden Eigenschaften. Ihre Spannungsfelder liegen auch darin, daß Sie Freiheitsliebe und Launenhaftigkeit, Willensschwäche und Abenteuerlust, Wankelmut und Ideenreichtum in sich vereinen. Oft wirken Sie daher unausgeglichen. Sie sind gleichzeitig sehr empfindsam und zeigen viel Einfühlungsvermögen: In der Liebe erleichtert Ihnen das manches. Schwer auszukommen ist für Ihre/n Partner/in wahrscheinlich mit Ihrem Unabhängigkeitsbedürfnis.

... Sonne im Krebs: Familiensinn und Häuslichkeit sind Ihnen vom Krebs gegeben, Fernweh und Abenteuerlust legt Ihnen der Schütze in die Wiege. Diese beiden Extreme sind nur schwer zu vereinen, und so werden Sie Zeit Ihres Lebens zu kämpfen haben. Auf andere wirken Sie daher oft launisch und wetterwendisch. Manchmal neigen Sie zu extremer Sparsamkeit, denn Sie können nur schwer von einmal Erworbenem lassen. Das gilt auch für Gegenstände – und leider auch für Menschen. Sie müssen lernen, daß Sie mit Loslassen viel mehr erreichen. Deshalb brauchen Sie nicht gleich Geld und Gut zu verprassen, aber Sie sollten Ihre Gedanken nicht an längst Vergangenes hängen – vor allem in der Liebe nicht. Im Grunde nämlich sind Sie ein verantwortungsbewußter und zuverlässiger Partner!

... Sonne im Löwen: Hohe idealistische Ziele streben Sie an, und weil Sie eine große Portion Tatkraft mitbekommen haben, sind Sie durchaus in der Lage, damit Erfolg zu haben. Sie sind voller Optimismus, lassen sich nicht gerne das Heft aus der Hand nehmen. Selbst wenn Sie mal zum Nichtstun verdammt sind, schmieden Sie schon neue Pläne. Ihre Aktivität kennt kaum Grenzen. Vorsicht: Das kann bei anderen einen falschen Eindruck erwecken! Denn Neider gibt es überall ... Lernen Sie, mit anderen, aber auch mit sich selbst Geduld zu üben. Man muß nicht alles übers Knie brechen, um an der Spitze zu stehen. In der Liebe wartet so manche Enttäuschung auf Sie: Oft handeln Sie einfach zu ritterlich und vornehm. Seien Sie ein wenig mißtrauischer, dann werden Sie weniger auf andere hereinfallen.

... Sonne in der Jungfrau: Sie gelten als reserviert und neigen gewiß nicht zu übereiltem Handeln. Die Bereitschaft zu Verantwortung, realistischem Handeln und klugem Kalkül wird man Ihnen ebenfalls nachsagen. Dennoch sind Sie sehr feinsinnig veranlagt – Sie merken sofort, wenn jemand Sie zu täuschen versucht. Intuitiv erfassen Sie jede negative Strömung an Ihrem Gegenüber. Dieser Instinkt sagt Ihnen auch, wann Sie ein Risiko eingehen sollten und wann Sie besser die Finger davon lassen. Dazu kommt, daß Sie Ihre Pläne und Ansichten sehr beredt darzulegen vermögen. In der Liebe sind Sie beständig und verläßlich – fast eher Kamerad als Geliebte(r). Sie müssen aber lernen, Ihre/n Partner/in gewähren zu lassen und nicht ständig herumzukritteln.

... Sonne in der Waage: So mancher in dieser Sternzeichen-Kombination kehrt unserer Welt den Rücken und lebt als »Aussteiger«. Die meisten jedoch brechen nur im Urlaub aus – und kehren dann wieder zufrieden zurück an Heim und Herd. Aber: Der Freiheitsdrang ist Ihnen angeboren, und Sie können es nicht ausstehen, wenn man versucht, Sie darin zu beschneiden. Besonders positiv wirken Sie durch Ihre Ehrlichkeit und Ihren Optimismus, mit dem Sie sich in die Arbeit stürzen. Sie stehen zu Ihren Vorstellungen und verteidigen Ihre Ansichten gegen Angriffe aller Art. In der Liebe hängen Sie Idealen nach. Sie fordern Respekt und Treue – sind jedoch selbst einem gelegentlichen Abenteuer nicht abgeneigt ...

... Sonne im Skorpion: Voller Leidenschaft und Hingabe, mit Energie und Tatkraft verfolgen Sie Ihre Ziele. Ohne Rücksicht auf Verluste und auch ohne Rücksicht auf die Meinung anderer. Oft sind Sie in künstlerischen Berufen tätig: So können Sie Ihren Stimmungen, Emotionen und Gefühlen am besten Ausdruck verleihen. Sie sind jedoch kein ungeselliger und gar unliebenswürdiger Mensch – im Gegenteil: Man kennt Sie als verbindlich und höflich, selbst wenn Sie sich nur höchst ungern anpassen. In der Liebe müssen Sie lernen, daß Sie nicht erwarten können, daß jede/r Partner/in Ihnen bedingungslos folgt. Toleranz und Hingabe sind in einer Beziehung von beiden Seiten nötig!

... Sonne im Schützen: Bei Ihnen sind die Eigenschaften des Sternzeichens und auch des Elements Feuer doppelt vorhanden. Sie sollten deshalb bestrebt sein, vor allem die negativen Aspekte abzumildern: Machen Sie sich das Leben nicht schwerer, als es ist! Sie sind großzügig, idealistisch und sehr reiselustig – vielleicht sogar ruhelos. Ihre Widersprüchlichkeit macht Sie oft reizbar und dann für Ihre Mitmenschen nicht gerade erträglich. Da müssen Sie an sich arbeiten! Toleranz heißt das Zauberwort, mit dem Sie Ihre Fehler besser in den Griff bekommen. In der Liebe legen Sie vor allem Wert auf Ehrlichkeit und Aufrichtigkeit. Kann Ihr/e Partner/in Ihnen das nicht bedingungslos geben, werden Sie sich eher trennen, als Kompromisse einzugehen.

... Sonne im Steinbock: Sie finden für jedes Problem und jeden Konflikt eine Lösung – selbst wenn die Lage noch so aussichtslos erscheint. Diese Begabung macht Sie zum perfekten Krisenmanager! Ihr Geschick und Ihre Umgänglichkeit lassen Sie auch sehr diplomatisch erscheinen. Dabei sind Sie arbeitsam und fleißig, verstehen es aber durchaus, dem Leben die guten Seiten abzugewinnen. Sie streben hohe Ideale an und fühlen sich am wohlsten, wenn Sie diese Ziele zusammen mit anderen erreichen können. In der Liebe sind Sie eher unentschlossen und zögerlich. Langfristige Bindungen gehen Sie ungern ein. Der Grund liegt nicht in der Furcht vor der Bindung, sondern in der Angst, daß eine Partnerschaft irgendwann einmal wieder in die Brüche geht.

... Sonne im Wassermann: Ihr Frohsinn, Ihre Ungezwungenheit und Ihr Mitgefühl machen Sie allseits beliebt. Die Elemente Luft und Feuer lassen Ihren Charakter in dieser Konstellation ein wenig unbestimmt erscheinen. Man kann Ihr Wesen nur schwer einschätzen – und nach außen sieht man nur die besten Seiten. Manchmal jedoch sind Sie ein wenig zu sorglos, zu unbekümmert: Sie fallen auf Schmeicheleien herein und sind unfähig zu erkennen, wer Ihnen wirklich Gutes will und wer Sie nur ausnützen möchte. Außerdem sind Sie den guten Seiten des Lebens fast ein wenig zu sehr zugeneigt: Achten Sie mehr auf Ihre Gesundheit! In der Liebe sind Sie tolerant und großzügig – und ein wenig flatterhaft. Haben Sie jedoch den/die Richtige/n gefunden, sind Sie ihm/ihr auch treu!

... Sonne in den Fischen: Unabhängigkeit ist Ihnen fast das Wichtigste im Leben, dafür treten Sie vehement ein. Doch hin und wieder werden auch Sie nicht umhinkönnen, sich den Wechselfällen des Lebens unterzuordnen. Daher sollten Sie lernen, Ihre eigene Widerspenstigkeit in den Griff zu bekommen. Sie sind sehr vielseitig – irgendwann einmal wird sich schon die Chance ergeben, allen gesellschaftlichen Zwängen zu entfliehen und nur noch »das eigene Ding durchzuziehen«. Sie sind originell genug, um beruflich eine Nische zu entdecken, in der Sie Ihrem Individualismus frönen können. In der Liebe brauchen Sie auf jeden Fall eine/n Partner/in, bei dem/der Sie Ihren Freiheitsdrang gänzlich nachgeben können. Sie sind charmant – es sollte Ihnen gelingen, den/die Richtige/n zu finden ...

... Berg und Tal und Frost
vom günstigen Mond erhellt ...
Friedrich Leopold Graf zu Stolberg (1750–1819)

Mond im Steinbock

Steckbrief
Der Steinbock-Mond-Typ: die ehrgeizige Seele
Element: Erde
Herrscherplanet: Saturn
Eigenschaft: bewegend als erstes Winterzeichen
Prinzip: Stabilität
Pol: weiblich
Farben: Dunkelblau, Dunkelgrün und Anthrazit
Körperregionen: die Kniegelenke und die Haut
Schwächen: Rebellion und Außenseitertum
Stärken: Kameradschaft und Originalität

Unabhängig davon, in welchem Tierkreiszeichen die Sonne bei Ihrer Geburt stand, hat der Mond Ihnen auch typische Charaktereigenschaften des Steinbocks in die Wiege gelegt. Der Mond symbolisiert die Seele, die inneren, unbewußten und emotionalen Bedürfnisse und Wünsche. Er steht für unsere irrationalen, unlogischen und nicht erklärbaren Handlungen und Reaktionen.

Konzentration ist angesagt, wenn der Mond im Steinbock steht. Das Bedürfnis nach Ehrgeiz und nach Aufstieg sind sehr stark. Mißerfolge werden stets als sehr schmerzlich empfunden. Steinbock-Monde neigen dazu, sich emotional vollkommen zu verschließen, wenn sie der Meinung sind, den Anforderungen des Lebens und der Außenwelt nicht gerecht zu

werden. Sie verlassen sich nur auf sich selbst, machen gefühlsmäßig gegenüber den Mitmenschen dicht. Allerdings können
auch andere sich auf Ihre Person ausgesprochen gut verlassen.

Im Liebesleben haben Sie Ihre Schwierigkeiten: Ihr stren-
ges Seelenleben läßt nicht zu, daß Sie Ihre Gefühle und Wünsche äußern. Ihr Partner muß Ihnen alles regelrecht »aus der
Nase« ziehen. Deshalb gestaltet es sich auch problematisch,
den richtigen Partner zu finden. Oft bleiben Steinbock-Monde
deshalb lange allein. Damit können sie allerdings sehr gut umgehen – es macht ihnen wenig aus, ohne Partner zu leben.

Ihre positiven Eigenschaften sind Ehrgeiz, Leistungswille
und Ausdauer. Berufliche Interessen stellen Sie oft vor die privaten. Ihre Ziele sind meist hochgesteckt, und sie werden unermüdlich verfolgt. Das Wort »aufgeben« kennt der Steinbock-Mond nicht. Zäh wie Sie sind, beißen Sie sich durch, bis
Sie Ihr Ziel erreicht haben. In Ihrem Leben werden Sie lernen
müssen, Vertrauen zu anderen Menschen zu entwickeln. Sie
können Ihre Empfindungen ohne Angst und Scheu zeigen.
Niemand ist Ihnen deshalb böse. Vor allem: Sie haben genug
Gefühle und Emotionen! Hören Sie auf, sich ständig »cool« zu
zeigen.

Als Freunde kommen für Sie Menschen mit dem Geburtsmond Zwillinge oder Schütze in Frage, denn die sorgen dafür,
daß Sie ein wenig mehr Temperament und Frohsinn zeigen.
Seelenverwandt fühlen Sie sich mit Stier und Jungfrau, förderlich wäre auch die Beziehung zur Waage.

Die Steinbock-Mond-Frau

Die Fundamente des Lebens müssen für Sie solide und stabil
sein. So ist Ihnen jeder Erfolg sicher. Ihre Karriereleiter wer-
den Sie mit Leistungsvermögen und Ausdauer erklimmen.
Ruhe und viel Eifer – damit erreichen Sie jedes Ziel im Beruf.
Bei Ihrem Ehrgeiz sind Ihnen auch Titel und Ehren wichtig:
Sie haben es schon ganz gern, wenn jeder weiß, was Sie gelei-

stet haben. Zu Ihren positiven Eigenschaften und Stärken gehören Disziplin, Durchhaltevermögen und Zuverlässigkeit. Wenn Sie sich allerdings keinerlei Freuden im Leben gönnen, können sich diese Stärken in Schwächen verwandeln: Sie werden stur, über die Maßen penibel und eine Prinzipienreiterin.

Sie haben Schwierigkeiten, sich der Muße hinzugeben und Ihre Seele baumeln zu lassen. Sie sollten aber lernen, Ihren Gefühlen freien Lauf lassen. Ihr Bedürfnis nach Anerkennung und Aufstieg sollten Sie nicht verleugnen, denn eines ist klar: Als Steinbock-Mond-Frau schaffen Sie die entsprechenden Leistungen mit Leichtigkeit. Im Grunde sehnen Sie sich jedoch nach Zärtlichkeit, Wärme und Geborgenheit. Natürlich würden Sie das niemals zugeben: Ihr Partner sollte daher Gedanken lesen, Ihre tiefen Empfindungen und psychischen Bedürfnisse erkennen können.

Der Steinbock-Mond-Mann

Die erste Frau, die Sie kennenlernen, ist Ihre Mutter. Und an ihr schätzen Sie von klein auf, daß sie ihre Aufgaben und Pflichten konzentriert, zielstrebig und ausdauernd erledigt. Gefühlsduseleien sind Ihnen fremd, mit zärtlichen Gesten konnten Sie schon als Kind wenig anfangen. Ehrgeiz, Konzentration, Beharrlichkeit und Pflichtbewußtsein – das wünschen Sie sich auch von Ihrer Partnerin. Etwas streng sollte sie sein, in den Gefühlen unnahbar und leicht unterkühlt. Dann fühlen Sie sich angesprochen und setzen sich mit aller Kraft dafür ein, diese Dame zu erobern. Dafür nehmen Sie jede Herausforderung an. Leidenschaftliche oder gar stürmische Liebesbeweise sind Ihnen jedoch eher ein Greuel. Bei allem ist Ihnen Treue sehr wichtig. Untreue könnten Sie einfach nicht verkraften.

Ihre eigenen inneren Regungen und Empfindungen werden Sie immer beherrschen, oft sogar verdrängen. Sie müssen lernen, Ihre Gefühle zu zeigen, denn sonst bleibt Ihnen das große Glück einer guten Beziehung versagt. Auch Ihre Partnerin ist nämlich nicht unermüdlich dazu bereit, Ihren seelischen Bedürfnissen nachzukommen.

Ihre guten Eigenschaften – nämlich Fleiß, Disziplin und Verantwortungsbewußtsein – kommen Ihnen im Berufsleben zugute. Im Kollegenkreis werden Sie stets der ruhige Pol sein. Überstunden, Mehrarbeit? Kein Problem! Dabei muß allerdings die Belohnung stimmen – allerdings gar nicht einmal auf dem Gehaltszettel, eine Beförderung würde Ihnen viel besser passen. So gehen Sie Ihren Weg nach oben und werden es weit bringen. Ihre guten Eigenschaften, vor allem Ihre Genauigkeit in allen Dingen, machen Sie zum guten Mitarbeiter in allen Finanzangelegenheiten.

Das Steinbock-Mond-Kind

Schon von klein auf wissen diese Kinder, was sie wollen: ernst genommen werden. Die kleinen Steinbock-Monde wirken schon als Kleinkinder ernsthaft und seriös. Und sie haben einen eisernen Willen: Weder mit Bestechungsgeschenken in Form von Bonbons noch mit guten Worten wird man sie dazu bewegen können, etwas zu tun, was ihnen gerade nicht in den Kram paßt. Dazu kommt noch ein Problem: Ihr kleiner Steinbock-Mond erwartet, daß Sie selbstverständlich wissen, was er gerade will.

Ordnung ist für den kleinen Steinbock-Mond das halbe Leben: Sein Kinderzimmer ist stets aufgeräumt, auch wenn es Ihnen auf den ersten Blick nicht so vorkommt. Er hat nämlich sein eigenes Ordnungssystem – und kann seinen ganzen Ehrgeiz darein setzen, Pläne zu entwickeln, wie man Ordnung auch ins Chaos Ihres Zimmers bringen könnte. In der Schule macht ihn das oft zum Einzelgänger: Zwar kommt er mit den anderen zurecht, ist auch nicht menschenscheu, aber er schließt sich ungern und nicht schnell allzu eng an andere an. Dafür haben die Lehrer an ihm Freude: Seine Hausaufgaben erledigt er pflichtbewußt und gründlich – allerdings ohne genialen Geistesblitz.

Mond im Steinbock ...

... Sonne im Widder: Vorsicht – Sie neigen dazu, Gefühle allzu sehr »auf Eis« zu legen. Verstand und Emotionen stehen im ständigen Wettstreit miteinander. Die Folge: Impulsiv setzen Sie sich ein Ziel – und ohne Rücksicht auf Verluste streben Sie es dann an. Dabei können Sie kalt und beherrscht wirken, gerade weil es in Ihnen brodelt. Sie müssen frühzeitig lernen, Ihr Temperament zu zügeln und Toleranz zu entwickeln. Nur dann können Sie mit sich und Ihrer Umwelt in Einklang leben. Das gilt auch für die Liebe: Sie ziehen sich nämlich oft lieber zurück, als daß Sie Ihren Gefühlen freien Lauf lassen. So jedoch kann kaum eine Romanze von Dauer sein – erst dann, wenn Sie lernen, daß Ihr Freiheitsdrang auch Ihrer/m Partner/in zuzugestehen ist.

... Sonne im Stier: Sorgen und Freude liegen bei Ihnen eng zusammen: sind doch beide Tierkreiszeichen dem Element Erde zugeordnet. Positiv sind Ihr Ausdauer, Ihre Vielseitigkeit, Ihre Schlagfertigkeit und Ihre Zielstrebigkeit. Negativ dagegen wirken sich Ihre Existenzangst und Ihre unterdrückten Triebe aus. Mit Humor jedoch schaffen Sie es, beiden Seiten die Waage zu halten und störende Neigungen gar nicht erst aufkommen zu lassen. Ihr überschäumendes Temperament jedoch birgt die Gefahr, daß Sie vorschnell handeln. Das gilt auch für die Liebe: Bremsen Sie ein wenig ab, und genießen Sie die Zweisamkeit. Es muß nicht immer »Jubel, Trubel, Heiterkeit« herrschen – ein wenig Besinnung und Muße tut Ihnen auch mal gut!

... Sonne im Zwilling: Auch für diese Konstellation gilt: Gegensätze müssen vereint werden. Einerseits die Beweglichkeit, Vielgestaltigkeit und Flatterhaftigkeit des Luftzeichens und auf der anderen Seite die Distanziertheit, Zielstrebigkeit und Berechnung des Erdzeichens. Ist die Einheit in Ihrem Charakter »geglückt«; dann schaffen Sie es sicher, auf Anhieb viel zu erreichen. Ihre charmante Art und Ihr Sinn für Anstand und Moral sorgen dafür, daß Sie nicht skrupellos oder ohne Rücksicht auf andere handeln. Dies gilt auch für die Liebe: Zwar verlangen Sie von einem Partner viel, doch sind Sie auch bereit, viel zu geben. Hüten Sie sich jedoch vor zuviel Skepsis!

... Sonne im Krebs: Ein spannungsreiches Seelenleben ist Ihnen mit dieser Konstellation gewiß. Der Steinbock-Mond steht durchaus für Begeisterungsfähigkeit und Weltoffenheit, während der Krebs in der Sonne eher zu Egozentrik, Verschlossenheit und Häuslichkeit neigt. Sie müssen frühzeitig lernen, Ihre ständig wechselnden Gefühle in den Griff zu bekommen. Dabei sind Sie außerdem mit rascher Auffassungsgabe und wachem Geist gesegnet – die besten Voraussetzungen für beruflichen Erfolg. Probleme gibt's nur, wenn Sie mit Ihrer etwas unüblichen Arbeitsweise beim Chef anecken. In der Liebe sind Sie sehr realitätsbezogen. Sie streben eine dauerhafte Beziehung an, dennoch suchen Sie stets aufs neue nach Ihrem persönlichen Glück!

... Sonne im Löwen: Sie gehören zu den glücklichen Menschen, die ihre Chancen erkennen und beim Schopfe packen. Diplomatie und Entschlossenheit sind in Ihnen vereint – die besten Voraussetzungen also, um Erfolg zu haben. Dazu kommt, daß Sie Ihre Ziele mit bewundernswerter Ausdauer verfolgen. Einziges Manko: Sie neigen zur Rechthaberei! Sie wollen lieber bestehende Verhältnisse ändern als Gegebenes hinnehmen. Ihr Gerechtigkeitsdenken ist sehr ausgeprägt. Sie können es nicht zulassen, daß irgend jemand unfair behandelt wird: Da greifen Sie sofort ein! In der Liebe engagieren Sie sich stark – doch nicht unproblematisch: Lernen Sie, daß Liebe und Lebensfreude sich nicht ausschließen – im Gegenteil!

... Sonne in der Jungfrau: Harte Arbeit ist ein Vergnügen für Sie – keine Last. Sie sind ehrgeizig, wollen Ihre Ziele rasch erreichen – und meist gelingt Ihnen das auch. Sie wissen: Das Privatleben bleibt dabei erst einmal auf der Strecke. Das nehmen Sie aber gerne in Kauf. Sie wissen, daß Sie allein Ihres Glückes Schmied sind. Dennoch sollten Sie hin und wieder bedenken: Im Team kann man oft mehr erreichen als als Einzelkämpfer. Auf Ihre Mitmenschen wirken Sie häufig kontaktarm und sehr zurückhaltend. Das liegt auch daran, daß Sie mit Kritik nicht hinterm Berg halten. In der Liebe sind Sie dagegen sehr sinnlich und lassen sich originelle Dinge einfallen, um Ihre/n Partner/in zu bezaubern.

... Sonne in der Waage: Freundlich und seriös – damit kann man Sie wohl am ehesten charakterisieren. Für Sie gehen Fairneß und Freundschaft über alles – dafür kämpfen Sie auch ohne Rücksicht auf Verluste. Sie wissen, was Sie selbst wert sind, und können das auch nach außen gut und sympathisch darstellen. Manchmal sind Sie etwas oberflächlich und schwerfällig, doch wird das durch Ihr starkes Mitgefühl mit anderen ausgeglichen. In der Liebe suchen Sie vor allem nach Harmonie. Da Sie etwas in sich gekehrt sind, wirken Sie manchmal kühl und distanziert. Das kann Ihnen als Desinteresse ausgelegt werden: Bemühen Sie sich also etwas mehr um Ihre/n Partner/in!

... Sonne im Skorpion: Man kennt Sie als Rebell – nur ungern beugen Sie sich gesellschaftlichen Konventionen. Ihre Meinung vertreten Sie unbeugsam, lassen sich dabei auch nicht von anderen beeinflussen. Dennoch wirken Sie liebenswürdig und freundlich, selbst wenn Sie knallhart sein können. Ihr Ehrgeiz treibt Sie vorwärts, Sie erreichen sicher Ihre Ziele – auch wenn dabei Freundschaften auf der Strecke bleiben. Im tiefsten Innern sind Sie manchmal unsicher und ängstlich, kaschieren dies aber nach außen mit Gelassenheit und (über-steigertem) Selbstbewußtsein: Kein Wunder, daß Sie nicht überall beliebt sind! In der Liebe suchen Sie als Ausgleich die vollständige Harmonie. Wenn Sie lernen, daß eine Beziehung gegenseitiges Geben und Nehmen bedeutet, können Sie das große Glück erreichen.

... Sonne im Schützen: Sie sind eine echte »zwiefache« Per-sönlichkeit! Man weiß nie, welcher der zahlreichen Charak-terzüge bei Ihnen zum Durchbruch kommt: Sind Sie eher ei-gensinnig, ungesellig und spröde – oder seriös, optimistisch und idealistisch? Nach außen wirken Sie oft unsicher. Dahin-ter verbergen Sie Ihre wahren Absichten und Pläne. So man-cher wendet sich deshalb von Ihnen ab – und Sie stehen am Ende alleine da. Dabei sind Sie scharfsinnig genug, diesen Teu-felskreis zu durchschauen und zu durchbrechen. In der Liebe reizt Ihr Verhalten ebenfalls zu Konflikten: Sie müssen daran arbeiten, auch die Persönlichkeit Ihres/r Partner/in zu akzep-tieren und deren Meinung gelten zu lassen. Nur dann errei-chen Sie eine harmonische Beziehung ...

... Sonne im Steinbock: Wenn diese Konstellation am Himmel steht, haben wir Neumond – das Zeichen des Neubeginns. Sie sind vor allem anderen ein Praktiker – ein Mensch also, dem Arbeit und Ausdauer über alles gehen. Ihre Seriosität, Ihr Fleiß und Ihre Tüchtigkeit machen Sie zum Vorbild für andere. Ihr Gefühlsleben ist mehr nach innen gekehrt: Sie werden nur selten Emotionen zeigen. So wirken Sie meist kühl und di-stanziert, auch wenn Sie das gar nicht sind. In vielen Fällen schützen Sie sich so gegen ungeliebte Verpflichtungen. In der Liebe handeln Sie ebenfalls nüchtern und praktisch. Sie sind zwar treu und beständig, sollten aber lernen, Ihrer/m Part-ner/in gegenüber Gefühle zu artikulieren.

... Sonne im Wassermann: Ihnen macht es gewiß nichts aus, hart zu arbeiten, um Erfolg zu haben – im Gegenteil. Fällt Ihnen etwas in den Schoß, werden Sie es eher mit Mißtrauen betrachten. Ihr Selbstvertrauen ist groß genug, um zu wissen, daß Sie jedes Ziel erreichen können. Begabungen dafür haben Ihnen sowohl die Sternzeichen als auch die beiden Elemente Erde und Luft in die Wiege gelegt. Natürlich stößt Ihr Selbstvertrauen manchmal auf Kritik und Neid: Nehmen Sie das nicht nur einfach zur Kenntnis, sondern versuchen Sie, Konstruktives daraus zu ziehen! In der Liebe handeln Sie oft übereilt und undiplomatisch. Gewöhnen Sie sich daran, Ihre positiven Seiten besonders herauszustellen – dann wird Ihnen persönliches Glück nicht versagt bleiben!

... Sonne in den Fischen: Verträumt und labil auf der einen, zielbewußt, selbstsicher und beharrlich auf der anderen Seite – so könnte man Sie am ehesten charakterisieren. Sie sehen: Zwei Seelen wohnen in Ihrer Brust. Mindestens – denn Sie haben auch noch viele andere Talente und Eigenschaften mitbekommen. Das macht's natürlich nicht gerade einfach für Sie, heil durchs Leben zu kommen. Vor allem, weil Sie auch zu Unruhe, ja Unrast neigen: Selten hält es Sie lange am selben Ort, im selben Beruf – beim selben Partner. In der Liebe ist es natürlich schwierig, eine/n Partner/in zu finden, die/der das mitmacht. Erst in reiferen Alter wissen Sie die Harmonie einer längeren Beziehung zu schätzen.

... wenn der Mondenschein
den Wald mit Silber deckte ...
Ludwig Christoph Heinrich Hölty (1748–1776)

Mond im Wassermann

Steckbrief
Der Wassermann-Mond-Typ: die humane Seele
Element: Luft
Herrscherplanet: Uranus (Saturn)
Eigenschaft: stabilisierend als zweites Winterzeichen
Prinzip: Reform
Pol: männlich
Farben: Metallic-Farben und Eisblau
Körperregionen: die Waden und die Unterschenkel
Schwächen: Außenseitertum und Rebellion
Stärken: Kameradschaft und Originalität

Unabhängig davon, in welchem Tierkreiszeichen die Sonne bei Ihrer Geburt stand, hat der Mond Ihnen auch typische Charaktereigenschaften des Wassermanns in die Wiege gelegt. Der Mond symbolisiert die Seele, die inneren, unbewußten und emotionalen Bedürfnisse und Wünsche. Er steht für unsere irrationalen, unlogischen und nicht erklärbaren Handlungen und Reaktionen.

Steht der Mond bei Ihrer Geburt im Tierkreiszeichen Wassermann, zeigen Sie meist große Anteilnahme an Ihren Mitmenschen. In der Seele des Wassermann-Mondes ist die Sehnsucht nach der guten und heilen Welt verankert. Ihre Beobachtungsgabe ist sehr genau, Geistesblitze und instinktive Fähigkeiten ergeben zusammen ganz besondere Einsichten. Überdurchschnittlicher persönlicher Freiraum ist Ihnen dabei aber sehr wichtig. Trotzdem nehmen Sie regen Anteil an den Belangen und Bedürfnissen der Mitmenschen und der ganzen Umwelt allgemein. Begriffe wie Gerechtigkeit und Freiheit sind für Sie schon fast ehrwürdige Pflichterfüllung.

Das Liebesleben in Ihren Beziehungen ist meist abwechslungsreich, vielseitig, interessant, aber eher freundschaftlich und geistreich. Man findet in Ihnen keinen romantischen und gefühlsmäßig überschäumenden Menschen. Sicher kennen Sie herzliche Gefühle und Gesten; doch Komplimente verteilen Sie eher selten. Am wohlsten fühlen Sie sich in einer Gruppe von gleichgesinnten Individualisten. Das kann auch die Familie sein.

Emotional kommen Sie nur schlecht aus sich heraus; es geschieht sehr selten, daß Sie sich zu Gefühlsausbrüchen hinreißen lassen. Durch Ihr soziales Empfinden und Ihren Gerechtigkeitssinn wirken Sie oft ruhe- und rastlos. Oft stellen Sie bestehende Systeme in Frage und hoffen, dadurch andere, menschlichere und persönlichere Möglichkeiten zu finden. Sie werden lernen müssen, Ihre Menschlichkeit und Begeisterung real und vor allem gezielt einzusetzen.

Blendend verstehen Sie sich als Wassermann-Mond mit den anderen Luftzeichen Zwilling und Waage. Innige Freundschaft kann mit einem ehrgeizigen Widder-Mond herrschen. Im Erfindungsreichtum ergänzen Sie beide sich wunderbar. Mit dem Skorpion-Mond teilen Sie Forscherdrang, mit dem Krebs-Mond die menschliche Seite.

Die Wassermann-Mond-Frau

In allen Lebensbereichen brauchen Sie das Ungewöhnliche und Außergewöhnliche. Sie wollen stets erneuern, reformieren und lassen dabei keine Langeweile aufkommen. Durch Ihre oft verrückten und originellen Einfälle kann das für Ihre Mitmenschen nervig sein, zumal Sie auf lange Vorankündigungen verzichten. Dennoch ist Ihre Sprunghaftigkeit häufig anregend und erfrischend.

Tief in Ihrer Seele sehnen Sie sich nach einer heilen, humanen und vor allem gerechten Welt. Sie reden nicht nur von Verbesserungen, Sie werden auch immer bemüht sein, dazu beizutragen. Andere Menschen lernen Sie als aufgeschlossen, freundlich und interessiert kennen, aber in keinem Fall sind Sie übertrieben gefühlsbetont. Sie halten lieber etwas Distanz. Das scheint von Vorteil zu sein, denn es erleichtert Ihnen eine objektive Haltung und Toleranz. Gerade Toleranz ist Ihnen sehr wichtig, und Sie erwarten sie auch von anderen Ihrer Person gegenüber.

Ihr Bedürfnis nach persönlicher Freiheit ist sehr groß. Sie sollten dies auch ausleben: Nur so können Sie sich in Ihrer Haut wohl fühlen. Vorschriften oder Einschränkungen lieben Sie absolut nicht, dann kann es schon vorkommen, daß Sie die Flucht ergreifen. Für eine Überraschung ist die Wassermann-Mond-Frau durch ihre originelle und abwechslungsreiche Art immer gut. An Ihrer Seite wird es durch Einfallsreichtum, Witz und Ihre ehrliche und direkte Art niemandem langweilig. Ihre verborgenen Talente sollten Sie herausfinden, bevor Sie den »richtigen« Beruf ergreifen.

Der Wassermann-Mond-Mann

Ungewöhnlich, originell, sozial engagiert, offen, zukunftsorientiert – das sind nur einige der Eigenschaften, die Ihnen zugeschrieben werden. Dazu gehört auch noch der Einfallsreichtum und die Vorliebe, alle möglichen Dinge auf den Kopf zu stellen. Wenn Sie eine »Neue« kennenlernen, werden Sie zunächst einmal fasziniert sein. Das hält solange an, wie von Ihrer Partnerin Neues ausgeht. Am besten kommen Sie also mit einer wechsel- und sprunghaften Frau aus.

Eine Partnerin ist für Sie jedoch beileibe nicht nur ein Lustobjekt: In Ihrer Traumfrau suchen Sie die Kameradin und

Freundin, die ehrliche Gesprächspartnerin und – sehr wichtig – eine unkonventionelle Frau. Ein Fulltime-Job für jede Ihrer Herzdamen!

Sie sollten im Leben bald lernen, Ihre eigenen Gefühle zum Ausdruck zu bringen. Sie fallen allzu gerne aus der Rolle, die Ihnen die Gesellschaft zugedacht hat. Hören Sie auf die Intuition, die Ihnen eigen ist, so können Sie viel aus Ihren Begabungen machen. Mit einem »normalen« Beruf kann der Wassermann-Mond nicht viel anfangen. Sie wollen hoch hinaus, die Welt verbessern. Alles, was Spaß macht und neu ist, werden Sie erst einmal ausprobieren. Das gilt auch für Freizeit und Sport.

Das Wassermann-Mond-Kind

Schon in sehr jungen Jahren macht sich der Ideenreichtum des Wassermann-Monds bemerkbar. Die Kleinen wirken zwar ruhig und genügsam, aber vor Überraschungen ist man bei ihnen nie sicher. Alles wird ausprobiert und getestet, sie schrecken vor (fast) nichts zurück. Kleine Wassermann-Monde denken und handeln schnell, manchmal zu schnell. Da kann's dann schon einmal zu einem kleinen Unfall kommen.

Schon früh zeigt sich: Wassermann-Monde tun alles, damit es auch den anderen gutgeht. Als Kind sind sie beliebt und haben viele Freunde. Mit viel Energie, besonderer Weitsicht und reichlich Humor sind sie auch gut zu erziehen. Die Schule wird eher als lästiges Übel empfunden. Zwar können sie scharf denken, gestellte Aufgaben werden schnell gelöst, aber mit Erklärungen hapert es. Physik, Chemie und Mathematik liegen ihnen besonders. Oft muß man sie drängen, Entscheidungen zu treffen und danach zu handeln.

Mond im Wassermann ...

... Sonne im Widder: Sie haben ein sehr ausgeprägtes Selbstbewußtsein – und das strahlt in alle Bereiche des Lebens aus.

Sie streben nach vorne, urteilen oft »aus dem Bauch heraus« und liegen dabei meist richtig. Einziges Manko: Ihnen fehlt es an Ausdauer. Und wegen Ihres unbändigen Freiheitsdranges wirken Sie manchmal gefühlskalt und verunsichern Ihre Mitmenschen. Wenn Sie es jedoch schaffen, diese negativen Züge unter Kontrolle zu bringen, sind Sie ein liebenswertes Menschenkind. In der Liebe neigen Sie dazu, eher von einer Blüte zu anderen zu flattern als Beständigkeit zu zeigen. In jungen Jahren sei Ihnen das zugestanden; doch als reifer Mensch sollten Sie Ihre Launen und Ihr sprunghaftes Wesen in den Griff bekommen. Das gelingt Ihnen sicher mit einem/r Partner/in voller Verständnis und Toleranz.

... Sonne im Stier: Weitblick und Schöpferkraft werden bei Ihnen durch die Elemente Luft und Erde gekennzeichnet. Sie neigen möglicherweise dazu, Ihre Ziele auf Biegen und Brechen durchzusetzen – damit schaffen Sie sich nicht unbedingt Freunde! Lernen Sie lieber, Ihre Gefühle auszudrücken und Ihrer Umwelt auch mitzuteilen. Ihr Sinn fürs Praktische und Ihr Streben nach materieller Sicherheit müßte Ihnen den richtigen Weg weisen. Gleichzeitig sollten Sie sich in Selbstkontrolle üben: Werden Sie nämlich über Gebühr gereizt, können Sie regelrecht explodieren und es kann zu peinlichen Szenen kommen ... In der Liebe gilt: Ihre Egozentrik macht es schwierig, den richtigen Partner zu finden. Sie sind sehr besitzergreifend. Da braucht Ihr/e Partner/in viel Toleranz und Verständnis, um neben Ihnen nicht unterzugehen ...

... Sonne im Zwilling: Talent, Leidenschaft und Fleiß – das sind die Eigenschaften, die Sie nach oben kommen lassen. Widrigkeiten stecken Sie damit einfach weg. Ihr Ideenreichtum und Ihre Intuition sind Ihr größtes Kapital – damit gestalten Sie Ihr Leben und haben Erfolg, selbst wenn Fortuna mal nicht auf Ihrer Seite steht. Wenn Sie dazu noch auf den Ratschlag Ihrer

Umwelt hören und sich nicht nur an den eigenen halten, werden Sie auch realitätsbewußter sein. Vorsicht: Manchmal geraten Sie zum »workaholic« – dann sollten Sie schleunigst die Notbremse ziehen! In der Liebe sind Sie leider nicht immer erfolgreich: Sie suchen krampfhaft nach dem richtigen Partner und übersehen manchmal das wahre Glück!

... Sonne im Krebs: Anpassungsfähigkeit, auch an die widrigsten Umstände, ist Ihr großer Vorteil. Sie haben einen Beruf, in dem Sie oft unterwegs sind? Kein Problem für Sie. Trotz Ihrer Fähigkeit, sich wie ein Chamäleon an die Umgebung anzugleichen, vertreten Sie dennoch standfest Ihre Meinung und Ihre Ansichten. Sie sind ein guter Beobachter, lernen schnell und vergessen auch nicht die schönen Seiten des Lebens. Manchmal empfinden Ihre Mitmenschen Sie als arrogant und überheblich, denn Ihr Selbstbewußtsein ist sehr ausgeprägt. In der Liebe kann das zu Problemen führen: Nicht jede/r kann mit Ihnen zusammenleben. Sie brauchen eine/n Partner/in, die Ihre Launen akzeptiert ...

... Sonne im Löwen: Nach außen mögen Sie ja ruhig und zurückhaltend wirken, doch Sie sind durchaus begeisterungsfähig und voller Ehrgeiz. Selbstvertrauen ist beileibe kein Fremdwort für Sie – im Gegenteil: Sie wissen genau, was Sie wollen und wie Sie es durchzusetzen vermögen. Sie verlieren sich dabei nicht in Kleinigkeiten, sondern behalten immer das Ganze im Auge. Sie sollten lernen, daß Sie nicht alles nach Ihren Vorstellungen ändern können. Manchmal müssen Sie einfach die Gegebenheiten akzeptieren. Hören Sie auch hin und wieder auf den Ratschlag anderer – dann werden Sie Ihre Führungsposition um so eher ausbauen können. In der Liebe gilt: Sie sind mitfühlend und wirken sympathisch. Doch wehe, Sie glauben sich unverstanden. Dann zögern Sie nicht, sich zu trennen.

... Sonne in der Jungfrau: Gefühle und Gedanken geben Sie nur ungern preis, deshalb kann man Sie auf den ersten Blick nur schwer einschätzen. In der Jugend jedoch wird schon klar, daß Sie sehr viel Wert auf Wissen und Forschung legen. Sie brauchen die Gesellschaft anderer dafür nicht unbedingt, sondern fühlen sich auch alleine recht wohl. Im Berufsleben dagegen sind Sie beileibe kein Einzelkämpfer: Sie lieben es, im Team zu arbeiten, zumindest dann, wenn Ihnen gewisse Freiräume erhalten bleiben. Wenn Sie in der Arbeit Neues entdecken, ist Ihnen das am liebsten: Nichts hassen Sie mehr als Langeweile und Routine. In der Liebe suchen Sie Schutz und Geborgenheit – Sie sind ein Familienmensch. Selbst wenn Sie als ungesellig gelten, weil Sie für Partys nichts übrig haben: Ihre Ausstrahlung läßt Sie früh den/die richtige/n Partner/in finden ...

... Sonne in der Waage: Nach außen zeigen Sie Härte, aber innen sind Sie ganz sanft und lieb. Oberflächlich wird man Sie als optimistischen, heiteren und selbstsicheren Menschen einstufen. In Wahrheit jedoch – und das verbergen Sie hinter Kühle und manchmal sogar Arroganz! – haben Sie Angst vor Einsamkeit und Mißachtung. Deshalb legen Sie sich schon früh eine weltgewandtes Auftreten zu. Das schmälert Ihre Leistung im Beruf nicht: Sie erfassen intuitiv die Emotionen Ihrer Mitmenschen, sind optimal geeignet für Spezialaufgaben, bei denen man nicht in Routine verfällt. An der Liebe schätzen Sie vor allem das Gefühl, verliebt zu sein. Sie suchen nach voller Zuwendung und Hingabe, ohne Harmonie zu zweit sind Sie nicht glücklich. Schaffen Sie es, die rosarote Brille abzunehmen und sich den Realitäten zu stellen, werden Sie durchaus das große Glück finden ...

... Sonne im Skorpion: Die Elemente Wasser und Luft, die sich hier vereinen, bringen Unruhe in Ihr Leben: Oft sind Sie unbeständig, obwohl Ihr scharfer Verstand und Ihre geistigen Begabungen Ihnen sagen müßten, daß Sie mit Gelassenheit viel mehr erreichen könnten. Lernen Sie, Ihr Ungestüm in ein wenige ruhigere Bahnen zu lenken – und der Erfolg wird Ihnen sicher sein! Sie haben ein extremes Bedürfnis nach Unabhängigkeit – oft sind Sie deshalb ein Einzelgänger. Manches Ziel jedoch erreicht man nur gemeinsam – das sollten Sie sich stets bewußt machen. In der Liebe müssen Sie viel an sich arbeiten. Aber Sie erkennen schnell. Nur gegenseitiges Vertrauen kann zu einer harmonischen Partnerschaft führen ...

... Sonne im Schützen: Keine Sorge – Sie gehen Ihren Weg! Auf ganz eigenen Straßen, aber stets von Erfolg begleitet. Sie neigen dazu, sehr nachdenklich über alle Probleme zu grübeln, die auf Sie zukommen. Sie streben nach Unabhängigkeit – und weil Sie sich schlecht einordnen können, verläuft Ihr Leben oft sehr wechselhaft. Nicht jeder kommt mit Ihrer Art und Ihrem Verhalten klar. Dabei zeigen Sie sich sehr tolerant, obwohl Sie durchaus auch selbstherrlich wirken können. In der Liebe sind Sie ebenfalls gerne »unterwegs«. Sie finden rasch Kontakt und sind sehr gesellig. Die dauerhafte Partnerschaft jedoch erfordert Vertrauen und Treue. Und beides fällt Ihnen schwer ...

... Sonne im Steinbock: Sie leben ganz in der Gegenwart – unbelastet von der Vergangenheit und ohne Angst vor der Zukunft! Vielleicht sollten Sie hin und wieder einmal auf Ihre Erfahrungen zurückgreifen, sonst werden Sie niemals aus Ihren Fehlern lernen. Und Fehler macht jeder irgendwann einmal! Dennoch sind Sie verantwortungsbewußt; blitzschnell können Sie jede Situation einschätzen und Ihre Handlungen danach ausrichten – eine Begabung, um die man Sie beneidet. Das macht Sie manchmal etwas eitel und zu sehr von sich überzeugt. In der Liebe haben Sie gute Chancen: Sie sind liebenswürdig und freundlich, treu und zuverlässig. Sie lassen sich sogar manchmal allzu vertrauensselig auf Bindungen ein. Das liegt sicher daran, daß Sie die Geborgenheit eine Familie brauchen, um sich wohl zu fühlen ...

... Sonne im Wassermann: Die Erfahrung zeigt: Der »doppelte« Wassermann scheint besonders viele Naturwissenschaftler und Techniker hervorzubringen. Sie sind eben dafür begabt, Neues zu entdecken und weit nach vorne zu blicken. Stillstand ist Ihnen ein Greuel, und es macht Ihnen überhaupt nichts aus, wenn Sie ein wenig eigenbrötlerisch wirken. Um so besser: Dann kann Ihnen niemand Ihre Ideen klauen! Dennoch fällt Ihnen nichts in den Schoß: Sie müssen sich Ihre Erfolge hart erarbeiten. Charme und Begabung sind zudem eine Mischung, die Karriere verheißt. Für die Liebe finden Sie immer Zeit – trotz Ihres starken beruflichen Interesses. Romantik ist nicht Ihre Stärke – dafür aber Toleranz und Liebenswürdigkeit.

... Sonne in den Fischen: Tiefes Mitgefühl, scharfer Intellekt, eine gewisse Herzensbildung und soziales Engagement zeichnen Sie aus, wenn Sie unter dieser Konstellation geboren sind. Die Elemente Wasser und Luft gehen bei Ihnen eine ganz besonders glückliche Bindung ein: Harmonisch verstehen Sie es in den meisten Fällen, Humor und Witz zu verbreiten, ohne andere zu verletzen. Aber auch Ernsthaftigkeit ist Ihnen gegeben – das kommt ganz auf die Situation an. Sie können Ihren Mitmenschen auch schwerwiegende Probleme vermitteln – mit einer Ruhe und Aufrichtigkeit, die ihresgleichen sucht. In der Liebe können Sie ein Charmeur sein, dennoch haben Sie nur selten wirklich tiefgehende Beziehungen. Das liegt auch daran, daß Sie der festen Überzeugung sind, eine/r alleine hätte Ihre Zuwendung nicht verdient. Das ändert sich jedoch sofort, wenn Sie eine/n Partner/in treffen, die/der Ihnen Ihre Grenzen weist.

... die wallende Bebung des schweigenden Sees,
silbern vom schwimmenden Monde ...
Friedrich Leopold Graf zu Stolberg (1750–1819)

Mond in den Fischen

Steckbrief
Der Fische-Mond-Typ: die empfindliche Seele
Element: Wasser
Herrscherplanet: Neptun (Jupiter)
Eigenschaft: angleichend als drittes Winterzeichen
Prinzip: Auflösung
Pol: weiblich
Farben: schimmernde Farben und Pastelltöne
Körperregionen: die Füße
Schwächen: Weltflucht und Beeinflußbarkeit
Stärken: Hilfsbereitschaft und Einfühlsamkeit

Unabhängig davon, in welchem Tierkreiszeichen die Sonne bei Ihrer Geburt stand, hat der Mond Ihnen auch typische Charaktereigenschaften der Fische in die Wiege gelegt. Der Mond symbolisiert die Seele, die inneren, unbewußten und emotionalen Bedürfnisse und Wünsche. Er steht für unsere irrationalen, unlogischen und nicht erklärbaren Handlungen und Reaktionen.

Mitgefühl ist die vorherrschende Eigenschaft, die jedem Fische-Mond eigen ist. Sie sind sehr einfühlsam, können sich sehr gut in andere Menschen hineinversetzen, schaffen es, deren Gefühle und Bedürfnisse zu erahnen und, was wichtig ist, nachzuvollziehen. Durch Ihre sanfte und oft liebevolle Ausstrahlung schaffen Sie sich sehr schnell das Vertrauen anderer Menschen.

Sie verlassen sich stets auf Ihr Gefühl und den Instinkt, wenn Sie an eine Sache herangehen. Mit gesundem Menschenverstand können Sie dagegen nicht allzuviel anfangen.

In Liebe und Partnerschaft gelten Sie als sehr zärtlich und vor allem romantisch. Fische-Monde sind wahre Meister des Verführens, Versöhnens und der Hingabe. Sie haben auch keinerlei Probleme damit, mit einem Partner zusammenzusein, der in der Beziehung die Oberhand hat. Das paßt Ihnen sogar recht gut in den Kram, ist es Ihnen ist doch am liebsten, wenn Ihr Partner Ihnen die Härten des Lebens aus der Hand nimmt.

Ihren Charakter kann man als friedlich und gütig bezeichnen, Sie sind ständig auf der Suche nach der selbstlosen und umfassenden Liebe. Ein besonderes Anliegen ist Ihnen außerdem die Hilfsbereitschaft. Dabei spielt es keine Rolle, daß Sie persönliche Interessen und Bedürfnisse in den Hintergrund stellen müssen. Durch Ihre Art, zuerst die Probleme anderer zu lösen, kann es sein, daß Sie selbst dabei ein wenig ins Hintertreffen geraten. Oft werden Sie von anderen ausgenutzt – diese Erfahrung werden Sie recht schnell machen müssen. Wenn Sie jedoch ein starkes Selbstbewußtsein haben, werden Sie schnell lernen, hin und wieder an sich selbst zu denken.

Als Freunde kommen für Sie die ausgeglichene und auch musisch veranlagte Waage in Frage oder ein gemütvoller Krebs. Mit den Feuerzeichen Widder, Löwe und Schütze wären Sie überfordert, wobei der Schütze aber unter Umständen anregend sein kann, ebenso wie der Zwilling oder Wassermann.

Die Fische-Mond-Frau

Sie müssen Ihre tiefen und sehr intensiven Gefühle ausleben können, sind voll und ganz auf Emotionen eingestellt. Sie gelten nicht als Denkerin, sondern erfassen alles mit Gespür und Instinkt: Menschen, Situationen und Dinge. Am wohlsten fühlen Sie sich, wenn Sie anderen Menschen helfen können. Mit Ihrem starken Einfühlungsvermögen sind Sie eine große Seelentrösterin und leisten damit wertvollen Beistand. Sie »erahnen« Wünsche, Kümmernisse und Bedürfnisse anderer, bevor sie zur Sprache gebracht werden.

Sie genießen aber auch die Einsamkeit und Stille und brauchen hin und wieder Entspannung und Meditation: Daraus schöpfen Sie Kraft. In Ihrem Leben sehnen Sie sich nach Frieden, nach einer Existenz, in der Gefühle und Verständnis vorherrschen. Diese inneren Bedürfnisse geben Ihnen die nötige Antriebskraft. Ihre Seele ist sehr fantasievoll: Sie sollten sich immer das Träumen gestatten und Ihre Gefühle voll ausleben, denn daraus ergeben sich ein hohes Maß an Kreativität sowie künstlerische Neigungen und Fähigkeiten. Im Beruf denken Sie demgemäß auch weniger an Geld, sondern suchen sich eine »Berufung«.

Der Fische-Mond-Mann

Sie sehen die Frauen als sanfte, nachsichtige, gütige und weiche Wesen. Dieses Mutterbild – denn der Mond steht ja für das Prinzip des Mütterlichen – suchen Sie natürlich auch in Ihrer Partnerin. Sie möchten eine Frau, die ihre eigenen Bedürfnisse hintanstellt und für die Kindererziehung und häusliche Aufgaben an erster Stelle stehen. Zu Ihren positiven Eigenschaften als Fische-Mond-Mann gehören Mitgefühl, Feingefühl, Gefühlsintensität und Sensibilität. Die Kehrseite der Medaille sind Inkonsequenz und Passivität.

Sie wünschen sich eine Partnerin, die Ihnen alle Wünsche und Bedürfnisse von den Augen abliest. Sie sollte auf Sie eingehen und alles erfüllen – möglichst unaufgefordert. Dabei verstehen Sie es durchaus, Ihre inneren seelischen Bedürfnisse zum Ausdruck zu bringen, und zwar auf eine sehr subtile Art und Weise. Meistens aber stehen Sie zu Ihren emotionalen Äußerungen: unaufdringlich, still, aber sehr wirkungsvoll.

In sehr jungen Jahren träumt der Fische-Mond-Mann, als Astronaut durch die Atmosphäre zu reisen. Später werden die Berufswünsche weit realistischer. Man kann Sie sich als Bühnenbildner, Glasmaler, Grafiker, Visagist oder auch als Innenarchitekt vorstellen. Auch im sozialen Bereich finden Sie oft Ihren Weg: Sie fühlen sich wohl, wenn Sie helfen können. Das Entgelt ist Ihnen dabei nicht so wichtig.

Das Fische-Mond-Kind

Schon im Babyalter versuchen die unter dem Fische-Mond Geborenen, ihren eigenen Willen durchzusetzen. Ihre Gewohnheiten können sich von einem Tag auf den anderen ändern. Als Mutter der Kleinen sollte man sehr spontan und tolerant sein und viel Geduld haben. Andererseits kann man einem kleinen Fische-Mond aber nicht böse sein. Hinter dem starken Willen steckt oft ein sehr zartes, sensibles und zerbrechliches Kind. Die Kleinen sind gesegnet mit einer blühenden Fantasie, sie entdecken die Wohnung und die Welt auf eine eigene Art und Weise. Ihre Intuition ist sehr ausgeprägt.

Im Trotzalter bockt der Fische-Mond nicht, sondern versucht, bei der Mutter mit einem strahlenden Lächeln etwas zu erreichen. Klappt das nicht, verstummt er – und zwar eisern. Und er braucht lange, bis er sich dann »erweichen« läßt, aus seiner Bockerei herauszukommen. Fische-Monde sind begabt in den musischen Fächern. Durch ihren Hang zur Träumerei fällt den Kleinen die Schule nicht unbedingt leicht. Die Routine zerrt an den Nerven. Trotzdem bringt der Fische-Mond gute Noten nach Hause: zuerst in Deutsch, später auch in Mathematik, Chemie und Physik, denn das logische Denken fällt ihm leicht. Die »harte« Realität muß man ihm allerdings schonend beibringen.

Mond in den Fischen ...

... Sonne im Widder: Weltgewandt – damit könnte man Sie auf den ersten Blick am ehesten beschreiben. Weiß doch kaum jemand, wie schwer es Ihnen fällt, die gegensätzlichen Eigenschaften der beiden Elemente Wasser und Feuer zu vereinen: Feingespür und Distanziertheit mit Willensstärke und Idealismus. Dabei sind Sie hellwach und sehen auf einen Blick, wie es um die Angelegenheiten Ihrer Umwelt steht. Stimmungsschwankungen nehmen Sie wie mit einem Sensor auf – und so fällt es Ihnen leicht, frühzeitig zu erkennen, was in anderen vorgeht. Sie gelten als liebenswürdig und verständnisvoll. Leider neigen Sie dazu, sich ausnutzen zu lassen und bei schlimmen persönlichen Konflikten in Selbstmitleid zu versinken. Auch in der Liebe – deshalb brauchen Sie eine/n Partner/in, die/der Sie aufmuntert und aufbaut.

... Sonne im Stier: Empfindsam, vergeistigt und künstlerisch veranlagt – so werden Sie von vielen Ihrer Mitmenschen gesehen. Dabei ist Ihnen durchaus ein gesunder Sinn für die Realitäten dieser Welt eigen. Sie zeigen ihn nur nicht so gerne. Ihre Fantasien und Träume scheinen im Himmel zu schweben, nur Sie alleine wissen, daß Sie die Kraft und Energie in sich haben, alles zu erreichen. Lassen Sie sich daher durch einen gelegentlichen Fehlschlag nicht entmutigen. Sie kommen eben auf Umwegen ans Ziel. Auch in der Liebe! Denn Sie haben einige Anpassungsschwierigkeiten an Ihre/n Partner/in. Seien Sie flexibler, und lassen Sie die Meinung anderer auch mal gelten. Wenn Sie gelernt haben, mit sich selbst im Einklang zu leben, wird Ihnen auch die Liebesbeziehung gelingen.

... Sonne im Zwilling: Ihre Charaktereigenschaften sind nur schwer in Harmonie zu vereinen: Einerseits lieben Sie's offen und ehrlich, sind hilfsbereit und voller Mitgefühl. Doch man kennt Sie auch als willensschwachen, hochmütigen und unbeherrschten Menschen. Es liegt in Ihrer Erziehung begründet, welche Wesenszüge die Oberhand gewinnen. Lassen Sie sich nicht unterdrücken, aber auch nicht ausnützen! Ihre Intuition sagt Ihnen nicht immer, wer Ihnen Gutes oder Schlechtes will. Steigern Sie Ihr Selbstbewußtsein, dann fällen Sie leichter Entscheidungen über Sachzwänge, aber auch über Menschen. In der Liebe läßt Ihre Menschenkenntnis Sie nicht im Stich: Romantik ist Ihnen wichtig – und wenn Sie über Ihre Emotionen reden können, winkt Ihnen bald das Glück!

... Sonne im Krebs: Besondere Empfindsamkeit ist der vorherrschende Charakterzug, der Ihnen hin und wieder auch zu schaffen macht. Dennoch kann man Sie nicht als Seelchen bezeichnen: Sie wissen nämlich genau, was Sie wollen. Sie haben die Gabe, Dinge zu begreifen, die anderen verschlossen bleiben, vor allem im übersinnlichen Bereich. Sie suchen ständig nach dem Ausgleich. Ihre negativen Eigenschaften können Ihnen durchaus zu schaffen machen. Sie neigen nämlich zu Egoismus, spießerhaftem Denken und Handeln, zu Rechthaberei und Geltungssucht. In der Liebe jedoch suchen Sie im wesentlichen seelische Übereinstimmung, Treue und Ehrlichkeit. Werden Sie enttäuscht, wenden Sie sich rigoros von Ihrem/r Partner/in ab. Keine Chance auf Versöhnung!

... Sonne im Löwen: Wenn diese Konstellation zu Ihrer Geburt am Himmel stand, haben Sie es schnell heraus, andere nach Ihrem Willen zu lenken. Sie entwickeln Ihren ganz eigenen Stil, aber weniger, um damit anzugeben, sondern eher, um Ihr Ego in Relation zu anderen setzen zu können. Sie sind eben ein ausgeprägter Individualist! Ein Nachteil Ihres Wesens ist, daß Sie manchmal Probleme damit haben, zwischen Ihren Traumwelten und der Realität zu unterscheiden. Sie sind sehr sensibel und spiegeln die Gefühle Ihrer Umwelt wider. Das mag man Ihnen als Wankelmut auslegen. In der Liebe suchen

Sie nach einer/m Partner/in, die Ihnen voll Gefühl entgegenkommt. Sie sind aber kein Familienmensch.

... Sonne in der Jungfrau: Sie sind ein echter »Mondmensch«: An Vollmondtagen spüren Sie ganz besonders, wie der Erdtrabant auf uns Menschen wirkt. Sie sind experimentierfreudig, kreativ und wandlungsfähig. Deshalb werden Sie kaum eine bestimmte Richtung im Beruf einschlagen, sondern ohne festes Lebensziel herumpendeln. Das kann dann Gefahren bergen, wenn Sie finanziell nicht abgesichert sind. So schwer es Ihnen fallen mag: Ein wenig Lebensplanung muß auch für Sie sein. Sie lieben die Natur – vielleicht finden Sie da eine Aufgabe, die Sie fasziniert und »bei der Stange« hält. In der Liebe fallen Sie von einer Verliebtheit in die andere. Enttäuschungen und Trennungen sind die Folge. Erst wenn Sie auch Ihre Vernunft einsetzen, finden Sie längeres Glück ...

... Sonne in der Waage: »In der Ruhe liegt die Kraft« könnte Ihr Lebensmotto sein. Denn ganz unauffällig schaffen Sie es, Ihre Ziele zu erreichen: Man bemerkt Sie erst, wenn Sie den Erfolg einheimsen können. Dabei verletzen und mißachten Sie Ihre Umwelt durchaus nicht. Deshalb sind Sie ein geschätzter Kollege und Mitarbeiter. Ein Problem haben Sie allerdings: Sie haben große Angst davor zu versagen, und dies läßt Sie manchmal etwas zögerlich erscheinen. Sie gehen Niederlagen zwar nicht aus dem Weg, verpassen jedoch hin und wieder persönliche Erfolge. Trainieren Sie Ihr Selbstbewußtsein. Dann kommt auch in der Liebe eher das Glück. Denn auch hier ist Ihre Empfindsamkeit und Labilität manchmal ein Hemmschuh. Verlassen Sie sich auf Ihre gut entwickelte Intuition, dann geht bei der Partnerwahl kaum etwas schief ...

... Sonne im Skorpion: Nach außen ist alles klar: Sie scheinen ein ruhiger, bedachtsamer und geduldiger Mensch zu sein, auf

Würde bedacht und dennoch gefühlsbetont. Doch hinter dieser Fassade sieht's ganz anders aus: Da brodelt ein Vulkan mit Kräften, die Sie erst in die richtigen Bahnen lenken müssen, bevor Sie sie nutzen können und sie Ihnen nicht etwa Verderben bringen. Ihre Antriebskraft und Ihr Durchhaltevermögen scheinen unerschöpflich zu sein. Gerade daraus erwachsen Konflikte: Enttäuschungen und Niederlagen bleiben nicht aus, und Sie werden nur sehr schwer damit fertig. Spannungen, ja Depressionen sind die Folge. In der Liebe erreichen Sie – wie auch sonst bei Ihren Mitmenschen – geradlinig und ohne Umwege Ihr Ziel. Ihre persönliche Ausstrahlung bringt Ihnen Glück und Harmonie in der Partnerschaft.

... Sonne im Schützen: Allgemein gelten Sie als Genießer, als Mensch, der dem Leben seine guten Seiten abzugewinnen weiß. Dennoch sind Sie kein Leichtfuß – im Gegenteil! Ihre Fähigkeiten – nämlich Fantasie, Mut, Aufrichtigkeit – bringen Ihnen durchaus den verdienten Erfolg. Dazu kommt Ihre Kreativität, die Sie bei Kunst, Sport oder Wissenschaft zu Höchstleistungen treibt. Sie können sich auf Ihren Verstand ebenso verlassen wie auf Ihre Intuition. In der Liebe sollten Sie versuchen, eine echte Partnerschaft zu erreichen – auf lange Sicht ist das besser für Sie als immer wieder kurze, aber bedeutungslose Affären ...

... Sonne im Steinbock: Balance zu halten zwischen den Elementen Wasser und Erde ist Ihre vordringlichste Aufgabe – und das ist bei dieser Konstellation gar nicht so leicht! Sie neigen zum Träumen, zur Fantastereien und sogar zu Hellsichtigkeit; gleichzeitig aber sind Sie nicht sehr widerstandsfähig und können viele natürliche Instinkte nicht so recht ausbauen. Stimmungen und Emotionen Ihrer Mitmenschen werfen Sie manchmal aus der Bahn. Lernen Sie frühzeitig, sich mit Menschen zu umgeben, die Sie eher aufmuntern als »herunterziehen«. In der Liebe gilt dasselbe: Sie sind sehr beeinflußbar und anlehnungsbedürftig. Das kann dazu führen, dass man Sie ausnutzt.

... Sonne im Wassermann: In dieser Konstellation mischen sich die unterschiedlichsten Wesenszüge. Auffallend ist jedoch Ihr Schaffensdrang – Sie sind unermüdlich, immer wieder fällt Ihnen Neues ein. Ihr Problem: Sie bleiben nur dann bei einer einmal gewählten Aufgabe, wenn Sie sich regelrecht dazu zwingen. Sie sind ein grundehrlicher Mensch – sowohl sich selbst wie auch anderen gegenüber. Falschheit kennen Sie nicht. Sie haben zudem eine Ader für alles Übersinnliche, sind empfänglich für Esoterik, ohne dabei der Realität zu entfliehen. In der Liebe geht es Ihnen vor allem um den Zusammenhang zwischen Lust und Leid, Schönheit und Vergänglichkeit. Sie brauchen Geselligkeit, aber auch die bewußt gewählte Einsamkeit. Ihr/e Partner/in muß also vor allem viel Verständnis zeigen ...

... Sonne in den Fischen: Besondere Feinfühligkeit und Aufnahmebereitschaft zeichnen Sie aus – vielleicht deshalb, weil Sie in einer Konstellation geboren wurden, die genau zwischen Winter und Frühjahr liegt. Der »doppelte« Fisch ist besonderen Gefühlsregungen ausgesetzt – manchmal so stark, daß Sie Probleme haben, zwischen Traum und Realität zu unterscheiden. So kann es sein, daß man Sie als naiv und harmlos einstuft, denn scheinbar sind Sie unfähig, das Leben zu meistern. Doch man sollte sich nicht täuschen: Sie können beachtliche Leistungen erbringen – wenn Sie die Zeit zum Handeln für gekommen halten. Lassen Sie sich jedoch nicht ausnützen – vor allem in der Liebe nicht. Sie suchen in einer Partnerschaft vor allem Sicherheit und Stabilität. Das mag anderen langweilig vorkommen – für Sie ist's genau das Richtige.

... Sonn' und Monden
sind die Augen
am Körper der Welt ...

Friedrich Freiherr von Logau (1604–1655)

Die Mondkraft im Alltag nutzen

Mond und Astromedizin

Schon seit vielen Jahrtausenden glaubt man, daß Kosmos und Mensch miteinander verbunden sind, daß also die Sterne, die Planeten und damit auch der Mond Einfluß auf den menschlichen Körper nehmen. Der Zyklus der Frau »geht nach dem Mond«, die Schwangerschaft wird nach Mondmonaten berechnet. In der Astrologie weiß man, daß der Mond für Gesundheit oder Krankheit bestimmend sein kann. Es gibt viele Mondregeln, die sich mit der Gesundheit befassen. Nach wissenschaftlichen Forschungen in Amerika haben sich diese Regeln übrigens zum Teil als richtig herausgestellt – vor allem für die Behandlung kranker Zähne:

* Gehen Sie nur bei abnehmendem Mond zum Zahnarzt. Vor allem dann, wenn Sie Füllungen einlegen lassen müssen. Auch an Tagen, an denen der Mond in Stier, Löwe, Skorpion und Wassermann steht, ist solch eine Zahnbehandlung günstig.
* Lassen Sie sich nur dann einen Zahn ziehen, wenn der Mond abnimmt. Der Mond sollte außerdem in den Zeichen Zwillinge, Jungfrau, Steinbock oder Fische stehen.
* Verschieben Sie einen Besuch beim Zahnarzt auf jeden Fall, wenn der Mond im Zeichen Widder, Krebs, Waage, Stier, Löwe, Skorpion oder Wassermann steht.

Schon von alters her wird jedem Körperteil ein Tierkreiszeichen zugeordnet:

* dem Widder: der Kopf und das Gesicht
* den Zwillingen: die Schultern und die Arme
* dem Stier: der Hals und der Nacken
* dem Krebs: die Brust und der Magen
* dem Löwen: der Rücken und das Herz
* der Jungfrau: die Eingeweide, die Gedärme und der Solarplexus
* der Waage: die Nieren, die Eierstöcke und die Lenden
* dem Skorpion: die Geschlechtsorgane
* dem Schützen: die Hüften
* dem Steinbock: die Knie und die Haut
* dem Wassermann: die Fußknöchel
* den Fischen: die Füße

Die moderne Forschung hat die Regeln der Astromedizin, die mit dem Mond in Zusammenhang stehen, bestätigt:

* Man sollte nie den Körperteil operieren, der dem Tierkreiszeichen zugeordnet ist, in dem sich der Mond gerade befindet.
* Man sollte lieber warten, bis der Mond in ein anderes Zeichen eintritt. Am besten ist dann ein Sternzeichen, das einen Körperteil beherrscht, der weit entfernt von dem zu operierenden Bereich liegt.
* Man sollte auch nicht operieren, wenn der Mond im Sonnenzeichen des Patienten steht.
* Man sollte nicht operieren, wenn der Mond sich dem Mars nähert; das kann das Risiko von Entzündungen und anderen Komplikationen erhöhen.
* Man sollte keine Amputationen durchführen, wenn der Mond tagsüber am Himmel und in Opposition zum Mars steht.
* Unterleibsoperationen sollte man nicht durchführen, wenn der Mond in den Zeichen Jungfrau, Waage und Skorpion steht. Im Zeichen Schütze, Steinbock oder Wassermann ist die bessere Operationszeit.

Ganz allgemein gilt für Krankheit und Gesundheit folgende Mondregel:

* Was dem Körper zugute kommen soll, wirkt stärker bei zunehmendem Mond.
* Der abnehmende Mond ist besser für Operationen, für Ausschwemmungen, auch für Diäten und Entgiftungen.

Aberglaube oder Wahrheit? Das Besprechen von Warzen

Früher waren Dorfbader oder »weise Frauen« für die medizinische Versorgung der Menschen zuständig – vor allem auf dem Lande. Jeder wußte damals: Der Mond spielt bei der Heilung vieler Krankheiten eine wichtige Rolle. Nach der Überlieferung war er besonders für das Verschwinden von Warzen »zuständig«, selbst wenn heute niemand mehr genau weiß, aus welchem Grunde. Vielleicht deshalb, weil man nicht so recht einordnen konnte, was Warzen eigentlich sind. Und weil sie auf geheimnisvolle Art und Weise kamen – und nach einem Mondritual wieder gingen ...

Vielleicht probieren Sie die Anweisungen der Kräuterfrauen einmal selbst aus:

* Schauen Sie in den Vollmond, und werfen Sie dann die Warzen mit den Händen dreimal zurück.
* Reiben Sie vom Vollmondtag bis Neumond die Warzen täglich mit frischem Schöllkrautsaft (Vorsicht: giftig!) ein.
* Bestreichen Sie die Warzen bei Neumond mit Erde, und sagen Sie dabei: »Glück und Segen, neuer Mond!« Dann werfen Sie die Erde zum Mond hin – und die Warzen verschwinden bald.
* Stecken Sie bei abnehmendem Mond schwarze, schleimige Gartenschnecken im Garten auf ein Stück Holz. Wenn die Schnecken abgestorben sind, sind auch die Warzen verschwunden.
* Gehen Sie bei zunehmendem Mond ins Freie, sehen Sie den Mond an, und sagen Sie laut: »Was ich abstreif', das verliert

sich; was ich anseh', das vermier' sich!« Streichen Sie dabei über die Warzen in Richtung Mond.

* Warten Sie, bis der Mond dreimal sieben Tage alt ist. Dann legen Sie sich auf einen Weg, mit dem Gesicht nach oben, und schauen den Mond an. Reiben Sie die Warzen mit irgend etwas ein, das gerade in der Nähe ist.

* Reiben Sie Ihre Hände im Licht des Vollmonds, als ob Sie sie waschen wollten.

* Waschen Sie Ihre Hände unter Mondstrahlen in einem silbernen Gefäß.

* Bestreichen Sie die Warzen bei abnehmendem Mond mehrmals täglich mit der Innenseite einer Bananenschale – ein moderneres Rezept, das aber immer helfen soll ...

Wenn Sie fest daran glauben, werden die Warzen nach einer dieser Behandlungen verschwinden. Vielleicht trägt dazu nicht nur der Mond, sondern auch Ihr Unterbewußtsein und die Selbstheilungskräfte Ihres Körpers bei.

Heilkräuter und das Mondlicht

Die Natur soll – einem alten Volksglauben nach – zwischen dem 15. August (heute das christliche Fest »Mariä Himmelfahrt«) und dem 8. September (heute: »Mariä Geburt«) ganz besonders gesegnet sein. Früher war dies deshalb die Zeit, in der man Kräuter sammeln ging. Die Regeln, die sich dazu von Mond und Gestirnen ableiten, sind schon sehr alt. Unsere Ahnen wußten: Der Mond gibt vor, wann man bestimmte Pflanzen ernten bzw. sammeln soll:

* Wurzeln gräbt man am besten stets bei Vollmond oder abnehmendem Mond aus. Man darf sie niemals dem Licht der Sonne aussetzen. Graben Sie deshalb in den Stunden vor Sonnenaufgang oder in den späten Abendstunden!

* Blätter sammeln Sie bei zunehmendem Mond, am besten zwischen Neumond und Vollmond. Einzige Ausnahme ist die Brennessel: Man sollte sie ausschließlich bei abnehmen-

dem Mond pflücken, und Tee oder Saft auch nur bei abnehmendem Mond trinken!

* Blüten pflücken Sie stets bei zunehmendem Mond oder Vollmond. Wenn Sie die Pflanzen jedoch trocknen wollen, eignet sich der abnehmende Mond besser: Die Blüten trocknen dann schneller.
* Früchte und Samen ernten Sie zu sofortigem Gebrauch bei zunehmendem Mond, zum Trocknen und Lagern jedoch bei abnehmendem Mond.

Sie erinnern sich an die Einteilung des menschlichen Körpers nach den Sternzeichen? Die zwölf Tierkreiszeichen dürfen Sie natürlich beim Ernten von Kräutern und Heilpflanzen nicht außer acht lassen. Als Grundregel gilt daher: Eine Heilpflanze hilft dann besonders gut, wenn sie an dem Tag geerntet wird, an dem der Mond im selben Zeichen steht wie der Körperteil, den sie heilen soll. Und so sieht die Einteilung aus:

Mond im Sternzeichen	Heilkraut und Wirkung
Widder	Kräuter gegen Kopfschmerzen und Augenleiden – etwa Spitzwegerich, Schwarzer Holunder, Waldweidenröschen sowie Augentrost, Kamille
Stier	Kräuter gegen Halsschmerzen und Ohrenleiden – etwa als Gurgelmittel Ackerschachtelhalm, Arnika, Brombeere, Oregano, Gartenthymian, Quitte; gegen Halsschmerzen: Saathafer; gegen Ohrenschmerzen Knotige Braunwurz und Zwiebel
Zwillinge	Kräuter zum Inhalieren gegen Lungenleiden, auch gegen Ver-

	spannungen im Schulterbereich – etwa Lungenkraut, Brennessel, Holunderblüten, Giersch
Krebs	Kräuter gegen Bronchitis, gegen Magen-, Galle- und Leberleiden – etwa Andorn, Borretsch, Schwarzkümmel und Spitzwegerich sowie bei Gallenbeschwerden Brunnenkresse, Oregano, Himbeere, Liebstöckel, Löwenzahn; bei Leberleiden: Gartenringelblume, Mariendistel, Wegwarte; gegen Magenbeschwerden: Bohnenkraut, Fenchel, Melisse, Pfefferminze, Basilikum, Eibisch, Kamille, Liebstöckel, Pfefferminze, Salbei, Wegwarte
Löwe	Kräuter gegen Herz- und Kreislaufbeschwerden – etwa Andorn, Gartenbohne, Herzgespann, Mistel, Knoblauch, Löwenzahn, Melisse, Rosmarin, Waldmeister
Jungfrau	Kräuter gegen Verdauungsbeschwerden, gegen Störungen der Bauchspeicheldrüse und gegen Nervenleiden – etwa Brennessel, Bohnenkraut, Brunnenkresse, Dill, Estragon, Kamille, Koriander, Majoran, Meerrettich, Rosmarin; bei Leiden der Bauchspeicheldrüse: Faulbaum, Leinkraut; gegen Nervenleiden: Borretsch, Schwarzer Holunder,

	Kamille, Koriander, Waldweiden-röschen
Waage	Kräuter gegen Hüftleiden sowie Nieren- und Blasenkrankheiten – etwa gegen Blasenleiden Basilikum, Heidekraut, Kapuzinerkresse, Rosmarin, Zwiebel, Birkenblätter, Brennessel, Liebstöckel; gegen Nierenbeschwerden: Preiselbeerenblätter, Löwenzahn, Birkenblätter
Skorpion Tage, an denen der Mond im Skorpion steht, gelten ganz allgemein als besonders gute Sammeltage für alle Kräuter!	Kräuter gegen Krankheiten der Geschlechtsorgane. Auch zum Aussäen von Heilkräutern eignen sich diese Tage bestens. Gegen Frauenleiden helfen z. B. Frauenmantel, Erdbeerblätter, Andorn, Gänsefingerkraut; bei Männerbeschwerden wie Prostata: Bärlauch, Brennessel, Birkenblätter, Goldrute, Heidekraut, Schachtelhalm
Schütze	Kräuter gegen Venenleiden und Ischias – etwa Brennessel, Birke, Schwarze Johannisbeere, Lavendel, Liebstöckel, Majoran, Meerrettich, Rosmarin, Silberweide (eine ganz besondere Mondpflanze!), Wacholder, Zitterpappel
Steinbock	Kräuter gegen Knochen- und Gelenkbeschwerden sowie gegen Hautkrankheiten – etwa Pfennig-

	kraut, Arnika und Bockshornklee; bei Hautleiden: Arnika, Augentrost, Karotten, Kornblumen, Ringelblumen, Pfefferminze, Petersilie, Lavendel, rote Bete
Wassermann	Kräuter gegen Venenleiden – etwa Haselnuß, Kamille und Weiße Taubnessel
Fische	Kräuter gegen Fußbeschwerden – etwa Scharfer Mauerpfeffer gegen Hühneraugen sowie Sommereiche gegen Fußschweiß

Tips für die Schönheitspflege

Wer davon überzeugt ist, daß der Mond auf unser Leben Einfluß hat, der beachtet auch bei der Körperpflege den Mond. Schon die alten Römer wussten: Nur wer Haarpflege im Einklang mit dem Mond betrieb, konnte auf Erfolg – sprich: schönes, volles Haar – hoffen. Vom römischen Kaiser Tiberius (32 v. Chr. – 37. n. Chr.) ist überliefert, daß er seinen Barbier stets nur bei zunehmendem Mond kommen ließ. Nach alten Überlieferungen nämlich sollte das Haar nach einem Schnitt bei zunehmendem Mond schneller und kräftiger wachsen.

Ganz allgemein gilt also auch für die Schönheitspflege die Mondregel:

* Der zunehmende Mond unterstützt alles, was wachsen und gedeihen soll.
* Der abnehmende Mond unterstützt alles, was vermindert werden soll.

Haarpflege im Einklang mit dem Mond

Wer sein Haar im Mondrhythmus pflegt, merkt schnell, daß Spezialshampoos überflüssig werden und man sich so manche Haarkur sparen kann. Aus alten Überlieferungen stammen bereits die folgenden Mondregeln:

* Wenn Ihre Frisur lange halten soll, denken Sie daran, Ihr Haar immer nur bei abnehmendem Mond schneiden zu lassen. Legen Sie also Ihren Friseurtermin entsprechend!

* Sie haben dunkles Haar? Dann bedenken Sie: Es wird heller, wenn Sie es bei Vollmond schneiden lassen.

* Sie wollen Ihr Haar wachsen lassen? Dann nutzen Sie die Phase des zunehmenden Mondes: Lassen Sie die Spitzen jetzt schneiden, dann wachsen die Haare schneller nach.

* Wer unter Haarausfall leidet, sollte daran denken, sein Haar niemals bei abnehmendem Mond schneiden zu lassen: Dies verstärkt nach alter Überlieferung nämlich den Haarausfall.

* Sie wollen mit einer neuen Frisur ein paar Tage lang guten Eindruck machen? Dann wählen Sie für den Haarschnitt die Tage, in denen der Mond abnimmt.

Ihre Frisur und Ihre Haarqualität werden auch vom Stand des Mondes in den zwölf Tierkreiszeichen beeinflußt:

* An Tagen, in denen der Mond im Stier steht, werden die Haar nach dem Schnitt leicht struppig.

* Wer sein Haar niemals am Steinbocktag schneiden läßt, kann sicher sein: Es wird erst spät – wenn überhaupt! – graue Haare bekommen.

* Schneller wächst Ihr Haar, wenn Sie es an Tagen schneiden lassen, an denen der Mond im Zwilling, im Wassermann oder in der Waage steht.

* Wer einen tollen Lockenkopf sein eigen nennt, sollte darauf achten, das Haar nur im Widder und bei zunehmendem Mond schneiden zu lassen.

* Wer dagegen eine Kurzhaarfrisur hat und seinen Friseur nicht dauernd zum Nachschneiden aufsuchen will, sollte an

Tagen gehen, an denen der Mond im Zeichen Zwillinge, Schütze, Fische oder aber im Stier oder Steinbock steht.

* Wasserzeichen – also Krebs, Skorpion und Fische – sind optimal dafür, daß Ihr Haar nach dem Schneiden schneller wächst.

* Damit das Haar nach dem Schnitt dicker wird, sollten Sie außerdem auf den Vollmond achten.

* Dauerwellen, Entkrausen oder Entfärben sollte man am besten dann durchführen, wenn der Mond im Wassermann steht. In langem Haar halten Dauerwellen besonders gut, wenn man darauf achtet, sie dann legen zu lassen, wenn der Mond im Zeichen Jungfrau steht. Schlecht hält eine Dauerwelle dagegen an Löwetagen.

* Männer, die sich ihre Haare im Tierkreiszeichen Löwe schneiden lassen, haben besseren und stärkeren Haarwuchs.

Übrigens: Wer Körperhaare entfernen will – ganz gleich, ob an den Beinen, unter der Achsel oder im Gesicht – sollte sich an den zunehmenden Mond halten: Da geht das Ganze nahezu schmerzfrei und auch am erfolgreichsten vor sich. Wer ein bißchen Schmerz ertragen kann, sollte lieber den abnehmenden Mond wählen: Die Haare wachsen dann langsamer nach, und Sie müssen diese Behandlung weniger oft durchführen.

Hautpflege im Einklang mit dem Mond

Natürlich muß man seine Haut täglich pflegen (also: waschen und reinigen) – unabhängig vom Stand des Mondes. Aber für Spezialbehandlungen aller Art sollten Sie den Mond beachten – wenn es sich irgendwie einrichten läßt:

* Der zunehmende Mond eignet sich bestens für alle Peelings, für die Tiefenreinigung der Haut, für die Entfernung von kleinen Mitessern, Pickeln und anderen Hautunreinheiten. In dieser Mondphase ist die Haut nämlich feucht, prall und besonders gut durchblutet – am meisten natürlich, wenn der Vollmond am Nachthimmel steht. Jetzt lassen sich Mitesser

und Pickel leichter ausdrücken. Hinterher sieht man kaum etwas – kaum Rötungen, wenig entzündete Stellen.

* Das Gegenteil ist der Fall, wenn Sie kosmetische Behandlungen bei abnehmendem Mond durchführen: Ihre Haut ist dann eher trocken – und es wird sicher zu Rötungen kommen.

* Auch der Neumond ist schlecht für einen Besuch bei der Kosmetikerin: Pickel und Mitesser lassen sich dann am schwersten aus der Haut lösen.

* Der abnehmende Mond (und auch der Neumond) sind hingegen die beste Zeit, um die Haut zu entgiften und zu entschlacken. Alle Behandlungen, die ein wenig schmerzhaft sein könnten – also auch kleinere operative Eingriffe – sollten Sie jetzt erledigen lassen. In dieser Mondphase nämlich ist die Haut weniger gut durchblutet und daher nicht so empfindlich gegen Schmerzen. Wer also hartnäckige Pickel oder gar Grieskörner entfernen will, sollte dies jetzt tun: Der Schmerz ist viel geringer.

* Keine Rücksicht auf den Mond brauchen Sie bei der alltäglichen Pflege zu nehmen: also bei Reinigung und Klärung der Haut, beim Auftragen von Tag- oder Nachtcreme, bei Masken, Gesichtspackungen und Make-up. Wer unter Problemhaut leidet – und dies nicht auf falsche Ernährung oder Hormonstörungen wie z. B. bei der Pubertät zurückzuführen ist – sollte auch die speziellen Pflegebehandlungen für Hautprobleme täglich durchführen. Sie sind ja in diesem Fall keine außergewöhnliche Hautbehandlung, bei der man spezielle Rücksicht auf die Phasen des Mondes nehmen müßte.

Auch Ihr Geburtsmond hat Einfluß auf kosmetische Behandlungen:

* Sie sind mit dem Mond im Widder geboren? Dann möchten Sie meist keine ausgiebige Behandlung. Ihnen liegt nichts an Entspannung in der Kabine der Kosmetikerin, sondern Sie suchen für bestimmte Probleme Ihrer Haut schnelle Hilfe.

* Wenn Ihr Geburtsmond im Stier stand, deutet dies darauf hin, daß Sie eine Genießerin sind. Sie gönnen sich selbst etwas Gutes, wenn Sie zur Kosmetikerin gehen. Sie wollen sich verwöhnen lassen.

* Eine Frau mit Geburtsmond im Zwilling sucht im Kosmetikinstitut vor allem auch den Treffpunkt mit anderen Frauen. Sie wollen aber trotzdem ganz genau wissen, was die Kosmetikerin mit Ihnen »anstellt«. Sie lassen sich nichts aufschwatzen, möchten nach der Behandlung deutliche Verbesserungen sehen.

* Wenn Sie unter dem Mond im Krebs geboren wurden, ist das etwas ganz Besonderes: Krebs und Mond gehören ja zusammen. Sie genießen es, wenn Sie sich so richtig verwöhnen lassen können. Wichtig für Sie sind vor allem aber auch die zwischenmenschlichen Schwingungen: Sie müssen mit Ihrer Kosmetikerin »gut auskommen«, sonst fühlen Sie sich nicht wohl.

* Ihr Geburtsmond stand im Löwen? Dann sind Sie eine schwierige Kundin, die hofiert werden will. Während der Behandlung hat sich alles nur um Sie zu drehen. Aussehen und Stil sind für Sie lebenswichtig: Ohne tolles Make-up würden Sie den Kosmetiksalon niemals verlassen.

* Sie wurden mit dem Mond in der Jungfrau geboren? Dann hat's Ihre Kosmetikerin nicht leicht mit Ihnen: Alles, was sie machen will, möchten Sie genau erklärt bekommen. Und Sie sind penibel: Wehe, wenn ein Pickelchen übersehen wird ...

* Wer unter dem Mond in der Waage geboren wurde, beurteilt alles erst einmal nach dem Äußeren. Eine Kosmetikerin, die nicht bestens gepflegt ist, hat bei Ihnen erst gar keine Chance. Sie wollen natürlich auch selbst bestens gepflegt aussehen.

* Der Geburtsmond im Skorpion zeigt sich sehr bedacht auf Natürlichkeit: Cremes und Pflegemittel dürfen bei Ihnen nicht »aus Chemie« sein, Naturprodukte sind Ihnen am liebsten.

* Eine Frau mit Geburtsmond im Schützen bringt hohe Erwartungen mit in den Kosmetiksalon. Man soll schließlich bemerken, daß Sie etwas für Ihre Schönheit getan haben. Auf Geld kommt es Ihnen dabei nicht so sehr an.

* Wessen Mond bei der Geburt im Steinbock stand, leidet oft unter echten Hautproblemen. Deshalb werden Sie sich gewohnheitsmäßig viel mit Kosmetik beschäftigen. Aber es macht Ihnen eigentlich keinen Spaß. Sie wissen zwar genau, was Ihnen guttut, lassen sich aber wegen Ihrer Hautprobleme durchaus auch mal auf Experimente ein.

* Wessen Mond bei der Geburt im Wassermann stand, ist aufgeschlossen für alles Neue: Sie sind die ideale Kundin für jede neue Lotion, für jede neue Pflegeampulle. Selbst wenn das Produkt keine tolle Wirkung zeigt, sind Sie deshalb nicht sauer.

* Ein unter dem Mond in den Fischen Geborener leidet ebenfalls oft unter Problemhaut. Ihnen macht der Besuch bei Ihrer Kosmetikerin nur dann Freude, wenn Sie merken, daß man sich um Sie bemüht und Ihnen bei den Hautproblemen nicht nur helfen will, sondern Sie auch verwöhnen möchte. Das können Sie dann durchaus genießen.

Maniküren mit dem Mond

Wer sich auch mit dieser so alltäglichen Schönheitspflege nach dem Mond richtet, wird überrascht sein, welche Unterschiede er feststellen kann:

* Wer die Nagelpflege bei Neumond oder aber bei abnehmenden Mond durchführt, dessen geschnittene oder gefeilte Nägel wachsen nicht so schnell nach.

* Schwielen an Fingern und Händen entfernen Sie am besten bei zunehmendem Mond.

Ratschläge für Hausarbeit mit dem Mond

Im Haushalt helfen die Kräfte des Mondes genauso wie in allen anderen Bereichen des Lebens. Manchmal geht Ihnen die Hausarbeit leicht, geradezu spielend von der Hand. An anderen Tagen jedoch gehen Sie schon unlustig an die Arbeit heran, nichts gelingt so recht. Machen Sie sich die kleine Mühe, und achten Sie einmal auf die Phasen des Mondes. Sie werden rasch erkennen:

* Bei zunehmendem Mond sollten Sie z. B. einkochen oder einlagern. Ebenfalls gut von der Hand gehen in dieser Mondphase alle Arbeiten, die mit Säen, Anpflanzen und Düngen zu tun haben.
* Hausarbeiten, die mit Putzen und Reinigen zu tun haben, verrichtet man dagegen leichter bei abnehmendem Mond.

Der Mondtest

Ein ganz einfacher Test wird's Ihnen beweisen:

* Legen Sie ein verschmutztes Wäschestück bei abnehmendem Mond in ein mit Wasser gefülltes Waschbecken, und fügen Sie Waschmittel hinzu. Der Schmutz wird sich lösen.
* Wenn Sie das gleiche bei zunehmendem Mond tun, werden Sie bemerken, daß der Schmutz sich nicht so schnell aus dem Kleidungsstück löst.

Waschen und putzen sollten Sie immer an Wasserzeichen-Tagen (Krebs, Skorpion und Fische).

* Wer dabei auch noch auf den abnehmenden Mond achtet, wird stets saubere und frische Wäsche haben.
* Auch zur chemischen Reinigung sollten Sie Ihre Kleidungsstücke nach Möglichkeit nur bei abnehmender Mondphase geben.
* Vermeiden Sie auf jeden Fall einen Tag, an dem der Mond im Steinbock steht, denn dann entsteht auf dem Kleidungsstück der gefürchtete »Glanz«.

Wer seine **Sommer- und Winterkleidung** regelmäßig für ein halben Jahr »einmottet«, sollte ebenfalls auf den Mond achten:

* Im Frühjahr und Herbst sollten Sie dafür einen Lufttag (Zwillinge, Waage, Wassermann) wählen.

* Wer bei abnehmendem Mond wäscht und dann die Kleider einlagert, wird selten Motten im Kleiderschrank haben.

* Wer dagegen bei Mond an Erdtagen (Steinbock, Jungfrau, Stier) die Garderobe »einmottet«, muß mit unangenehmen Gerüchen rechnen.

* An Wassertagen (Fische, Krebs, Skorpion) eingelagerte Kleidung wird sogar oft feucht.

Bei **Arbeiten mit Holz** sind die Mondregeln besonders wichtig: Das gilt natürlich auch für die Holzfußböden in Ihrer Wohnung:

* Wischen Sie solche Böden niemals feucht bei zunehmendem Mond und in einem Wasserzeichen (Fische, Krebs, Skorpion): Das Wasser dringt leichter in vorhandene Ritzen ein. Das Holz kann sich verziehen und sogar faulen.

* Feucht wischen sollten Sie nur bei abnehmendem Mond. Läßt es sich gar nicht anders machen, so wählen Sie bei zunehmendem Mond wenigstens einen Tag aus, an dem unser Trabant in einem Luftzeichen (Zwillinge, Waage und Wassermann) steht.

Auch beim **Fensterputzen** gilt's natürlich, auf den Mond zu achten:

* Wenn Sie in der abnehmenden Phase putzen, am besten auch noch auf einen Tag achten, an dem der Mond in einem Luftzeichen (Zwillinge, Waage, Wassermann) steht – dann geht nichts schief.

* Wer stark verschmutze Fensterrahmen reinigen möchte, sollte übrigens auf einen Wassertag (Fische, Krebs, Skorpion) warten.

* Denselben Trick können Sie auch beim verschmutzten Fernsehschirm anwenden und beim Bildschirm des Computers im Arbeitszimmer.

Selbst den großen **Hausputz,** der bei vielen Hausfrauen stets im Frühjahr stattfindet, verlegt man sinnvollerweise auf einen Zeitpunkt, an dem der Mond dafür günstig steht:

* Stöbern, Lüften und Putzen beginnen Sie an einem Lufttag (Zwillinge, Waage, Wassermann) im abnehmenden Mond. Das sollten Sie übrigens auch beachten, wenn Sie Matratzen lüften. Gut sind dafür außerdem Feuertage (Löwe, Schütze, Widder).
* Schlecht ist das Lüften der Matratzen an Wassertagen: Sie ziehen dann die Feuchtigkeit an.
* Auf Lufttage folgen im Frühjahr immer Wassertage (Fische, Krebs, Skorpion): ideal also für alle Arbeiten, die mit Schmutz und gründlicher Reinigung zu tun haben.
* Beim Frühjahrsputz können Sie sich ganz leicht danach richten: Auf das Luftzeichen Wassermann folgt dann im abnehmenden Mond immer das Wasserzeichen Fische.

Mit regelmäßigem und gründlichen **Lüften** sorgen Sie für bessere Luft in Ihrem Heim:

* Wer im Herbst, vor den ersten kalten Tagen, zum erstenmal heizt, sollte dies an einem Feuertag (also Widder, Löwe oder Schütze) bei abnehmendem Mond tun. Nur dann vertreiben Sie die Feuchtigkeit aus allen Wänden. Ganz besonders gilt dies dann, wenn Sie eine neu gebaute Wohnung beziehen.
* An Luft- und Feuertagen (Zwillinge, Waage, Wassermann, Löwe, Schütze und Widder) lüftet man am besten ausgiebig,
* an Erd- und Wassertagen (Jungfrau, Steinbock, Stier, Fische, Krebs und Skorpion) dagegen nur für kurze Zeit.
* Bei zunehmendem Mond sollten Sie Ihr Bettzeug jedoch immer nur kurz lüften, denn sonst wird es zu feucht.

Wie der Mond in der Küche hilft

Oft will die Marmelade nicht so recht gelingen, wird das Gelee einfach nicht fest, schimmeln eingemachte Gemüse schon nach kurzer Zeit. Selbst beim Backen klappt's nicht so recht.

Auch in der Küche gilt daher: Achten Sie auf die Phasen des Mondes und darauf, in welchem Zeichen er steht. Manchmal können Sie sogar auf künstliche Geliermittel verzichten oder zumindest nur mit der halben Menge wie sonst »arbeiten«. Selbst wenn Sie nicht einkochen, sondern Gemüse und Obst auf moderne Art und Weise haltbar machen, nämlich einfrieren, sollten Sie auf den Mond achten:

* An Feuertagen (Löwe, Schütze, Widder) eingefrorenes Gemüse und Obst hält besser. Beim Wiederauftauen wird es nicht so wäßrig und zerfällt auch kaum.

* Backen Sie immer im Tierkreiszeichen Schütze, Krebs, Waage oder Steinbock. Der Teig geht dann besser auf, Brot wird lockerer.

* Marmeladen, Gelees, in Alkohol eingelegte Früchte, Wein und Most verarbeiten Sie bei abnehmendem Mond. Alles ist dann länger haltbar, denn die Früchte gären nicht so schnell. Am besten – gerade für Marmelade und Gelee – sind die Tage von Stier, Skorpion und Wassermann.

* Obst und Gemüse machen Sie stets bei abnehmendem Mond im Wasserzeichen Krebs oder Skorpion ein. Achtung vor Fischetagen: Was Sie jetzt ernten, sollten Sie schnell verzehren und nicht konservieren. Es wird sonst in Kürze schlecht und schmeckt auch fade.

* Dasselbe gilt für Kraut: hobeln und einlegen nur bei abnehmendem Mond im Zeichen Schütze, Steinbock oder Wassermann. Wer bei zunehmendem Mond einlegt, muß mit schneller Gärung rechnen.

* Unbedingt vermeiden sollten Sie alles Einmachen und Konservieren an Jungfrautagen – ganz gleich, ob im ab- oder zunehmenden Mond: Alles fängt schneller als sonst zu schimmeln an.

* Auch Krebstage sind nicht sonderlich gut fürs Einmachen.

* Früchte, Obst und Kräuter, die Sie trocknen wollen, sollten Sie nur bei abnehmendem Mond sammeln und ernten; am

besten auch noch dann, wenn der Mond im Zeichen Widder,
Löwe oder Schütze steht.
Wie Sie jedoch überhaupt zu guter Ernte im Obst- und Gemü-
segarten kommen, erfahren Sie im folgenden Abschnitt.

. . . auf ging der Mond
in hellem Glast . . .
Hans Sachs (1494–1576), Sprüche

Zünemenden Mon'
wil jedermann hon.
Bauernspruch

Das Wetter

Das Wetter ist das Wichtigste im Leben des Bauern, davon ist er abhängig. Nur wenn das Wetter stimmt, wenn Regen und Sonne, Wärme und Kälte zur rechten Zeit kommen, kann man mit reicher Ernte rechnen. Seit vielen tausend Jahren wird das Wetter daher beobachtet – und daraus haben sich unsere »Wetterregeln« entwickelt. Auch sie hängen oft mit dem Mond zusammen. Die Wetterregeln wurden von Generation zu Generation weitergegeben.

In Wetterstationen und meteorologischen Instituten wird die tägliche Wetterlage erst seit etwa 100 Jahren registriert. Der »100jährige Kalender«, in dem der Abt Mauritius Knauer seine Wetterbeobachtungen niederschrieb und seine Schlüsse daraus zog, ist immerhin schon über 300 Jahre alt. Doch insgesamt reicht die Beobachtung des Wetters noch viel weiter zurück. Einer der ältesten überlieferten Wettersprüche ist etwa 5000 Jahre alt. Er wurde in Keilschrift auf eine Tontafel eingeritzt gefunden und stammt aus der Bibliothek des assyrischen Königs Assurbanipal (669–627 v. Chr.).

Selbst wenn unsere Ahnen nicht um die physikalischen Umstände des Wetters wußten: Ihre Wetterregeln können durchaus auch von wissenschaftlich arbeitenden Meteorologen nachvollzogen werden. Diese Wetterregeln sind unabhängig von bestimmten Daten oder Lostagen. Schon seit Urzeiten bezieht der wetterkundige Bauer seine Weisheiten aus erster Hand: mit einem Blick an den Himmel nämlich. Der Mond ist ein guter Wetterbote. Vor allem dann, wenn er einen »Hof« zeigt. Diese Höfe oder Kränze werden an den Wolken nahe dem Mond sichtbar, wenn das Licht bei schwachen Wolken nicht in seine Farben zerlegt wird. Einen weiten farbigen Ring um den Mond nennt man meteorologisch Halo. Er entsteht, wenn das weiße Sonnenlicht in dünnen Wolkenschichten aus Eiskristallen in seine Spektralfarben zerlegt wird. Nicht nur Bauern, sondern auch Seeleute wissen:

* Wenn der Mond untergeht, zieht Sturm auf.
* Steigt ein großer, roter Mond zwischen Wolken auf, kann man einen halben Tag später mit Regen rechnen.
* Zeigt sich während des Sonnenuntergangs ein großer Mond, und sieht er nicht trübe, sondern leuchtend aus, so wird das Wetter für Tage schön und klar.
* Hat der Mond einen Hof, gibt es Wind mit Regen oder Schnee.
* Je größer der Hof des Mondes, desto früher wird es regnen oder schneien. Überstrahlt jedoch der Mond seinen Hof, kommt kein schlechtes Wetter.
* Steht der Mond in einem Ring, so kündet das von einem Sturm.
* Die offene Seite des Mondhofes zeigt die Richtung an, aus der Wind oder Regen kommen werden.
* Die Zahl der Sterne innerhalb des Ringes nennt die Zahl der Tage bis zum Unwetter.
* Nebel und kleiner Mond bringen schon bald östliche Winde.
* Der Mond schluckt den Wind.
* In mondhellen Nächten gibt's die strengsten Fröste.
* Schwarze Flecken auf dem Mond kündigen Regen an.
* Rote Flecken bedeuten Wind.
* Ein fahler Mond ist das Anzeichen für Regen.

* Regen kündigt sich auch an, wenn die Mondscheibe bei zu- oder abnehmendem Mond durch Dunst verschleiert wird.
* Dunst unterm Halbmond ist ein Zeichen für Wind.
* Ist das Wetter am sechsten Tag des Mondes das gleiche wie am vierten Tag, so wird es während des ganzen Monats halten.
* War ein Mondzyklus verregnet, so gibt es danach ein paar schöne Tage – gefolgt von einer weiteren Schlechtwetterperiode.
* Ist der untere Teil der Mondsichel zu Beginn und während der ersten Tage undeutlich, dunkel oder in irgendeiner Weise verblaßt, kommt noch vor Vollmond schlechtes und stürmisches Wetter.
* Scheint der Mond in seiner Mittelzeit fahl, wird das Wetter um Vollmond stürmisch.
* Ist der obere Teil der Mondsichel blaß, kommen die Stürme erst bei abnehmendem Mond.
* Liegt der Mond in seinem dritten Viertel auf dem Rücken, ist dies ein Zeichen für Regen.
* Steht der Halbmond aufrecht und bläst der Wind aus Norden, so folgen bald Westwinde. Bis zum Ende des Monats bleibt's dann stürmisch.
* Am fünften Tag des Mondes rechnen die Matrosen mit Stürmen.
* Es stürmt dagegen niemals, wenn der Mond fast voll ist.
* Bedrohliche dunkle Wolken ohne Regen zur Zeit des alten Mondes weisen auf lang anhaltende Trockenheit hin.
* Ein bewölkter Morgen bei abnehmendem Mond verheißt einen schönen Nachmittag.

Viele Bauernregeln wurden in Reimform gefaßt – dann waren sie leichter zu merken:

* Hof um den Man (Mond),
  dat soll wol gan;
  doch Hof um de Sun (Sonne),

da schreien Schippers Frau un Kinner rum.
* Hat einen Hof der Mann im Mond,
  bleibst du von Regen (oder Schnee) nicht verschont.
* Wenn der Mond (die Sonne) hat einen Ring,
  folgt der Regen allerding'.
* Gibt Ring oder Hof sich Sonne und Mond,
  bald Regen und Wind uns nicht verschont.
* Ist der Ring nahe Sonne oder Mond,
  uns der Regen verschont;
  ist der Ring aber weit,
  hat er Regen im Geleit.
* Bei Vollmond sind die Nächte kalt.
* Ist der Himmel voller Sterne,
  ist die Nacht voll Kälte gerne.

Wie Voll- und Neumond das Wetter verändern

Auch Vollmond und Neumond verändern das Wetter – das hat Abt Mauritius Knauer in seinem »Immerwährenden Kalender« genau aufgezeichnet (in der Tabelle im zweiten Kapitel finden Sie Voll- und Neumond bis zum Jahre 2020). Knauer stellte fest:
* Drei bis fünf Tage nach Neu- oder Vollmond regnet es;
* zwei Tage nach Vollmond entstehen häufig Gewitter;
* um Neu- oder Vollmond bilden sich oft Hurrikane, Orkane oder andere heftige Stürme.

Dies sind die bäuerlichen Wetterregeln, die zum Wechsel der Mondphasen passen:
* Gewitter in der Vollmondzeit verkünden Regen lang und breit.
* Weht's aus Ost bei Vollmondschein, stellt sich strenge Kälte ein.
* Neumond mit Wind ist zu Regen und Schnee gesinnt.
* Unmittelbar nach Neu- und Vollmond gibt es die heftigsten Niederschläge.

* Vollmond oder Mondwechsel an einem Samstag sind sicheres Anzeichen für Regen.
* Findet der Mondwechsel jedoch an einem Sonntag statt, gibt es eine Überschwemmung – und zwar noch in der Zeit, bis der Monat zu Ende geht.
* Der kommende Monat wird schönes Wetter bringen, wenn der Neumond um Mitternacht oder wenigstens in der halben Stunde zuvor oder danach entsteht.
* Geht der Mondwechsel mit Ostwind gleich, bleibt das Wetter den ganzen Monat schlecht.
* Vollmond verschluckt die Wolken – das heißt, es wird wieder schönes und klares Wetter.
* Steht der Neumond weit im Norden, rechnet man besser mit zwei Wochen Kälte.
* Steht der Neumond weit im Süden, kann man dagegen auf warmes und trockenes Wetter zählen.
* Ist der Himmel bei Neumond und auch noch vier Tage danach jeweils bei Mondaufgang gleichbleibend klar, so bleibt das Wetter für längere Zeit schön.
* Ist der Himmel jedoch zu dieser Zeit stets bedeckt, gibt es Regen.
* Beginnt ein Schneesturm bei Neumond, wird er mit dem ersten Mondaufgang enden.
* Zwei Vollmonde im Monat zeigen immer eine Überschwemmung an.
* Findet der Mondwechsel am Morgen statt, ist Regen zu erwarten.

Der »100jährige Kalender« des Abts Mauritius Knauer zeigte: Alle sieben Jahre ist ein großer Planetenzyklus abgeschlossen, alles sieben Jahre ändert sich das Wetter, und ein neuer Zyklus beginnt. Sie erinnern sich: Die Zahl Sieben ist nicht nur in vielen Religionen heilig, sondern sie gilt als die Zahl des Mondes. In der alten astrologischen Lehre kannte man sieben Planeten. Sie haben auch auf das Wetter Einfluß. Jedes Jahr, jeder Tag,

sogar jede Stunde des Tages ist einem der sieben Planeten unterworfen (die genaue Tabelle der Stundenregenten finden Sie
im dritten Kapitel). Je nachdem, in welchem Sternzeichen der
Neumond gerade steht, hat dies natürlich auch Einfluß auf unser Wetter:

* Kommt der Neumond in den Stunden des Saturn, wird der
  Monat kalt und feucht.
* Neumond in den Stunden des Jupiter macht den Monat zur
  Hälfte trocken, zur anderen Hälfte windig.
* Neumond in den Stunden des Mars sorgt dafür, daß der Mo-
  nat ziemlich »durchwachsen« ist: halb trocken, halb feucht.
* Neumond, der in den Stunden der Sonne aufgeht, macht im
  Sommer heißes und trockenes Wetter, im Winter kaltes und
  trockenes.
* Neumond in den Stunden der Venus gibt im letzten Viertel
  des Monats Regenwetter, im Winter auch Schnee.
* Neumond in den Stunden des Mondes macht den Monat
  stets windig und regnerisch.
* Neumond in den Stunden des Merkur paßt sich an den je-
  weiligen Jahresherrscher an.

Welcher Planet regiert in welchem Jahr?

Jeweils am 21. März, dem Frühlingsbeginn, übernimmt einer
der sieben Planeten die Herrschaft über das Jahr und beeinflußt ihn. Somit gibt es folgenden steten Wechsel:

	Venus	Merkur	Mond	Saturn	Jupiter	Mars	Sonne
Jahr	1997	1998	1999	2000	2001	2002	2003
	2004	2005	2006	2007	2008	2009	2010
	2011	2012	2013	2014	2015	2016	2017

Abt Mauritius Knauer hat genau aufgeschrieben, wie sich die
Planeten eines jeden Jahres aufs Wetter auswirken.

* Merkurjahre (z. B. 1998) sind im großen und ganzen eher

trocken als feucht, auch eher kalt als warm. Ein Merkurjahr ist nur selten fruchtbar.

* Mondjahre (z. B. 1999) sind insgesamt eher feucht als trocken. Sie sind auch eher kalt als warm, obwohl die Sommermonate sehr warm sein können. Die übrige Zeit bleibt es aber kühl.

* Saturnjahre (z. B. 2000) sind stets kalt und feucht. In manchen Monaten kann es zwar ziemlich trocken sein, dennoch ist die wichtigste Zeit des bäuerlichen Arbeitsjahres, nämlich der August und die Herbstmonate, meist sehr verregnet.

* Jupiterjahre (z. B. 2001) sind ziemlich warm und eher feucht als trocken. Weil der Saturn, Jupiters Vorgänger, mit seinem langwierigen Winter und seiner grimmigen Kälte im Frühling noch lange nachwirkt, gibt es ein Jahr, in dem alles erst spät wächst und reift.

* Marsjahre (z. B. 2002) sind normalerweise eher trocken als feucht. Selbst wenn es manchmal regnet: Es gibt doch viel mehr trockene als nasse Tage.

* Sonnenjahre (z. B. 2003) sind durch und durch eher trocken als feucht. Trotzdem ist es nur mittelmäßig warm.

* Venusjahre (z. B. 2004) sind immer eher feucht als trocken. Es ist zugleich schwül und ziemlich warm – zu jeder Jahreszeit.

Mond und Sternzeichen helfen in der Landwirtschaft und beim Gärtnern

Beobachtungen über Generationen hinweg ergaben allerlei Wissenswertes über die Natur, das mit den Mondphasen zusammenhing. Schon Plinius der Ältere, ein römischer Naturwissenschaftler im ersten Jahrhundert nach Christus, hat dem Mond eine zentrale Bedeutung für den Rhythmus irdischer Lebensabläufe zuerkannt. Für ihn war der Mond die Ergänzung der Erde: Wenn sie sich ihm nähere, so fülle er alle Kör-

per; wenn sie sich entferne, so leere er alle Körper. Plinius be-
stätigte also, was den Bauern schon seit vielen Jahrtausenden
bekannt war.

Bei zunehmendem Mond
* wurde das Wachstum gefördert;
* lieferten Tiere, die man zu dieser Zeit schlachtete, besseres
  und festeres Fleisch;
* bekamen Tiere häufiger Junge, die auch gesünder waren;
* war die beste Fangzeit für Muscheln, Krebse und Garnelen;
* wuchsen ausgesäte Getreidesorten schneller und ertragrei-
  cher.

Bei abnehmendem Mond
* war gestochener Torf trocken und ideal als Brennmaterial;
* bluteten kastrierte oder enthornte Tiere weniger;
* schnitt man Pflanzen und Bäume, weil sie weniger Saft ent-
  hielten.

Genaue Planung tut not, wenn Sie sich nach dem Mondkalender richten wollen. Denn es kommt genau darauf an, an welchem Tag Sie welche Arbeiten verrichten. (Im vierten Kapitel
finden Sie eine ausführliche Tabelle, die Ihnen auch hier weiterhelfen kann. Sie bekommen aber im Buchhandel dazu auch
spezielle Lektüre.)

Nach dem altem Volksglauben entstanden nach und nach
Mondkalender, die heute noch gültig sind und nach denen man
sich richten kann. Als Hobbygärtner müssen Sie zunächst nicht
einmal in die genauen Mondtabellen schauen: Ein Blick an den
nächtlichen Himmel genügt. Dann wissen Sie, in welcher Phase
sich der Mond gerade befindet – und danach handeln Sie:
Im ersten Viertel des Mondes (zunehmend zwischen Neu- und
Vollmond) sollte man
* Artischocken, Blattgemüsearten, Blumenkohl, Brokkoli,
  Brunnenkresse, Endiviensalat, Gerste, Gurken, Kohl, Kohl-
  rabi, Kopfsalat, Melonen, Petersilie, Porree, Rosenkohl, Sellerie, Spargel und Spinat pflanzen

* Kräutersamen aussäen
* einjährige blühende Pflanzen und Rosen setzen

Im ersten oder zweiten Viertel (zunehmend zwischen Neu- und Vollmond) sollte man

* Körner aussäen
* große Flächen – wie etwa Rasen – säen
* den Rasen mähen
* Pflanzen und Bäume veredeln
* Pflanzen beschneiden, junge Triebe umtopfen, umpflanzen
* Obst und Gemüse für den sofortigen Verzehr pflücken
* Kräuter und Pilze sammeln
* die Pflanzen bewässern
* Komposthaufen anlegen

Im zweiten Viertel (zunehmend zwischen Neu- und Vollmond) sollte man

* Auberginen, Bohnen, Erbsen, Gartenkürbis, Knoblauch, Kürbis, Paprika, Porree, Schalotten, Tomaten, Wassermelonen, Zuckermelonen und Zwiebelsaat säen
* einjährige blühende Pflanzen und Rosen setzen
* Himbeeren, Brombeeren und Stachelbeeren pflanzen
* kurz vor Vollmond düngen
* kurz vor Vollmond die Trauben zum Weinkeltern ernten
* kurz vor Vollmond aussäen, wenn Trockenheit herrscht

Im dritten Viertel (abnehmend zwischen Voll- und Neumond) sollte man

* Gemüsesorten säen und pflanzen, die unter der Erde fruchten (rote Bete, Erdnüsse, Kartoffeln, Mohrrüben, Pastinak, Radieschen, Rüben, Steckrüben, Zwiebelsetzlinge)
* Erbsen, Erdbeeren, Rhabarber, Saatknollen, Salbei, Sellerie, Sonnenblumen und Zichorie säen und pflanzen
* blühende zwei- und mehrjährige Knollenpflanzen setzen
* Bäume wie Ahorn, Apfel, Birne, Buche, Eiche, Pfirsich, Pflaume und andere Laubbäume pflanzen
* Torf ausstreuen

**Im dritten oder vierten Viertel (abnehmend zwischen Voll-
und Neumond)** sollte man
* Tomaten beschneiden
* mit Kalium düngen
* mit der Kompostdüngung beginnen
* Kompost und andere organische Dünger verteilen und un-
  tergraben
* das Unkraut vernichten
* Pflanzen ausdünnen und beschneiden
* Rasenflächen mähen
* Obst und Gemüse ernten, das für eine längere Lagerung
  vorgesehen ist, wie Äpfel, Kartoffeln und Kohl
* Blüten und die Saat sammeln, die lange gelagert werden sollen
* Kräuterwurzeln ausgraben
* Blätter und Rinden für medizinische Tees sammeln
* Kräuter, Blumen und Früchte trocknen
* Torf stechen

Im vierten Viertel (abnehmend zwischen Voll- und Neumond)
sollte man
* Obstbäume besprühen
* Holz fällen

Beim **Gärtnern nach dem Tierkreis** geht man davon aus, daß
jeder Tag des Monats von einem der zwölf Sternzeichen beeinflußt wird. Der Mond durchläuft diese Sternzeichen ebenfalls – etwa zweieinhalb Tage benötigt er für jedes Tierkreiszeichen. In der Astrologie schreibt man den einzelnen Zeichen
bestimmte Eigenschaften zu. Man unterscheidet

* **Tag- und Nachtzeichen.**
Tagzeichen sind aktiv und trocken, Nachtzeichen passiv, feucht
und fruchtbar.

Tagzeichen	Nachtzeichen
Widder, Zwillinge, Löwe, Waage, Schütze, Wassermann	Stier, Krebs, Jungfrau, Skorpion, Steinbock, Fische

* **Hauptzeichen und untergeordnete Zeichen,** auch als kardinal, fix und labil bekannt.

Art des Zeichens	welches Zeichen?	Eigenschaften
Kardinalzeichen	Widder, Krebs, Waage, Steinbock	aktiv, lebendig
Fixe Zeichen	Stier, Löwe, Skorpion und Wassermann	starr, beharrlich, festigen die Wirkung des Kardinalzeichens
Labile Zeichen	Zwillinge, Jungfrau, Schütze und Fische	unbeständig, unzuverlässig

* **die Elemente der Zeichen:** Es gibt Feuer-, Wasser-, Erd- und Luftzeichen. An den vier Elementen richten sich *Frucht-, Blüten-, Blatt- und Wurzeltage* aus. Für den astrologiebewußten Gärtner gibt es nämlich eine Verbindung zwischen den vier Elementen und den Teilen, aus denen eine Pflanze besteht. Und so ordnet man zu:

Element	Sternzeichen	Eigenschaften
Feuer	Widder, Löwe, Schütze	heiß, gut für Samen- und Fruchtbildung = Fruchttag
Luft	Zwillinge, Waage, Wassermann	trocken, fördert die Blüte = Blütentag
Wasser	Krebs, Skorpion, Fische	feucht, fördert das Wachstum, gut für Blatt und Stiel = Blattag
Erde	Stier, Jungfrau, Steinbock	bodenständig, fest, erdnah; gut für Wurzelbildung = Wurzeltag

Was Sie wann am besten im Garten tun

Beobachtungen über viele Generationen hinweg, Überlieferungen unserer Vorfahren und astrologische Kenntnissen haben ergeben:

* Der Mond im Widder (Fruchttag) beeinflußt Reife und Sa-
menbildung, es ist also eine gute Zeit zum Ernten. Auch
Grabarbeiten, Hacken und Unkrautjäten sollte man an Wid-
dertagen erledigen. Achtung: Für die Aussaat ist ein Wid-
dertag jedoch ungeeignet!

* Der Mond im Stier (Wurzeltag) ist ideal fürs Pflanzen und
Säen – vor allem solcher Pflanzen, bei denen die Kraft des
Mondes sich in Wurzeln und Knollen konzentrieren soll. Extratip: Im Stiermond kann man bestens verpflanzen – alles
wächst mühelos an!

* Der Mond im Zwilling (Blütentage) ist nur dann zum Aussäen ideal, wenn es sich um Rank- oder Kletterpflanzen han-
delt. Alles andere wird nämlich dünn und kraftlos. Gut ist
der Zwillingsmond für Bodenpflege und Ernte. Extratip:
Wer seinen Rasen an Zwillingstagen mäht, wird staunen, wie
langsam er nachwächst.

* Der Mond im Krebs (Blattag) ist etwas ganz Besonderes,
denn der Krebs ist dem Mond zugeordnet. Fruchtbarkeit ist
hier sozusagen »vorprogrammiert«. Alle Aussaat, alle Pflan-
zungen gedeihen bestens, alles wächst besonders schnell.
Krebstage sind auch gut zum Gießen. Extratip: Pflanzen auf
dem Balkon und im Kübel nehmen das Wasser jetzt am besten auf. Dasselbe gilt für Dünger.

* Der Mond im Löwen (Fruchttag) gilt als unfruchtbarstes der
zwölf Tierkreiszeichen. Achtung: An diesen Tagen sollten
Sie keinesfalls säen und anpflanzen! Sonst laufen Sie Gefahr, daß Setzlinge verdorren, Samen nicht »angehen«. Gut
sind Löwemondtage zum Rasenmähen, Unkrautjäten und
Entfernen all der Pflanzen, die Sie nicht mehr im Garten
oder auf dem Balkon haben wollen. Die Wirkung verstärkt

sich natürlich noch, wenn Sie solche Arbeiten an einem Tag im August tun, dem Monat des Löwen.

* Der Mond in der Jungfrau (Wurzeltag) gilt als unfruchtbar, denn die Jungfrau wird vom Planeten Merkur regiert. Achtung: An solchen Tagen kein Gemüse pflanzen! Einzige Ausnahme: einjährige Sommerblumen und Kletterpflanzen. Sie wachsen besonders schnell und blühen ausgiebig. Und noch etwas ist an Jungfrautagen günstig: Ungeziefer zu entfernen.

* Der Mond in der Waage (Blütentag) gilt stets als fruchtbar und gut zum Säen und Pflanzen. Blüten und Blumen sprechen besonders gut auf den Waagemond an. Extratip: Wer jetzt Rosen pflanzt, wird sich über eine wahre Blütenpracht freuen können. Auch Gemüse gedeiht jetzt gut.

* Der Mond im Skorpion (Blattag) ist – nach dem Krebsmond – das fruchtbarste Zeichen. Wer jetzt Blumen aussät, Gemüse und Obst anpflanzt wird reiche Ernte halten können. Extratip: Mehrjährige Pflanzen, die man an Skorpiontagen anpflanzt, sind besonders widerstandsfähig, auch an frostkalten Tagen im Winter.

* Der Mond im Schützen (Fruchttag) wird von Jupiter regiert und gilt deshalb als gute Zeit für die Gartenpflege, auch für die Ernte. Achtung: Keine gute Zeit zum Säen und Pflanzen! Der Schützemond regt jedoch die Fruchtbildung an: Wer Obstbäume anpflanzen will, sollte sich an einen solchen Tag halten.

* Der Mond im Steinbock (Wurzeltag) gilt als »halbfruchtbar«, denn das Herrscherzeichen des Steinbocks ist der hemmende Saturn. Gut sind Steinbocktage trotzdem für alle Pflanzen, die unter der Erde Früchte tragen. Der Steinbock beeinflußt außer den Wurzeln auch Stamm und Rinde: Sie können also auch gut Sträucher, Büsche und Bäume anpflanzen. Achtung: Von blühenden Blumen sollten Sie allerdings die Finger lassen!

* Der Mond im Wassermann (Blütentag) ist bestens geeignet

für Gartenarbeit, fürs Jäten, Graben und die Schädlings-
bekämpfung. Achtung: Der Wassermann-Mond eignet sich
überhaupt nicht zum Säen und Anpflanzen!

* Der Mond in den Fischen (Blattag) gilt nochmals als feucht
und fruchtbar, fast ebenso sehr wie Krebs und Skorpion.
Jetzt können Sie alles säen und anpflanzen, ohne fürchten
zu müssen, daß es nicht gedeiht. Extratip: Vor allem für Wur-
zelgemüse und Blumen, die aus Zwiebeln und Knollen
wachsen, sind Fischetage ideal.

Der einfachste Mondkalender

Wenn Ihnen das zunächst alles zuviel ist – auf vier Mondphasen zu achten oder auch noch die Tierkreiszeichen einzube-
ziehen –, dann sollten Sie es sich für den Anfang ganz leicht
machen. Gärtnern Sie nach zwei Mondphasen: nach dem zunehmenden und abnehmenden Mond. Diese schlichte Me-
thode läßt sich am einfachsten einhalten. Und dabei müssen
Sie nur beachten:

zunehmender Mond	abnehmender Mond
die Erde »atmet aus«: Gut für alle Arbeiten, die über der Erde Ertrag bringen sollen. Denn die Säfte in der Pflanze steigen nach oben	die Erde »atmet ein«: Säen und pflanzen Sie jetzt alles, was unter der Erde Frucht trägt. Die Säfte in der Pflanze gehen nach unten in die Wurzel. Ideal also auch zum Schneiden, Ver-mehren, Düngen, Gießen, Ernten. Und zur Bekämp-fung von Schädlingen und Unkraut!

Jetzt sind Sie gerüstet: für Blumenpracht und gute Ernte in Ihrem Garten.

Lesen Sie im nächsten Kapitel, was man sich so alles rund um den Mond erzählt ...

...tanzt um des Rades Spindel,
halb sichtbarlich bei Mondenlicht
ein luftiges Gesindel ...
Gottfried August Bürger (1747–1794)

Geschichten vom Mond

Kennen Sie dieses Märchen noch aus Ihrer Kinderzeit?

»Es war einmal ein Mann, der ging eines Sonntags in den Wald,
um Holz zu sammeln. Als er nach Stunden mühsam mit seiner
Last nach Hause lief, traf er auf dem Heimweg einen Fremden,
der gerade auf dem Weg zur Kirche war. ›Weißt du nicht, daß
am Sonntag alle Arbeit ruhen muß?‹ fragte dieser den Reisig-
sammler. Der aber lachte nur: ›Ob Sonntag oder Montag, das ist
mir alles eins!‹ – ›Dann sollst du dein Bündel bis in alle Ewig-
keit tragen! Wie du dem Sonntag Ehre erweist, soll für dich im-
mer Mond-Tag am Himmel herrschen!‹ zürnte der Fremde und
verschwand. Und so fand sich der Holzsammler mit seinem Rei-
sigbündel im Mond wieder, wo er bis heute zu sehen ist.«

Die Geschichte vom »Mann im Mond« gibt es in vielen Ländern. Schon sehr früh glaubte man nämlich, in der unregel-
mäßigen Oberfläche des Mondes, in seinen Gebirgen und
Meeren, die unterschiedlichsten Figuren zu entdecken. Der
Mann im Mond, der dorthin verbannt wurde, weil er den Sonntag nicht achtete, ist nur eine dazu passende Geschichte – in
anderen Ländern erzählt man sich andere:
* In China lebt im Mond ein alter Mann, der die Ehen aller
  Sterblichen arrangieren soll. Diese schwere Aufgabe bewäl-
  tigt er mittels eines seidenen Bandes, das die Paare verbin-

det. Es reißt so lange nicht, wie ein Menschenleben andauert.

* Die frühen Christen glaubten, im Mond würde Judas leben: Er wurde für seinen Verrat an Christus dorthin verbannt.
* Im Judentum gibt es unterschiedliche Personen, die im Mond leben: zum einen Jakob, zum anderen Isaak, der das Holz für seine eigene Opferung auf den Berg Moriah schleppt. Oder auch Kain, der Dornen auf seinem Rücken trägt.
* In Nordeuropa glaubt man, daß ein Mann auf dem Mond lebt, der ihm aus einem Eimer mit Teer dunkle Flecken verpaßt.
* Für die Bewohner Malaysias sitzt ein buckliger Mann im Mond, der eine Angel hält.

Manche Völker erzählen sich von der Frau im Mond:

* In einem deutschen Märchen wurde sie mit der Verbannung bestraft, weil sie am heiligen Sonntag Butter machte.
* Auf Samoa glaubt man im Mond Sina und ihr Kind zu erkennen: Sie forderte den Mond auf, ihrem hungernden Kind ein Stück von sich zu essen zu geben. Voller Wut stürzte der Mond auf die Erde und nahm Sina samt Kind mit sich.
* Manche Indianer in der USA erkennen im Mond eine Frau, die sich über einen Kochtopf beugt. Neben ihr steht ein kleiner Hund.
* Auf der neuseeländischen Insel Magaia heißt die Frau im Mond Ina: Sie läßt ein Tuch aus weißen Wolken am Himmel segeln.
* Die Maori glauben, die Frau im Mond sei eine Greisin, die zu ihren Lebzeiten auf Erden ständig schimpfte und nörgelte. Deshalb packte sie der Mond eines Abends und nahm sie mit sich.
* Die Irokesen haben eine ganz besondere Mondlegende: Die Schatten im Mond stellen demnach eine Frau dar, die auf den Mond verbannt wurde, weil sie beklagte, daß sie

nicht wisse, wann das Ende der Welt kommen werde. Nun muß sie zusammen mit ihrer Katze dort sitzen und weben. Einmal im Monat legt sie ihre Arbeit beiseite, um ihr Essen in einem Kessel umzurühren. Genau dann zerstört die Katze die Webarbeit der Frau – und so muß sie jeden Monat aufs neue damit beginnen. Bis zum Ende aller Zeiten muß die Frau im Mond an ihrer Webarbeit sitzen – erst dann wird sie erlöst.

Tiere im Mond

Nach alter Überlieferung leben nicht nur Menschen im Mond, sondern auch Tiere:

* Bär und Schnecke sind solche »Mondtiere«. Denn ebenso wie der Mond ziehen sie sich periodisch von der Welt zurück.
* Hunde werden mit dem Mond in Verbindung gebracht, weil sie oftmals Gefährten von Göttern des Mondes oder der Unterwelt sind.
* Der Stier gilt als Fruchtbarkeitssymbol des Mondes: Seine Hörner ähneln der Mondsichel.
* Die Schlange gilt ebenfalls als Mondwesen: Die Inkas verbanden mit ihr Fruchtbarkeit und Erneuerung.
* In vielen anderen volkstümlichen Legenden rund um den Mond gibt es noch eine andere verbreitete Erklärung für die Flecken auf unserem Himmelsbegleiter: Sie stellen einen Hasen dar. Den Hasen im Mond kennt man in Afrika genauso wie in Tibet, Mexiko und im Orient. Wahrscheinlich ist diese Vorstellung in Indien entstanden. Dort gelten die Mondflecken als Symbol des Mondgottes Chandra.
* In China ist der Mond das Symbol eines Hasen, der Reis im Mörser zerstampft.
* Eine uralte Geschichte stammt aus Mexiko: Danach waren Sonne und Mond anfangs gleich hell. Den Göttern gefiel

dies jedoch nicht. Und so warf einer einen Hasen in den Mond. Die dunklen Flecken, die dabei entstanden, machten den Mondschein auf ewig dunkler.

* Buddha soll sich – in einen Hasen verwandelt – als Opfer dargebracht haben. Aus Dankbarkeit an diese Selbstlosigkeit wurde ein Bild davon in den Mond gemalt.

* Eine Kröte im Mond kennen nicht nur die Chinesen (siehe weiter unten bei Gottheiten des Mondes: Ch'ang O), sondern auch Inselvölker im nordwestlichen Pazifik: Danach verliebte sich ein Wolf in eine kleine Kröte. Er bat den Mond, besonders hell zu scheinen, damit er sie jagen könne. Voller Angst jedoch sprang die Kröte in den Mond und blieb dort.

* Bei vielen Indianervölkern Nordamerikas ist der Frosch im Mond ebenfalls bekannt: Manchmal wurde er vom Mond verschluckt. Oder er beschützt dort sitzend Sonne und Mond davor, von einem Bären verschlungen zu werden.

Der Mond als Gottheit aller Kulturen

* A, auch Sirdu oder Sirrida nannten die Chaldäer die Göttin des Mondes. Sie wurde als Scheibe mit acht Strahlen dargestellt.

* Annit ist eine nordbabylonische Mondgöttin, die später von Ishtar verdrängt wurde. Ihr Zeichen war ebenfalls die achtstrahlige Scheibe.

* Arianrhod ist eine walisische Mondgottheit. Sie soll im Sternbild Corona Borealis (»Nördliche Krone«) wohnen. Diese Krone soll die Prinzessin Ariadne getragen haben, als sie den Gott Dionysos heiratete. Hephaistos, der Gott des Feuers, fertigte das Diadem aus indischen Edelsteinen an. Nach der Hochzeitsfeier schleuderte Dionysos die Krone fröhlich in den Himmel, wo sich ihre Juwelen in Sterne verwandeln.

* Artemis ist die Mondgöttin der Griechen und außerdem die der Amazonen. Man huldigte ihr in jeder Vollmondnacht.
* Artimpasa hieß die Mondgöttin der Skythen.
* Athesenik ist die Mondgöttin der Ureinwohner Amerikas.
* Britomaris war ursprünglich die Mondgöttin von Kreta, die später von den griechischen Eroberern als Führerin der Seefahrer übernommen wurde.
* Candi nennen die Hindu das weibliche Gegenstück zum männlichen Mondgott Chandra. Sie regiert monatlich abwechselnd mit Chandra am Himmel.
* Chandra ist der hinduistische Gebieter des Mondes. Ihm ist der Hase geweiht.
* Ch'ang O war eine chinesische Mondgöttin. Die Legende sagt, sie habe ihrem Mann, einem berühmten Bogenschützen, eine magische Pille geraubt. Vor seinem Zorn floh sie als Kröte auf den Mond – noch heute kann man sie in den dunklen Bereichen des Mondes als dreibeinige Kröte erkennen.
* Chonsu ist ein ägyptischer Mondgott, der Sohn des Luftgottes Amun und der Muttergöttin Muts. Durch den Einfluß Chonsu's werden die Frauen schwanger und vermehren die Zahl ihrer Kinder.
* Dae-Soon heißt die Mondgöttin in Korea.
* Diana ist die römische Mondgöttin, die bei den Griechen Artemis hieß. Sie zeigt sich oft auf dem Mond reitend.
* Gnatoo nannte sich die Mondgöttin der Freundschaftsinseln.
* Gwaten ist die japanische Mondgöttin der Buddhisten.
* Hekate ist ebenfalls eine griechische Mondgottheit. Sie erscheint des Nachts und wird von Hunden begleitet. Man opferte ihr in allen Vollmondnächten. Sie gilt – als Herrscherin über Geister, Gespenster, Höllenkreaturen und der Untoten – als Urmutter aller Hexerei.
* Hinia heißt die polynesische Mondgöttin.

* Huitaca ist die Mondgöttin der kolumbianischen Indianer. Man stellte sie als Eule dar. Sie war der Geist der Freude und des Vergnügens.
* Ishtar war die mächtige Mondgöttin in Babylon. Wenn sie in die Unterwelt reiste, um ihren toten Geliebten zu suchen, mußte sie ihre Kleider ablegen – der Mond verdunkelte sich. Wenn sie zurückkehrte und sich wieder bekleidete, begann der Mond erneut zu scheinen.
* Isis ist die Mondgöttin des alten Ägyptens. Sie verkörperte sowohl den Mond als auch die Sonne.
* Ix Chel, die Mondgöttin der Mayas, lag im ewigen Streit mit der Sonne – obwohl die beiden eigentlich Liebende waren. In einem Streit befahl die Sonne Ix Chel, den Himmel zu verlassen – deshalb war sie tagsüber nie zu sehen.
* Juno, die römische Göttin des Mondes und des Himmels, wurde vor allem in Neumondnächten verehrt.
* Luonnotar war (Luna, die Mondin) in Skandinavien die Schöpferin; sie brütete über dem Meer und brachte schließlich das Weltei, den Himmel und die Erde hervor. Die Mondgöttin schuf die Zeit, mit all ihren Kreisläufen von Schöpfung, Wachstum, Verfall und Zerstörung.
* Mah ist die persische Mondgöttin, in deren Licht alle Pflanzen wachsen.
* Mama Quilla, die Mondgöttin der Inkas, schützt vor allem die verheirateten Frauen. Man bildete sie als silberne Scheibe mit weiblichen Merkmalen ab. Bei einer Mondfinsternis, glaubte man im Inkareich, würde die Göttin von einem himmlischen Jaguar verschlungen.
* Mawa ist eine afrikanische Mondgöttin, die zusammen mit ihrem Bruder Lisa über den Himmel herrscht.
* Metztli ist die aztekische Mondgöttin, die der Sage nach jeden Morgen ein loderndes Feuer entfacht, um die Geburt der Sonne zu bewirken.
* Mictecacihuatl, die mexikanische Mondgöttin, war die Mut-

ter aller Wesen. Sie war aber auch die Zerstörerin und Verschlingerin der Toten – ähnlich wie Kali im Hinduismus.

* Sardarnuna wurde die sumerische Göttin des Neumonds genannt.

* Selene ist die griechische Göttin des Vollmondes. Geflügelt, mit einer halbmondförmigen Krone, fährt sie in einem Wagen, der von zwei Schimmeln gezogen wird.

* Sin, ein Mondgott der Assyrer, Babylonier und Sumerer, ist der Sohn des Sturmgottes Enlil. Er ist ein alter Mann und fährt Nacht für Nacht in einer Barke, einem schimmernden Halbmond, über den Himmel. Sin ist der Feind aller Bösewichte, die sich im Dunkel der Nacht verbergen.

* Soma ist ein Hindu-Mondgott. Er gebietet auch über die Gestirne und Pflanzen.

* Thot heißt der wichtigste Mondgott Ägyptens. Man verehrte ihn in Gestalt eines Ibis. Er ist nicht nur für den Mond »zuständig«, sondern ist auch der Gott der Zeit; er hat die Schrift erfunden, schreibt das Urteil über die Toten und gilt als »Herz und Zunge des großen Sonnengottes«. Als Gott der Weisheit und der Magie lenkt er Kunst und Wissenschaft. Die Griechen »übernahmen« Thot als ihren eigenen Gott Hermes.

* Titania ist bei uns als Königin des Feenreiches bekannt. Doch im alten Griechenland war dies auch der Beiname der Mondgöttin Diana.

* Tlazolteotl ist eine aztekische Liebesgöttin, die eng mit dem Mond zusammenhängt. Sie verschafft Wollust und Begehren – vor allem in verbotenen Liebesbeziehungen.

* Tsuki-Yomi heißt ein japanischer Mondgott der Shintu-Religion. Er verwaltet die Zeit: Tsuki bedeutet Mond, und Yomi bedeutet »Zähler der Monate«.

* Ursula (auch Horsel, Orsel) war eine slawische Mondgöttin, die später – vom Christentum übernommen – zur Heiligen gemacht wurde.

* Yyemanja, die Meeresgöttin brasilianischer Ureinwohner, wird mit einem Halbmond gezeigt.
* Yolkai Estsan ist die Mondgöttin der Navajo-Indianer.
* Zarpandit nannte man eine Göttin in Babylon, die man nur des Nachts, bei Erscheinen des Mondes, verehrte.
* Zirna war eine etruskische Mondgöttin, die mit einem Halbmond um den Hals dargestellt wird.

Die Seligen leben auf dem Mond

Nicht nur der Mond selbst wurde als Gottheit verehrt. Man glaubte sogar, Menschen könnten dorthin gelangen – zumindest nach ihrem Tode. Die elysischen Felder des antiken Griechenlands, die Heimat der seligen Toten, waren zum Beispiel auf dem Mond angesiedelt. Die Römer haben diesen Glauben übernommen: Deshalb waren die Schuhe römischer Senatoren mit halbmondförmigem Elfenbein verziert. Das sollte darauf hindeuten, daß sie nach dem Tode zum Monde emporflögen. Die Seelen der Rechtschaffenen sollten im Monde geläutert werden.

Worauf unsere Ahnen vertrauten – Aberglauben um den Mond

* Wenn eine Frau im Mondlicht schläft, wird sie dadurch schwanger.
* Perlen sind »Tränen des Mondes«: Eine Frau, die Perlen trägt, stellt eine Verbindung zur Fruchtbarkeit des Mondes her.
* Eine Hochzeit bei zunehmendem Mond verheißt Glück und Wohlstand. Wer seine Ehe bei Vollmond schließt, am besten an einem Juni-Vollmond, wird sicher nie unglücklich werden.
* Kinder mit Keuchhusten sollten aus Bechern vom Holz der Elfenbeinpalme trinken. Der Baum, aus dessen Holz die Be-

cher geschnitzt sind, muß nachts zu einer bestimmten Zeit und in der richtigen Mondphase geschlagen worden sein.

* Die Geburt eines Kindes ist leichter bei zunehmendem Mond.

* Babys, die während des zunehmenden Mondes geboren werden, wachsen schneller.

* Ein Kind, das bei Vollmond geboren wurde, wird groß und stark.

* Kommt ein Kind zur Welt, wenn der Mond einen Tag alt ist, so sind ihm ein langes Leben und Wohlstand gewiß.

* Ein bei Mondfinsternis geborenes Kind wird das Pubertätsalter nicht erleben. Denn es heißt: »Kein Mond, kein Mann!«

* Ein Kind, das während des abnehmenden Mondes von der Mutterbrust entwöhnt wird, verliert seine Gesundheit.

* Wechselt man seine Wohnung bei abnehmendem Mond, so bringt das Unglück ins neue Heim.

* Das meiste Glück und den größten Wohlstand erlangt man, wenn drei Faktoren zusammenfallen: zunehmender Mond, steigende Flut und Rückenwind.

* Menschen können nicht sterben, während der Mond aufgeht, es sei denn, Vollmond ist bereits vorüber, und der Mond nimmt wieder ab.

* Bei einer Mondfinsternis darf man keinen Handel treiben: Er wird immer von Unglück und Mißgeschick begleitet sein.

* Kriminelle Energien unterstützt auch der Herrscher des Nachthimmels nicht. Denn eine alte Weisheit besagt: »Ein Raubüberfall am dritten Tag des Neumonds schlägt gewiß fehl.«

* Dagegen zeigt sich der Mond durchaus als Waschhilfe: Ein beflecktes Tischtuch sollte man in einer hellen Mondnacht ins Freie hängen: Es wird durch das Licht des Mondes wieder rein.

* Von Kleidung, die man zum erstenmal bei Vollmond wäscht, wußte man dagegen: Sie wird nicht lange halten.

* Und wer beim Schein des Mondes ein Kleid näht, der näht sein Sterbekleid.

* Gut für jedes Fest ist der Vollmond: Nach einem alten Zigeunerglauben ist jeder, der die Vollmondnacht durchfeiert, am nächsten Morgen frisch und fühlt sich wie neugeboren.

* Wer bei Vollmond um Mitternacht neunmal einen Hexenring umkreist, kann den Gesprächen der Feen lauschen. Als Hexenringe bezeichnete man auffällige, kreisförmige Spuren im Gras.

* Wenn ein Mann bei Vollmond im Freien schläft, wird ihn entweder ein Werwolf angreifen, oder er selbst wird sich in einen Werwolf verwandeln.

* Wer den Neumond über die rechte Schulter anblickt, wird Glück haben. Schaut man dagegen über die linke Schulter nach dem Dunkelmond, wird man fürderhin Pech haben.

* Glück bringt es, den Neumond mit Gold- oder Silbermünzen in der Tasche zu betrachten. Pech hat jedoch der, der kein Geld bei sich trägt.

* Durch Neumond verursachtes Pech kann man abwenden, wenn man eine Münze im Licht des zunehmenden Mondes aus der Tasche zieht und auf beide Seiten spuckt.

* Bei Neumond sollte man Silbermünzen in der Hosentasche aneinanderreiben – dann vermehren sie sich.

* Wer seine Taschen umwendet, so daß alles Geld herausfällt, und außerdem die Strahlen des zunehmenden Mondes darauf scheinen läßt, wird keinen Geldmangel leiden.

* Glück und Wohlstand im ganzen Jahr hat, wer am ersten Tag des ersten Neumondes im neuen Jahr die Hand in die Tasche steckt, die Augen schließt und die kleinste Silbermünze, die er in der Tasche findet, mit der Oberseite nach unten dreht.

* Wer eine Schürze im Angesicht des Neumonds wendet, hat den ganzen Monat hindurch Glück.

* Ein Geschenk erhält, wer eine Schürze dreimal im Angesicht des Neumondes wendet. Noch vor dem nächsten Neumond wird das Geschenk eintreffen.
* Wer eine Taube und einen Neumond im selben Augenblick sieht, sollte diesen Vers aufsagen: »Heller Mond, Himmelgruß / strahlt so hell und wunderbar. / Hebe deinen rechten Fuß, / drunter findest du ein Haar.« Zieht man nun den rechten Schuh aus, findet man darin ein Haar des zukünftigen Ehepartners.

Mond und Magie

Schon immer wurde der Mond mit Magie und Zauberkunst verbunden. Er ist der Regent der Nacht – jener Zeit also, in der die dunklen Mächte das Sagen haben. Hexen gehen um, viele unheimliche Gestalten, die mit dem klaren Verstand nicht erfaßt werden können. Geister und Vampire tauchen nur in der Nacht auf. Und bei Vollmond – so glaubte man fest – verwandeln sich harmlose Menschen plötzlich in wilde Werwölfe.

Hexenversammlungen finden stets in Vollmondnächten statt: Dann ist die Kraft des Mondes am größten, dann überträgt sie sich am besten. Etwas ganz Besonderes ist es zudem, wenn die großen Hexensabbate auch noch auf einen Vollmond fallen. Aus Urzeiten überliefert finden diese acht Feste immer zum selben Zeitpunkt statt:

* das Julfest zur Wintersonnenwende vom 20. bis 23. Dezember
* Candlemas oder das Fest der Brigid in der Nacht vom 1. auf den 2. Februar. Brigid war die Göttin der Dichtkunst, der Schmiedekunst und der Heilkunst.
* das Ostara-Ritual zur Tagundnachtgleiche im Frühling, vom 20. bis 23. März
* Beltane – das Maifest in der Walpurgisnacht am 30. April

* Litha oder Grian-Stad – die Sommersonnenwende vom 20. bis 23. Juni
* Lugnasad – das Schnitterfest in der Nacht des 1. August
* Mabon – die Tagundnachtgleiche vom 20. bis 23. September
* Samhain oder Halloween von 31. Oktober auf 1. November. An diesem Tag feiern die Hexen Neujahr.

Als besonders »großer Sabbat« gelten Beltane, Halloween und Candlemas. An allen Sabbaten tanzen die Hexen entgegen dem Uhrzeigersinn – und damit im Lauf des Mondes – ums Feuer. Sie tragen Masken, springen über die Flammen, halten Opfermahlzeiten ab und beten Bäume, Quellen und heilige Steine an. Die Kräfte des Mondes verstärken in diesen Nächten auch die Kraft der einzelnen Hexen.

Natürlich feierten nicht nur Hexen und böse Mächte den Mond. In alter Zeit galt die Mondin als eine der höchsten Gottheiten, »zuständig« für Aussaat und Ernte, für Fruchtbarkeit und Kindersegen. Das ganze Jahr hindurch finden sich Feiertage im Zeichen des Mondes. Wer sich dafür interessiert, wird auf den nächsten Seiten reichlich Lesestoff finden: alle Feste des Mondes im Jahreslauf.

. . . nach dem Mond rechnet man die Feste . . .
Alter Spruch

Feste des Mondes im Jahreslauf

Heute noch sind etliche kirchliche Feste nach dem Lauf des Mondes festgelegt – selbst wenn dies bei vielen Menschen in Vergessenheit geraten ist. Denn die uralten Sitten und Gebräuche – ob sie von den Kelten stammten oder noch aus der Urzeit der Menschheit – konnte das Christentum nicht ausmerzen.

Schon in der Antike waren bestimmte Feste an den Zyklus des Mondes gebunden. Die Kirche hat das einfach übernommen – auch, um heidnische Bräuche mit christlicher Symbolik zu versehen und so als gottgefällig ins Alltagsleben der Menschen zu integrieren. Die höchsten christlichen Feiertage beruhen auf zwölf heidnischen heiligen Tagen aus sehr alten Zeiten. Durch den Sonnenkalender (siehe auch erstes Kapitel) wurden sie einfach um 12 Stunden »versetzt« – und die alten Feiertage waren fortan geächtet. Lange Zeit jedoch – eigentlich bis in unsere Zeit hinein – feierten die Menschen viele dieser Feiertage eben einfach am Vorabend des christlichen Festes.

Wer hätte zum Beispiel gedacht, daß auch unser Heiligabend aus einem heidnischen Brauch entstammt: dem Julfest nämlich? Die Nacht vor dem 1. Mai wiederum ist noch heute die Walpurgisnacht der Hexen, die »Freinacht«, in der in vielen dörflichen Gemeinden ganz »offiziell« Schabernack und Unfug getrieben werden darf. Ursprünglich jedoch war Beltane – so der alte keltische Name der Walpurgisnacht – ein Fest zur Eröffnung des fröhlichen Monats Mai mit all seiner sexuellen Freiheit und dem »Grüntragen« zu Ehren des neuen Frühlingsgewandes der Mutter Erde. Kein Wunder, daß dies der christlichen Kirche mißfiel!

Der Mittsommerabend verschmolz mit dem christlichen Johannistag.

Lammas Eve (ein Erntefest am 1. August) war ein großer Hexensabbat, der ursprünglich aus dem Fest der großen Kornmutter hervorgegangen ist.

Halloween (der Abend vor Allerheiligen am 1. November) war bei den Kelten das Fest der Toten (»Samhain«), bei dem die heidnischen Ahnen aus ihren Feenhügeln hervorkamen; die Christen nannten sie dann »Dämonen«, die die Festlichkeiten der Hexen besuchten.

Ostern richtet sich nach dem Mond

Die beweglichen Kirchenfeiertage werden immer noch am Mond ausgerichtet: Ostern wird stets an dem Sonntag gefeiert, der dem ersten Frühlingsvollmond folgt. Es kann also niemals vor dem 22. März und niemals nach dem 25. April stattfinden. Andere Feiertage des kirchlichen Jahres hängen wiederum von Ostern ab: Der Karfreitag ist stets der Freitag – also zwei Tage – vor Ostern; Christi Himmelfahrt findet 40 Tage nach Ostern statt, Pfingsten 50 Tage nach Ostern und Fronleichnam 61 Tage nach Ostern.

Wer noch mehr über den Mond und seine Festtage wissen will, sollte sich in die nächsten Seiten vertiefen. Hier finden Sie aufgelistet:

* Wo der Name des jeweiligen Monats herstammt
* welche Mondaspekte den Monat beherrschen
* welches wichtige Ereignis den Monat bestimmt
* welche Botschaft uns der Monat nach alter Hexenkunst bringt
* welche Farbe, welche Blume, welcher Baum, welches Tier und welcher Edelstein zu ihm »gehört«

* welche Feiertage den Göttern und Göttinnen des Mondes
  in alter Zeit gewidmet waren

Januar

Name: Der römische Pförtnergott Janus stand Pate für den
Monatsnamen Januar. Noch heute bedeutet das Wort »janitor«
im Englischen Pförtner oder Hausmeister. Janus hat zwei Ge-
sichter – wie die Seiten einer Münze. Eines blickt in die Ver-
gangenheit, eines in die Zukunft.
Mondaspekte: Vollmond = kalter Mond, Erderneuerungs-
mond
Ereignis: Erst seit 1691 ist der 1. Januar auch der Neujahrstag.
Papst Innozenz XII. hat dies so entschieden. Davor hatte es für
den Beginn eines Jahres kein festes Datum gegeben.
Säen des Frühjahrsweizens.
Botschaft: Beginn, Empfängnis, Ursprung
Farbe: Weiß
Baum: Birke
Blume: Schneeglöckchen
Tier: Fasan und Schneegans
Edelstein: Granat

Festtage
* 1. Januar – Gamelienfest (griechisch)
Gamelia ist ein anderer Name für die Götterkönigin Hera: An
diesem Tag wurden Ehen geschlossen. Im alten Rom wurde
der Tag auch »Strenia« genannt: Denn man tauschte Geschenke – lat. Strenea. Heute noch Brauch in Frankreich: die
»Étrennes«.
In Japan San-ga-nichi (= »drei Tage«), an denen man übli-
cherweise Eintopf ißt. Man darf das Haus nicht ausfegen, sonst
wird das Glück mit hinausgekehrt; die sieben Gottheiten des
Glücks (= takara-bune) werden geehrt, indem man bei

Straßenhändlern kleine Boote kauft, die Schätze für das neue
Jahr enthalten: einen Hut, der unsichtbar macht; einen glück-
bringenden Regenmantel, einen Geheimschlüssel, einen kost-
baren Edelstein, eine unerschöpfliche Geldbörse, eine Ge-
würznelke, ein Gewicht und einen flachen Gegenstand, der
eine Münze symbolisiert. Mit all diesen Dingen kann man
voller Zuversicht in die Zukunft segeln.

* 3. Januar: Ianna-Tag (sumerisch)
Ianna ist der Abendstern, mit ihrer Geburt feiert man die Geburt des Lichts. Ianna ist eine Göttin mit Macht für Liebende
und Städte. Bei den Babyloniern hieß dieselbe Göttin Ishtar.
Sie verkörperte das gesamte Menschsein der Frau: von der Jugend bis hin zur Greisin, von der Gebärenden hin zur Ver-
nichterin.

* 5. Januar: Kore-Tag (griechisch)
Kore ist die Kornjungfrau. Mit geschmückten Statuen ihrer
Person zog man im Mittelmeerraum und im Nahen Osten
durch die Städte und siebenmal ums eigene Haus, um sich vor
Bösem zu bewahren. Die Standbilder Kores wurden manchmal aus Brotteig gefertigt, waren aber dennoch mit Edelsteinen geschmückt.

* 6. Januar: Kore-Fest (griechisch)
Nächtliche Theaterriten und Feste zu Ehren der Jungfrau
Kore. Außerdem ist dieser Tag der Dreikönigstag aus Sagen
und Märchen. Die Kelten feierten an diesem Tag Morgane, die
dreifache Gottheit des Schicksals, Spenderin von Gut und
Böse, Weberin von Geschichten und Schicksalen.
In Italien ist »La Befana« eine gute Fee, die am Befana-Tag
(oder Epiphanie) Segen bringt und die Strümpfe der Kinder
mit Süßigkeiten füllt. Da sie aber wild und ungestüm auf einem
Besen reitet, sorgt sie gleichzeitig für Schrecken und Angst.

* 8. Januar: Justitia-Tag (römisch)
Göttin der Gerechtigkeit. Im Namen ihrer Vorgängerin The-
mis (= Äußerung) wurden die ersten Eide geschworen. Denn

die Göttin tötete jeden, der ihren Purpurmantel trug und dennoch log.

* 11. bis 15. Januar: Die Carmentalien (römisch)

In diesen Tagen feierten die Römer die Göttin Carmenta, die neue Generationen bringt. Man könnte fast sagen, daß diese Tage eine frühe Version unseres modernen Muttertags sind: Denn jetzt wurden die Mütter geehrt. Die Matronen der Stadt veranstalteten Prozessionen. Schwangere Frauen boten Carmenta Gaben an, beteten zu ihr und streuten Reis für eine leichte Geburt. Carmenta stand den Frauen im Kindbett bei. Am zweiten Tag brachte man Mania, der Götter aller Geister, kleine Strohpuppen dar: Sie wurden über die Türschwelle des Hauses gehängt. Die Göttin nahm sie an und ließ dafür die Hausbewohner in Ruhe.

* 21. Januar: Das Zeichen des Wassermanns beginnt

* 30. Januar: Pax – das Fest des Friedens (römisch)

Der Friedensgöttin Pax zu Ehren wurden in Rom mindestens dreimal im Jahr Feste abgehalten. Dabei machte sich eine lange Prozession von der Stadtmitte aus auf den Weg. Alle, die mitgingen – ob arm oder reich, ob Würdenträger oder »Zivilbürger« – trugen an diesem Tag keinerlei Zeichen ihres Standes oder Amtes. Entlang der Wegstrecke waren Altäre errichtet; zu Füßen der Göttin waren die Bildnisse des Höchsten im Staate aufgestellt. Priesterinnen von Juno und Diana verlasen auf den Tempelstufen die Namen all derer, die als Feinde des Friedens und der Frauen galten. Die Nennung des Namens wirkte wie ein Fluch und verbannte des Betreffenden aus der Gemeinschaft.

Juno ist auch die römische Göttin des Mondes und des Himmels. Sie wurde vor allem in Neumondnächten verehrt.

Februar

Name: Ursprünglich ist »Februar« auf die römische Göttin Juno Februata zurückzuführen: Sie galt als Schutzherrin der Liebesleidenschaft (lat. febris), und ihr zu Ehren gab es stets sehr orgiastische Feiern. Das Wort »februare« übernahmen die Römer übrigens von den Sabinern – es bedeutet soviel wie »reinigen«.

Mondaspekt: wilder Mond; roter, reinigender Mond

Ereignis: Erwachen des Lebens

An Maria Lichtmeß, dem 2. Februar, wechselten früher Mägde und Knechte auf dem Lande ihren Dienstherrn. Der Lohn fürs ganze Jahr wurde ausbezahlt, neuer Lohn ausgehandelt; dazu gab es jeweils noch das »Ausg'machte«: Kleidung, Schuhe und natürlich die Wegzehrung bis zum Antritt einer neuer Arbeitsstelle. Der einzige Urlaub im Jahr wurde jetzt gewährt: die sogenannte »Schlenklweil'« bis zum 5. Februar.

Botschaft: Reinigen, initiieren, erwecken

Farbe: Rot

Baum: Eberesche und Lorbeer

Blume: Veilchen und Primel

Tier: Ente und Otter

Edelstein: Amethyst

Festtage

* 1. Februar: die niederen Eleusinischen Mysterien (griechisch)

So nannte man die Vorbereitungen auf die spirituelle Initiation, die an der Tagundnachtgleiche im Frühjahr für junge Menschen stattfand.

In Rom zogen die Frauen an diesem Tag mit Fackeln und Lichtern durch die Straßen, um der Göttin Ceres auf der Suche nach ihrer Tochter zu helfen. Der Sage nach war Prosperina nämlich von Pluto in die Unterwelt entführt worden. Dieses Lichtfest war das erste der drei großen Frühlingsfeste.

* 2. Februar: Imbolc – Initiation der Hexen

Die Göttin des Mondes fordert an diesem Tag ihre Jüngerinnen auf, zu tanzen und zu singen, zu feiern und zu musizieren. Nach altem Brauch gilt Lichtmeß oder Candlemas als Hexensabbat: In der Nacht vom 1. auf den 2. Februar tanzen die Hexen entgegen dem Uhrzeigersinn – und damit im Lauf des Mondes – ums Feuer. Sie tragen Masken, springen über die Flammen, halten Opfermahlzeiten ab und beten Bäume, Quellen und heilige Steine an. Die Kräfte des Mondes verstärken in diesen Nächten auch die Kraft der einzelnen Hexen.

* 3. Februar: Brigantia-Fest (irisch)

Die irische Göttin mit dem »alles sehenden Auge« wurde an diesem Tag gefeiert: Man fertigte aus Stroh das Symbol eines Auges an und hängte es über die Haustür. So wurde man vor Schaden bewahrt.

* 11. Februar: Unsere liebe Frau von Lourdes (französisch)

Vor etwa 140 Jahren erschien dem Bauernmädchen Bernadette Soubirous die Muttergottes zum ersten Mal in der Grotte von Lourdes, danach – bis zum 16. Februar 1858 – noch fünfzehnmal. Heute ist Lourdes ein weltbekannter Wallfahrtsort – und kaum jemandem ist bekannt, daß auch früher schon in der Höhle mit heilkräftigem Wasser und »Zauberkraut« eine heidnische Göttin verehrt wurde.

* 12. Februar: Fest der Diana – Schutz der Tierwelt (römisch)

Diana – die Griechen nannten sie Artemis – war einst die mächtige Göttin des Waldes. Artemis ist außerdem die Mondgöttin der Griechen und der Amazonen. Man huldigte ihr in jeder Vollmondnacht.

* 13. bis 21. Februar: Die Parentalien (römisch)

Sie waren die ersten in einer ganzen Reihe von Festtagen und galten der Verehrung der Urahnen. Kein Tag der Feiern im alten Rom: Hochzeiten waren verboten, die Tempel blieben geschlossen und kein Würdenträger trug seine Amtszeichen.

* 14. Februar: Fest der Luperkalien (römisch)
Luperkalien ist das »Fest der natürlichen Hitze« – ein Symbol für die Paarungsbereitschaft in der Natur – vor allem der Wölfe (lat. lupus: der Wolf). Diese Tiere waren im alten Rom heilig – und die lupercalia galten als Fest der sexuellen Ausschweifung. Später wurde dieser Tag zum Namenstag des heiligen Valentin, des Patrons der Liebenden. Ihm zu Ehren schenken sich Verliebte an diesem Tag Blumen. Junge Mädchen schrieben Briefe an den Valentinsgeliebten. In England gibt es zu diesem »heidnischen« Fest Aufzeichnungen, die bis ins Jahr 1479 zurückreichen.

* 17. Februar: Fest der Fornakalien – Fest des Herdes (römisch)

* 19. Februar: Fest der Feralien – Läuterungsfest (römisch)
Mit diesem Fest war der Zyklus der Festlichkeiten abgeschlossen, die mit den Parentalien begannen. Es galt als trauriges Fest: Kein Tempel gewährte Zutritt, es gab kein üppiges Essen, und auch an diesem Tag erschienen städtische Würdenträger ohne Amtszeichen. An den Feralien gedachte man der Alten und der Moral – also waren sie ganz das Gegenteil der vorhergehenden Festtage ...

* 20. Februar: Das Zeichen der Fische beginnt.

* 22. Februar: Concordia (römisch)
Der Festtag wurde auch Caristia genannt: ein Symbol für die Harmonie, für gute Freundschaft. In Rom tauschte man an diesem Tag Geschenke aus, und es war strikt verboten, einen Streit über diesen Tag hinaus fortzusetzen.

März

Name: Der März ist nach dem römischen Kriegsgott Mars benannt. Im alten Julianischen Kalender feierte man am 25. März den Neujahrstag – erst seit 1691 ist nämlich der 1. Januar auch der offizielle Beginn des neuen Jahres.

Mondaspekt: Sturmmond
Ereignis: Materialisierung des neuen Jahres; Tagundnachtgleiche im Frühling; Geburt der Kinder, die zur Mittsommernacht gezeugt wurden.
Botschaft: Wachsen, gedeihen, erforschen
Farbe: Rot und Grün
Baum: Erle
Blume: Osterglocke und wilde Narzisse
Tier: Lachmöwe und Puma
Edelstein: Hämatit und Aquamarin

Festtage
* 1. März: Die Matronalien (römisch)
Die Beschützerin der Frauen und der Familie, Juno Lucina, wurde an diesem Tag im alten Rom gefeiert.
* 2. März: Erstes Vestalinnenfest (römisch)
Die vestalischen Jungfrauen dienten als Priesterinnen der Vesta, der römischen Göttin des reinigenden Feuers. An diesem Tag wurde der Tempel erneuert: Man entfernte alte Zweige und entzündete die Flamme des Feuers neu.
* 4. März: Muttertag (englisch)
Schon vor Jahrhunderten war es in England Brauch, am mittleren Sonntag der Fastenzeit die Mutter zu besuchen: Man schenkte ihr einen Laib Brot und trank eine Schale Biersuppe mit ihr zusammen. Vermutlich geht dieser Feiertag auf die Erdmutter Ceres zurück.
* 5. März: Tag des Isis (nordafrikanisch)
Die Göttin Isis wurde in ganz Asien und Europa verehrt. Im alten Ägypten war Isis Thron, Kultur und Autorität in einer Person. Sie galt als Beherrscherin aller Elemente, als Anbeginn der Zeit, als höchste aller Götter, als Königin der Toten. Isis ist die Mondgöttin des alten Ägyptens. Sie verkörperte sowohl Mond als auch Sonne.

* 9. März. Fest der Aphrodite (nahöstlich/griechisch)
Die »Schaumgeborene« – das bedeutet ihr Name aus dem Griechischen übersetzt – ist die Göttin der Liebe und des Todes. Ihr Symbol ist das Wasser, ohne das nichts existiert.
* 15. März: Feiertag der Kybele (römisch/anatolisch)
An ihrem Ehrentag begannen fast überall in Europa die Frühlingsfeiern: Kybele symbolisiert die Erde, ihr Sohn Attis kehrt von den Toten zurück – und dieser Sieg über den Tod ist Grund für das Fest. Früher wurde Kybeles Fest stets am ersten Vollmond im März abgehalten: Man aß im Freien, tanzte und war ausgelassen. Viele Paare liebten sich im Gras – das sollte Glück fürs restliche Jahr bringen.
* 17. Fest der Astarte (kanaanitisch)
Am heiligen Tag der Göttin Astarte färbte man – zum Zeichen der Fruchtbarkeit – Eier rot. Daraus läßt sich unser heutiger Brauch des Ostereierfärbens ableiten.
* 19. März: Die Quintarien – Fest der Athene (griechisch)
Fünf Tage lang (lat. quintus) feierte man im alten Rom die Göttin Minerva – und hatte diesen Festtag doch von den Griechen und ihrer Athene übernommen: Die Sieger der fünftägigen Spiele, zu denen ein Wettrennen, Gymnastikkämpfe, Musik, Gesang und Schauspiel sowie ein Satirenspiel gehörten, errangen in Griechenland die berühmten Olivenzweige von Athenes heiligem Baum und außerdem eine Flasche Öl für geheiligte Zwecke.
* 21. März: Tagundnachtgleiche des Frühlings – das Zeichen des Widders beginnt.
Dieser Tag war ein hoher Feiertag für Hexen – das Ostara-Ritual begann, und es dauerte bis zum 23. März. Der Frühling kehrte zurück – und Erdtochter Kore vereinigte sich wieder mit ihrer Mutter Demeter.
Zwischen dem 20. und 23. März wurde in Rom (nach Lichtmeß am 2. Februar) das zweite der großen Furchtbarkeitsfeste des Frühlings gefeiert.

* 22. und 23. März: Fest der Minerva (römisch):
Die römische Göttin (bei den Griechen Athene) war die Patronin der Künste und der Wissenschaft.

* 25. März: Die Hilarien – der Tag des Lachens (römisch)
Rituale um die Göttinnen Kybele und Attis sind der Ursprung dieses Festes, auf dem sich wohl auch – als Fest der Wiederauferstehung – unser Osterfest gründet. Die anschließenden Tage von 26. bis 29. März nannte man im alten Rom »Theatertage«: Die dramatischen Künste wurden damit geehrt.

* 30. März: Fest der Eostara (germanisch)
Die germanische Göttin der Wiedergeburt steht für den Frühling und die Neubelebung der Natur. Ihre Fruchtbarkeitssymbole sind neben dem Hasen bunte Eier – ebenfalls ein Zeichen unseres heutigen Osterfestes.

* 31. März: Fest der Mondgöttin (römisch)
Luna, die Göttin des Mondes, war der Ursprung des ersten Kalenders, denn die Alten richteten sich nicht nach dem Lauf der Sonne, sondern nach dem des Mondes. Schon die alten Ägypter haben den Mond »Mutter des Universums« genannt. Die Römer setzten die Wirkung des Mondes der Vernunft und Weisheit gleich: Die Mondgöttin schuf die Zeit, mit all ihren Kreisläufen von Schöpfung, Wachstum, Verfall und Zerstörung.

April

Name: Die Bezeichnung April geht vermutlich aufs Lateinische aperire (= öffnen) zurück: Die Römer feierten damit die Zeit, in der sich die Erde öffnete, in der alles keimte. Aprilis ist wohl eine römische Form der Aphrodite, der Göttin von Liebe und Tod.
Mondaspekt: Saatmond, Mond der knospenden Bäume
Ereignis: Einläuten des Sommers; Tanz um den Maibaum, den Baum des Lebens.

Botschaft: sich entwickeln, wissen, sich bereichern, sich freuen
Farbe: Purpurrot, Grün, Braun
Baum: Erle, Farn, Weide
Blume: Wicke und Gänseblümchen
Tier: Habicht
Edelstein: Diamant

Festtage

* 1. April: Die Veneralien (römisch)

Das Fest der Venus (in Griechenland: Aphrodite) als der Göttin von Liebe und Tod wurde früher scheinbar nur von Frauen begangen. Ovid hat das in seinen »Fasti« beschrieben: Sie verbrannten Weihrauch, um Glück, Liebe, leichte Geburten und Freude zu erbitten.

* 3. und 4. April: Die Megalisien (römisch/phrygisch)

Diese beiden Festtage stammen aus dem Kult um die Göttin Kybele: Sie galt als »große Mutter«, und ihre männlichen Priester sollen sich sogar entmannt haben, um ihr ähnlich zu sein.

* 13. April: Die Cerialien (römisch)

Sie deuten auf Ceres hin, die Göttin des Ackerbaus. Das Fest wurde deshalb meist auf dem Land gefeiert: Die Bauern tanzten mit brennenden Fackeln um ihre Felder.

* 21. April: Das Zeichen des Stiers beginnt.

* 22. April: Fest der Ishtar (babylonisch)

Ishtar war eine mächtige Mondgöttin, die große Göttin der Babylonier. Sie stand für Leben und Licht, für Fruchtbarkeit.

* 30. April: Beltane (keltisch)

Auch als Betain bekannt, gehörte dieser Tag – d. h. eher die Nacht vor dem 1. Mai – zu den höchsten Feiertagen der Kelten. Außerdem gilt die »Walpurgisnacht« als großer Sabbat der Hexen. Die Menschen waren vor ihnen sicher, denn sie ritten – mit Hexensalbe bestrichen – auf ihren Besen zum Blocksberg und holten sich dort durch Orgien und Zaubermahl neue magische Kraft.

Als drittes großes Fruchtbarkeitsfest (nach Lichtmeß und Ostara) feierte man auch in Rom am 30. April die »Nacht des Überschwangs«, der freien Liebe zu Ehren der Fruchtbarkeitsgöttin Ceres. Bis ins 16. Jahrhundert hinein galt der Brauch, daß Ehebande und Moral in dieser Nacht außer Kraft gesetzt waren. Der Name »Walpurgisnacht« ist übrigens ein halbherziger Versuch, dieser Hexennacht nachträglich einen christlichen Stempel aufzurücken: Walpurga soll im achten Jahrhundert eine Heilige gewesen sein, die den Menschen Schutz vor Hexen und Zauberei gebracht hat.

Mai

Name: Der Mai trägt den Namen der jungfräulichen Frühlingsgöttin Maya, die in Nordeuropa als »Maj« verehrt wurde. Bis ins 16. Jahrhundert hinein feierte man sie in ganz Europa mit frischem Grün – als Zeichen der Fruchtbarkeit. Auch sollte sie den Menschen Glück und Liebe bringen. Der Mai galt als Liebes- oder Wonnemonat, denn zu Ehren der Frühlingsgöttin waren alle vorhandenen Ehebande außer Kraft gesetzt. Die Kirche hat den Mai später zum »Marienmonat« gemacht – sicher auch deshalb, um die alten Sitten und Bräuche auszumerzen.
Mondaspekt: Hasenmond, Mond der Frosch-Rückkehr
Ereignis: Zeit der Blüte; Maifeste
Botschaft: sich fortpflanzen
Farbe: Haselnußbraun und Rosa
Baum: Weißdorn
Blume: Lilie und Klee
Tier: Elster und Taube
Edelstein: Smaragd

Festtage

* 1. Mai: Maifeiertag (europäisch)

Schon in heidnischer Zeit wurde der Frühlingsbeginn Anfang Mai gefeiert. Der Maibaum, der jetzt noch in vielen Orten feierlich aufgestellt wird, stellte ursprünglich die Lebensrute dar, das Sinnbild allen Werdens und Fruchttragens. Viele festliche Überlieferungen haben sich erhalten: z. B. der Brauch, eine Maikönigin zu wählen. Vielerorts ist es auch üblich, »in den Mai hinein zu tanzen« – am Abend des letzten Tages des Vormonats April.

* 2. und 3. Mai: Feuerfest der Bona Dea (römisch)

In nächtelangen Gelagen wurde die »gute Göttin« gefeiert – ausschließlich von Frauen. Kein Mann war beim Fest zugelassen.

* 9. Mai: Die Lemurien (römisch)

Lemuren nannte man in Rom die umherwandernden Geister der Toten. Man brachte der Asche der Verstorbenen Geschenke, um sie glücklich zu machen. Wer auf diese Weise mit den Toten Frieden schloß, konnte Vergebung für alten Groll erlangen.

* 18. Mai: Fest des Pan (griechisch)

Pan steht für alles Männliche im Universum: Im antiken Griechenland feierten Männer und Frauen gemeinsam diesen alten Hirtengott. Wein und Gesang gehörten dazu – und oft endeten diese Feiern in einer Orgie. Die christliche Kirche hat Pan übrigens »übernommen« – als Teufel. Denn Pan war nicht nur behaart und spielte Flöte, sondern hatte auch einen Bocksfuß und war gehörnt.

* 20. Mai: Das Zeichen der Zwillinge beginnt.

* 19. bis 28. Mai: Die Kallyntarien und Plynterien (griechisch)

Die heiligen Stätten im antiken Griechenland wurden in dieser Zeit gereinigt: Die Bildnisse der Gottheiten wurden nach draußen gebracht und in Flüssen und Seen untergetaucht – so konnten sie sich mit dem Lebensspender Wasser vereinigen.

Die beiden Feste galten als besonders heilig und waren nicht – wie sonst so oft in alter Zeit – mit Frohsinn verbunden. Im Gegenteil: Weder Gesang noch Scherze waren während der weihevollen Prozeduren erlaubt.

* 29. Mai: Die Ambarvalien – Fest der Kornmutter (römisch)
Die Göttin des Ackerbaus und der Ernährung, Ceres, feiert an diesem Tag ihr Ehrenfest. Man schritt mit Kronen aus Eichenlaub geschmückt über die Felder und sang Hymnen an die Erde. Das sollte die Ernte vor Hagelschlag und Unwettern bewahren.

Juni

Name: Die römische Göttin Juno als Schutzherrin für Ehe und Familie war Patin für den Juni. Deshalb ist dieser Monat in manchen Ländern heute noch der traditionelle Zeitraum für Eheschließungen. Eines ihrer Symbole war die dreilappige Lilie – das Symbol der Jungfrauengeburt, das die christliche Kirche später für die Jungfrau Maria übernahm. Denn Juno wurde auch als jungfräuliche Göttin verehrt.

Mondaspekt: Metmond, starker Sonnenmond
Ereignis: Alles reift, der Sommer überschreitet seinen Höhepunkt.
Botschaft: Binden, führen, herrschen
Farbe: Lila und Indigoblau
Baum: Eiche und Mistel
Blume: Rose
Tier: Zaunkönig
Edelstein: Perle, Mondstein, Alexandrit

Festtage
* 3. Juni: Pax – zweites Fest des Friedens (römisch)
* 7. Juni: Zweites Fest der Vestalinnen: Reinigung (römisch)
Die Feuergöttin Vesta wurde heute im alten Rom gefeiert. Ihre

Priesterinnen – die Vestalinnen – zogen zu einer Brücke und warfen dann kleine Männerbildnisse ins Wasser: als Opfer für die Alten und zum Schutz für die Lebenden. Auch die Tempel wurden gereinigt. Man putzte das »Haus der Mutter« und öffnete dann das innerste Heiligtum des Tempels für alle Priesterinnen. In diesen Raum durfte niemals ein Mann eindringen – hier versammelten sich die Vestalinnen barfuß zu Gebet und ritueller Handlung.

* 11. Juni: Die Matralien (römisch)

Mater Matuta, die Göttin der Morgendämmerung und des Todes, die auch Patronin der Häfen und des Meeres war, wurde an diesem Tag gefeiert. Und zwar speziell von den Frauen, die keine Mütter waren.

* 13. Juni: Fest der Epona (keltisch)

Die pferdeköpfige Göttin Epona wurde vor allem auf den Britischen Inseln verehrt. Sie hatte am 13. Juni ihren Ehrentag.

* 20. bis 23. Juni: Litha oder Grian-Stad (keltisch)

Die Sommersonnenwende wurde gefeiert – die Göttin Litha stand für Überfluß und Fruchtbarkeit, für Macht und Ordnung. In der Johannisnacht (nach dem heiligen Johannes, der am 24. Juni Namenstag feiert) wurden früher Sonnwendfeuer entzündet. Sie sollten die Segenskraft der Sonne noch mehr steigern. Einzeln und paarweise tanzte man um die Flammen, sprang auch darüber, um allen möglichen Zauber zu bannen. Alte Überlieferungen aus den Alpenländern berichten, daß auf fast jedem Gipfel ein Johannisfeuer brannte.

* 21. Juni: Das Zeichen des Krebses beginnt.

Juli

Name: Nach dem Vornamen Julius und damit Julius Caesar ist der Juli genannt. Man setzte ihm damit ein Denkmal für seine Kalenderreform im Jahre 46 v. Chr., die sich erstmals nach der Sonne richtete. Interessanterweise wurden fast im gesamten christlichen Zeitalter in Europa zwei Kalender benutzt: der »offizielle« Julianische, der eben auf Julius Caesar zurückgeht, und der »inoffizielle« Mondkalender, der noch aus heidnischen Zeiten stammte. Selbst die Heiligentage des Mittelalters wurden nach dem »Menologion« festgesetzt, dem »Wissen vom Mond«. Die wichtigsten Feiertage im Kirchenjahr richten sich heute noch nach dem Mond aus: Ostern und Pfingsten.

Mondaspekt: Erntemond
Ereignis: Wachstum, Beginn der Ernte
Botschaft: Erfinden, wissen, Erfolg haben
Farbe: Grün und Grau
Baum: Eiche
Blume: Rittersporn und Seerose
Tier: Star
Edelstein: Rubin

Festtage
* 3. Juli: Fest der Cerridwen (keltisch)
Die Fruchtbarkeitsgöttin der Kelten hat Ähnlichkeit mit der griechischen Demeter, der »Mutter Erde«.
* 23. Juli: Das Zeichen des Löwen beginnt.
* 25. Juli: Der alte Bauername Heumond für Juli stammt noch aus dem frühen Mittelalter, der Zeit vor dem Gregorianischen Kalender. Damals war man im Jahr zehn Tage voraus: Die Ernte wurde also früher eingefahren als heute. Im Juli steht der Sommer in seiner höchsten Zeit. Vor allem für den 25. Juli, um den Jakobitag herum, gibt es viele überlieferte Bräuche. Der heilige Jakob hat die Stelle einer heidnischen Ernte- und Hirtengottheit eingenommen. Und so wurden dem Heiligen zu Ehren allerlei Kraft- und Kampfspiele ausgetragen.
* 31. Juli: Lugnasad – das Schnitterfest (keltisch)
In der Nacht zum 1. August feierten die Kelten das Schnitterfest.

August

Name: Als »Augustus« galt im alten Rom ein Mann, wenn er vom Geist der Orakelgöttin Juno Augusta erfüllt war. Der Name des achten Monat ist also dem römischen Kalender entlehnt. Die christliche Kirche führte den August später auf den heiligen Augustinus zurück – wieder einmal, um alte heidnische Bräuche abzuschaffen. Denn Juno Augusta war nicht nur Orakelgöttin, sondern auch für Ernte und Fruchtbarkeit »zuständig«: Der alte Name für Seher – lateinisch Augur – bedeutete soviel wie Vermehrer. Dieser Begriff wurde auf augustus – die römischen Kaiser – ausgedehnt. Denn sie galten als erfüllt vom Geiste der Göttin.

Mondaspekt: Gerstenmond
Ereignis: Lammas, das Brotfest
Botschaft: Sammeln, schätzen, ernähren
Farbe: Gelb
Baum: Haselnußstrauch
Blume: Mohn und Gladiole
Tier: Kranich
Edelstein: Sardonyx und Peridot

Festtage

* 1. August: Lammas – Fest des frischen Brotes (keltisch)
Lammas (altenglisch: loaf mass = »Laibmesse«) ist all jenen gewidmet, die als Bauern tätig sind. Mit dem Brotfest begannen die Feierlichkeiten für die Getreidemutter Lammas – am 1. August ist das erste der drei großen Erntefeste. Die erste Nacht des Monats zählte man später zu den großen Hexensabbaten. Am 1. August sollte man weder heiraten noch Flachs raufen oder Rüben säen. Vermutlich stammt dieser Aberglaube aus heidnischer Zeit: Um den Monatsanfang toben oft heftige Gewitter, in denen man den »Teufel ausgelassen tanzen« glaubte.

* 13. August. Fest der Diana und der Hekate (römisch)
Diana ist nicht nur die Göttin des Walds, sondern gilt außerdem als römische Mondgöttin. Sie wurde oft auf dem Mond reitend dargestellt. Ihrer und Hekate, der dreifachen Göttin der Fülle und Großzügigkeit, gedachten im alten Rom vor allem die Frauen: mit Fackelzügen zu den Tempeln der beiden Göttinnen. Man bat damit um gutes Wetter und um gute Ernte, denn ein einziger Hagelschlag konnte jetzt alles vernichten.

* 15. August: In christlicher Zeit wurde aus dem heidnischen Feiertag für Diana und Hekate das Fest Mariä Himmelfahrt. »Frauendreißiger« wurde die Zeit zwischen Mariä Himmelfahrt (15. August) und dem 15. September genannt. In dieser Zeit fing man giftige Kröten und spießte sie im Kuhstall auf. Sie sollten Gift und Krankheit an sich binden. Auch für Heilzauber und das Sammeln von Heilkräutern waren dies die besten Tage.

* 20. August: Das Zeichen der Jungfrau beginnt.

* 23. August: Die Vulkanalien (römisch)
Sie waren das Feuerfest, an dem man in Rom den Göttinnen Juturna (Patronin der Brunnen) und Stata Mater (sie bewahrt vor Feuer) zusammen mit Vulcanus, dem Gott des Feuers, opferte. Damit wollte man erreichen, daß Vulcanus sein Element unter Kontrolle hielt.

* 25. August: Die Opikonsivien (römisch)
Der Feiertag der Göttin Ops, die als Patronin des Überflusses galt, wurde nicht nur in Rom begangen. Man brachte ihr Blumen, Wein und frisch gebackenes Brot als Opfer dar. Viele unserer Erntedankfeste gehen wohl auf diese heidnische Zeit zurück.

September

Name: Der September ist nach dem römischen Kalender, dessen Jahresbeginn im März lag, der siebte Monat: »Septem«

heißt auf lateinisch Sieben. Die Sieben als heilige Zahl ist bei allen Völkern der Erde bekannt. Nach der Kalenderreform durch Julius Caesar wurde der September zum neunten Monat, behielt jedoch seinen Namen bei.

Mondaspekt: Erntemond
Ereignis: Herbst-Tagundnachtgleiche
Botschaft: Erschaffen, gedeihen, schätzen
Farbe: Braun
Baum: Haselstrauch
Blume: Aster
Tier: Schlange
Edelstein: Saphir

Festtage

* 8. September: Mariä Geburt (europäisch)

Der September ist eng mit der heiligen Jungfrau Maria verbunden: Für Katholiken ist Mariä Geburt am 8. September ein wichtiger Festtag in der Verehrung der Muttergottes. Er galt als »kleiner Frauentag« (im Gegensatz zum »großen Frauentag« am 15. August, Mariä Himmelfahrt). Die heilige Maria war in den Anfängen der christlichen Kirche sehr umstritten. Die Kirchenoberen waren sich darüber im klaren, daß das Volk in Maria eigentlich weiterhin die »Große Göttin« als Spenderin allen Lebens, als Ernte- und Fruchtbarkeitsgöttin verehrte. Vieles vom heidnischen Brauchtum ist in christliche Bräuche übernommen worden: besonders natürlich alles, was mit Mutterschaft zusammenhängt.

* 20. bis 23. September: Mabon – die Tagundnachtgleiche

Von nun an werden die Tage deutlich kürzer und die Nächte länger. Auch dieser Tag war ein Hexensabbat. Nach alter Überlieferung finden solche Versammlungen stets in Vollmondnächten statt: Dann ist die Kraft des Mondes am größten, überträgt sie sich am besten.

* 21. September: Eleusinische Riten – Fest der göttlichen
  Dreifaltigkeit (griechisch)

Die Göttinnen Demeter, Kore und Iakchos – Symbole für Leben, Schönheit, Tod und Wiedergeburt – wurden mit diesen Riten gefeiert. In den Eleusinischen Mysterien feierten die Griechen den Abstieg der Göttin in die Unterwelt – eines der
berühmtesten Feste in ganz Europa. Man glaubte, durch die
Teilnahme an den Prozessionen und Ritualen könne man
Glück und Weisheit gewinnen. Von der Tagundnachtgleiche
bis zum Ende des Monats gab es täglich ein anderes Ritual:
Man begann mit der Prozession von Athen nach Eleusis, wo
man Demeter heilige Gerätschaften als Opfer brachte.

* 23. September: Das Zeichen der Waage beginnt.
* 24. bis 30. September: Eleusinische Mysterien (griechisch)

Der zweite Tag dieses großen Festes der Göttin galt der Reinigung. Man nahm ein rituelles Bad im Meer – alle Unwissen-
heit wurde damit abgespült. Am dritten Tag baute man einen
Altar um einen Baum, verbrannte dort Weihrauch und goß
Trankopfer auf die Erde. Die eigentlichen Mysterien begannen am 27. September mit Fackelzügen. Die »Heilige Nacht«
(28. September) wurde mit einem Zaubertrank (griech. ky-
keon) gefeiert, der Halluzinationen hervorrief. Die dadurch
Geläuterten (griech. mystai) gingen dann zum heiligen Ort
Epoteia, wo ein großes Freudenfeuer angezündet wurde. Die
Priester riefen die Göttin Kore an, die Schutzherrin dieser Mysterien. Sie stand für die Wandlung im Leben: von der Jugend
übers Alter zu Tod und Wiedergeburt. Spiele und Wettrennen
waren am 29. September geboten. Die Sieger erhielten neben
dem Lorbeerkranz auch Korn, das ebenfalls die Göttin symbolisierte. Am achten und letzten Tag der Mysterien wurden
wieder Initiationen vollzogen: In den tiefen Höhlen des Tempels wurden die neuen Priesterinnen in die Geheimnisse des
Kults eingeweiht. Ihr Haar wurde abgeschnitten, denn auch
dies war ein Zeichen für spirituelle Wiedergeburt.

Oktober

Name: Auch der Oktober hat seinen Namen noch von der Römern. Er war der achte Monat im Kalenderjahr im alten Rom,
das ja erst im März begann. Der Oktober ist der Monat des
Weins und der letzten Ernte. Um die Ernte gibt es viele my-
stische Sagen. Da erzählte man sich von Korndämonen, die
sich nach Regengüssen auf der Erde einnisteten und – je nach
Region – fruchtbare oder aber zerstörerische Eigenschaften
hatten. Aus heidnischer Zeit stammt der Glaube an einen Ern-
tegott, dem man mit Opfergaben für eine gute Ernte dankte,
dem man aber auch opfern mußte, wenn die Ernte schlecht
ausgefallen war, um ihn fürs nächste Jahr gnädig zu stimmen.
Mondaspekt: Blutmond
Ereignis: Samhain (Halloween) am 31. Oktober, das Ende des
Sommers
Botschaft: loslassen, säubern, sich erinnern
Farbe: Blau
Baum: Eibe
Blume: Ringelblume und Cosmea
Tier: Schwan
Edelstein: Opal und Turmalin

Festtage
* 11. bis 13. Oktober: Die Thesmophorien (griechisch)
Diese heiligen Tage sind auch als Fest der Demeter bekannt:
Jungfrauen, die ein heiliges Leben geführt hatten, vollzogen
bestimmte Liturgien, berichtet Theokrit. Vor den Tempeln
von Demeter und Artemis verlas man die Namen derjenigen,
die nach Ansicht der Priesterinnen die öffentliche Moral ver-
letzt hatten. Auf dieser Liste wollte niemand stehen, denn
nach der Überlieferung starben die so Verfluchten binnen
Jahresfrist.
* 23. Oktober: Das Zeichen des Skorpions beginnt.

* 31. Oktober: Samhain – Halloween (keltisch)

Die Nacht vor dem 1. November war eines der großen Feuerfeste der keltischen Druiden. An dem Tag begann das neue Erdenjahr. Es ist der Zeitpunkt der Mitte zwischen Herbst-Tagundnachtgleiche und Wintersonnenwende. Deshalb entzündeten die Druiden auf ihren Altären große Feuer. Alle anderen Feuer mußten gelöscht werden. Gegen ein Opfer holte man sich dann eine neue Flamme in den heimischen Herd. Samhain wurde in manchen heidnischen Kulturen auch als Sonnenfest begangen. Bei den Hexen fand jetzt der letzte der vier großen Sabbate statt: das Neujahrsfest. Sie konnten in dieser Nacht die Zukunft erkennen und mit den Geistern der Toten sprechen. Halloween gilt als besonders sinnenfrohes Fest – gerade recht zu einer Zeit, in der die dunklen Tage beginnen.

November

Name: Von der lateinischen Zahl »novem« (für neun) kommt der Monatsname November. Nach dem alten römischen Kalender war er der neunte Monat im Jahr. In heidnischen Zeiten war der All Hallow's Day – also das heutige Halloween – das keltische Fest der Toten. Ursprünglich feierte man es am Abend vor dem 1. November, und man glaubte, daß dies die Nacht der Zaubereien und Weissagungen sei.

Mondaspekt: Schneemond

Ereignis: Fest der Toten

Botschaft: Sichern, Wurzeln schlagen, sich vorbereiten

Farbe: Grün

Baum: Erle

Blume: Chrysantheme

Tier: Eule und Gans

Edelstein: Topas

Festtage

* 1. bis 30. November: Herrschaft der Göttin Cailleach (keltisch)

Die Göttin wurde als verschleierte Frau dargestellt. Man schichtete am 1. November gemeinsam riesige Scheiterhaufen auf, verzehrte Kuchen und bot den verschiedenen Geistern der Toten Wein oder Milch an. Um die Geister abzulenken, veranstaltete man am ersten Tag des Monats Tänze.

* 11. November: Martinstag (europäisch)

Die Gans galt im gesamten Mittelmeerraum als Opfertier. Nicht nur die Römer, auch die Kelten hielten sie als »Wachhund«: Bei drohender Gefahr begann sie nämlich laut zu schnattern. Die Gans galt außerdem als sehr wetterfühlig und zeigte deshalb Unwetter frühzeitig an. Mitte November, wenn keine Gewitter mehr zu erwarten waren, wurde die ausgewachsenen Gänse geschlachtet. Diese rituelle Schlachtung hat sich im Martinsgansessen erhalten.

* 16. November: Nacht der Hekate (griechisch)

Die Göttin der Hexen und der Wegkreuzungen hatte am 16. November ihren Ehrentag. Hekate gehört zu ältesten Dreiheit der alten Göttinnen: Neben der Jungfrau Artemis und der Mutter Selene ist sie die Alte. Selene gilt auch als griechische Göttin des Vollmondes. Geflügelt, mit einer halbmondförmigen Krone, fährt sie in einem Wagen, der von zwei Schimmeln gezogen wird. Artemis ist ebenfalls eine Mondgöttin der Griechen und der Amazonen. Man huldigte ihr in jeder Vollmondnacht. Und auch Hekate zählt zu den Mondgottheiten: Sie erscheint des Nachts und wird von Hunden begleitet. Man opferte ihr in allen Vollmondnächten. Sie gilt als Herrscherin über Geister, Gespenster, Höllenkreaturen und die Untoten.

* 22. November: Das Zeichen des Schützen beginnt.

Dezember

Name: Der Dezember ist der zehnte Monat des römischen Kalenders (decem = lat. zehn).
Mondaspekt: Mond der langen Nächte, Julmond
Ereignis: Sabbat der Wintersonnenwende, Geburt der Sonnengöttin Lucina, Feier der Lichtgeburt
Botschaft: Aushalten, sterben, wiedergeboren werden
Farbe: Blutrot
Baum: Erle und Kiefer
Blume: Weihnachtsstern, Ilex und Mistel
Tier: Dohle und Helikon
Edelstein: Türkis und Diamant

Festtage

* 3. Dezember: Fest der Bona Dea (römisch)
Die »gute Göttin der Gerechtigkeit«, wie Bona Dea auch genannt wird, wurde im alten Rom ausschließlich von Frauen gefeiert – Männer waren nicht einmal als Zuschauer zugelassen. Selbst männliche Tiere wie Rüden oder Kater durften sich den Frauen nicht nähern.
* 13. Dezember: Fest der Juno Lucino (römisch)
Lucina, die Sonnengöttin, wurde heute besonders gefeiert: Denn ihre Wiedergeburt nach den langen dunklen Tagen war in greifbare Nähe gerückt: Bis zur Kalenderreform 1582 war der 13. Dezember, an dem Lucia ihren Namenstag feiert, der kürzeste Tag im Jahr. Die heilige Luzia hatte die Kirche von den alten Römern »übernommen«: Juno Lucino war die mächtige Göttin, die den Menschen Licht, Erleuchtung und Sehkraft schenkte und neugeborenen Kindern die Augen öffnete.
* 17. Dezember: Saturnalien, Fest der Ops (römisch)
Saturn und Ops, die Göttinnen des Überflusses, werden an diesem Tag gefeiert – und es scheint, als habe der Brauch, um die Wintersonnenwende Geschenke auszutauschen, hier seinen

Ursprung. Manchmal schenkte man an diesem Tage sogar Sklaven die Freiheit. Das Fest der Saturnalien dauerte bis Ende des Monats. Es galt als wild und ausgelassen, und man kann wohl unseren Karneval darauf zurückführen – als eine Zeit, in der es – wie bei den römischen Saturnalien – keine gesellschaftlichen Schranken gab.

* 21. Dezember: Das Zeichen des Steinbocks beginnt.

* 22. Dezember Wintersonnenwende

Im alten Rom beging man um die Wintersonnenwende die Feste des Gottes Saturn. Er galt als schwarze Seite der Sonne. Im Winter jedoch zeigte er sich versöhnlich und machte so die Rückkehr des Frühlings möglich. Die alten Germanen kannten den Ebergott, den man zur Mittwinternacht opferte. Als Symbol für die Wiederauferstehung trug das Tier einen Apfel im Maul.

Das Julfest zur Wintersonnenwende vom 20. bis 23. Dezember war außerdem ein Hexensabbat.

Die Wintersonnenwende galt bei fast allen Völkern als wichtiges Fest: Denn die Wiedergeburt der Sonne zeigte den Beginn neuen Lebens und damit den Fortbestand allen Seins an.

* 24. Dezember: Modranith – Nacht der Mutter (angelsächsisch)

Damit wurde auf den Britischen Inseln ebenfalls die Wiedergeburt der neuen Welt des Lichts begangen. Alle bekannten Symbole unseres heutigen Weihnachtsfestes kommen aus heidnischer Zeit: Der Jul- oder Wotansbaum der Germanen wurde zum Christbaum, die immergrünen Zweige, die man fast überall in Europa zu dieser Zeit ins Haus holt, sollten ihre Lebenskraft auf Mensch und Tier übertragen.

* 25. Dezember: Die Juvenalien – Tag der Kinder (römisch)

Der Festtag des Jupiter – des Götterherrschers – wird an diesem Tag gefeiert. Das kam im alten Rom vor allem den Kindern zugute: Sie wurden mit Theaterstücken unterhalten, man schenkte ihnen Talismane – auch dies vermutlich ein Vorläufer des Schenkens an unserem Weihnachtsfest.

Jul, die Wiederkehr der Sonne, stammt aus dem skandinavi-
schen Raum, wie übrigens auch der »Santa Claus«, der mit einem Rentier-Schlitten fährt und die Kinder beschenkt. Ren-
tiere weisen auf schamanischen Ursprung hin. Der Julblock,
mit dem man die ganze Weihnachtszeit über das Feuer im Ka-
min bestückte, ist wohl ebenfalls aus der Mythologie Skandi-
naviens überliefert.

Schluß

Der Mond bestimmt also unser Leben – selbst das all jener, die nicht an seine astrologischen Kräfte glauben, die alles für Humbug halten, was unsere Ahnen ihm zuschrieben. Daß die »Medaille am Hals der Nacht« von Mystik und Magie umgeben ist, kann jedoch niemand bestreiten. Seit Jahrtausenden blickt der Mensch auf den Mond und sein sanftes Licht, zu allen Zeiten haben Dichter die silberne Sichel am nachtblauen Himmel besungen.

Du bist mein Mond,
und ich bin deine Erde

Du bist mein Mond, und ich bin deine Erde;
Du sagst, du drehest dich um mich.
Ich weiß es nicht, ich weiß nur, daß ich werde
In meinen Nächten hell durch dich.

Du bist mein Mond, und ich bin deine Erde;
Sie sagen, du veränderst dich.
Allein du änderst nur die Lichtgebärde
Und liebst mich unveränderlich.

Du bist mein Mond, und ich bin deine Erde;
Nur mein Erdschatten hindert dich,
Die Liebesfackel stets am Sonnenherde
Zu Zünden in der Nacht für mich.

Friedrich Rückert

Literaturhinweise

* Kurt Allgeier: Der 100jährige Kalender (Heyne)
* AstroAnalysis (Goldmann)
* Franziska von Au: Bauernregeln und Naturweisheiten (Südwest)
* Erich Bauer: Astro-Gesundheit (Heyne)
* Hans Biedermann: Lexikon der magischen Künste (Heyne)
* Roswitha Broszath: Die Lebenskraft des Mondes (Südwest)
* Zsuszsanna E. Budapest: Das magische Jahr (Sphinx)
* Endres/Schimmel: Das Mysterium der Zahl (Diederichs)
* Das kleine Buch vom Mond (Heyne)
* Claudia Graf: Gärtnern mit dem Mond (Mosaik)
* Claudia Graf: Die 12 Mondkinder (Mosaik)
* Marian Green: Das geheime Wissen der Hexen (Knaur)
* Herbert Gottschalk: Lexikon der Mythologie (Heyne)
* Gerd und Marlene Haerkötter: Hexenfurz und Teufelsdreck (Eichborn)
* Christiane Hermann-Lisi: Mondmacht (Sphinx)
* Andrea Doris Janko: Leben im Rhythmus der Natur (2 Bände, Metatron)
* Uwe Gardein/Matthias Mala: Das Jahr hat 13 Monde (Knaur)
* Berd A. Mertz: Das Handbuch der Astromedizin (Heyne)
* Paungger/Poppe: Vom richtigen Zeitpunkt (Heyne)
* René Simmen: Geheimnisse der Hexenküche (Werziger)
* Starhawk: Der Hexenkult als Ur-Religion der Großen Göttin (Bauer)
* Barbara G. Walker: Das geheime Wissen der Frauen (Zwei-tausendeins)
* Christian Wehr: Lexikon des Aberglaubens (Heyne)
* Christina Zacker: Mondphasen (Heyne)
* Christina Zacker: Die Mond-Diät (Heyne)

Register